中华人文经典概要

主编　王启涛　王猛

中国教育出版传媒集团
高等教育出版社·北京

内容简介

本书为教育部新文科研究与改革实践项目"国家通用语推广背景下民族高校中国语言文学新文科人才培养与跨学科课程建设实践"与四川省新文科研究与改革实践项目"铸牢中华民族共同体意识背景下中国语言文学新文科优化改革与实践"建设成果。

本书是编者在多年学术研究与教学改革基础上，经过沉淀与创新，精选能够展现中华优秀文化的语言、文学、历史、哲学等学科的经典篇目，对中华文化进行提纲挈领的阐述，并进行经典文本的导读。本书聚焦中华民族共同创造的灿烂人文成果，由中华文明的"文字之始"开篇，从文学审美、以古鉴今、家国情怀、格物致知、生命境界、书写之道等方面引导读者浸润于中华人文，提升修养、陶冶精神。教材"以学为中心"，选篇、题解、思考与练习设计环环相扣，注重主题性、开放性和启发性。同时，设计数字化的扩展阅读库，助力数字时代阅读与教学模式的变革。本书可供高等院校"中华文化导论""大学语文"等通识类课程作为教材使用，也可作为社会读物供文学爱好者使用。

图书在版编目（CIP）数据

中华人文经典概要 / 王启涛，王猛主编. -- 北京 ：高等教育出版社，2024.11. -- ISBN 978-7-04-063270-5

Ⅰ. K203

中国国家版本馆CIP数据核字第2024PB8168号

Zhonghua Renwen Jingdian Gaiyao

策划编辑　田雨鑫　孙品健　　责任编辑　田雨鑫　　封面设计　张　志　　版式设计　杨　树
责任绘图　马天驰　　责任校对　刘丽娴　　责任印制　存　怡

出版发行　高等教育出版社
社　　址　北京市西城区德外大街4号
邮政编码　100120
印　　刷　肥城新华印刷有限公司
开　　本　787 mm × 960 mm　1/16
印　　张　30.5
字　　数　480千字
购书热线　010-58581118
咨询电话　400-810-0598
网　　址　http://www.hep.edu.cn
　　　　　http://www.hep.com.cn
网上订购　http://www.hepmall.com.cn
　　　　　http://www.hepmall.com
　　　　　http://www.hepmall.cn
版　　次　2024年11月第1版
印　　次　2024年11月第1次印刷
定　　价　58.00元

本书如有缺页、倒页、脱页等质量问题，请到所购图书销售部门联系调换

物 料 号　63270-00

《中华人文经典概要》编委会

主编：

王启涛　王　猛

副主编：

左志南　张仲裁　康　斌　徐　杰　石　琳

编写组（按姓氏笔画排序）：

刘　波　许瑶丽　李　鑫　黄　英　彭成广　曾　缇

序

王启涛

《中华人文经典概要》是一部教材。教材是施教之材，是一课之本、千秋之业。我认为一部好的教材最好具有以下三个特点。

一是权威性。教材要提供给千千万万的师生使用，其材料、观点和方法都应该经过多方论证、千锤百炼，甚至应该是颠扑不破的，是学术界的定论，否则真要误人子弟。所以，从这个意义上讲，教材应该具有权威性和经典性，甚至可以作为字典辞书使用。教材应该经得起时间的考验，而不应该盲目跟风，否则正如班固在《汉书》卷三〇《艺文志》所言："然惑者既失精微，而辟者又随时抑扬，违离道本，苟以哗众取宠。后进循之，是以《五经》乖析，儒学浸衰，此辟儒之患。"教材应该反复推敲，善于裁断，正如陆机《文赋》所言："苟铨衡之所裁，固应绳其必当。"教材不能任意褒贬，意气用事，恰似刘勰《文心雕龙·辨骚》所道："褒贬任声，抑扬过实，可谓鉴而弗精，玩而未核者也。"编写教材是极不容易的，要求是非常高的；正因为如此，编教材的人必须是优秀的学者，是一线的专家。一支教材编写团队在经过数年的苦心经营以后，编写出一部好的教材，自己都会感到欣慰。

二是系统性。教材应该有自己的体系，首先是格局。我们今天说"中华人文"，也应该涵盖中国版图上古今所有民族的人文精髓，因为我们辽阔的疆域是各民族共同开拓的，我们悠久的历史是各民族共同书写的，我们灿烂的文化是各民族共同创造的，我们伟大的精神是各民族共同培育的。其次是布局，也就是教材的编写框架。我一直非常敬佩王力先生当年组织编写的《古代汉语》，该教材的编写框架分为"文选""常用词"和"通论"三部分，这就是材料、观点和方法，就是微观、中观和宏观。王先生通过这样的框架告诉我们：教学科研既要描写又要解释，既要归纳又要演绎，既要学习还要实践，一句话，要如《礼记·中庸》所言："博学之，审问之，慎思之，明辨之，笃行之。"最后是结局，也就是效果。我们这套教材，从中国通用语言文字入手，延伸到整个中华人文领域，希望达到语文会通、文史贯通、古今打通、多元会通的效果。

三是通俗性。教材应该娓娓道来，循循善诱，使人如沐春风，不应该板着面孔，拒人于千里之外。教材还应该生动有趣。因为有趣的语言和文字让我们轻松快乐，于是我们就愿意去读。孔子是大学问家，也是大教育家，《论语》是根据他的讲课记录整理的，就很生动通俗。章太炎先生的学术论著一般用典雅的文言，但是《章太炎讲演录》也是很生动的。钱锺书先生的《管锥编》用文言写成，但是他的《宋诗选注》用白话，非常通俗。胡适、赵元任、王力诸位先生的演讲稿也是非常通俗的。一流的学者往往有一流的通俗语言功夫。

教材的通俗，不只是涉及语言文字。我曾经在《中国古代通用语言文字教材研究》一文中，总结我国古代通用语言文字教材的四个特点：中华民族传统道德观的高度结晶，中华民族百科全书式的知识谱系，中华民族优秀文化的遗传密码和高清图谱，中华民族数千年来生生不息的历史脉动和以文化人的教育历程。

教材的通俗，还体现在教材具有亲和力。教材部头不要太大。教材部头太大，怪吓人的，难读、难记、难随身携带，价格还昂贵。教材应该给我们一种亲近感：我们去教室和图书馆的时候，它可以放在我们的书包里；我们回家或旅行的时候，它可以放在我们的挎包里。在书声琅琅的白天，它可以放在课桌上，陪伴我们进入知识的海洋；在万籁俱寂的夜晚，它也可以放在枕头边，陪伴我们进入甜美的梦乡。总之，我们走到哪儿，它就可以陪伴到哪儿，这样也才能发挥教材的效能。

总之，愿我们的这部教材具有"权威性""系统性""通俗性"三个特点；愿我们的这部教材成为大家学习和研究中华人文经典的好参谋、好陪伴，一句话，愿我们的教材讨大家的喜欢。

是为序。

目　录

第一编　语言文字与中华文明

第二编　诗情诗性与审美意识

第三编　直笔青史与虚构世界

第四编　文以明德与人生况味

第五编　致知致用与述写之道

第一编
语言文字与中华文明

概　述

"声不能传于异地，留于异时，于是乎书之为文字。文字者，所以为意与声之迹也。"（陈澧《东塾读书记》）即声音、言语一发即逝，不留痕迹。因此，文字的发明和使用成为人类社会步入文明的重要标志。各民族创造的不同文字代表着不同民族的文明核心，而在世界范围内，已知的古老文字却命运殊途，它们或因某种历史原因而消亡（如玛雅文字），或因文字的根本变革而遭废弃（如楔形文字、圣书字），只有汉字一脉相承并沿用至今。在中华五千年的文明史上，汉字与中华文化相生相长，它催生了中华民族独特的思维方式与审美特质，对中华文化的传承与发扬起到了至关重要的作用。

关于汉字的起源，《淮南子・本经训》记载曰："昔者苍颉作书而天雨粟，鬼夜哭。"此虽为传说，但不难看出汉字起源于数千年前。在汉字的造字、构形、赋义的过程中，其文字符号系统的具象性与平衡性，均体现出了中华文化精神及思维逻辑习惯。而在汉字长期的使用中，中华民族的美学精神与观念，亦潜移默化地推动着汉字形体的改造与变异，使其呈现出符合主体审美观的美学效果，即上下叠加、左右相称、里外嵌套的对称结构与平衡布局。

汉字历经甲骨文、金文、篆书、隶书到楷书的演变，衍生出了具有极高艺术价值的草书和行书，历代书法家也在此基础上创造了许多独具特色的书法字体。"中国的文字，中国的毛笔，以及中国的纸与墨，加上中华民族的气质，数千年积淀的文化传统，共同形成了我国特有的书法艺术。中国书法数千年的演变发展，表现出书法与中国其他文化的密切关联：哲学的微言奥义，史学的深邃精密，诗歌的片片天籁……书法都能兼收并蓄。从一定意义上说，中国的书法是中国文化的精髓。"（王冬龄《画人学书要义》）

中华文化绵延数千年而不绝，而汉语始终作为华夏民族最重要的交际工具和文化载体。因此，要了解灿烂悠久的中华文化，就必须了解汉语在各历史阶段的发展流变，了解汉语在不同地域的变体形式。尤其是语言在地理分布上的显著差异，使人们逐渐意识到方言与自然地理、人文地理的复杂对应关系，《颜氏家训·音辞篇》等历史文献就记载了与方言相关联的某一地域的生活场景、生存方式、世俗民情与历史积淀。“方言在形成过程中，它从共同语脱离开来，由于地域和时间和各种文化因素的影响，在分离过程中，它虽然继承了共同语的特征，但也产生了许多变异。”（张公瑾、丁石庆《文化语言学教程》）形态各异的方言为我们呈现出一幅汉语在时间和空间维度不断演化形成的生动图景。

王充《论衡·自纪篇》提到“古今言殊，四方谈异”。语言是运动的，动态是语言的本质，而语言的发展动力不仅源于其自身的力量，也源于文化的力量，其中包含本土文化，也有外来文化的影响。诚如著名的美国语言学家爱德华·萨丕尔《语言论：言语研究导论》所指出的，不同民族间的接触和交往，使不同文化间的交流成为一种可能，同时也使不同语言之间的相互影响成为客观事实。作为文化交流的重要媒介，汉语中依然存留着各历史时期跨文化交际的痕迹，包括《史记·大宛列传》在内的历史文献中就已记载了外来词语的借入。这一方面体现了汉语始终保持自身表现力与生命力的总体趋势，另一方面也反映了汉语在与各类语言文化的接触过程中，对推动文明互鉴所产生的深远影响。

浩如烟海的中华典籍展现了中华民族的语言、文化、思维和精神活动，也展现了中华民族的宝贵智慧。中华民族文化的传承、科技的发展、思想的进步，都在口耳相传的经验和文字的记载中流传至今，而当我们阅读《文心雕龙·声律》等相关文章，掌握了历史典籍中语言文字符号的语音规律、词汇系统、语法规则和运用方式，就建立起了接通中华文化内涵的桥梁。中国人对于“语言”的关注早期源于读经和文学艺术创作的需要，语言研究早期是经学的附庸，对于语言本质的认识也更多是将语言与情感、创作技巧和社会政治等联系起来。文字是记录语言的书写符号，语言本身的韵律与个人情感的成功结合有助于历史上诗词歌赋等诸多文学作品流传后世、经久不衰。因此，我们可以随着文学作品的印记去探寻蕴含于语言艺术中的中华民族特有的文化性格与文化精神。

第一章　汉字与中华之源

文字是人类社会发展的产物，亦是人类进入文明社会的重要标志。汉字自诞生起就成为了华夏文明的载体，记载了这片古老土地上几千年的灿烂文明。

本章通过学习各个时期体现汉字形体特征的代表性文献，初步了解汉字形体发展变化的特点。汉字形体不断演进的历史体现的是中华文化数千年来的发展历程。汉字不仅是中华民族智慧的结晶，更是中华民族各时代人文精神的体现。中华文化如汉字一般亘古绵延，从未断绝。汉字已成为中华文化最核心、最具代表性的符号之一。它见证了中华文化的生生不息，铭刻着中华民族永恒的记忆。

出　虹

王占曰[1]：㞢咎[2]！八日庚戌㞢各云自东[3]，宦母[4]。昃[5]，亦㞢出虹自北[6]，饮于河[7]。

选自《甲骨文选注》，李圃选注，上海古籍出版社1989年版

题解

本篇甲骨文最早著录于罗振玉《殷墟书契菁华》第4页，现收入《甲骨文合集》第10405版背面，为商代武丁时期卜辞，是我国古代关于彩虹的最早、最完整的记录。它从时间、空间上准确地记录了彩虹的形成条件和出现过程。

注释

［1］王：武丁，商朝国君，名昭。《竹书纪年》卷上："武丁，名昭。"占：用龟甲、蓍草占卜，预测吉凶。《说文·卜部》："占，视兆问也。从卜

从口。”王占曰，犹言王根据兆象认为。

[2] 㞢：通“有”，存现动词，犹言出现。咎：灾祸。

[3] 八日：占卜后的第八天，一般含占卜日。庚戌：干支纪日，指庚戌这一天。殷人多癸日占卜，庚戌上推八日，正好是癸卯，由此可推断，本文卜辞是癸卯日的占卜内容。各：来、至。

[4] 宦：通“贯”。《说文·宀部》：“宦，仕也。从宀臣。”清段玉裁注曰：“按‘仕’者，习所事也。古‘事’‘士’‘仕’通用，‘贯’‘宦’通用。故《魏风》‘三岁贯女’，鲁诗作‘宦女’。”母：此处假为“晦”。《说文·日部》：“晦，月尽也。”《诗经·郑风·风雨》：“风雨如晦，鸡鸣不已。”毛传：“晦，昏也。”宦母：读为“贯晦”，指天空乌云飘来，其阴影投于地面，犹言天空东北方阴了下来。

[5] 昃：日西斜。《说文·日部》：“昃，日在西方时，侧也。从日仄声。”

[6] 亦：又，也。出虹：出现彩虹。据于省吾《释虹》，古人认为出虹为龙吸水，《山海经·海外东经》：“䖬䖬在其北，各有两首。雄曰虹，雌曰霓。”即今所谓主虹、副虹。

[7] 河：黄河。

思考与练习

1. 殷卜辞中“出虹”是灾祸之兆。除卜辞外，我国历代文献对“虹”亦有诸多记载，请查阅文献并联系文献内容谈一谈“出虹”灾兆说的成因。

2. 请查阅相关文献，谈一谈甲骨文化中“自然崇拜”对中国文化的影响。

何尊（节选）[1]

在四月丙戌，王诰宗小子于京室[2]，曰：“昔在尔考公氏[3]，克仇文王[4]，肆文王受兹大命[5]。唯武王既克大邑商[6]，则廷告于天[7]，曰：‘余其宅兹中国[8]，自兹乂民[9]。’……”

选自《陕西金文集成·宝鸡卷》，张天恩主编，三秦出版社2016年版

题解

何尊，圆口方体，口径28.6厘米、高39厘米、底纵19.8厘米、底横20.2厘米，重14.6千克，为西周早期青铜盛酒器。1963年出土于陕西宝鸡，现收藏于宝鸡青铜器博物院。

何尊内底铸铭文12行，122字铭文（含合文3）。该铭文记述了周成王营建成周、举行祭祀、赏赐臣子的一系列活动。其中记录了周王对于宗小子何的训诰之辞，还引用了周武王克商后祭祀的祷辞，即“宅兹中国，自兹乂民”。其中“宅兹中国”是目前发现最早的“中国”一词的出土文献记录。

注释

［1］这里节选的何尊铭文综合了各家说法。何：铭文中当是铸器者的名字。尊：古盛酒器。用作祭祀或宴享的礼器。《说文·酋部》：“尊，酒器也。”段玉裁注：“凡酒必实于尊，以待酌者。”朱骏声通训：“尊者，大名，彝为上，卣为中，罍为下，皆以待祭祀宾客之礼器也。”

［2］王：一说为周成王，一说为周康王，本书采用周成王的说法。诰：告诫；劝勉。宗小子：西周宗法社会和王同宗的支子小宗的称谓。京室：在成周的宗庙。

［3］尔：你；你的。考：父亲。《尔雅·释亲》：“父为考，母为妣。”公氏：周王对铸器者“何”父亲的尊称。

［4］克：能够。仇：旧释“弼”，辅佐。现一般认为与战国楚简所引《周南·关雎》“君子好逑”的“逑”相通，是“仇匹”的意思。

［5］肆：故；因此。《尚书·无逸》：“昔在殷王中宗，严恭寅畏，天命自度，治民祗惧，不敢荒宁。肆中宗之享国七十有五年。”大命：天命。

［6］武王：周武王。克：战胜。大邑商：指殷商。

［7］告于天：向上天祭告祝祷。

［8］余：我，人称代词。宅：定居；居住。《尚书·盘庚上》：“我王来，既爰宅于兹。”孔安国传：“言祖乙已居于此。”中国：即国中，天下的中心，

这里特指中原地区，尤指成周洛邑。

［9］乂：选文为“辪”，各家隶定为“乂”的古字，这里指治理。《尚书·尧典》：“浩浩滔天。下民其咨，有能俾乂。”孔安国传：“乂，治也。”

思考与练习

1. 请谈谈周武王“宅兹中国，自兹乂民”政治理想的时代意义。

2. 请比较阅读《尚书·召诰》《尚书·洛诰》相关内容，谈谈何尊铭文的历史文化价值。

峄山刻石

皇帝立国，维初在昔[1]，嗣世称王[2]。讨伐乱逆[3]，威动四极[4]，武义直方[5]。戎臣奉诏，经时不久，灭六暴强[6]。廿有六年[7]，上荐高号[8]，孝道显明。既献泰成，乃降尃惠，窥軓远方[9]。登于峄山，群臣从者，咸思攸长。追念乱世，分土建邦，以开争理。功战日作，流血于野，自泰古始[10]。世无万数，陀及五帝[11]，莫能禁止。乃今皇帝[12]，一家天下，兵不复起。熘害灭除[13]，黔首康定[14]，利泽长久[15]。群臣诵略，刻此乐石[16]，以箸经纪。

皇帝曰[17]：“金石刻尽始皇帝所为也。今袭号而金石刻辞不称始皇帝。其于久远也如后嗣为之者，不称成功盛德。”丞相臣斯[18]、臣去疾[19]、御史大夫臣德昧死言[20]：“臣请具刻诏书金石刻，因明白矣，臣昧死请。”制曰[21]：“可。”

选自《秦铭刻文字选》，上海书画出版社编，上海书画出版社1976年版

题解

《峄山刻石》又名“峄山碑”。原碑内容分为两部分，分别刻于秦始皇二十八年（前219），秦始皇东巡登峄山时；以及秦二世元年（前209），秦二世为威服海内而效仿秦始皇巡视郡县之时。传为丞相李斯以小篆书就。李斯书法精妙古雅，为后世敬仰。

《峄山刻石》的前半部分为“始皇诏”，赞扬秦始皇的正义战争和统一的中央集权制国家给百姓带来的好处；后半部分为“二世诏”，记录了李斯随同秦二世出巡时上书请求在秦始皇所立刻石旁刻诏书的情况，并著随从大臣的姓名。

注释

［1］维：句首语气词。

［2］嗣：继承。

［3］乱逆：叛逆，叛乱。

［4］四极：四方极远之地。

［5］武义：武事。直方：端方公正。

［6］灭六暴强：此指秦吞并六个诸侯国。

［7］廿有六年：秦始皇二十六年（前221），秦始皇建立统一的中央集权国家。

［8］高号：尊号。

［9］窺：同“亲”。轊：通“巡”。

［10］泰古：远古。

［11］陀：延续。

［12］乃今：而今，如今。

［13］灾：同“灾”。灾害：即灾害。

［14］黔首：平民百姓。

［15］利泽：利益，恩泽。

［16］乐石：原指可制作乐器的石料，因峄山石刻文用此石镌刻，后以之泛指碑石或碑碣。

［17］“皇帝曰”之后文字为秦二世诏。

［18］斯：秦相李斯。

［19］去疾：冯去疾，时任右丞相。

［20］德：陈德，时任御史大夫。昧死：冒死，犹言冒昧而犯死罪。

［21］制：帝王的命令。《礼记·曲礼下》：“国君死社稷，大夫死众，士死制。”郑玄注：“制，谓君教令，所使为之。”《史记·秦始皇本纪》：“臣等

昧死上尊号，王为‘泰皇’。命为‘制’，令为‘诏’。”裴骃集解引蔡邕曰：“制书，帝者制度之命也。其文曰‘制’。”

思考与练习

1. 请阅读《史记·秦始皇本纪》了解相关刻石内容，谈一谈秦代刻石文的社会意义。

2. 请查阅相关文献，分析秦始皇东巡刻石文本的结构特征，以及秦代刻石铭文体式对后世碑志铭文的影响。

兰亭集序

〔东晋〕王羲之

永和九年[1]，岁在癸丑，暮春之初，会于会稽山阴之兰亭[2]，修禊事也[3]。群贤毕至，少长咸集。此地有崇山峻岭，茂林修竹；又有清流激湍，映带左右，引以为流觞曲水[4]，列坐其次[5]。虽无丝竹管弦之盛，一觞一咏，亦足以畅叙幽情。

是日也，天朗气清，惠风和畅，仰观宇宙之大，俯察品类之盛[6]，所以游目骋怀，足以极视听之娱，信可乐也。

夫人之相与[7]，俯仰一世，或取诸怀抱，悟言一室之内[8]，或因寄所托，放浪形骸之外[9]。虽趣舍万殊，静躁不同，当其欣于所遇，暂得于己，快然自足，不知老之将至。及其所之既倦，情随事迁，感慨系之矣。向之所欣，俛仰之间[10]，已为陈迹，犹不能不以之兴怀。况修短随化[11]，终期于尽。古人云，死生亦大矣[12]，岂不痛哉！

每览昔人兴感之由，若合一契[13]，未尝不临文嗟悼，不能喻之于怀[14]。固知一死生为虚诞[15]，齐彭殇为妄作[16]。后之视今，亦犹今之视昔，悲夫！故列叙时人，录其所述，虽世殊事异，所以兴怀，其致一也。后之览者，亦将有感于斯文。

选自《晋书·王羲之传》，〔唐〕房玄龄等撰，中华书局1974年版

题解

永和九年（353），王羲之等组织兰亭雅集，撰写的《兰亭集序》，笔势苍劲，如游龙惊凤，被誉为“天下第一行书”。原书于会稽山阴之兰亭，传原墨迹用纸二张，盖有隋、唐时人收藏印章并装成卷。《兰亭集序》以欧阳询摹王羲之书为主流。自宋末至明、清刻本，多标王右军书，又标定武本。此外，多标唐摹本。自唐、宋、元、明、清，善书者亦多次临摹，各有佳处。米芾、赵孟頫、董其昌等临摹均有刻本。《兰亭集序》记述了东晋文坛的兰亭雅集。文章超越了汉魏文人单纯哀叹人生短暂的旧套，表现了一种在有限的人生中体味宇宙的旷达，在无限的宇宙中反观人生的悲凉所交织起来的复杂情绪，这种情绪使得它“苍凉感叹之中自有无穷逸趣”（《古文观止》评语）。

王羲之（303—361），东晋书法家。字逸少，琅邪临沂（今属山东）人。出身贵族，官至右军将军、会稽内史，人称“王右军”。

注释

［1］永和：东晋穆帝年号。

［2］兰亭：在今浙江绍兴西南。

［3］修禊（xì）：古代民俗于农历三月上旬的巳日（三国魏以后，始固定为三月初三）到水边洗濯，以祓除不祥，称为修禊。

［4］流觞：即“流觞曲水”。后人仿行修禊的民俗，于环曲的水流旁宴集，在水的上流放置酒杯，任其顺流而下，杯停在谁的面前，谁就取杯饮酒，又称“流杯曲水”。

［5］次：次序，位次。

［6］品类：指万物。

［7］夫：句首语气词，表示要发表议论。相与：交往、结交。

［8］悟言：晤谈，对谈。悟：通“晤”。

［9］放浪：放浪不羁。

［10］俛：同“俯”。《左传·成公二年》：“韩厥俛，定其右。”杜预注：“俛，俯也。右被射仆车中，故俯安隐之。”

［11］修短：指人寿命的长短。化：自然、造化。

［12］死生亦大矣：见《庄子·德充符》引孔子的话。

［13］契：符节、凭证、字据等信物。古代契分为左右两半，双方各执其一，用时将两半合对以作凭信。后泛指契约。

［14］喻：通“愉”，愉悦、愉快。一说为明白。

［15］一死生：《庄子·齐物论》：“方生方死，方死方生。”又言：“予恶乎知夫死者不悔其始之蕲生乎！”庄子认为死生一体而无分别。一：同一，一样。

［16］彭：彭祖，古代传说中的长寿之人。殇：未成年而死之人。

思考与练习

1. 请谈一谈如何理解《兰亭集序》中作者的感情矛盾。
2. 请谈一谈《兰亭集序》中体现的“魏晋风骨”。

九成宫醴泉铭[1]

〔唐〕魏　徵

秘书监检校侍中钜鹿郡公，臣魏徵奉敕撰[2]。

维贞观六年孟夏之月[3]，皇帝避暑乎九成之宫[4]，此则隋之仁寿宫也。冠山抗殿[5]，绝壑为池。跨水架楹[6]，分岩竦阙[7]，高阁周建，长廊四起，栋宇胶葛[8]，台榭参差。仰视则迢递百寻[9]，下临则峥嵘千仞。珠璧交映，金碧相晖。照灼云霞，蔽亏日月。观其移山回涧，穷泰极侈[10]，以人从欲[11]，良足深尤[12]。至于炎景流金[13]，无郁蒸之气，微风徐动，有凄清之凉。信安体之佳所，诚养神之胜地，汉之甘泉不能尚也[14]。

皇帝爰在弱冠，经营四方，逮乎立年，抚临亿兆[15]。始以武功壹海内，终以文德怀远人。东越青丘，南逾丹儌，皆献琛奉贽[16]，重译来王。西暨轮台，北拒玄阙，并地列州县，人充编户[17]。气淑年和，迩安远肃，群生咸遂，灵贶毕臻[18]。虽藉二仪之功[19]，终资一人之虑[20]。遗身利物，栉风沐雨，百姓为心，忧劳成疾。同尧肌之如腊[21]，甚禹足之胼胝[22]。针石屡加，腠理犹滞。爰居京室，每弊炎暑。群下请建离宫，庶可怡神养性。圣上爱一夫之力，惜十家之产，深闭固拒，未肯俯从。以为隋氏旧宫，营于曩代[23]，弃之则可惜，毁之则重劳，事贵因循，何必改作。于是斫雕为朴，损之又损，去其泰甚，葺其颓坏。杂丹墀以沙砾，间粉壁以涂泥。玉砌接于土阶，茅茨续于琼室。仰观壮丽，可作鉴于既往；俯察卑俭，足垂训于后昆[24]。此所谓“至人无为，大圣不作”，彼竭其力，我享其功者也。

然昔之池沼，咸引谷涧，宫城之内，本乏水源。求而无之，在乎一物，既非人力所致，圣心怀之不忘。粤以四月甲申朔旬有六日己亥[25]，上及中宫，历览台观，闲步西城之阴[26]，踌躇高阁之下，俯察厥土，微觉有润，因而以杖导之[27]，有泉随而涌出。乃承以石槛，引为一渠。其清若镜，味甘如醴。南注丹霄之右[28]，东流度于双阙。贯穿青琐[29]，萦带紫房[30]。激扬清波，涤荡瑕秽。可以导养正性，可以澄莹心神。鉴映群形，润生万物。同湛恩之不竭，将玄泽于常流[31]。匪唯乾象之精[32]，盖亦坤灵之宝。

谨案《礼纬》云[33]：“王者刑杀当罪，赏锡当功，得礼之宜，则醴泉出于阙庭。”《鹖冠子》曰[34]：“圣人之德，上及太清[35]，下及太宁[36]，中及万灵，则醴泉出。”《瑞应图》曰：“王者纯和，饮食不贡献，则醴泉出，饮之令人寿。”《东观汉记》曰[37]：“光武中元元年，醴泉出京师，饮之者痼疾皆愈。”然则神物之来，寔扶明圣[38]，既可蠲兹沉痼[39]，又将延彼遐龄。是以百辟卿士，相趋动色。我后固怀㧑挹[40]，推而弗有。虽休勿休，不徒闻于往昔，以祥为惧，实取验于当今。斯乃上帝玄符[41]，天子令德，岂臣之末学所能丕显[42]。但职在记言，属兹书事[43]，不可使国之盛美，有遗典策[44]，敢陈实录，爰勒斯铭。其词曰：“惟皇抚运[45]，奄壹寰宇[46]。千载膺期[47]，万物斯睹。功高大舜[48]，勤深伯禹[49]。绝后承前，登三迈五[50]。握机蹈矩[51]，乃圣乃神。武克祸乱，文怀远人[52]。书契未纪，开辟不臣。冠冕并袭[53]，琛赞咸陈。大道无名，上德不德。玄功潜运，几深莫测。凿井而饮，耕田而食。靡谢天功[54]，安知帝力[55]。上天之载，无臭无声[56]。万类资始[57]，品物流形。随感变质，应德效灵[58]。介焉如响[59]，赫赫明明。杂沓景福[60]，葳蕤繁祉。云氏龙官，龟图凤纪[61]。日含五色[62]，乌呈三趾[63]。颂不辍工[64]，笔无停史[65]。上善降祥，上智斯悦。流谦润下[66]，潺湲皎洁。萍旨醴甘，冰凝镜澈。用之日新，挹之无竭[67]。道随时泰，庆与泉流。我后夕惕[68]，虽休弗休。居崇茅宇，乐不般游[69]。黄屋非贵[70]，天下为忧。人玩其华，我取其实。还淳反本，代文以质。居高思坠，持满戒溢。念兹在兹，永保贞吉。”

兼太子率更令渤海男，臣欧阳询奉敕书。

选自《九成宫醴泉铭》，孙宝文编，上海辞书出版社2010年版

题解

《九成宫醴泉铭》刻于唐贞观六年（632）四月，由魏徵奉敕撰文、欧阳询奉敕书。原石立于今陕西麟游县，现存于九成宫遗址博物馆。碑文是欧阳询晚年所书，历来为书家所推崇，视为楷书正宗，被后世誉为“天下第一楷书”或“天下第一正书”。欧书碑在刻成后即被捶拓，传无可信唐拓本。历代捶拓者众多，导致碑文损毁严重，面目全非。目前公认的传世最早、捶拓最精的当属宋拓明驸马李祺藏本，清代高士奇对其重装，后经赵怀玉、金绍权等递藏，今藏北京故宫博物院。《九成宫醴泉铭》叙述了“九成宫”的来历和其建筑的雄伟壮观，歌颂了唐太宗的武功文治和节俭精神，介绍了宫城内发现醴泉的经过，并援引典籍说明醴泉的出现是“天子令德”所致，最后提出“居高思坠，持满戒溢”的谏诤之言。

魏徵（580—643），唐初政治家。字玄成，魏郡馆陶（今属河北）人，生于相州内黄（今河南内黄西北）。贞观三年（629）任秘书监，参预朝政。后任侍中，封郑国公。提出“兼听则明，偏信则暗”，多次劝太宗以隋亡为鉴，引《荀子》语，谓君似舟，民似水，“水能载舟，亦能覆舟”。力言必须“居安思危，戒奢以俭”，“任贤受谏”，“薄赋敛，轻租税”。著有《隋书》序论与《梁书》《陈书》《北齐书》总论，主持修撰梁、陈、齐、周、隋史，主编《群书治要》。有《魏郑公集》。

注释

[1] 九成宫：在今陕西麟游县城西，原为隋之“仁寿宫”，唐贞观五年（631）加以扩建，改名“九成宫”，并置禁苑、武库及官寺。醴泉：甜美的泉水。铭：文体的一种，古代常刻于碑板或器物，或以称功德，或用以

自警。

［2］秘书监：官名，掌管国家经籍图书之事。检校侍中：以他官派办某事，在官衔前加“检校”二字，检校侍中即代理门下省侍中，此为加官。唐代中央政府分中书、门下、尚书三省，门下省负责审署奏抄之事，其长官称“侍中”。“秘书监检校侍中”，即秘书监兼任门下省侍中。钜鹿郡公：钜鹿为封地，郡公为爵号，位在国公之下，县公之上。敕：天子旨意，帝王诏书。

［3］维：语助词。

［4］乎：于，在。

［5］抗殿：谓高筑殿堂。张衡《西京赋》：“疏龙首以抗殿，状嵬峩以岌嶫。”唐张铣注：“龙首，山名。疏之构殿于上，故言抗。抗，举也。”

［6］楹：柱，实指桥柱。

［7］阙：宫门、城门两侧的高台，中间有道路，台上起楼观。《诗经·郑风·子衿》：“挑兮达兮，在城阙兮。”高亨注：“阙，城门两边的高台。”《三辅黄图·杂录》：“阙，观也。周置两观以表宫门，其上可居，登之可以远观，故谓之观。”

［8］胶葛：交错纷乱貌。

［9］迢递：高远貌。

［10］穷泰极侈：形容极端奢侈，尽情享受。

［11］以：因。

［12］尤：责备。

［13］炎景：炎热的日光。流：熔化。

［14］甘泉：汉代甘泉宫，在今陕西淳化西北甘泉山，原为秦之离宫，汉武帝时增广之，周长十九里，作为避暑行宫。尚：超过。

［15］亿兆：指庶民百姓，犹言众庶万民。

［16］献琛奉贽：奉献珍宝作为晋见之礼。

［17］编户：编入户籍的平民。

［18］灵贶：神灵赐福。

［19］二仪：天地。

［20］一人：指唐太宗。

［21］尧：传说中的远古圣君。腊：干肉。此指因风吹日晒使皮肤变得

像干肉一样。

[22] 禹：传说夏禹受舜禅让而继承帝位。胼胝：手掌脚底因长期劳动摩擦而生的茧子。

[23] 曩代：过去的年代。

[24] 后昆：后代，后嗣。

[25] 粤：语助词，无义。四月甲申朔旬有六日己亥：干支纪日"朔"是指每月初一，既知"朔"为甲申，则这个月的十六日正好是己亥。旬为十天，有即又，"旬有六日"即十又六日。

[26] 阴：泛指北面。

[27] 导：开掘。

[28] 丹霄：宫殿别名。

[29] 青琐：宫门上镂刻的图纹，此代指宫门。

[30] 紫房：宫殿别名。

[31] 玄泽：指天子的恩泽。

[32] 乾象：天象。

[33]《礼纬》：汉纬书名，七纬之一，解释儒家"三礼"而大量吸收图谶之说。

[34]《鹖冠子》：相传为先秦楚人所撰古籍，传世有十九篇。

[35] 太清：天。

[36] 太宁：地。

[37]《东观汉记》：东汉官修的纪传体东汉史，起光武帝，止灵帝。

[38] 寔：是。

[39] 蠲：除去。沉痼：积久难治的病。

[40] 后：君主。㧑挹：谦逊。

[41] 上帝：天帝。玄符：天符，符命。谓上天显示的瑞兆。

[42] 丕：大。

[43] 记言：古代史官的职责。《汉书·艺文志》："左史记言，右史记事。"书事：记事。

[44] 典策：记载典章制度等的重要册籍。

[45] 抚运：顺应时运。

［46］奄：覆盖，包括。寰宇：天下。

［47］膺期：承受期运，指受天命为帝王。

［48］大舜：对舜的尊称。《孟子·公孙丑上》：“大舜有大焉。”

［49］伯禹：夏禹。《尚书·舜典》：“伯禹作司空。”唐孔颖达疏引贾逵曰：“伯，爵也。禹代鲧为崇伯，入为天子司空，以其伯爵，故称伯禹。”

［50］登：加，胜于。三：传说中的上古三帝王，一说为燧人、伏羲、神农。迈：超出。五：传说中的上古五帝王，一说为黄帝、颛顼、帝喾、唐尧、虞舜。

［51］握机：掌握天下的权柄。蹈矩：遵守礼制。

［52］怀：安；安抚。《左传·僖公七年》：“招携以礼，怀远以德。”

［53］冠冕：古代帝王、官员所戴的帽子。

［54］靡：不，无。

［55］力：功勋。

［56］臭：气味。《诗经·大雅·文王》：“上天之载，无声无臭。”

［57］万类：万物。

［58］效灵：显灵。

［59］介：大。如响：响为回声，如响指反应迅捷，如回声应和一样。语出《易·系辞》：“其受命也如响。”

［60］沓：纷多聚积。《汉书·刘向传》：“及至周文，开基西郊，杂沓众贤，罔不肃和。”颜师古注：“杂沓，聚积之貌。”景：大。《诗经·周颂·潜》：“以享以祀，以介景福。”

［61］云氏、龙官、龟图、凤纪：都是吉祥预兆，后代多用来颂扬帝王瑞应之辞。

［62］日含五色：指日晕有青赤黄白黑五色。古代以此五色为正色，以太阳显现五色为“圣王在上”和“政理安定”的祥瑞之兆。

［63］乌呈三趾：传说太阳中有三足神乌，周围金光闪烁，所以也称“金乌”，后来也用以指代太阳。

［64］辍：停；中止。工：乐工。

［65］史：史官。

［66］流谦：谦抑，谦逊。《易·谦》：“天道亏盈而益谦，地道变盈而流

谦。”后以“流谦”谓极其谦抑。

[67] 挹：舀取。

[68] 夕惕：朝夕戒惧，如临危境，不敢稍懈。

[69] 般游：游乐。

[70] 黄屋：帝王车盖，以黄缯为盖里。

思考与练习

1. 请临习欧阳询《九成宫醴泉铭》等楷书作品，简要概括欧阳询的书法艺术风格。

2. 通行合称的“楷书四大家”是哪几位书法家？代表作品有哪些？

自 叙 帖

〔唐〕怀 素

怀素家长沙，幼而事佛。经禅之暇，颇好笔翰[1]。然恨未能远睹前人之奇迹，所见甚浅。遂担笈杖锡[2]，西游上国[3]，谒见当代名公，错综其事[4]。遗编绝简[5]，往往遇之。豁然心胸，略无疑滞。鱼笺绢素，多所尘点[6]，士大夫不以为怪焉。

颜刑部[7]，书家者流，精极笔法，水镜之辨[8]，许在末行。又以尚书司勋郎卢象[9]、小宗伯张正言[10]，曾为歌诗，故叙之曰：“开士怀素[11]，僧中之英。气概通疏，性灵豁畅。精心草圣，积有岁时。江岭之间，其名大著。故吏部侍郎韦公陟[12]，睹其笔力，勖以有成[13]。今礼部侍郎张公谓赏其不羁，引以游处。兼好事者同作歌以赞之[14]，动盈卷轴[15]。夫草稿之作[16]，起于汉代，杜度、崔瑗[17]，始以妙闻。迨乎伯英[18]，尤擅其美。羲、献兹降[19]，虞、陆相承[20]，口诀手授。以至于吴郡张旭长史[21]，虽姿性颠逸，超绝古今，而模楷精法详[22]，特为真正。真卿早岁常接游居[23]，屡蒙激昂[24]，教以笔法。资质劣弱，又婴物务[25]，不能恳习，迄以无成。追思一言，何可复得。忽见师作，纵横不群，迅疾骇人，若还旧观[26]。向使师得亲承善诱[27]，函挹规模[28]，则入室之宾，舍子奚适。嗟叹不足，聊书此以冠诸篇首。”

其后继作不绝，溢乎箱箧。其述形似[29]，则有张礼部云：“奔蛇走虺势入座，骤雨旋风声满堂。”卢员外云：“初疑轻烟澹古松，又似山开万仞峰。”王永州邕曰[30]：“寒猿饮水撼枯藤，壮士拔山伸劲铁。”朱处士遥云[31]：“笔下唯看激电流，字成只畏盘龙走。”

叙机格[32]，则有李御史舟云[33]：“昔张旭之作也，时人谓之张颠。今怀素之为也，余实谓之狂僧。以狂继颠，谁曰不可。”张公又云：“稽山贺老粗知名，吴郡张颠曾不易。”许御史瑶云[34]：“志在新奇无定则，古瘦漓骊半无墨。醉来信手两三行，醒后却书书不得。”戴御史叔伦云[35]：“心手相师势转奇，诡形怪状翻合宜。人人欲问此中妙，怀素自言初不知。”

语疾速[36]，则有窦御史冀云[37]：“粉壁长廊数十间，兴来小豁胸中气。忽然绝叫三五声，满壁纵横千万字。”戴公又云：“驰毫骤墨剧奔驷，满座失声看不及。”

目愚劣[38]，则有从父司勋员外郎吴兴钱起诗云[39]：“远锡无前侣，孤云寄太虚。狂来轻世界，醉里得真如。”

皆辞旨激切，理识玄奥，固非虚荡之所敢当，徒增愧畏耳。时大历丁巳冬十月廿有八日。

选自《唐怀素自叙帖真迹》，《历代碑帖法书选》编辑组编，文物出版社1986年版

题解

唐怀素《自叙帖》系纸本草书，卷高28.3厘米，长755厘米，共126行，首6行早损，由宋代苏舜钦补书。此卷是怀素流传下来篇幅最长的作品，是其代表作，也是我国书法艺术史上的重要作品之一，历代不乏争相临摹之人，有“天下第一草书”的美誉。《宝章待访录》《书史》等许多书上都有著录，卷末自题“大历十二年”，即777年所书。全篇草书气势磅礴，字字飞动，圆转之妙宛若有神，融合了篆书笔法而有所创新，正如赵孟頫《跋怀素论书帖》所论：“怀素所以妙者，虽率意颠逸，千变万化，终不离魏、晋法度故也”。怀素《自叙帖》真迹，在北宋时传有三种：苏子美家本、石阳休家本和冯当世家本。苏子美即苏舜钦，其藏本明时藏于文徵明家。现存于台

北故宫博物院。《自叙帖》不仅有怀素自述其写草书的经历，还摘录了颜真卿等书法家、诗人及名流贵卿对其草书的赞颂之辞。

怀素（725—785，一作737—799），唐代书法家，僧人。字藏真。精勤学书，以善“狂草”闻名。存世书迹有《自叙帖》《苦笋帖》《小草千字文》《论书帖》等。

注释

［1］笔翰：书法。

［2］笈：书箱，可背负。锡：僧人所用锡杖。

［3］西游上国：到京师游学。上国：指京师，首都。

［4］错综其事：综合各名家的言论以领悟书学要旨。

［5］遗编绝简：编：是古代用以联结竹简的皮条或绳子，后便用“编”来代称一部书或一部书的一部分。简：竹简。此处指珍藏的书法作品。

［6］尘点：本指墨迹点污，乃怀素自谦之辞。

［7］颜刑部：颜真卿，唐代大臣，书法家，字清臣，小名羡门子，别号应方，开元进士。任殿中侍御史，出为平原太守。历官至吏部尚书、太子太师，封鲁郡公，人称“颜鲁公”。

［8］水镜：像能照物的水和镜那样具有很强的辨识能力。此处指颜真卿具有极高的书法作品鉴赏能力。

［9］卢象：约开元年间在世，字纬卿。

［10］张正言：张谓，唐代诗人，字正言。

［11］开士：菩萨的异名。以能自开觉，又可开他人生信心，故称。后用作对僧人的敬称。

［12］韦公陟：韦陟，字殷卿。善文辞，有书名。

［13］勖：勉励。

［14］好事者：指爱好书法的人。

［15］卷轴：裱好有轴可卷舒的书籍或字画。

［16］草稿：指草书。

［17］杜度：字伯度。一说原名操，魏晋人因避魏武帝名讳，改称杜度。汉章帝时为相，善草书。崔瑗：字子玉。书法方面尤善草书，师法杜度，时

称“崔杜”。

［18］伯英：张芝，东汉书法家，字伯英。善章草，后去旧习，省减章草点画波磔，演为“今草”。三国魏韦诞称之“草圣”。

［19］羲、献：王羲之和王献之。王羲之，东晋书法家，字逸少。有“书圣”之誉。王献之，东晋书法家，字子敬，王羲之幼子。王羲之对汉、魏书迹，首推钟（繇）、张（芝）两家，认为其余不足观；王羲之、王献之草书，颇受张芝影响。

［20］虞、陆：虞世南和陆柬之。虞世南，唐代书法家、文学家，字伯施。能文辞，工书法，受业于吴郡顾野王，书学王羲之七代孙智永，继承了二王的书法传统，外柔内刚，笔致圆融遒丽，与欧阳询、褚遂良、薛稷并称“唐初四大书家”。陆柬之，唐代书法家。虞世南的外甥，草圣张旭的外祖父。

［21］张旭：唐代书法家，字伯高。官至金吾长史。工书，精通楷法，草书最为知名。

［22］模：疑为衍文。楷精法详：当为“楷法精详”，指书法法则精到详尽。

［23］接：交往，会合。游居：游览居留。

［24］激昂：振奋激励。

［25］婴：缠绕，羁绊。物务：事务。

［26］还：恢复，还原。旧观：原来的印象、观感。

［27］向使：假使。亲承：亲自传授。

［28］函：容纳。挹：汲取。规模：典范，榜样。

［29］形似：这里指怀素草书的形象特征。

［30］王永州邕：王邕，唐代诗人。

［31］朱处士：朱逵，一作朱遥。唐代宗大历中处士，曾游衡阳，与怀素过往。

［32］机格：指怀素书法风格、体势。

［33］李御史舟：李舟，唐代诗人，字公受。

［34］许御史瑶：许瑶，唐代宗大历年间官居御史。

［35］戴御史叔伦：戴叔伦，唐代诗人，字幼公（一作次公）。

[36] 疾速：指怀素的书写速度。

[37] 窦御史冀：窦冀，生平不详。

[38] 目：称。

[39] 从父：父亲的兄弟，即伯父或叔父。钱起：唐代诗人，字仲文。

思考与练习

1. 请谈一谈怀素《自叙帖》的“浪漫主义”体现在哪些方面。

2. 文中以“狂来轻世界，醉里得真如”来评价怀素，请细读全文，说一说你心中的怀素。

第二章　汉语与文明之路

文字是记录语言的书写符号系统，是民族文化的重要组成部分。语言文字作为华夏民族重要的交际工具和文化载体，使中华文化得以完整而系统地保存、传播和发展，并成为维系中华民族共同体的文化纽带。《〈马氏文通〉序》即是介绍汉语基本语言结构规律的代表。

要了解源远流长、博大精深的中华文化，就需要回溯到历史文献里去探寻汉语在纵向历史维度中的演进轨迹，以及在横向空间维度中的地域变体。《颜氏家训·音辞》即展示了汉语在广袤大地上所形成的差异性变体。汉语的发展从来都不是画地为牢、故步自封的，在与其他国家和民族的交往交流交融中，汉字、汉语和汉文化广泛地传播到境内域外。《史记·大宛列传》《洛阳伽蓝记》即展现了汉语中还存留的不同历史时期跨文化交际的痕迹，这些瑰丽的“结晶体”为文化的交流融合提供了有力佐证，也呈现出汉语在历史演变进程中的丰富性与创造性，体现了汉语始终保持自身表现力与蓬勃生命力的总体趋向。

大宛列传（节选）

〔西汉〕司马迁

初，汉使至安息，安息王令将二万骑迎于东界。东界去王都数千里。行比至，过数十城，人民相属甚多[1]。汉使还，而后发使随汉使来观汉广大，以大鸟卵及黎轩善眩人献于汉。及宛西小国驩潜、大益，宛东姑师、扜罙、苏薤之属，皆随汉使献见天子。天子大悦。

而汉使穷河源，河源出于窴，其山多玉石，采来，天子案古图书[2]，名河所出山曰昆仑云[3]。

是时上方数巡狩海上[4]，乃悉从外国客[5]，大都多人则过之[6]，散财帛以赏赐，厚具以饶给之[7]，以览示汉富厚焉。于是大觳抵[8]，出奇戏诸怪物[9]，多聚观者，行赏赐，酒池肉林[10]，令外国客遍观仓库府藏之积，见汉之广大，倾骇之[11]。及加其眩者之工[12]，而觳抵奇戏岁增变，甚盛益兴，自此始。

西北外国使，更来更去[13]。宛以西，皆自以远，尚骄恣晏然[14]，未可诎以礼羁縻而使也[15]。自乌孙以西至安息，以近匈奴，匈奴困月氏也，匈奴使持单于一信[16]，则国国传送食[17]，不敢留苦[18]；及至汉使，非出币帛不得食，不市畜不得骑用[19]。所以然者，远汉，而汉多财物，故必市乃得所欲，然以畏匈奴于汉使焉[20]。宛左右以蒲陶为酒，富人藏酒至万余石，久者数十岁不败。俗嗜酒，马嗜苜蓿。汉使取其实来，于是天子始种苜蓿、蒲陶肥饶地。及天马多，外国使来众，则离宫别观旁尽种蒲陶、苜蓿极望[21]。自大宛以西至安息，国虽颇异言，然大同俗，相知言。其人皆深眼，多须髯，善市贾，争分铢。俗贵女子，女子所言而丈夫乃决正[22]。其地皆无丝漆，不知铸钱器。及汉使亡卒降[23]，教铸作他兵器[24]。得汉黄白金，辄以为器[25]，不用为币[26]。

选自《史记》，〔南朝宋〕裴骃集解，〔唐〕司马贞索隐，〔唐〕张守节正义，中华书局1982年版

题解

《大宛列传》是中国最早的记载边疆和域外地理专篇。它以大宛（今中亚费尔干纳盆地）为中心，旁及周边一些国家、部落，远至西亚南部、南亚，也涉及中国新疆和川、滇部分地区，着重记述了西域诸国的地理历史和物产风情。其中记载张骞两次出使西域的经过，说明了中国与西域诸国有悠久的经济和文化交流历史，同时也展现了开辟“丝绸之路”的艰苦历程。这是研究中国地理学史和中亚等地历史地理的重要文献。

司马迁（约前145或前135—？），西汉史学家、文学家。字子长，夏阳（今陕西韩城南）人。早年受学于孔安国、董仲舒，漫游各地，了解风俗，采集传闻。初任郎中，奉使西南。元封三年（前108）任太史令，继承其父司马谈之职，此后开始著述。司马迁因替李陵败降匈奴之事辩解而受腐刑，出狱后任中书令，发奋继续完成所著史籍，以其“究天人之际，通古今之变，成一家之言”的修史宗旨撰写了中国第一部纪传体通史《史记》（原名

《太史公书》)。

注释

［1］属：连。

［2］案：考查。

［3］名河所出山曰昆仑云：称于阗南侧黄河发源的山为昆仑山；但黄河之源头实不在这里，而在青海的巴颜喀拉山北麓。“云”在句末作助词，起强调作用。

［4］上：天子。方：正。数：屡次。巡狩：天子视察地方的理政情况。海上：海边，沿海地区。

［5］悉：都。从：使跟从，指带上。

［6］大都多人：人多的大都邑。

［7］厚具：准备丰厚的物品。饶给：多给，指出手大方。

［8］大觳（jué）抵：同“大角抵”，大规模进行角抵活动。角抵之戏，类似今之摔跤、相扑。此事发生于汉武帝元封三年（前108）。

［9］奇戏：指各种杂技表演。诸怪物：各种稀奇古怪的动物。

［10］酒池肉林：此极言酒肉之多。

［11］倾骇：令其惊讶怪骇。

［12］加其眩者之工：增加魔术的技巧后。眩者：指魔术。

［13］更来更去：更加频繁地来来往往。

［14］骄恣：骄傲放纵。晏然：安逸的样子。

［15］未可诎以礼：不能以礼节约束，使之变得谦卑。诎：通“屈”，谦卑。羁縻而使：加以笼络，予以控制。

［16］单（chán）于：匈奴最高首领的称号。信：信物，凭证。

［17］传送食：辗转供给饮食，即走到哪里都有食物供给。传：通“转”。

［18］不敢留苦：不敢耽搁，不敢为难。

［19］市：花钱买。

［20］然以畏匈奴于汉使焉：这是因为他们怕匈奴人更甚于怕汉朝使者。

［21］极望：极目远望，一眼望不到边，指种植得多。

［22］决正：决定。此句谓以妻子之言作为丈夫判断事物的准则。

［23］汉使亡卒：汉朝使者从卒之逃亡者。

［24］他兵器：西域所没有的其他各种兵器。

［25］器：器皿。

［26］不用为币：不把金银作为货币流通。

思考与练习

1. 请结合历史文化背景，谈一谈在本文中出现的“苜蓿”“蒲陶（葡萄）”等词语，是如何体现西汉时期的语言接触和文化交流的。

2. 汉语作为世界上使用人口最多的语言，拥有悠久深厚的历史，亦包含相当数量的外来词语。请结合具体语例，谈一谈汉语中外来词语的历史阶段性特点。

洛阳伽蓝记·龙华寺（节选）

〔北魏〕杨衒之

景明初，伪齐建安王萧宝夤来降，封会稽公，为筑宅于归正里。后进爵为齐王，尚南阳长公主。宝夤耻与夷人同列，令公主启世宗[1]，求入城内，世宗从之，赐宅永安里。正光四年中，萧衍子西丰侯萧正德来降，处金陵馆，为筑宅归正里，正德舍宅为归正寺。

北夷来附者，处燕然馆，三年已后，赐宅归德里。

正光元年，蠕蠕主郁久闾阿那肱来朝[2]，执事者莫知所处。中书舍人常景议云：“咸宁中[3]，单于来朝[4]，晋世处之王公特进之下[5]，可班那肱蕃王仪同之间[6]。”朝廷从其议，又处之燕然馆，赐宅归德里。北夷酋长遣子入侍者，常秋来春去，避中国之热，时人谓之雁臣。

东夷来附者，处扶桑馆，赐宅慕化里。西夷来附者，处崦嵫馆，赐宅慕义里。自葱岭已西[7]，至于大秦[8]，百国千城，莫不款服[9]。商胡贩客[10]，日奔塞下。所谓尽天地之区已。乐中国土风因而宅者[11]，不可胜数。是以附化之民，万有余家。门巷修整，阊阖填列[12]，青槐荫陌，绿树垂庭，天下难得之货，咸悉在焉。

别立市于洛水南，号曰四通市，民间谓永桥市。伊洛之鱼，多于此卖，士庶须脍[13]，皆诣取之[14]。鱼味甚美，京师语曰："洛鲤伊鲂[15]，贵于牛羊。"

永桥南道东有白象、狮子二坊[16]。

白象者，永平二年乾陀罗国胡王所献[17]，背设五采屏风、七宝坐床[18]，容数人，真是异物。常养象于乘黄曹[19]，象常坏屋败墙，走出于外[20]。逢树即拔，遇墙亦倒。百姓惊怖[21]，奔走交驰。太后遂徙象于此坊。

狮子者，波斯国胡王所献也。为逆贼万俟醜奴所获[22]，留于寇中。永安末，醜奴破灭，始达京师。庄帝谓侍中李彧曰[23]："朕闻虎见狮子必伏，可觅试之。"于是诏近山郡县捕虎以送。巩县、山阳并送二虎一豹[24]，帝在华林园观之，于是虎豹见狮子，悉皆瞑目，不敢仰视。园中素有一盲熊，性甚驯，帝令取试之。虞人牵盲熊至[25]，闻狮子气，惊怖跳踉[26]，曳锁而走[27]，帝大笑。普泰元年[28]，广陵王即位，诏曰："禽兽囚之则违其性，宜放还山林。"狮子亦令送归本国。送狮子者以波斯道远，不可送达，遂在路杀狮子而返。有司纠劾[29]，罪以违旨论[30]，广陵王曰："岂以狮子而罪人也？"遂赦之。

选自《洛阳伽蓝记》卷三，尚荣译注，中华书局2012年版

题解

北魏自太和十九年（495）迁都洛阳后，大修佛寺。东魏武定五年（547）杨衒之重游洛阳，目睹多年战乱后洛阳城郭崩毁的凄凉景象，抚今思昔，感慨之余，著《洛阳伽蓝记》。"伽蓝"即"寺"意，该书凡五卷。该书的文学价值体现在作者于浮屠古刹的描述中，穿插人情、地理、风物习俗等方面的内容，涉及政治、经济、文化、社会生活等各领域；行文秾丽秀逸，被后世誉为北朝骈体文范本。

杨衒之，北魏散文家。生卒年不详，北平（今河北保定满城）人。著书时任东魏抚军司马，北魏末任秘书监。

注释

［1］启：启奏，陈说。

［2］蠕蠕：我国古代北方族群名，即柔然。蠕蠕为北魏太武帝对柔然的

蔑称。《魏书·蠕蠕传》："蠕蠕，东胡之苗裔也，姓郁久闾氏。"

［3］咸宁：晋武帝司马炎年号。

［4］单（chán）于：匈奴最高首领的称号。

［5］特进：官名。西汉末始置，以授列侯中有特殊地位者，位在三公上，南北朝时为加官，无实职。

［6］蕃王：即藩王，诸侯王。仪同：仪同三司的略称。

［7］葱岭：古山脉名，北起今南天山、西天山，往南绵亘，包括帕米尔高原、西昆仑山、喀喇昆仑山和兴都库什山。在敦煌西，是通西域之要道。

［8］大秦：古东罗马帝国。

［9］款服：诚心归服。

［10］商胡：古称到中国经商的胡人，多指粟特、大食商人。

［11］土风：地方固有的风土习俗。

［12］阊阖：门。填列：充溢，密集。

［13］脍（kuài）：细切的鱼肉，特指生食的鱼片。

［14］诣：往，到……去。

［15］洛：洛水。伊：伊水。

［16］永桥：《洛阳伽蓝记·龙华寺》："宣扬门外四里至洛水上作浮桥，所谓永桥也"，造于魏初迁都时。坊：古时对城镇中街道里巷的通称。

［17］永平：北魏宣武帝年号。乾陀罗国：又作"犍陀卫""健驮罗""乾陀"等，在今巴基斯坦北部及阿富汗东部一带。

［18］背设五采屏风、七宝坐床：指在象背上施设屏风、坐具，样式类似轿。七宝：佛教所称七种珍贵宝物，包括金银、琉璃、玛瑙等。

［19］乘黄曹：官署名，掌皇帝车舆。

［20］走出于外：跑到外面去。

［21］惊怖：惊怕。

［22］万俟（mòqí）醜奴：北魏人，建义元年（528）自立朝廷。

［23］庄帝：元子攸。李彧：李延寔之子，妻子为孝庄帝姐丰亭公主元季瑶，受封东平郡公。

［24］巩县：今河南巩义。山阳：治今河南焦作东。

[25] 虞人：官名，掌管山泽苑囿。

[26] 跳踉（liáng）：跳跃。

[27] 曳锁：拖着锁链。

[28] 普泰：北魏节闵帝年号。

[29] 纠劾：纠弹，举发弹劾官吏的过失。

[30] 罪以违旨论：以违圣旨定他的罪名。

思考与练习

1.“狮子”原写作“师子”，或说来自波斯语ser，或说来自伊朗语sarg，它代表了西汉时期由西域借入的一系列词语。请查阅资料，谈一谈同期所传入的其他外来词语。

2. 从语言接触的历史和影响来看，汉语在借入外来词的同时，也大量地进入其他语言中。请查阅资料，谈一谈汉语对“汉字文化圈”语言文化的影响。

颜氏家训·音辞

〔北齐〕颜之推

夫九州之人[1]，言语不同，生民已来[2]，固常然矣[3]。自《春秋》标齐言之传[4]，《离骚》目《楚词》之经[5]，此盖其较明之初也[6]。后有扬雄著《方言》，其言大备[7]。然皆考名物之同异[8]，不显声读之是非也[9]。逮郑玄注《六经》[10]，高诱解《吕览》《淮南》[11]，许慎造《说文》[12]，刘熹制《释名》[13]，始有譬况假借以证音字耳[14]。而古语与今殊别[15]，其间轻重清浊[16]，犹未可晓；加以内言外言[17]、急言徐言[18]、读若之类，益使人疑。孙叔言创《尔雅音义》[19]，是汉末人独知反语[20]。至于魏世[21]，此事大行[22]。高贵乡公不解反语[23]，以为怪异。自兹厥后[24]，音韵锋出[25]，各有土风[26]，递相非笑[27]，指马之谕[28]，未知孰是[29]。共以帝王都邑[30]，参校方俗[31]，考核古今[32]，为之折衷[33]。榷而量之[34]，独金陵与洛下耳[35]。南方水土和柔，其音清举而切诣[36]，失在浮浅，其辞多鄙俗[37]。北方山川深厚，其音沉浊而鈋钝[38]，得其质直[39]，其辞多古语。然冠冕君子[40]，南方为优；闾里小人[41]，北方为愈[42]。易服而与之谈[43]，南方士庶[44]，数言可辩；隔垣而听其语[45]，北方朝野，终日难分。而南染吴越[46]，北杂夷虏[47]，皆有深弊[48]，不可具论[49]。其谬失轻微者[50]，则南人以钱为涎，以石为射，以贱为羡，以是为舐；北人以庶为戍，以如为儒，以紫为姊，以洽为狎。如此之例，两失甚多。至邺已来[51]，唯见崔子约、崔瞻叔侄，李祖仁、李蔚兄弟，颇事言词[52]，少为切正[53]。李季节著《音韵决疑》，时有错失；阳休之造《切韵》，殊为疏野[54]。吾家儿女，虽在孩稚[55]，便渐督正之[56]；一言讹替[57]，以为己罪矣。云为品物[58]，未考书记者[59]，不敢辄名[60]，汝曹所知也[61]。

古今言语，时俗不同[62]；著述之人，楚夏各异[63]。《苍颉训诂》[64]，反稗为逋卖，反娃为於乖；《战国策》音刎为免，《穆天子传》音谏为间；《说文》音戛为棘，读皿为猛；《字林》音看为口甘反[65]，音伸为辛；《韵集》以成、仍、宏、登合成两韵[66]，为、奇、益、石分作四章；李登《声类》以系音羿，刘昌宗《周官音》读乘若承：此例甚广，必须考校[67]。前世反语，又多不切[68]，徐仙民《毛诗音》反骤为在遘，《左传音》切椽为徒缘，不可依信，亦为众矣。今之学士[69]，语亦不正；古独何人，必应随其讹僻乎[70]？《通俗文》曰：“入室求曰搜。”反为兄侯。然则兄当音所荣反。今北俗通行此音[71]，亦古语之不可用者。玙璠[72]，鲁人宝玉，当音余烦，江南皆音藩屏之藩。岐山当音为奇，江南皆呼为神祇之祇。江陵陷没[73]，此音被于关中[74]，不知二者何所承案[75]。以吾浅学，未之前闻也。

北人之音，多以举、莒为矩；唯李季节云：“齐桓公与管仲于台上谋伐莒[76]，东郭牙望见桓公口开而不闭，故知所言者莒也。然则莒、矩必不同呼[77]。”此为知音矣[78]。

夫物体自有精粗[79]，精粗谓之好恶[80]；人心有所去取[81]，去取谓之好恶[82]。此音见于葛洪、徐邈。而河北学士读《尚书》云好生恶杀[83]。是为一论物体，一就人情，殊不通矣。

甫者，男子之美称，古书多假借为父字[84]；北人遂无一人呼为甫者[85]，亦所未喻[86]。唯管仲、范增之号[87]，须依字读耳。

案：诸字书，焉者鸟名，或云语词[88]，皆音于愆反。自葛洪《要用字苑》分焉字音训：若训何训安，当音于愆反[89]，“于焉逍遥”“于焉嘉客”“焉用佞”“焉得仁”之类是也[90]；若送句及助词，当音矣愆反[91]，“故称龙焉”“故称血焉”“有民人焉”“有社稷焉”“托始焉尔”“晋、郑焉依”之类是也。江南至今行此分别[92]，昭然易晓[93]；而河北混同一音，虽依古读，不可行于今也。

邪者[94]，未定之词。《左传》曰：“不知天之弃鲁邪？抑鲁君有罪于鬼神邪[95]？”《庄子》云：“天邪地邪？”《汉书》云：“是邪非邪？”之类是也。而北人即呼为也[96]，亦为误矣。难者曰[97]：“《系辞》云：‘乾坤，《易》之门户邪[98]？’此又为未定辞乎[99]？”答曰：“何为不尔[100]！上先标问[101]，下方列德以折之耳[102]。”

江南学士读《左传》，口相传述，自为凡例[103]，军自败曰败[104]，打破人军曰败[105]。诸记传未见补败反，徐仙民读《左传》，唯一处有此音，又不言自败、败人之别，此为穿凿耳[106]。

古人云：“膏粱难整[107]。”以其为骄奢自足[108]，不能克励也[109]。吾见王侯外戚[110]，语多不正，亦由内染贱保傅[111]，外无良师友故耳。梁世有一侯，尝对元帝饮谑[112]，自陈“痴钝”[113]，乃成“飔段”，元帝答之云：“飔异凉风，段非干木。”谓“郢州”为“永州”，元帝启报简文[114]，简文云：“庚辰吴入，遂成司隶[115]。”如此之类，举口皆然[116]。元帝手教诸子侍读[117]，以此为诫。

河北切攻字为古琮，与工、公、功三字不同，殊为僻也[118]。比世有人名暹[119]，自称为纤；名琨，自称为衮；名洸，自称为汪；名款，自称为獡。非唯音韵舛错[120]，亦使其儿孙避讳纷纭矣[121]。

选自《颜氏家训集解》，王利器集解，中华书局2014年版

题解

《颜氏家训》是中国历史上第一部体系宏大且内容丰富的家训，在家庭教育、道德修养等方面给后人提供了有益借鉴，也为后人研究南北朝历史及语言文学提供了重要参考。《颜氏家训·音辞》涉及文字、音韵、训诂、校勘等语言文字类知识，反映了颜之推的语音观。该篇主要讲述了语言具有时间性和地域性，指出了南北方语言所存在的差异，认为这种差异是由不同的

生活环境所造成的，并强调了应重视语言中的正音工作。

颜之推（531—约590以后），北齐文学家、音韵训诂学家。字介，生于江陵（今属湖北），祖籍琅邪临沂（今山东临沂）。

注释

［1］九州：传说中的中国古地理区划，后来用“九州”泛指天下。

［2］生民：犹言人类诞生。语出《诗经·大雅·生民》。

［3］常然：一向如此。

［4］标：标明。

［5］目：指被看成。楚词：楚人用语，与上文的“齐言”相对。经：典范著作。

［6］盖：大概。

［7］其言：指各地的方言用语。备：完备，齐备。

［8］考：考证。名物：事物的名称、特征等。

［9］显：表明，显示。声读：读音，语音。是非：正确和错误。

［10］逮：等到。郑玄：东汉著名的经学家、文献学家。《六经》：即郑玄注释的《诗经》《尚书》《周易》《周礼》《仪礼》《礼记》六部儒家经典。

［11］高诱：东汉经学家。解：解释，注释。《吕览》：即《吕氏春秋》，战国末年吕不韦会集门客编著。《淮南》：即《淮南子》，又名《淮南鸿烈》，西汉淮南王刘安及其门客编著。

［12］许慎：东汉经学家，文字学家。造：编写。《说文》：《说文解字》，我国第一部系统分析字形，考究字源的字典。

［13］刘熹：又作刘熙，东汉训诂学家。制：编写。《释名》：体例仿《尔雅》，而以音同、音近之字释义。

［14］譬况：古人注音方法之一，用描述性的、打比方的方法来说明汉字读音。假借：文字上的借用，这里指借用另外一个字来给某字注音。

［15］古语：古代语言。殊别：非常不同。殊：极、甚。

［16］清浊：语音的清音与浊音。

［17］内言外言：古代注家譬况字音用语，内言发洪音，外言发细音。

［18］急言：有［-i］介音的细音字，因发音时口腔的气道先窄而后宽，

肌肉先紧而后松，其音急促。徐言：缓言，缓气言之。

［19］孙叔言：孙炎，三国时经学家、训诂学家。《尔雅音义》：其中的注音使用了反切，是书今已不存。

［20］反语：即反切，古代注音方法之一，用两个汉字给一个汉字注音。

［21］魏世：曹魏时期。

［22］此事：指反切注音的方法。

［23］高贵乡公：曹髦，魏文帝曹丕之孙。解：明白，理解。

［24］自兹厥后：从此以后。

［25］锋出：如锋刃齐起，强调锐而难拒。

［26］土风：土音方言。

［27］递相：即互相。非笑：讥笑。

［28］指马之谕：语出《庄子·齐物论》："天地一指也，万物一马也。"庄子认为世界万物为统一体，应各任自然，不分彼此是非。后以"指马"为争辩是非、差别的代称。

［29］孰是：哪一个正确。

［30］都邑：京城，都城。此处指代都城地区的语音。

［31］参校：参照比较。方俗：方言口语。

［32］考核：研究考证。

［33］折衷：折中取正，选取判断通用语音的标准。

［34］榷：研究，商讨。

［35］金陵：即今江苏南京。洛下：即洛阳。意指只有这两个地方的发音足以代表南北地区发音标准。

［36］清举：清脆悠扬。切诣：发音迅急。

［37］鄙俗：鄙陋通俗，指多为方言俚语。

［38］沉浊：指声音低沉粗重。鈋（é）钝：浑厚。

［39］质直：质朴平实。

［40］冠冕君子：此处指代士族的语言。

［41］闾里小人：此处指代平民百姓的语言。

［42］愈：好，胜。

［43］易服：交换服饰。

［44］士庶：士族和庶族。与下文“朝野”同义，均指官员与普通百姓。

［45］垣：矮墙。

［46］南：南方，这里指南方的金陵音。染：沾染，受到影响。吴越：吴语、越语。

［47］北：北方，这里指北方的洛阳音。杂：混杂，夹杂。夷虏：指北方各族语音。

［48］弊：弊病。

［49］具论：详细讨论。

［50］谬失：错误。

［51］至邺以来：指颜之推到邺地之后。邺：北齐都城，旧址在今河北临漳。

［52］事：从事研究。言词：语言。

［53］少：稍微，略微。切正：切磋补正。

［54］疏野：粗略草率。

［55］孩稚：幼年。

［56］督正：矫正，纠正。

［57］讹替：差误。

［58］云为：所为。品物：物品，器物。

［59］书记：书籍记录。

［60］辄名：擅自命名。辄：擅自，任意。

［61］汝曹：你们。

［62］时俗：时代习俗。

［63］楚夏：楚指代南方，夏指代中原。

［64］《苍颉训诂》：东汉杜林撰，今已不存。

［65］《字林》：晋吕忱撰，今已不存。

［66］《韵集》：晋吕静撰，今已不存。

［67］考校：考证校正。

［68］不切：指反切上字和下字不能拼出被切字的读音。

［69］学士：学者。

［70］必应：必须，一定。随：依从。讹僻：错误和偏差。

[71] 北俗：北方民间。

[72] 玙璠（yúfán）：美玉。

[73] 陷没：沦陷，被攻占。

[74] 被：施及。关中：今陕西渭河流域一带。

[75] 承：继承。案：依据。

[76] 谋：商议。伐：攻打，征伐。

[77] 呼：音韵学名词。依据口唇的形态将韵母分为开口呼、合口呼。

[78] 知音：懂得音韵。

[79] 物体：事物的本体，器物的形体。精粗：精良和粗劣。

[80] 好恶（hǎo'è）：好的和差的。

[81] 人心：人们的意愿、情感。

[82] 好恶（hàowù）：喜好与厌恶。

[83] 云：说成，读成。好生恶杀：爱惜生灵，讨厌杀戮。“好”本当读为“hào”，“恶”本当读为“wù”，结果河北学士读“好”为“hǎo”，读“恶”为“è”。

[84] 多假借为父字：“甫”“父”同韵不同声，但是音近，古书中二字多假借。

[85] 北人遂无一人呼为甫者：北方人没有一个把男子的美称的假借字“父”读为“甫”音的。

[86] 喻：知晓，明白。

[87] 管仲、范增之号：管仲号仲父，范增号亚父，他们号中的“父”，当依“父”的本来读音，不当读为“甫”音。

[88] 或云语词：“焉”是鸟名，有的说是语助词。

[89] 训：训释，解释词义。“若训何训安”句：如果“焉”解释为疑问代词“何”“安”，那么“焉”字读音为“于愆反”。

[90] 是：指属于这种情况。

[91]“若送句及助词”句：如果“焉”字作为句末语气词及结构助词，那么“焉”字读音为“矣愆反”。

[92] 行：流行。

[93] 昭然：明白貌。

[94] 邪（yé）：语气助词，表示疑问。

[95] 抑：还是，表示选择的连词。

[96] 北人即呼为也：北人把“天邪地邪”“是邪非邪”中的“邪”读为“也”。

[97] 难：诘问。

[98] 门户：比喻事物的关键。

[99] 未定辞：疑问语气词。

[100] 何为：为什么。尔：语气词。

[101] 标问：提出问题。

[102] 列德：列举乾坤的德性。折：裁决。

[103] 凡例：体制。

[104] 自败曰败：说自己败了叫作“败”。这里的“败”是不及物动词。

[105] 打破人军曰败：打败别人的军队叫作“败”。这里的“败”是及物动词，依《广韵》的记录，“败”有两读，自破义和破他义的读音声母不同。

[106] 穿凿：牵强附会。

[107] 膏粱：肥美的食物，指代富贵人家及其后代。整：正，品行端正。

[108] 以：因为。骄奢：骄横奢侈。自足：自满。

[109] 克励：克制私欲，力求上进。

[110] 王侯：王爵和侯爵，泛指显贵的爵位。外戚：指帝王的母族、妻族的人。

[111] 保傅：教导贵族子弟的男女官员。

[112] 元帝：指梁元帝萧绎。饮谑：饮酒戏谑。

[113] 痴钝：愚笨迟钝。

[114] 启报：禀报。简文：指梁简文帝萧纲。

[115] 庚辰吴入，遂成司隶：“庚辰吴入”一语出自《春秋·定公四年》“庚辰，吴入郢”。句意为，本当读为庚辰吴入郢，结果“郢”字读成了汉司隶校尉鲍永的“永”字。

[116] 举口：众口。皆然：全部这样，全部如此。

[117] 手教：亲自教育。侍读：南北朝时期诸王的属官，陪侍帝王读书

论学或为皇子授书讲学。

[118] 僻：冷僻。

[119] 比世：近世，近代。

[120] 非唯：不只，不仅。舛错：错乱，不正确。

[121] 避讳：避免直接说出尊长和君主的名讳。纷纭：杂乱，混乱。

思考与练习

1. 请联系你所说的方言，谈一谈在词汇使用方面，它与普通话有什么区别。

2. 在《颜氏家训·音辞》中，颜之推说“古人云：‘膏粱难整。’以其为骄奢自足，不能克励也”。请结合这句话，阐释其中所包含的治学态度。

《马氏文通》序

〔清〕马建忠

昔古圣开物成务[1]，废结绳而造书契[2]，于是文字兴焉。夫依类象形之谓文，形声相益之谓字，阅世递变而相沿，讹谬至不可殚极[3]。上古渺矣，汉承秦火，郑许辈起，务究元本，而小学乃权舆焉[4]。自汉而降，小学旁分，各有专门。欧阳永叔曰[5]：“《尔雅》出于汉世，正名物讲说资之[6]，于是有训诂之学[7]；许慎作《说文》[8]，于是有偏旁之学；篆隶古文，为体各异，于是有字书之学；五声异律[9]，清浊相生[10]，而孙炎始作字音[11]，于是有音韵之学。”吴敬甫分三家[12]：一曰体制[13]，二曰训诂，三曰音韵。胡元瑞则谓小学一端[14]，门径十数，有博于文者、义者、音者、迹者[15]、考者、评者，统类而要删之，不外训诂、音韵、字书三者之学而已。

三者之学，至我朝始称大备，凡诂释之难，点画之细，音韵之微，靡不详稽旁证，求其至当。然其得失异同，匿庸与嗜奇者，又往往互相主奴，聚讼纷纭，莫衷一是。则以字形字声，阅世而不能不变，今欲于屡变之后以返求夫未变之先，难矣。盖所以证其未变之形与声者，第据此已变者耳。藉令沿源讨流，悉其元本所是正者，一字之疑、一音之讹、一画之误已耳。殊不知古先造字，点画音韵，千变万化，其赋以形而命以声者，原无不变之理，而所以形其形而声其声，以神其形声之用者，要有一成之律贯乎其中，历千古而无或少变。盖形与声之最易变者，就每字言之；而形声变而犹有不变者，就集字成句言之也。《易》曰："艮其辅，言有序[16]。"《诗》曰："出言有章[17]。"曰"有序"，曰"有章"，即此有形有声之字，施之于用各得其宜而著为文者也。《传》曰："物相杂故曰文[18]。"《释名》谓"会集众采以成锦绣，会集众字以成词谊[19]，如文绣然也。"今字形字声之最易变者，则载籍极博，转使学者无所适从矣，而会集众字以成文，其道终不变者，则古无传焉。

士生今日而不读书为文章则已，士生今日而读书为文章，将发古人之所未发而又与学者以易知易能[20]，其道奚从哉？《学记》谓"比年入学，中年考校，一年视离经辨志[21]"。其《疏》云："离经，谓离析经理，使章句断绝也[22]。"《通雅》[23]引作"离经辨句"，谓"丽于六经使时习之，先辨其句读也。"徐邈音豆，皇甫茂正云："读书未知句度，下视服杜。"度，即读，所谓句心也。然则古人小学，必先讲解经理、断绝句读也明矣。夫知所以断绝句读，必先知所以集字成句成读之义。刘氏《文心雕龙》云："夫人之立言，因字而生句，积句而成章，积章而成篇。篇之彪炳，章无疵也；章之明靡，句无玷也；句之清英，字不妄也。振本而末从，知一而万毕[24]。"顾振本知一之故，刘氏亦未有发明。

慨夫蒙子入塾，首授以《四子书》，听其终日伊吾[25]，及少长也，则为之师者，就书衍说[26]。至于逐字之部分类别，与夫字与字相配成句之义，且同一字也，有弁于句首者[27]，有殿于句尾者[28]，以及句读先后参差之所以然，塾师固昧然也[29]。而一二经师自命与攻乎古文词者[30]，语之及此，罔不曰此在神而明之耳，未可以言传也。噫嚱！此岂非循其当然而不求其所以然之蔽也哉！后生学者，将何考艺而问道焉！

上稽经史，旁及诸子百家，下至志书小说，凡措字遣辞，苟可以述吾心中之意以示今而传后者，博引相参，要皆有一成不变之例。愚故罔揣固陋，取《四书》《三传》《史》《汉》、韩文为历代文词升降之宗，兼及诸子、《语》《策》，为之字栉句比[31]，繁称博引，比例而同之，触类而长之[32]，穷古今之简篇，字里行间，涣然冰释，皆有以得其会通，辑为一书，名曰《文通》。部分为四：首正名。天下事之可学者各自不同，而其承用之名，亦各有主义而不能相混[33]。佛家之“根”“尘”“法”“相”[34]，法律家之“以”“准”“皆”“各”“及其”“即若”，与夫军中之令，司官之式，皆各自为条例。以及屈平之“灵修”[35]，庄周之“因是”[36]，鬼谷之“捭阖”，苏张之“纵横”，所立之解均不可移置他书。若非预为诠解，标其立义之所在而为之界说，阅者必洸洋而不知其所谓[37]，故以正名冠焉。次论实字。凡字有义理可解者，皆曰实字，即其字所有之义而类之，或主之，或宾之，或先焉，或后焉，皆随其义以定其句中之位，而措之乃各得其当。次论虚字。凡字无义理可解而惟用以助辞气之不足者曰虚字。刘彦和云：“至于‘夫’‘惟’‘盖’‘故’者，发端之首唱；‘之’‘而’‘于’‘以’者，乃札句之旧体；‘乎’‘哉’‘矣’‘也’，亦送末之常科[38]。”虚字所助，盖不外此三端，而以类别之者因是已[39]。字类既判，而联字分疆庶有定准[40]，故以论句读终焉。

虽然，学问之事，可授受者规矩方圆，其不可授受者心营意造[41]。然即其可授受者以深求夫不可授受者，而刘氏所论之文心，苏辙氏所论之文气[42]，要不难一蹴贯通也。余特怪伊古以来，皆以文学有不可授受者在，并其可授受者而不一讲焉，爰积十余年之勤求探讨以成此编。盖将探夫自有文字以来至今未宣之秘奥，启其缄縢[43]，导后人以先路。挂一漏万，知所不免。所望后起有同志者，悉心领悟，随时补正，以臻美备，则愚十余年力索之功庶不泯也已。

光绪二十四年三月十九日丹徒马建忠序

选自《马氏文通》，商务印书馆2010年版

题解

《马氏文通》是中国关于汉语语法的第一部系统性著作。该书以古汉语为研究对象，把西方的语法学引进中国，创立了第一个完整的汉语语法体系，在中国语言学发展史上具有里程碑式的意义。全书分为四个部分：第一部分（第一卷）“正名”，对文中出现的语法术语进行定义，明确它们的概念；第二部分（第二卷至第六卷）“实字”，介绍名字、代字、静字、动字和状字；第三部分（第七卷至第九卷）“虚字”，介绍介字、连字、助字和叹

字；第四部分（第十卷）“论句读”，即现在所说的句子系统，包括顿、读和句。

马建忠（1845—1900），清末学者、语法学家。字眉叔，江苏丹徒（今镇江）人。他早年好学，熟读古代经史及大量文学作品，还学会了拉丁文、希腊文、英文、法文，同时广泛涉猎西方的自然科学知识。

注释

［1］开物成务：指通晓万物的道理并按照这个道理行事而取得成功。

［2］结绳：上古产生文字之前，在绳子上打结来记事。书契：指文字。契：用刀刻。古代用刀刻字，故文字有“书契”之称。

［3］殚极：穷尽。

［4］小学：汉代对文字学的称呼，因儿童入学先学文字而得名。后小学成为文字学、音韵学、训诂学的总称。章炳麟认为小学之名不当，主张改为语言文字之学。权舆：起始。

［5］欧阳永叔：欧阳修，北宋文学家、史学家，字永叔。

［6］资之：依靠它，参考它。

［7］训诂：也叫训故、诂训、故训，解释词句的本义，推究其引申义。一般有三种基本方式，义训、声训和形训。

［8］《说文》：《说文解字》的简称，东汉许慎著，它是我国第一部系统分析字形、考究字源的字典。

［9］五声：指唇、舌、齿、牙、喉五个发音部位所发的音。

［10］清浊：清音和浊音，清音指不带音的辅音，发音时声带不颤动；浊音指带音的辅音，发音时声带颤动。

［11］孙炎：三国魏经学家、训诂学家。

［12］吴敬甫：吴元满，明代文字学家，字敬甫。

［13］体制：指文字学。

［14］胡元瑞：胡应麟，明代文学家，字元瑞。

［15］迹：考查，推究。

［16］“《易》曰”句：语出《易·艮》：“艮其辅，言有序，悔亡。”此句意谓人或默而不言，言则要有条理。艮：止。辅：上颌。

[17]“《诗》曰”句：语出《诗经·小雅·都人士》：“其容不改，出言有章。”章：文采。

[18]“《传》曰”句：出自《易·系辞下》，指阴阳相杂而成文。

[19]词谊：文词的义理。

[20]与学者以易知易能：用容易理解、掌握的办法向学习者传授知识。

[21]“《学记》谓”句：比年：每年。中年：隔一年。离经辨志：分析经籍的义理，点断文句，辨别其学习兴趣的方向。此句意为每年有学生入学，隔一年考察一次他们的成绩，第一年就要检查他们标点分段、分析经籍的能力，辨别学生的志向。

[22]“其《疏》云”句：郑玄曾为《礼记》作注，孔颖达为郑注作疏。

[23]《通雅》：训诂学书，明代方以智撰，全书五十二卷。

[24]“刘氏《文心雕龙》云”句：刘勰，南朝梁文学理论批评家。引语出自《文心雕龙·章句》。彪炳：文采焕发。明靡：明白细致。清英：清新秀丽。振本而末从：用本和末来比喻字句和篇章的关系。此句意为词句的基础打好了，才能写好文章。

[25]伊吾：象声词，读书声。

[26]就书衍说：只就文章本身推衍义理。

[27]弁：古时男子戴的一种冠。引申为动词，放在前面。

[28]殿：放在最后。

[29]昧然：糊涂无知。

[30]经师自命：自命为经师的人。

[31]字栉句比：逐字逐句地排列比较。栉，梳子，比喻像梳齿那样密集排列着。

[32]触类而长之：掌握一类事物的知识或规律就能推知增长同类事物的知识。

[33]主义：主要意思。

[34]根：感觉器官，或认识能力。佛家把人的感官看作感觉的根源。尘：指一切世间世法，染污真性。法：梵语“达摩（dharma）”，一切现象、法则或教法。相：佛教指一切事物的外观形态。

[35]屈平之“灵修”：灵修为对君王的美称，一般认为《离骚》中指楚

怀王。

［36］庄周之“因是”：《庄子·齐物论》：“因是因非，因非因是。”较通行的理解为：是非相因而生，有是即有非，有非即有是。

［37］洸洋：水势浩大，漫无边际。这里比喻茫无边际，不知所云。

［38］“刘彦和云”句：刘勰，字彦和。引语出自《文心雕龙·章句》。发端之首唱：用于句首的发语词。札句之旧体：在句中起联结作用的老用法。送末之常科：用于句末的常用方式。此句列举分类了常用虚词。

［39］而以类别：就是用这个办法来区分虚词的类别。

［40］联字分疆：语出《文心雕龙·章句》：“句者，局也。局言者，联字以分疆。”意为词与词联结成句，分出句子之间的界限。

［41］心营意造：指作家凭想象力进行的创造。

［42］苏辙氏所论之文气：语出苏辙《上枢密韩太尉书》：“以为文者，气之所形。”

［43］缄縢：缄封之书信。

思考与练习

1. 请联系汉语的具体语例，谈一谈对“实字”和“虚字”的认识。

2.《马氏文通》效仿西洋“葛郎玛”（语法），概括出汉语与印欧语的共性，并从大量的汉语材料中归纳出汉语自身的特征。请联系所学过的语言知识，简要谈一谈现代汉语在词汇、语法上的基本特征。

第三章　语言与中华文化

中华文化历经数千年的演变，文化的记载和传承由口耳相传到文字记载，以其承载的丰富多彩的元素为世界所瞩目。语言是人类社会第一性的、最基本的交际工具，文字是第二性的。语言既是信息传递和人际互动的工具，又是“一个民族进行思维和感知的工具”（姚小平《洪堡特——人文研究和语言研究》）。中国的历代典籍不仅记载了中华民族在诗词创作、科技发展等多方面的成就，还表现了中华民族的精神个性、文化内涵、民族思维和民族情感。透过汉语典籍我们可以管窥古人的语言特性和精神特征。

不同时代、不同领域的典籍记载了文学形式的变化，也反映出中国古人在文字和文学研究的基础上开始探索汉语的语言规律。

《汉书·艺文志》序

〔东汉〕班　固

昔仲尼没而微言绝[1]，七十子丧而大义乖[2]。故《春秋》分为五[3]，《诗》分为四[4]，《易》有数家之传[5]。战国从衡[6]，真伪分争，诸子之言纷然肴乱[7]。至秦患之，乃燔灭文章[8]，以愚黔首。汉兴，改秦之败[9]，大收篇籍，广开献书之路。迄孝武世[10]，书缺简脱[11]，礼坏乐崩，圣上喟然而称曰：“朕甚闵焉[12]！”于是建藏书之策[13]，置写书之官，下及诸子传说，皆充秘府。至成帝时[14]，以书颇散亡，使谒者陈农求遗书于天下[15]。诏光禄大夫刘向校经传诸子诗赋[16]，步兵校尉任宏校兵书[17]，太史令尹咸校数术[18]，侍医李柱国校方技[19]。每一书已，向辄条其篇目[20]，撮其旨意[21]，录而奏之[22]。会向卒，哀帝复使向子侍中奉车都尉歆卒父业[23]。歆于是总群书而奏其《七略》，故有《辑略》[24]，有《六艺略》[25]，有《诸子略》，有《诗赋略》，有《兵书略》，有《术数略》，有《方技略》。

今删其要[26]，以备篇籍。

选自《汉书》，〔唐〕颜师古注，中华书局1962年版

题解

《汉书》记载了西汉自高祖刘邦元年（前206）至王莽地皇四年（23）之间二百余年的历史。《汉书·艺文志》记载了当时国家藏书的总目录，也是现存最早的一部文献目录，分六艺、诸子、诗赋、兵书、数术、方技等六略。本文为《汉书·艺文志》总序，概述了战国以来图书典籍的播迁经过，记载了刘向父子奉诏校书的概况。

班固（32—92），东汉史学家、文学家，字孟坚，扶风（今陕西咸阳）人。著有《白虎通义》《两都赋》等。

注释

［1］仲尼：孔子，名丘，字仲尼。没：死亡。微言：精微要妙之言。

［2］七十子：指孔子门下才德出众的七十余位弟子。据《史记·孔子世家》，孔门弟子三千，身通六艺者七十二人，此处七十系举其成数而言。大义：谓正道，亦谓诸经要义。乖：违背。

［3］《春秋》分为五：传注《春秋》的有五家，即左丘明、公羊高、谷梁赤及邹氏、夹氏，今存前三家。

［4］《诗》分为四：传注《诗经》的有四家，即毛亨、齐人辕固、鲁人申培、燕人韩婴，今存毛亨一家，世称《毛诗》。

［5］《易》有数家之传：据《汉书·艺文志·六艺略》，易经有施雠、孟喜、梁丘贺等数家之传。今皆亡佚。

［6］从（zòng）衡：同“纵横”。指战国时各国之间合纵连横、错综复杂的政治形势。

［7］诸子：指先秦的各种学术流派。《汉书·艺文志·诸子略》列有儒、道、阴阳、法、名、墨、从横、杂、农、小说诸家。

［8］燔（fán）灭文章：据《史记·秦始皇本纪》，秦始皇三十四年焚书，“非博士官所职，天下敢有藏诗、书、百家语者，悉诣守尉杂烧之”，但医药卜筮农书除外。此外，史官所藏史籍除秦纪外，别国史记概行毁没。

［9］改秦之败：改革秦代之弊政。败，犹弊。具体举措如汉初，萧何收秦之图籍；惠帝四年废除挟书之令；汉文帝时诏太常使人从伏生受《尚书》，并设置五经博士；等等。

［10］孝武：指汉武帝刘彻，前141—前87年在位。世：父子相继为一世。

［11］简脱：竹简散脱。当时书籍多写于竹木简上，以丝绳编次而成，绳断则简散脱。

［12］闵：忧患，引申为忧虑。

［13］策：原指策书，即成编之竹简。此指“策府”，亦作“册府”，古代帝王藏书之府。颜师古注转引刘歆《七略》云：“外则有太常、太史、博士之藏，内则有延阁、广内、秘室之府。”下文“秘府”即指皇帝藏图籍之处。

［14］成帝：汉成帝刘骜，前32—前7年在位。

［15］谒者：官名。掌管接待宾客事宜。其首长为谒者仆射。

［16］光禄大夫：官名。掌顾问应对。刘向：西汉经学家、文学家、目录学家，字子政。奉命校阅群书，编著《别录》（已佚），并著有《洪范五行传》《新序》《说苑》等。校：校勘，校雠。《文选·魏都赋》李善注转引《别录》云：“雠校，一人读书，校其上下，得谬误，为校；一人持本，一人读书，若怨家相对，故曰雠也。”

［17］步兵校尉：汉代官名。掌宿卫兵。

［18］数术：占卜之书。

［19］侍医：《隋书·经籍志》引作“太医监”。方技：医药之书。

［20］条：谓分条陈述，用如动词。

［21］撮：谓概括摭取。旨意：指一书之大意。

［22］录而奏之：谓每书校毕，写一叙录并向皇帝呈奏。汇集各书之叙录为一书，即名《别录》。刘向之叙录，今存《战国策》《管子》《晏子》《列子》《邓析子》《说苑》等篇。

［23］奉车都尉：汉代官名，掌皇帝车舆。歆：刘向之子刘歆，字子骏。《汉书·艺文志》即据《七略》而写成。

［24］《辑略》：辑：同“集”，谓诸书之总要。略：概要。据后人研究，

《汉书·艺文志》每略的叙文，大都部分继承了《辑略》。

［25］六艺：指《易》《诗》《书》《礼》《乐》《春秋》六经。

［26］今删其要：删去浮冗，取其指要。

思考与练习

1.《汉书·艺文志》是在怎样的背景下编纂而成的？它对于当时及后世的学术研究和文化发展有何贡献？

2.《〈汉书·艺文志〉序》中提到的“建藏书之策，置写书之官”等制度，对当时的书籍保存和传承起到了怎样的作用？

文心雕龙·声律

〔南朝梁〕刘勰

夫音律所始，本于人声者也。声含宫商[1]，肇自血气[2]，先王因之，以制乐歌。故知器写人声，声非学器者也[3]。故言语者，文章神明枢机，吐纳律吕[4]，唇吻而已。古之教歌，先揆以法[5]，使疾呼中宫[6]，徐呼中徵[7]。夫商徵响高，宫羽声下；抗喉矫舌之差[8]，攒唇激齿之异[9]，廉肉相准[10]，皎然可分。今操琴不调，必知改张；摘文乖张[11]，而不识所调。响在彼弦，乃得克谐，声萌我心，更失和律，其故何哉？良由内听难为聪也[12]。故外听之易，弦以手定；内听之难，声与心纷。可以数求[13]，难以辞逐。

凡声有飞沈[14]，响有双叠[15]；双声隔字而每舛[16]，叠韵杂句而必睽[17]；沈则响发而断，飞则声飏不还[18]，并辘轳交往[19]，逆鳞相比[20]迂其际会[21]，则往蹇来连其为疾病[22]，亦文家之吃也。夫吃文为患，生于好诡，逐新趣异[23]，故喉唇纠纷；将欲解结，务在刚断。左碍而寻右，末滞而讨前，则声转于吻，玲玲如振玉；辞靡于耳[24]，累累如贯珠矣。是以声画妍蚩[25]，寄在吟咏，吟咏滋味，流于字句[26]，气力穷于和韵[27]。异音相从谓之和[28]，同声相应谓之韵[29]。韵气一定，故余声易遣[30]；和体抑扬[31]，故遗响难契[32]。属笔易巧[33]，选和至难；缀文难精[34]，而作韵甚易。虽纤意曲变[35]，非可缕言[36]，然振其大纲，不出兹论。

若夫宫商大和，譬诸吹籥[37]；翻回取均，颇似调瑟。瑟资移柱，故有时而乖贰[38]；籥含定管，故无往而不壹[39]。陈思潘岳[40]，吹籥之调也[41]；陆机左思，瑟柱之和也[42]。概举而推，可以类见。

又诗人综韵[43]，率多清切；《楚辞》辞楚[44]，故讹韵实繁。及张华论韵[45]，谓士衡多楚[46]；《文赋》亦称知楚不易[47]，可谓衔灵均之声余[48]，失黄钟之正响也[49]。凡切韵之动[50]，势若转圜[51]，讹音之作，甚于枘方[52]，免乎枘方，则无大过矣。练才洞鉴[53]，剖字钻响，识疏阔略[54]，随音所遇，若长风之过籁[55]，南郭之吹竽耳[56]。古之佩玉，左宫右徵[57]，以节其步，声不失序。音以律文，其可忘哉！

赞曰：标情务远，比音则近[58]。吹律胸臆[59]，调钟唇吻。声得盐梅[60]，响滑榆槿[61]。割弃支离[62]，宫商难隐。

选自《文心雕龙注》，范文澜注，人民文学出版社1962年版

题解

《声律》是《文心雕龙》的第三十三篇。本篇论述了声律与语言、音乐的关系，调声协律的重要性，声律失调对创作的影响，调声协律的方法以及其他一些问题。全篇分三个部分：第一部分讲研究声律对文学创作的重要作用；第二部分从理论上来探讨写作上的声律问题，其中涉及双声、叠韵，平仄的配合以及和声、押韵等；第三部分主要是联系具体作家讲正声和方言的利弊，进一步总结掌握正确音律的必要性。

刘勰（约465—约532），南朝梁文学理论批评家，字彦和，祖籍东莞郡莒县（今属山东）人，刘宋越骑校尉刘尚之子。少时家贫，笃志好学，依靠名僧僧祐，学习儒家和佛家理论，后撰写《文心雕龙》。《文心雕龙》论古今文体及其作法，在中国文学批评史上具有重要地位，与刘知几《史通》、章学诚《文史通义》，并称文史批评三大名著。

注释

[1] 宫商：五音（宫、商、角、徵、羽）中的两种，这里指五音。

[2] 肇（zhào）：开始。血气：天生的气性。《文心雕龙·体性》："才力居中，肇自血气。"

［3］学：王利器校作“效”，仿效。

［4］吐纳：呼吸，这里指发音。律吕：乐律的总称。

［5］揆（kuí）：测度。

［6］疾呼：发声快的强音。中（zhòng）宫：合于宫声。

［7］徐呼：发声缓的弱音。以上几句是借用《韩非子·外储说右上》中的话，原文是：“教歌者，先揆以法，疾呼中宫，徐呼中徵。”

［8］抗：高亢。喉：喉音。矫：《广雅·释诂》：“直也。”舌：舌音。

［9］攒：聚合。唇：唇音。激：急切。齿：齿音。

［10］廉肉：指音的强弱。《礼记·乐记》：“使其曲直繁瘠，廉肉节奏，足以感动人之善心而已矣。”郑玄注：“繁瘠廉肉，声之鸿杀也。”鸿指强，杀指弱。相准：相对的意思。

［11］摛文：一作“擒文”。摛（chī）：指写作。乖张：不正常。

［12］内听：指作者的心声。聪：能听清楚，明白。

［13］数：方法，这里指声律，即下面所讲的“声有飞沈”等。

［14］飞沈：声音的抑扬，相当于平声和仄声。沈：同“沉”。

［15］双叠：双声叠韵。两字声母相同为双声，韵母相同为叠韵。

［16］双声隔字：这和传为沈约提出的作诗八病（平头、上尾、蜂腰、鹤膝、大韵、小韵、旁纽、正纽）中的“旁纽”相似。舛（chuǎn）：差错。

［17］叠韵杂句：和八病中的“小韵”相似。睽（kuí）：违背，不合。

［18］飞：指纯用昂扬的平声字。飏（yáng）：飞扬。

［19］辘轳（lùlu）：井上汲水的起重具。交往：用辘轳转动，比喻飞沉平仄的字声相交错。

［20］逆鳞：相传龙的喉下有逆鳞，常用以比喻不可触犯的危险之处（见《韩非子·说难》）。这里是借指鳞甲的排列严密有序。相比：指排列紧密。《史记·天官书》：“危东六星，两两相比。”

［21］迂：错失。际会：指平仄飞沉的适当配合。

［22］往蹇（jiǎn）来连：出自《易·蹇卦》。王弼注：“往则无应，来则乘刚；往来皆难，故曰往蹇来连。”蹇：不顺利。连：难。

［23］趣：同“趋”。

［24］靡：轻丽，这里指声音的动听。

［25］声画：扬雄《法言·问神》："言，心声也；书，心画也。声画形，君子小人见矣。"这里借指表达思想感情的作品。妍蚩（chī）：指作品的好坏。

［26］流于字句：对字句的处理。

［27］气力：这里指才力，工夫。和：和谐。韵：押韵。

［28］异音：指句内平仄的不同。

［29］同声：指句末的押韵相同。

［30］余声：指其他韵脚。

［31］体：和上面所说的"韵气"和"气"略同，都指韵、和之事。

［32］遗响：和上面说的"余声"意同，指其他字声。诗句的平仄声调，不仅同一句内要上下协调，还要和其他句子协调，所以说"难契"。契：合。

［33］属笔：一般散文写作。笔：指无韵的散文。

［34］缀文：指诗歌写作。缀：辑，辑字成文，即写作。文：指有韵的诗文。

［35］纤意：一作"纤毫"，指音律上的细微之处。曲：隐微，不明。

［36］缕言：逐一详论。

［37］籥（yuè）：一种似笛的管乐器。《风俗通》："籥，乐之器，竹管三孔，所以和众声也。"

［38］乖贰：不协调。

［39］壹：一致，即协调。

［40］陈思：曹植，谥思，世称"陈思王"。潘岳：西晋文学家，字安仁。

［41］吹籥之调：喻曹植、潘岳的作品属正声，能够无往不协。

［42］瑟柱之和：喻陆机、左思的作品中杂有方言，音律有时乖违。陆机是吴人，左思是齐人。

［43］诗人：指《诗经》的作者。综：织机上使经线上下分开以织纬线的装置，这里借指组织、运用。

［44］辞楚：指《楚辞》用楚音写成。

［45］张华：西晋文学家，字茂先。

［46］多楚：陆机的弟弟陆云在《与兄平原书》中曾讲道："张公（即张

华）语云云，兄文故自楚。”

［47］知楚：这两个字是衍文。不易：陆机《文赋》论篇中警策曾说“亮功多而累寡，故取足而不易”，指警句在作品中的作用是功多累寡，不能改变，与声律无关。黄侃《文心雕龙札记》认为“彦和盖引其言以明士衡多楚，不以张公之言而变”。

［48］灵均：屈原的字。声余：和下句“正响”二字相对应，当是“余声”，指《楚辞》的继续。

［49］黄钟：十二律之一，这里泛指乐律。正响：指以《诗经》为代表的雅正之音。

［50］切韵：切合的声韵。动：和下句“作”字意近，都有运用之意。

［51］转圜（huán）：圆形物体的转动，喻声韵的圆转。

［52］枘（ruì）方：宋玉《九辩》：“圜凿而方枘兮，吾固知其鉏铻（jǔyǔ）而难入。”意为用方榫（sǔn）插入圆孔是困难的。刘勰借用此意指讹音之难谐。

［53］练：熟练。洞鉴：深明，彻底了解。这句指精通音律的作者。

［54］识疏：一作“疏识”。疏：粗疏。阔略：疏略。这句指对音律认识疏浅的作者。

［55］籁：孔穴。

［56］南郭吹竽：《韩非子·内储说上》：“齐宣王使人吹竽，必三百人。南郭处士请为王吹竽，宣王说（悦）之，廪食以数百人。宣王死，湣（mǐn）王立，好一一听之，处士逃。”

［57］左宫右徵：指左右所佩戴的玉器发出的声响合于宫、徵。《礼记·玉藻》：“古之君子必佩玉，右徵角，左宫羽。”

［58］比：并列，这里指对音韵的安排。近：密切。

［59］吹律：吐出音律。胸臆：指内心。《文赋》：“思风发于胸臆，意泉流于唇齿。”

［60］盐梅：借味的调和指声的调和。《尚书·说命下》：“若作和羹，尔惟盐梅。”盐味咸，梅味酸，是调味的必需品。

［61］滑：使菜肴柔滑的调料，这里取调和的意思。

［62］支离：不正，指前面说的方言。

思考与练习

1. 何谓“双声”和“叠韵”？请以语言中的实例说明。
2. 联系刘勰的观点，请谈一谈语言韵律对诗词创作的影响。

天工开物·五金（节选）

〔明〕宋应星

凡倭铅古书本无之，乃近世所立名色。其质用炉甘石熬炼而成，繁产山西太行山一带，而荆、衡为次之。每炉甘石十斤，装载入一泥罐内，封裹泥固以渐研干[1]，勿使见火拆裂。然后逐层用煤炭饼垫盛，其底铺薪，发火煅红，罐中炉甘石熔化成团，冷定毁罐取出，每十耗去其二，即倭铅也。此物无铜收伏，入火即成烟飞去。以其似铅而性猛，故名之曰倭云。

选自《天工开物》，管巧灵、谭属春整理注释，岳麓书社2002年版

题解

《天工开物》记载了明朝中叶以前中国古代的各项技术，是一部综合性的科学技术著作。全书分为上、中、下三卷十八篇，并附有123幅插图，描绘了130多项生产技术和工具的名称、形状、工序。它对中国古代的各项技术进行了系统的总结，构成了一个内容丰富的科学技术体系。本文节选的宋应星对金属锌（“倭铅”）冶炼工艺的论述，是世界上有关该项技术最早的文字记载。

宋应星（1587—？），明朝科学家，字长庚，江西奉新人。举人出身，一生致力于对农业和手工业生产的科学考察和研究，收集了丰富的科学资料。宋应星的著作和研究领域涉及自然科学及人文科学的不同学科，而其中最杰出的作品《天工开物》被誉为“中国17世纪的工艺百科全书”。

注释

[1] 研：碾。这里指把表面碾光滑。

思考与练习

1. 请查阅《天工开物》原文献，试列举说明几类农业经验和兵器的生产铸造过程。

2. 请查阅资料，总结《天工开物》中的科学精神和科学方法及其对近代中国科技发展的影响。

中国韵文里头所表现的情感（节选）

梁启超

天下最神圣的莫过于情感：用理解来引导人，顶多能叫人知道那件事应该做，那件事怎样做法，却是被引导的人到底去做不去做，没有什么关系；有时所知的越发多，所做的倒越发少。用情感来激发人，好像磁力吸铁一般。有多大分量的磁，便引多大分量的铁，丝毫容不得躲闪。所以情感这样东西，可以说是一种催眠术，是人类一切动作的原动力。

情感的性质是本能的，但他的力量，能引人到超本能的境界；情感的性质是现在的，但他的力量，能引人到超现在的境界。我们想入到生命之奥，把我的思想行为和我的生命迸合为一；把我的生命和宇宙和众生迸合为一；除却通过情感这一个关门，别无他路。所以情感是宇宙间一种大秘密。

情感的作用固然是神圣，但他的本质不能说他都是善的都是美。他也有很恶的方面，他也有很丑的方面。他是盲目的，到处乱碰乱迸。好起来好得可爱，坏起来也坏得可怕。所以古来大宗教家大教育家，都最注意情感的陶养，老实说，是把情感教育放在第一位。情感教育的目的，不外将情感善的美的方面尽量发挥，把那恶的丑的方面渐渐压伏淘汰下去。这种工夫做得一分，便是人类一分的进步。

情感教育最大的利器，就是艺术：音乐美术文学这三件法宝，把“情感秘密”的钥匙都掌住了。艺术的权威，是把那霎时间便过去的情感，捉住他令他随时可以再现；是把艺术家自己“个性”的情感，打进别人们的“情阈”里头，在若干期间内占领了“他心”的位置。因为他有恁么大的权威，所以艺术家的责任很重，为功为罪，间不容发。艺术家认清楚自己的地位，就该知道：最要紧的工夫，是要修养自己的情感，极力往高洁纯挚的方面，向上提絜，向里体验，自己腔子里那一团优美的情感养足了，再用美妙的技术把他表现出来，这才不辱没了艺术的价值。

……

这回讲的，是含蓄蕴藉的表情法。这种表情法，向来批评家认为文学正宗；或者可以说是中华民族特性的最真表现。这种表情法，和前两种不同：前两种是热的，这种是温的；前两种是有光芒的火焰；这种是拿灰盖着的炉炭。这种表情法也可以分三类。第一类是：情感正在很强的时候，他却用很有节制的样子去表现他；不是用电气来震，却是用温泉来浸；令人在极平淡之中，慢慢的领略出极渊永的情趣。这类作品，自然以三百篇为绝唱。如：

瞻彼日月，悠悠我思。道之云远，曷云能来。

如：

昔我往矣，杨柳依依。今我来思，雨雪霏霏。行路迟迟，载渴载饥。

如：

君子于役，不知其期。曷至哉？鸡栖于埘，日之夕矣，牛羊下来。君子于役，如之何勿思？

拿这类诗和前头几回所引的相比较：前头的像外国人吃咖啡，炖到极浓，还搀上白糖牛奶；这类诗像用虎跑泉泡出的雨前龙井，望过去连颜色也没有，但吃下去几点钟，还有余香留在舌上。他是把情感收敛到十足，微微发放点出来；藏着不发放的还有许多，但发放出来的，确是全部的灵影，所以神妙。

汉魏五言诗，以这一类为正声。如李陵的：

携手上河梁，游子暮何之。徘徊蹊路侧，悢悢不能辞。行人难久留，各言长相思。安知非日月，弦望自有时。努力崇明德，皓首以为期。

那神味和“瞻彼日月”一章完全相同，真算得“含毫邈然”。又如古诗十九首里头的：

迢迢牵牛星，皎皎河汉女。纤纤擢素手，札札弄机杼。终日不成章，泣涕零如雨。河汉清且浅，相去复几许。盈盈一水间，脉脉不得语。

涉江采芙蓉，兰泽多芳草。采之欲遗谁，所思在远道。还顾望旧乡，长路漫浩浩。同心而离居，忧伤以终老。

这类诗都是用淡笔写浓情，算得汉人诗格的代表。后来如曹子建的：

高台多悲风，朝日照北林。之子在万里，江湖迥且深。……

阮嗣宗的：

嘉时在今辰，零雨洒尘埃。临路望所思，日夕复不来。……

陶渊明的：

……情通万里外，形迹滞江山。君其爱体素，来会在何年。

谢玄晖的：

大江流日夜，客心悲未央。徒念关山近，终知返路长。……

都是这一派。汉魏六朝诗，这一类的好作品很多。

这一派，到初唐时，变了样子：他们把这类诗改做“长言咏叹”的形式，很有些长篇。但着墨虽多，依然是以淡写浓；我譬喻他，好像一桌极讲究的素菜全席。有张若虚一首，可算代表作品：

春江潮水连海平，海上明月共潮生。滟滟随波千万里，何处春江无月明。江流宛转绕芳甸，月照花林皆似霰。空里流霜不觉飞，汀上白沙看不见。江天一色无纤尘，皎皎空中孤月轮。江畔何人初见月，江月何年初照人。人生代代无穷已，江月年年望相似。不知江月待何人，但见长江送流水。白云一片去悠悠，青枫江上不胜愁。谁家今夜扁舟子，何处相思明月楼。可怜楼上月徘徊，应照离人妆镜台。玉户帘中卷不去，捣衣砧上拂还来。此时相望不相闻，愿逐月华流照君。鸿雁长飞光不度，鱼龙潜跃水成纹。昨夜闲潭梦落花，可怜春半不还家。江水流春去欲尽，江潭落月复西斜。斜月沉沉藏海雾，碣石潇湘无限路。不知乘月几人归，落月摇情满江树。(《春江花月夜》)

这首诗读起来，令人飘飘有出尘之想。“江畔何人初见月，江月何年初照人”，“谁家今夜扁舟子，何处相思明月楼”，这类话，真是诗家最空灵的境界。全首读来，固然回肠荡气；但那音节，既不是哀丝豪竹一路，也不是急管促板一路，专用和平中声，出以摇曳，确是三百篇正脉。

初唐佳作，都是这一路；虽然悲慨的情感，总用极和平的音节表他。如李峤的：

……自从天子去秦关，玉辇金舆不复还。珠帘羽帐长寂寞，鼎湖龙髯安可攀。千龄人事一朝空，四海为家此路穷。雄豪意气今何在，坛场宫馆尽蒿蓬。道旁故老长叹息，世事回环不可测。昔时青楼对歌舞，今日黄埃聚荆棘。山川满目泪沾衣，富贵荣华能几时。不见只今汾水上，惟有年年秋雁飞。(《汾阴行》)

相传唐明皇幸蜀时候，听人背这首诗，泪数行下，叹道：“李峤真才子！”这种诗的品格高下，别一问题，但确是初唐代表，确是中国诗界传统的正声。后来白香山从这里一转手，吴梅村再从这里一转手，但可惜越转越卑弱。

盛唐以后，这一派自然也不断，好的作品自然也不少；但在古体里头，已经不很通用，因为五古很难出汉魏范围，七古很难出初唐范围。倒是近体很从这方面开拓境界，因为近体篇幅短，非用含蓄之笔，取弦外之音，便站不住。内中五律七绝为尤甚。唐人著名的七绝，和孟王韦柳的五律，都是这一派。杜工部诗虽以热烈见长，他的五律，如“凉风起天末”“今夜鄜州月”“幽意忽不惬”等篇，也都是这一派。

王渔洋专提倡神韵，他所标举的话，是“不着一字，尽得风流”，“羚羊挂角，无迹可寻”，虽然太偏了些，但总不能不认为诗中高调。我想，他这种主张是对的，但这类诗做得好不好，全问意境如何。我们若依然仅有三百篇、汉、魏、初唐人的意境，任凭你运笔怎样灵妙，也不能出他们的范围；只有变成打油派，令人讨厌。我们生当今日，新意境是比较容易取得的。那么，这一派诗，我们还是要尽力的提倡。

选自《饮冰室文集之三十七》，中华书局2015年版

题解

原文是梁启超1922年在清华学校讲授国史课时，清华中文学社学生请他做的文学课外讲演，讲义随讲随编。梁启超认为情感是人类一切动作的原动力。本书节选导言和关于含蓄蕴藉的表情法的部分，所选部分列举的诗歌语言体现了含蓄蕴藉的表达方式。

梁启超（1873—1929），中国近代维新派领袖，政治家、思想家、学者，字卓如，广东新会（今属江门）人。清朝光绪年间举人，他倡导新文化运动，支持五四运动，其著作合编为《饮冰室合集》。

思考与练习

1. 请结合个人理解，从《诗经》《楚辞》、乐府歌谣、古近体诗、填词曲本或骈体文中任选篇目，谈一谈韵文所体现的情感。

2. 在现代社会中，含蓄蕴藉的情感表达方式是否仍然具有重要意义？它如何与当代人的情感表达需求相结合？

最近二三十年中中国新发见之学问

王国维

古来新学问起，大都由于新发见。有孔子壁中书出，而后有汉以来古文家之学；有赵宋古器出，而后有宋以来古器物、古文字之学。惟晋时汲冢竹简出土后，即继以永嘉之乱，故其结果不甚著。然同时杜元凯注《左传》，稍后郭璞注《山海经》已用其说；而《纪年》所记禹、益、伊尹事，至今成为历史上之问题。然则中国纸上之学问赖于地下之学问者，固不自今日始矣。自汉以来，中国学问上之最大发现有三：一为孔子壁中书，二为汲冢书，三则今之殷虚甲骨文字、敦煌塞上及西域各处之汉晋木简、敦煌千佛洞之六朝及唐人写本书卷、内阁大库之元明以来书籍档册。此四者之一，已足当孔壁、汲冢所出，而各地零星发见之金石书籍，于学术有大关系者，尚不与焉。故今日之时代，可谓之发见时代，自来未有能比者也。今将此二三十年发见之材料，并学者研究之结果，分五项说之。

（一）殷虚甲骨文字

此殷代卜时命龟之辞，刊于龟甲及牛骨上。光绪戊戌、己亥间，始出于河南彰德府西北五里之小屯。其地在洹水之南，水三面环之。《史记·项羽本纪》所谓“洹之南殷虚上”者也。初出土后，潍县估人得其数片，以售之福山王文敏（懿荣）。文敏命秘其事，一时所出，先后皆归之。庚子，文敏殉难，其所藏皆归丹徒刘铁云（鹗）。铁云复命估人搜之河南，所藏至三四千片。光绪壬寅，刘氏选千余片影印传世，所谓《铁云藏龟》是也。丙午，上虞罗叔言参事始官京师，复令估人大搜之，于是，丙丁以后所出多归罗氏。自丙午至辛亥，所得约二三万片。而彰德长老会牧师明义士（T. M. Menzies）所得，亦五六千片。其余散在各家者，尚近万片。近十年中，乃不复出。其著录此类文字之书，则《铁云藏龟》外，有罗氏之《殷虚书契前编》《殷虚书契后编》《殷虚书契菁华》《铁云藏龟之余》，日本林泰辅博士之《龟甲兽骨文字》，明义士之《殷虚卜辞》（*The Oracle Records of the Waste of Yin*），哈同氏之《戬寿堂所藏殷虚文字》，凡八种。而研究其文字者，则瑞安孙仲容比部始于光绪甲辰撰《契文举例》。罗氏于宣统庚戌撰《殷商贞卜文字考》，嗣撰《殷虚书契考释》《殷虚书契待问编》等。商承祚氏之《殷虚文字类编》，复取材于罗氏改定之稿。而《戬寿堂所藏殷虚文字》，余亦有考释。此外，孙氏之《名原》亦颇审释骨甲文字，然与其《契文举例》皆仅据《铁云藏龟》为之，故其说不无武断。审释文字自以罗氏为第一，其考定小屯之为故殷虚，及审释殷帝王名号，皆由罗氏发之。余复据此种材料作《殷卜辞中所见先公先王考》，以证《世本》《史记》之为实录；作《殷周制度论》以比较二代之文化。然此学中所可研究发明之处尚多，不能不有待于后此之努力也。

（二）敦煌塞上及西域各地之简牍

汉人木简，宋徽宗时已于陕右发见之，靖康之祸为金人索之而去。当光绪中叶，英印度政府所派遣之匈牙利人斯坦因博士（M. Aurel Stein）访古于我和阗（Khotan），于尼雅河下流废址得魏晋间人所书木简数十枚。嗣于光绪季年，先后于罗布淖尔东北故城得晋初人书木简百余枚，于敦煌汉长城故址得两汉人所书木简数百枚，皆经法人沙畹教授（Ed. Chavannes）考释。其第一次所得，印于斯氏《和阗故迹》（*Sand-buried Ruins of Khotan*）中；第二次所得，别为专书，于癸丑、甲寅间出版。此项木简中，有古书、历日、方书，而其大半皆屯戍簿录，于史、地二学关系极大。癸丑冬日，沙畹教授寄其校订未印成之本于罗叔言参事。罗氏与余重加考订，并斯氏在和阗所得者景印行世，所谓《流沙坠简》是也。

（三）敦煌千佛洞之六朝唐人所书卷轴

汉晋牍简，斯氏均由人工发掘得之。然同时又有无尽之宝藏于无意中出世，而为斯氏及法国之伯希和教授携去大半者，则千佛洞之六朝及唐、五代、宋初人所书之卷子本是也。千佛洞本为佛寺，今为道士所居。当光绪中叶，道观壁坏，始发见古代藏书之窟室。其中书籍居大半，而画幅及佛家所用幡幢等亦杂其中。余见浭阳端氏所藏敦煌出开宝八年灵修寺尼画观音像，乃光绪己亥所得。又乌程蒋氏所藏沙州曹氏二画像，乃光绪甲辰以前叶鞠裳学使（昌炽）视学甘肃时所收。然中州人皆不知。至光绪丁未，斯坦因氏与伯希和氏（Paul Pelliot）先后至敦煌，各得六朝人及唐人所写卷子本书数千卷，及古梵文、古波斯文及突厥、回鹘诸国文字无算。我国人始稍稍知之，乃取其余约万卷置诸学部所立之京师图书馆。前后复经盗窃散归私家者，亦当不下数千卷。其中佛典居百分之九五。其四部书为我国宋以后所久佚者，经部有未改字《古文尚书孔氏传》、未改字《尚书释文》、糜信《春秋谷梁传解释》《论语郑氏注》、陆法言《切韵》等；史部则有孔衍《春秋后语》，唐西州沙州诸图经、慧超《往五天竺国传》等（以上并在法国）；子部则有《老子化胡经》《摩尼教经》《景教经》；集部有唐人词曲及通俗诗、小说各若干种。己酉冬日，上虞罗氏就伯氏所寄影本写为《敦煌石室遗书》排印行世。越一年，复印其景本为《石室秘宝》十五种。又五年癸丑，复刊行《鸣沙石室逸书》十八种。又五年戊午，刊行《鸣沙石室古籍丛残》三十种，皆巴黎国民图书馆之物。而英伦所藏，则武进董授经（康）、日本狩野博士（直喜）、羽田博士（亨）、内藤博士（虎次郎），虽各抄录景照若干种，然未有出版之日也。

（四）内阁大库之书籍档案

内阁大库在旧内阁衙门之东，临东华门内通路，素为典籍厅所掌。其所藏，书籍居十之三，档案居十之七。其书籍多明文渊阁之遗，其档案则有历朝政府所奉之硃谕、臣工缴进之敕谕、批折、黄本、题本、奏本、外藩属国之表章，历科殿试之大卷。宣统元年，大库屋坏，有司缮完，乃暂移于文华殿之两庑，然露积库垣内尚半。时南皮张文襄（之洞）管学部事，乃奏请以阁中所藏四朝书籍设京师图书馆，其档案则置诸国子监之南学，试卷等置诸学部大堂之后楼。壬子以后，学部及南学之藏复移于午门楼上之历史博物馆。越十年，馆中复以档案四之三售诸故纸商，其数凡九千麻袋，将以造还魂纸，为罗叔言所闻，三倍其价购之商人，移贮于彰义门之善果寺。而历史博物馆之剩余亦为北京大学取去，渐行整理，其目在《大学日刊》中。罗氏所得以分量太多，仅整理其十分之一，取其要者汇刊为《史料丛刊》十册，其余今归德化李氏。

（五）中国境内之古外族遗文

中国境内古今所居外族甚多。古代匈奴、鲜卑、突厥、回纥、契丹、西夏诸国，均立国于中国北陲，其遗物颇有存者，然世罕知之。惟元时耶律铸见突厥阙特勤碑及辽太祖碑。当光绪己丑，俄人拉特禄夫访古于蒙古，于元和林故城北访得突厥阙特勤碑、芯伽可汗碑、回鹘九姓可汗三碑。突厥二碑皆有中国、突厥二种文字，回鹘碑并有粟特文字。及光绪之季，英、法、德、俄四国探险队入新疆，所得外族文字写本尤夥。其中除梵文、佉卢文、回鹘文外，更有三种不可识之文字，旋发见其中一种为粟特语，而他二种则西人假名之曰第一言语、第二言语，后亦渐知为吐火罗语及东伊兰语，此正与玄奘《西域记》所记三种语言相合。粟特语即玄奘之所谓“窣利”，吐火罗即玄奘之“睹货逻”，其东伊兰语则其所谓“葱岭以东诸国语”也。当时粟特、吐火罗人多出入于我新疆，故今日犹有其遗物。惜我国人尚未有研究此种古代语者，而欲研究之，势不可不求之英、法、德诸国。惟宣统庚戌，俄人柯智禄夫大佐于甘州古塔得西夏文字书。而元时所刻河西文《大藏经》后亦出于京师。上虞罗福苌乃始通西夏文之读。今苏俄使馆参赞伊凤阁博士（Ivanoff），更为西夏语音之研究，其结果尚未发表也。

此外，近三十年中，中国古金石、古器物之发见，殆无岁无之。其于学术上之关系，亦未必让于上五项。然以零星分散，故不能一一缕举。惟此五者，分量最多，又为近三十年中特有之发见，故比而述之。然此等发见物，合世界学者之全力研究之，其所阐发尚未及其半，况后此之发见亦正自无穷，此不能不有待少年之努力也。

选自《王国维遗书》第5册《静庵文集续编》，上海书店出版社1983年版

题解

《最近二三十年中中国新发见之学问》作于1925年，后收入《静庵文集续编》。王国维是对甲骨文字研究做出重大学术贡献的学者，文中的观点代表了当时学术界的共识，出土文献成为当时学术研究的新潮流，而出土甲骨文字的安阳殷墟，则成为相关领域学者心目中的向往之地。

王国维（1877—1927），字静安，号观堂，浙江海宁人。王国维早年追

求新学，接受资产阶级改良主义思想的影响，把西方哲学、美学思想与中国古典哲学、美学相融合，形成了独特的美学思想体系，继而攻词曲戏剧，后又治史学、古文字学、考古学。他平生学无专师，自辟户牖，成就卓越，贡献突出，在教育、哲学、戏曲、史学、古文字学等方面均有深诣和创新，为中华民族文化宝库留下了广博精深的学术遗产。

思考与练习

1. 文字是记录语言的书写符号，谈一谈你所了解的古籍中体现的语言与文化传承。

2. 谈一谈出土文献对了解中华文化的重要性。

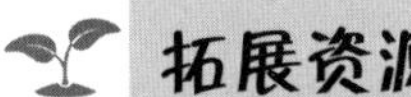

拓展资源

李学勤《清华简〈厚父〉与〈孟子〉引〈书〉》(节选)

黄德宽《继往开来，让古老汉字焕发出时代风采》

人民日报《筑牢国家发展的语言文字基石》

第二编
诗情诗性与审美意识

概　述

《诗大序》云："诗者，志之所之也。在心为志，发言为诗，情动于中而形于言。言之不足，故嗟叹之。嗟叹之不足，故永歌之。永歌之不足，不知手之舞之、足之蹈之也。"古人早就认识到诗歌是抒发情感、表达意志的重要方式。面对着成功的激动、挫折的沮丧、歧路的疑惑等问题，古人以诗歌的形式宣泄、疏解这类情绪，《诗经》与《楚辞》皆由此而产生。《诗经》比较显著地反映出黄河流域文化，尤其是周文化的特点，注重理智，幻想成分少，感情比较克制，而道德色彩、政治色彩比较浓厚。《诗经》"温柔敦厚"的艺术风格和赋、比、兴手法的运用对后代文学产生了深远影响。《楚辞》脱胎于楚地歌谣，经由屈原的创作而开辟了"香草美人"的传统，标志着中国诗歌进入了一个由群体歌唱到浪漫独创的新时代。"惜诵以致愍兮，发愤以抒情"（《九章·惜诵》），正是诗歌的力量，成就了悲愤之中无以自拔的屈原，这位宗室政治家成了个体抒情诗的先驱和巨擘。

魏晋南北朝时期，大一统的状态被打破，政权林立且不断纷争的同时，汉代儒家伦理的藩篱也逐渐被突破。此时期许多作家受到道家自然思想的熏染，自由抒写对社会、人生的思考与感受，诗歌风格丰富多样，且随时代而变易。从三曹、建安七子的慷慨悲凉，到正始之音的寄托遥深、词旨渊永，再到太康名士的"缛旨星稠，繁文绮合"（沈约《宋书·谢灵运传论》），其后陶渊明开出诗歌审美之田园意境，谢灵运兴起山水意韵之观照；在此过程中诗歌内涵在逐渐丰富，形式在逐渐变化。

隋唐结束了分裂，进入了一个高度繁荣昌盛的时期，唐朝是当时世界上最强大的国家之一。唐代文学的最高成就是诗，它可以说是一代文学的标志。唐代立国后的九十年左右，是唐诗繁荣到来的准备阶段。文人关注的视野逐渐从宫廷台阁走向关山与塞漠，北朝文学的清刚劲健之气与南朝文学的清新明媚相融合，走向既有风骨又开朗明丽的境界。继之而来的便是开元、天宝盛世唐诗的全面繁荣。该时期出现了山水田园诗人王维、孟浩然，其创作表现了山水田园的静谧明秀之美；出现了边塞诗人高适、岑参，将边塞生活的瑰奇壮伟、豪情慷慨形诸诗歌。而伟大诗人李白，以其绝世才华和豪放飘逸的气质，呈现出行云流水而又变幻莫测的诗风，时而如江水滔滔，时而如芙蓉出水。天宝后期，社会矛盾激化，部分诗人开始重点关注生民疾苦。安史之乱成了唐代社会由盛而衰的分水岭，社会的巨变引起了文学的巨变。这一时期成就最伟大的诗人，是诗圣杜甫。他直面乱离的时代，以动地的歌吟，表现战火中的人间灾难、生民疾苦，把强烈深沉的抒情融入叙事手法中，形成了沉郁顿挫的艺术风格。

宋诗既体现出了对唐诗的承继，又取得了巨大突破，形成了自我特色，于“唐音”之外又创“宋调”。庆历以后宋诗风貌逐渐鲜明，“以文字为诗，以才学为诗，以议论为诗”（严羽《沧浪诗话》）的特征越发显著。这集中体现在以王安石、苏轼及黄庭坚为代表的元祐诗人的诗歌中。苏轼是北宋中叶后社会文化全面高涨造就的天才诗人，他的诗将前辈诗人作品中已出现的宋调特征推向成熟。苏轼“以文字为诗”，下字精审，造语新奇，对仗巧妙，以“随物赋形”的流畅准确避免了板滞雕琢；他“以才学为诗”，用事广博，左抽右取，无不如意，以妙趣横生的联想、浑然天成的组接一定程度避免了典故堆砌；他“以议论为诗”，长于譬喻，说理透彻，雄辩无碍，以丰富的生活内容、清新畅达的语言表现和深厚的文艺修养，避免了浅率无味或生硬晦涩。诗歌的表现力在苏轼手中得到极大的扩展。苏门文人黄庭坚、陈师道在“以文字为诗”和“以才学为诗”方面更加突出。他们在艺术上竖起学杜的大旗，黄诗七律的瘦劲、陈诗五律的沉挚，都有杜诗“句法”的神韵。词这种新文体，到宋代达到了巅峰状态。通过柳永和苏轼在创作上的重大突破，词在形式上和内容上得到了巨大的发展，形成了婉约派与豪放派的艺术分野。婉约派风格典雅温婉、曲尽情态，影响深远，从北宋周邦彦到南宋李清照、姜夔、吴文英等皆踵武婉约路数。豪放词作则是从苏轼开始的，其以诗为词，将词从娱宾遣兴的天地里解放出来，发展成独立的抒情艺术。山川胜迹、农舍风光、优游放怀、报国壮志，在他手里都成为词的题材，使词从花间月下走向了广阔的社会生活。其后南宋张孝祥、辛弃疾、陈亮等继承苏轼精神而又有所发展，有“以文为词”

之说。

中国作为一个多民族国家，在文学发展上也体现出了多元共生的一面。如果通览中国各民族之文学会发现一种异质同构的特点，不仅《诗经》中有《大雅·生民》《大雅·公刘》等史诗文学化地反映了华夏兴起、发展的历史，藏族、彝族亦有《格萨尔王》《梅葛》等史诗记录了本民族的兴起与文化。随着时代的巨变，中国文学通过新文化运动而呈现出新时代特点，其中的少数民族诗歌亦体现出了与主流新诗接近但又表现本民族文化、生存状态之独特性的体质。纵览中国文学的发展，中国各民族文学体现出了多元共生、多元共存而又多元一体的整体发展趋势。

第一章　诗以言志

先秦两汉时期的文学几乎孕育出了中国文学的各种体裁，如甲骨卜辞之于散文、《诗经》《楚辞》之于诗歌、神话传说之于小说等。《诗经》中赋、比、兴手法的运用对后代文学产生了深远影响，而《楚辞》开创了中国浪漫主义文学的传统，其中的《九歌》则体现出了戏剧因素的萌芽。降至唐代，格律诗逐渐成熟，唐代科举取士对于诗赋的重视进一步促进了诗歌创作的繁荣，出现了以王维、孟浩然为代表的山水田园诗派，高适、岑参为代表的边塞诗派等；而李白以其英风侠气独步盛唐，杜甫则以其沉郁顿挫的艺术风格与丰富多变的诗歌体式，开辟了诗歌的新境界。宋诗则体现出了“学唐而不为”的特点，于唐音之外，别创宋调。如缪钺所论：“唐诗以韵胜，故浑雅，而贵酝藉空灵；宋诗以意胜，故精能，而贵深折透辟。唐诗之美在情辞，故丰腴；宋诗之美在气骨，故瘦劲。”（《论宋诗》）

郑风·野有蔓草

野有蔓草[1]，零露漙兮[2]。有美一人，清扬婉兮[3]。邂逅相遇，适我愿兮[4]。

野有蔓草，零露瀼瀼[5]。有美一人，婉如清扬。邂逅相遇，与子偕臧[6]。

选自《诗集传》，〔宋〕朱熹集撰，赵长征点校，中华书局2017年版

题解

《诗经》是我国最早的诗歌总集，收录了西周初年至春秋中叶的诗歌，共311篇，反映了周初至周晚期约五百年间的社会面貌。《诗经》的作者绝大部分已经无法考证，传为孔子编订。《诗经》在先秦时期称为《诗》，或取其整数称“诗三百”。西汉时被尊为儒家经典，始称《诗经》，并沿用至今。

内容上分为《风》《雅》《颂》三个部分。《风》是周代各地的歌谣；《雅》是周人的正声雅乐，又分《小雅》和《大雅》；《颂》是周王庭和贵族宗庙祭祀的乐歌，又分为《周颂》《鲁颂》和《商颂》。

注释

[1] 蔓：蔓延。

[2] 漙：露多貌。毛传曰："漙漙然盛多也。"朱熹释云："男女相遇于田间草露之间，故赋其所在以起兴。"

[3] 清扬：眉目清秀。婉：美好。

[4] 适：适合。

[5] 瀼瀼：露多貌。

[6] 臧：善。偕臧：都满意。朱熹云："偕臧，言各得其所欲也。"

思考与练习

1.《郑风·野有蔓草》赋、兴手法的运用有何特色？

2.《诗经》中比、兴手法有何异同？

3. 结合《郑风·野有蔓草》的内容，并查阅相关文献，讨论比兴手法对后世的影响。

大雅·生民

厥初生民[1]，时维姜嫄[2]。生民如何？克禋克祀[3]，以弗无子[4]。履帝武敏歆[5]，攸介攸止[6]，载震载夙[7]。载生载育，时维后稷[8]。

诞弥厥月[9]，先生如达[10]。不坼不副[11]，无菑无害[12]，以赫厥灵[13]。上帝不宁，不康禋祀[14]，居然生子[15]。

诞寘之隘巷[16]，牛羊腓字之[17]。诞寘之平林[18]，会伐平林[19]。诞寘之寒冰，鸟覆翼之[20]。鸟乃去矣，后稷呱矣[21]。实覃实訏[22]，厥声载路。

诞实匍匐[23]，克岐克嶷[24]，以就口食[25]。蓺之荏菽[26]，荏菽旆旆[27]。禾役穟穟[28]，麻麦幪幪[29]，瓜瓞唪唪[30]。

诞后稷之穑[31]，有相之道[32]。茀厥丰草[33]，种之黄茂[34]。实方实苞[35]，实种实褎[36]。实发实秀[37]，实坚实好[38]，实颖实栗[39]。即有邰家室[40]。

诞降嘉种[41]，维秬维秠[42]，维穈维芑[43]。恒之秬秠[44]，是获是亩[45]。恒之穈芑，是任是负[46]。以归肇祀[47]。

诞我祀如何[48]？或舂或揄[49]，或簸或蹂[50]。释之叟叟[51]，烝之浮浮。载谋载惟[52]，取萧祭脂[53]。取羝以軷[54]，载燔载烈[55]，以兴嗣岁[56]。

卬盛于豆[57]，于豆于登[58]，其香始升。上帝居歆[59]，胡臭亶时[60]。后稷肇祀[61]，庶无罪悔[62]，以迄于今[63]。

选自《诗集传》，〔宋〕朱熹集撰，赵长征点校，中华书局2017年版

题解

《毛诗序》云："生民，尊祖也。后稷生于姜嫄，文武之功起于后稷，故推以配天焉。"这是追述周人始祖后稷事迹之作。后稷生于上古传说中的尧舜时代，乃上古传说中教民耕种之人。中华民族农业起源极早，周人以农立国，诗中写后稷的神异，即主要集中表现在稼穑方面。《生民》具有史诗性质，虽因我国古代政治制度、诗歌社会功用、民族审美心理、语言表达习惯等特质，有别于古希腊史诗，但同样具有深厚的艺术魅力。全诗八章，分三个部分。前三章描述后稷出生的灵异，充满了神话色彩和浪漫气息。四、五、六章写后稷稼穑以及教会周人耕作，笔调转而为写实。七、八章铺陈祭祀场面的热烈隆重，人之虔诚与神之灵异兼而有之，交织闪烁着前两部分的奇谲与平实。最后以"后稷肇祀"收尾，结篇完整，意淳辞质，"以迄于今"则将周王朝数百年的历史包孕在内，笔力雄健。

注释

［1］厥初：其初，当初。民：周族人民。

［2］时：是。姜嫄：周民族尊其为先妣，乃周始祖后稷之母，或为有邰氏之女酋长。《毛诗诂训传》说其乃帝喾之妃，似不足信。

［3］克：能。禋：古代的祭祀方式，《周礼·大宗伯》郑玄注云："禋之言烟，周人尚臭，烟，气之臭闻者。……三祀皆积柴实牲体焉，或有玉帛，燔燎而升烟，所以报阳也。"

[4] 弗："祓"的假借字，袪除灾难的祭祀。郑笺云："弗之言祓也。……以祓除其无子之疾而得其福也。"

[5] 履：践踏。帝：上帝。武：足迹。敏：借为"拇"，大拇指。歆：心有所感状。

[6] 攸：语助词。介："愒"（qì）的假借，休息。止：止息。

[7] 载：语助词。震："娠"的假借，怀孕。夙："肃"的假借，严肃。

[8] 后稷：周之祖先，姓姬，名弃。相传他是尧舜时负责农耕的官，教会百姓耕种。

[9] 诞：发语词。弥：满。这句意为姜嫄怀孕足月。

[10] 先生：头生，第一胎。达：滑利。

[11] 坼：裂开。副：破裂。

[12] 菑：同"灾"。毛传云："不坼不副，无菑无害，言易也。凡人在母，母则病。生则坼副，菑害其母，横逆人道。"

[13] 赫：显示。灵：灵异。以上三句极言后稷出生之顺利以见其灵异，带有传说性质。

[14] 康：安。

[15] 居然：徒然。朱熹云："而使我无人道而徒然生是子也。"王先谦云："今案《列女传》，言姜嫄履巨人迹，'归而有娠，浸以益大，心怪恶之，卜筮禋祀，以求无子，终生子，以为不详而弃之'云云。正此诗四句之义。盖姜嫄因赫然有娠，显示以灵怪之征，意上帝以己践其迹不安而降之罚，故曰'以赫厥灵，上帝不宁'也。己意亦因之不安而禋祀以求解，本求无子而终生子，故曰'不康禋祀，居然生子'也。前之洁祀，求祓无子之疾，后之洁祀，求获无子之庇。至居然生子，以为不详而弃之。"

[16] 寘（zhì）：置，放置。隘巷：狭窄的小巷。

[17] 腓：庇护。字：哺育。

[18] 平林：平原上的树林。

[19] 会：适值，恰好遇上。此句意为正好遇上有人伐木，不便丢弃。

[20] 覆：覆盖。毛传云："大鸟来，一翼覆之，一翼藉之。"

[21] 呱（gū）：婴儿哭声。

[22] 实：是，这样，下同。覃：长。訏：大。此句意为后稷的哭声又

长又响亮。

[23] 匍匐：伏地爬行。

[24] 克：能。岐、嶷：皆为有知识之意。

[25] 就：趋往。口食：自能食。

[26] 蓺：同“艺”，种植。荏菽：大豆。

[27] 旆旆：茂盛的样子。

[28] 役：列，指种禾使有行列。穟穟：沉甸下垂貌。

[29] 幪幪（měng）：茂密状。

[30] 瓞（dié）：小瓜。唪唪（běng）：果实丰硕貌。

[31] 穑：稼穑，种植五谷。

[32] 相：帮助。有相之道：有帮助它们长得更茂盛的方法。

[33] 茀：拔除。

[34] 黄茂：嘉谷，指优良品种，即黍、稷。孔颖达疏：“谷之黄色者，惟黍、稷耳。黍、稷，谷之善者，故云黄嘉谷也。”

[35] 方：萌芽。苞：丛生。

[36] 种：嘉谷生出短苗。褎（yòu）：禾苗渐渐长高。

[37] 发：禾茎舒展拔节。秀：禾苗生穗结实。

[38] 坚：饱满。

[39] 颖：本意指禾穗，此处指禾穗饱满下垂。栗：收获众多。

[40] 即：往。邰（tái）：古代氏族名，其地在今陕西武功。家室：意为居住。

[41] 降：赐予。

[42] 维：是。秬：黑黍。秠：黍的一种，一个黍壳中含有两粒黍米。

[43] 糜：赤苗，红米。芑：白苗，白米。

[44] 恒：通“亘”，遍。恒之：遍地种植。

[45] 获：收割。亩：堆在田里。

[46] 任：挑。负：背。

[47] 肇：开始。祀：祭祀。

[48] 我：后稷自称。

[49] 舂：用杵在臼里捣米。揄：舀，从臼中取出舂好之米。

[50] 簸：扬米去糠。蹂：以手搓余剩的谷皮。

[51] 释：淘米。叟叟：淘米的声音。

[52] 谋：计划。惟：考虑。意为祭祀前对祀事进行商议和卜问。

[53] 萧：艾蒿。脂：牛油。古时祭祀，将牛油和艾草一起点燃，取其香气。

[54] 羝：公羊。軷（bá）：剥去羊皮。一说祭路神。

[55] 燔（fán）：将肉放在火里烧炙。烈：将肉串起来烤。

[56] 嗣岁：来年。

[57] 卬（yǎng）：同“仰”，举。豆：古代一种高脚容器。

[58] 登：祭祀的礼器。

[59] 居：发语词。歆：享受祭祀。

[60] 臭：香气。亶：诚然，确实。时：善，好。此句意为祭祀所用饭菜的浓烈香气确实好闻。

[61] 肇祀：开创祭祀之礼。

[62] 庶：幸。此句意为幸而没有得罪于天、遗憾于心的事情。

[63] 迄：至。郑笺云：“子孙蒙其福，以至于今。”

思考与练习

1.《大雅·生民》关于后稷出身灵异的书写，目的是什么？在全诗中起到了什么作用？

2.《大雅·生民》纯用赋法，不假比兴，是否与其纪实性较强的性质有关？而比兴手法运用较多的诗篇是否偏向于抒情？

3. 对比《郑风·野有蔓草》与《大雅·生民》两篇作品，思考《风》与《雅》在描写内容及语言风格等方面的区别。

九歌·湘夫人

〔战国〕屈　原

帝子降兮北渚[1]，目眇眇兮愁予[2]。嫋嫋兮秋风[3]，洞庭波兮木叶下[4]。登白薠兮骋望[5]，与佳期兮夕张[6]。鸟何萃兮蘋中[7]，罾何为兮木上[8]？沅有芷兮澧有兰[9]，思公子兮未敢言[10]。荒忽兮远望[11]，观流水兮潺湲[12]。麋何为兮庭中[13]？蛟何为兮水裔[14]？朝驰余马兮江皋[15]，夕济兮西澨[16]。闻佳人兮召予，将腾驾兮偕逝[17]。筑室兮水中，葺之兮荷盖[18]。荪壁兮紫坛[19]，匊芳椒兮成堂[20]。桂栋兮兰橑[21]，辛夷楣兮药房[22]。罔薜荔兮为帷[23]，擗蕙櫋兮既张[24]。白玉兮为镇[25]，疏石兰兮为芳[26]。芷葺兮荷屋，缭之兮杜衡[27]。合百草兮实庭[28]，建芳馨兮庑门[29]。九嶷缤兮并迎[30]，灵之来兮如云[31]。捐余袂兮江中[32]，遗余褋兮澧浦[33]。搴汀洲兮杜若[34]，将以遗兮远者[35]。时不可兮骤得[36]，聊逍遥兮容与[37]。

《楚辞集注》，〔宋〕朱熹集注，黄灵庚点校，上海古籍出版社2015年版

题解

《九歌》乃《楚辞》篇名，“九”在此并非实数。原为江南民间祭祀的乐歌，屈原对其进行了重新创作，仍沿用旧题。王逸《楚辞章句·九歌序》曰：“《九歌》者，屈原之所作也。昔楚国南郢之邑，沅、湘之间，其俗信鬼而好祠，其祠必作歌乐鼓舞以乐诸神。屈原放逐，窜伏其域，怀忧苦毒，愁思沸郁，出见俗人祭祀之礼，歌舞之乐，其词鄙陋。因为作《九歌》之曲，上陈事神之敬，下见己之冤结，托之以风谏。”《湘夫人》是《九歌》组诗十一首之一，是祭湘水女神之诗，乃《湘君》之姊妹篇。此诗写湘君期待湘夫人而不至，遂生思慕哀怨之情。全诗以男子角度述相思，情意缠绵悱恻。在艺术手法上，吸收了民歌直白的抒情方式，同时运用了传统比兴手法，遂具有出色的艺术感染力，对后世的文学创作影响深远。

屈原（约前340—约前278），战国时期楚国诗人、政治家，芈姓，屈氏，名平，字原，又自云名正则，字灵均，大概出生于今湖北宜昌的秭归一带。因遭排挤诽谤，被先后流放至汉北和沅湘流域。楚国郢都被秦军攻破后，他自沉于汨罗江，以身殉国。他是中国历史上一位伟大的爱国诗人，中国浪漫主义文学的奠基人，“楚辞”的创立者和代表作家，开辟了“香草美人”的传统。楚国有名的辞赋家宋玉、唐勒、景差都受到屈原的影响。

注释

[1] 帝子：湘夫人。舜妃为帝尧次女女英，故称帝子。

[2] 眇眇：望而不见貌。愁予：使我忧愁。朱熹注云："愁予者，亦为主祭者言，望之不见，使我愁也。"

[3] 嫋嫋：柔弱曼长貌。

[4] 波：生波。下：落。句意为秋风起而洞庭生波，树叶飘落。此句亦记述了时节。

[5] 薠：一种近水生的秋草。骋望：纵目而望。

[6] 张：陈设。意为傍晚洒扫而陈设帷幄，为与湘夫人之佳期做准备。

[7] 萃：集。此句意谓鸟本应集于木上，而今反在水草中。

[8] 罾（zēng）：渔网。此句意谓罾原当在水中，而今反在木上。比喻所愿不得，失其应处之所。

[9] 沅：即沅水，流经贵州、湖南。澧：即澧水，在今湖南，流入洞庭湖。芷：即白芷，一种香草。

[10] 公子：指湘夫人。古代贵族称公族，贵族子女不分性别都可称"公子"。未敢言：朱熹注云："思而未敢言者，尊而神之，惧其渎也。"即将湘夫人视为神祇，不敢唐突出言。

[11] 荒忽：不分明貌。

[12] 潺湲：水流貌。朱熹注云："所谓兴者，盖曰沅则有芷矣，澧则有兰矣，何我之思公子而独未敢言耶？思之之切，至于荒忽而起望，则又但见流水之潺湲而已。其起兴之例，正如《越人之歌》所谓'山有木兮木有枝，心悦君兮君不知'。"

[13] 麋：兽名，似鹿。

[14] 水裔：水边。此句意谓麋当在山林，而今反在庭中；蛟当在深渊，而今反在水边。用此来喻湘夫人之望而不可见，失其所当。

[15] 皋：水岸边。

[16] 济：渡过。澨（shì）：水边。

[17] 腾驾：驾着马车奔腾飞驰。偕逝：同往。

[18] 葺：编草盖房。盖：指屋顶。朱熹注云："筑室水中，将托神明而

居处也。”

［19］荪壁：用荪草饰壁。荪：一种香草。紫：紫贝。坛：中庭。

［20］匊：古“播”字。椒：香木。

［21］栋：屋栋，屋的正梁。橑：屋椽。

［22］辛夷：木名。楣：房屋次梁。药：白芷。

［23］罔：同“网”，结。薜荔：一种香草，缘木而生。帷：帷帐。

［24］擗：分开。蕙：一种香草。櫋（mián）：屋檐板。

［25］镇：镇压坐席之物。

［26］疏：布陈。石兰：一种香草。

［27］缭：缠绕。杜衡：一种香草。

［28］合：合聚。百草：指众芳草。实：充实。

［29］馨：能够远闻的香。庑：走廊。从“筑室兮水中”至此，皆言用尽各种方法，以尽力求得芳香洁净的效果。

［30］九嶷：山名，传说中舜的葬地，在湘水南。此处指九嶷山神。缤：盛多貌。

［31］灵：神。如云：形容众多。此处言舜让九嶷山神来迎夫人，众神从之如云。如此则之前欲筑室水中以邻湘夫人，则愿望再次落空。

［32］袂：衣袖。

［33］褋：禅衣，宋洪兴祖引《方言》以为“禅衣”在江、淮、南楚之间叫“褋”。

［34］汀：水边的平地。杜若：一种香草。

［35］远者：指湘夫人。

［36］骤得：数得，屡得。

［37］逍遥：游玩。容与：悠闲貌。此言湘君恢复平静，拟耐心等待，继续期盼。

思考与练习

1. 明胡应麟《诗薮》云：“‘沅有芷兮澧有兰，思公子兮未敢言。恍忽兮远望，观流水兮潺湲。’唐人绝句千万，不能出此范围，亦不能入此阃域。”请从抒情角度阐释胡应麟作此论断的原因。

2.《九歌·湘夫人》是如何表现主人公内心状态的？

3. 结合《九歌·湘夫人》的内容与表达方式，思考楚辞产生的背景都有哪些。

行行重行行

行行重行行[1]，与君生别离[2]。相去万余里，各在天一涯。道路阻且长[3]，会面安可知？胡马依北风，越鸟巢南枝[4]。相去日已远，衣带日已缓[5]。浮云蔽白日[6]，游子不顾返。思君令人老[7]，岁月忽已晚[8]。弃捐勿复道[9]，努力加餐饭[10]。

选自《先秦汉魏晋南北朝诗》，逯钦立辑校，中华书局1983年版

题解

这首诗为《古诗十九首》之首篇。《古诗十九首》的创作年代在东汉后期，作者无所稽考，非一人一时之作。南朝梁昭明太子萧统因这些诗作风格相类而将之一并收入其所编《文选》之中，并题名为《古诗十九首》。《古诗十九首》的内容多写夫妇、朋友间的离愁别绪以及士人之失意愤懑。语言质朴清新，状人情思曲折委婉而真挚细腻，是早期文人五言诗的代表作品。

《行行重行行》所言乃是思妇愁绪，全诗结构严整，层次分明，以比兴手法形象生动地描摹出相思之苦，感人至深。

注释

[1] 重：又，此句意为行而无休无止。

[2] 生别离：此为当时常用语，即“永别离”。

[3] 道路阻且长：《诗经·秦风·蒹葭》：“所谓伊人，在水一方。溯洄从之，道阻且长。”

[4] 胡马：产于北方的马。越鸟：来自南方之鸟。此二句以胡马、越鸟比喻对故乡的眷恋。

[5] 缓：宽松，此句状因相思之苦而日渐消瘦。《文选》李善注引《古

乐府歌》："离家日趋远，衣带日趋缓。"

［6］白日：指代远行不归的丈夫。

［7］老：指形貌消瘦、憔悴。

［8］忽已晚：时光飞逝。

［9］弃捐：抛下，丢开。道：言说。

［10］此为当时常用对人进行宽慰之语。

思考与练习

1. 宋代陈绎评此诗曰："情真、景真、事真、意真。"你认为这种"真"体现在哪些方面，又是如何体现的？

2. 诗歌开头"行行重行行"有怎样的表达效果？

3. 课外通读《古诗十九首》其余篇目，谈一谈《古诗十九首》的艺术特征与艺术成就都有哪些。

赠羊长史并序

〔东晋〕陶　潜

左军羊长史，衔使秦川[1]，作此与之。

愚生三季后[2]，慨然念黄虞[3]。得知千载上，政赖古人书。圣贤留余迹，事事在中都[4]。岂忘游心目[5]？关河不可逾。九域甫已一[6]，逝将理舟舆。闻君当先迈，负疴不获俱[7]。路若经商山[8]，为我少踌躇。多谢绮与角[9]，精爽今何如？[10]紫芝谁复采[11]？深谷久应芜。驷马无贳患，贫贱有交娱[12]。清谣结心曲，人乖运见疏[13]。拥怀累代下[14]，言尽意不舒。

选自《陶渊明集笺注》卷二，袁行霈撰，中华书局2011年版

题解

晋安帝义熙十三年（417），东晋大将刘裕北伐后秦，攻克长安，驻军关中。驻军京都的左将军朱龄石得到捷报后，派遣属下长史羊松龄前往祝贺。于是陶渊明写此诗赠给他。这首赠答诗，乃感事而作，内容思接千载，抚今

追昔，将见识、胸襟尽融于对友人的赠言中。

陶潜（365或372或376—427），浔阳柴桑（今江西九江）人，初字元亮，后改渊明，自号五柳先生，私谥靖节，故后世又称之为靖节先生。陶潜曾任祭酒、镇军参军、建威参军这样的低级官职。义熙元年（405），陶潜出任彭泽县令，未满三月便辞官归里，从此隐居不仕。陶潜诗作，以咏史、田园最为突出，开启新风，创造了新的美学范式，其对后世的影响，直可比拟屈原。

注释

［1］秦川：陕西关中一带。

［2］三季：夏、商、周三代。

［3］黄虞：黄帝和虞舜，指代上古清平之世。

［4］中都：中原之地，诗中指羊松龄前往的洛阳、长安。

［5］游心目：游心纵目。

［6］九域：即九州，天下。此句意为天下开始重新归于一统。大将刘裕率军北伐，一举攻灭后秦，时人多以为此次北伐将克竟全功，一统天下。

［7］负痾：抱病。

［8］商山：在今陕西商洛，为羊松龄入关中必经之路。

［9］绮与甪（lù）：绮里季与甪里先生。皇甫谧《高士传》记载，秦末有东园公、绮里季、夏黄公、甪里先生四人，避秦之乱而隐于商洛深山之中，汉惠帝给他们立碑，称为“商山四皓”。

［10］精爽：商山四皓的魂魄。

［11］紫芝：灵芝。

［12］贳（shì）：赦免、宽纵。这里指免除祸患。《四皓歌》：“驷马高盖，其忧甚大。富贵之畏人兮，不如贫贱之肆志。”诗中化用此典，言富贵必有忧患，不如贫贱而快乐。

［13］清谣：四皓所作之歌。心曲：犹心中。人乖：人时运不济。见疏：被时代遗弃。

［14］拥怀：积思。累代：历代，就诗中所言之三季、黄虞而言。

思考与练习

1. 清代学者方东树《昭昧詹言》云：“其文法之妙……陶诗当以此为冠卷。”方东树所言之“文法”是指该诗的抒情脉络，请问为什么该诗可以“冠卷”？

2. 沈德潜论赠答诗，谓“必所赠之人何人，所往之地何地，一一按切，而复以己之情性流露于中，自然可咏可歌”。《赠羊长史并序》是否符合沈德潜所论？

3. 结合《赠羊长史并序》的思想内容，谈一谈你对陶渊明的思想性格的理解。

别范安成[1]

〔南朝梁〕沈　约

生平少年日，分手易前期[2]。及尔同衰暮，非复别离时。勿言一樽酒，明日难重持。梦中不识路[3]，何以慰相思？

选自《先秦汉魏晋南北朝诗》，逯钦立辑校，中华书局1983年版

题解

这首《别范安成》旨在表达暮年离别之感伤，前二句写少年离别之“易”，后六句状老年离别之“难”。

沈约（441—513），字休文，吴兴武康（今浙江德清）人，历仕南朝宋、齐、梁三代。入梁后，任官中书令、尚书令、左光禄大夫、侍中、太子少傅等，封建昌县侯，梁天监十二年（513）卒，谥曰“隐”。沈约为南朝文坛领袖，是以声律、对仗为长的“永明体”的代表人物之一，其所倡导的“四声八病”说为诗歌创作开辟了新境界，对诗歌艺术从古体诗向格律工整的近体诗演进起到了重要推动作用。

注释

[1] 范安成：范岫，字懋宾，曾任南朝齐安成内史之职。

［2］易：以之为易。前期：打算，这里指后会之期。

［3］梦中不识路：《韩非子》载张敏与高惠为友，张敏曾于梦中寻找高惠，中途迷路而返，如是者三。

思考与练习

1.《别范安成》作为送别诗中之佳作，与其他送别诗相比有什么不同？

2. 此诗虚实结合，虚实分别体现在哪一句，起到了什么作用？

3. 由《别范安成》出发，思考永明体的艺术特点及历史意义有哪些。

代悲白头翁

〔唐〕刘希夷

洛阳城东桃李花，飞来飞去落谁家。洛阳女儿好颜色，坐见落花长叹息。今年花落颜色改，明年花开复谁在。已见松柏摧为薪[1]，更闻桑田变成海[2]。古人无复洛城东，今人还对落花风。年年岁岁花相似，岁岁年年人不同。寄言全盛红颜子，应怜半死白头翁。此翁白头真可怜，伊昔红颜美少年。公子王孙芳树下，清歌妙舞落花前。光禄池台开锦绣[3]，将军楼阁画神仙[4]。一朝卧病无相识，三春行乐在谁边。宛转蛾眉能几时，须臾鹤发乱如丝。但看古来歌舞地，惟有黄昏鸟雀悲。

选自《全唐诗》，〔清〕彭定求编，中华书局1960年版

题解

《代悲白头翁》拟古乐府题，构思精妙，多处运用对比手法和重叠语句，循环复沓、反复吟咏，情调感伤而不颓废，风格婉转清丽，开拓了唐诗全新的意境。

刘希夷（651—约679），汝州（今属河南）人，唐高宗上元二年（675）进士。其诗以歌行见长，多写闺情，辞意柔婉多感伤。代表作有《从军行》《捣衣篇》《洛川怀古》《代悲白头翁》等。

注释

[1] 松柏摧为薪:《古诗十九首·去者日以疏》:“古墓犁为田，松柏摧为薪。”

[2] 桑田变成海:《神仙传》:“麻姑谓王方平曰:‘接侍以来，已见东海三为桑田。’”

[3] 光禄：据《后汉书·马援传附马防传》，马防在汉章帝时拜为光禄勋，生活奢侈。

[4] 将军楼阁：据《后汉书·梁冀传》，梁冀大兴土木，建造府宅。

思考与练习

1. 该诗用“红颜”与“白头”、昔日繁华与今朝落寞形成鲜明的对比，旨在说明什么？对我们认识时空变迁有什么启发？

2. 该诗最后四句包含什么哲理？

3. 该诗所创造的意境美对盛唐诗的影响体现在哪些方面？

答王十二寒夜独酌有怀

〔唐〕李　白

昨夜吴中雪，子猷佳兴发[1]。万里浮云卷碧山，青天中道流孤月。孤月沧浪河汉清，北斗错落长庚明。怀余对酒夜霜白，玉床金井冰峥嵘。人生飘忽百年内，且须酣畅万古情。

君不能狸膏金距学斗鸡[2]，坐令鼻息吹虹霓；君不能学哥舒[3]，横行青海夜带刀，西屠石堡取紫袍。吟诗作赋北窗里，万言不直一杯水。世人闻此皆掉头，有如东风射马耳。

鱼目亦笑我，谓与明月同。骅骝拳跼不能食[4]，蹇驴得志鸣春风[5]。《折杨》《皇华》合流俗[6]，晋君听琴枉清角[7]。巴人谁肯和《阳春》[8]，楚地由来贱奇璞[9]。黄金散尽交不成，白首为儒身被轻。一谈一笑失颜色，苍蝇贝锦喧谤声[10]。曾参岂是杀人者[11]，谗言三及慈母惊。

与君论心握君手，荣辱于余亦何有？孔圣犹闻伤凤麟[12]，董龙更是何鸡狗[13]？一生傲岸苦不谐，恩疏媒劳志多乖。严陵高揖汉天子[14]，何必长剑拄颐事玉阶。达亦不足贵，穷亦不足悲。韩信羞将绛灌比[15]，祢衡耻逐屠沽儿[16]。君不见李北海[17]，英风豪气今何在！君不见裴尚书[18]，土坟三尺蒿棘居。少年早欲五湖去[19]，见此弥将钟鼎疏。

选自《李太白全集》，〔清〕王琦注，中华书局2015年版

题解

此诗虽名为“答王十二”，但独白性质明显，可谓诗人自抒怀抱之作。诗篇从眼前景物描写落笔，营造出了一个明净清寒的抒情环境，既以比兴手法暗喻自我心志，又与下文现实黑暗的书写形成鲜明对比。从“君不能狸膏金距学斗鸡”到“有如东风射马耳”，写自己与世不偶；从“鱼目亦笑我”到“谗言三及慈母惊”，写黄钟毁弃、瓦釜雷鸣之残酷现实，也表现出了自己“信而见疑，忠而被谤”的悲愤心境。从“与君论心握君手”到结尾，连用典故，以排比之势，慨言人生空漠之感，所谓“功名富贵若长在，汉水亦应西北流”（李白《江上吟》），用不如早日退隐江湖来劝诫友人，安慰自我。全诗情感激烈而层次分明，用典丰富又贴切生动，显现出太白诗风的鲜明个性。

李白（701—762），字太白，号青莲居士。继屈原之后又一伟大的浪漫主义诗人，在文学史上有“诗仙”之美誉，与杜甫并称“李杜”。其诗以抒情为主，表现出蔑视权贵的傲岸精神，以及对祖国大好山河的热爱之情。诗风雄奇豪放，想象丰富，语言流转自然，善于从民间文学和神话传说中吸取营养和素材，构成其特有的瑰玮绚烂的色彩，达到盛唐诗歌艺术的巅峰。存世诗文千余篇。王琦注有《李太白文集》三十六卷。

注释

[1] 子猷佳兴：《世说新语·任诞》：“王子猷居山阴，夜大雪，眠觉，开室命酌酒，四望皎然，因起彷徨，咏左思《招隐》诗，忽忆戴安道。时戴在剡，即便夜乘小船就之。经宿方至，造门不前而返。人问其故，王曰：‘吾本乘兴而行，兴尽而返，何必见戴？’”

[2] 狸膏：《艺文类聚》载：“庄子谓惠子曰：‘羊沟之鸡，三岁为株，

相者视之，则非良鸡也。然而数以胜人者，以狸膏涂其头。'"《尔雅翼》："斗鸡，私取狸膏涂其头，辄斗无敌。此非有厌胜，特是狸能捕鸡，异鸡闻狸之气，则畏而走。"金距：《左传·昭公二十五年》："季、郈之鸡斗。季氏介其鸡，郈氏为之金距。"杨伯峻《春秋左传注》认为"金距"是"盖于鸡脚爪又加以薄金属"，以用于斗鸡。玄宗好斗鸡，时以斗鸡供奉者，皆赫弈可畏。

［3］哥舒：《旧唐书·哥舒翰传》："天宝七载筑神威军于青海上。""吐蕃保石堡城，路远而险，久不拔。八载，以朔方、河东群牧十万众委翰总统攻石堡城。翰使麾下将高秀岩、张守瑜进攻，不旬日而拔之。上录其功，拜特进、鸿胪员外卿，与一子五品官，赐物千匹，庄宅各一所，加摄御史大夫。"

［4］骅骝：《穆天子传》："天子之骏：赤骥、盗骊、白義、踰轮、山子、渠黄、华骝、绿耳。"郭璞注："华骝，色如华而赤。"

［5］蹇驴：《汉书·贾谊传》："腾驾罢牛，骖蹇驴兮。"颜师古注："蹇，跛也。"

［6］《折杨》《皇华》：《庄子·天地》："大声不入于里耳，《折杨》《皇华》则嗑然而笑。"成玄英疏："《折杨》《皇华》，盖古之俗中小曲也，玩狎鄙野，故嗑然动容。"

［7］清角：《韩非子·十过》："晋平公曰：'音莫悲于清徵乎？'师旷曰：'不如清角。'平公曰：'清角可得而闻乎？'师旷曰：'不可。昔者黄帝合鬼神于泰山之上，驾象车而六蛟龙，毕方并辖，蚩尤居前，风伯进扫，雨师洒道，虎狼在前，鬼神在后，腾蛇伏地，凤皇覆上，大合鬼神，作为清角。今主君德薄，不足听之；听之，将恐有败。"平公曰："寡人老矣，所好者音也，愿遂听之。'师旷不得已而鼓之。一奏之，有玄云从西北方起；再奏之，大风至，大雨随之，裂帷幕，破俎豆，隳廊瓦，坐者散走。平公恐惧，伏于廊室之间。晋国大旱，赤地三年。平公之身遂癃病。"

［8］巴人：宋玉《对楚王问》："客有歌于郢中者，其始曰《下里》《巴人》，国中属而和者数千人。其为《阳阿》《薤露》，国中属而和者数百人。其为《阳春》《白雪》，国中属而和者，不过数十人。引商刻羽，杂以流徵，国中属而和者，不过数人而已。是其曲弥高，其和弥寡。"

[9] 奇璞：《韩非子·和氏》："楚人和氏得玉璞楚山中，奉而献之厉王。厉王使玉人相之。玉人曰：'石也。'王以和为诳，而刖其左足。及厉王薨，武王即位，和又奉其璞而献之武王。武王使玉人相之，又曰：'石也。'王又以和为诳，而刖其右足。武王薨，文王即位。和乃抱其璞而哭于楚山之下，三日三夜，泪尽而继之以血。王闻之，使人问其故曰：'天下之刖者多矣，子奚哭之悲也？'和曰：'吾非悲刖也，悲夫宝玉而题之以石，贞士而名之以诳，此吾所以悲也。'王乃使玉人理其璞，而得宝焉。遂命曰和氏之璧"。

[10] 贝锦：《诗经·小雅·巷伯》："萋兮斐兮，成是贝锦。彼谮人者，亦已太甚。"

[11] 曾参：《战国策·秦策二》："曾子处费，费人有与曾子同名族者而杀人。人告曾子母曰：'曾参杀人。'曾子之母曰：'吾子不杀人。'织自若。有顷焉，一人又曰：'曾参杀人。'其母尚织自若也。顷之，一人又告之曰：'曾参杀人。'其母惧，投杼逾墙而走。"

[12] 凤麟：《论语·子罕》："子曰：'凤鸟不至，河不出图，吾已矣夫！'"《史记·孔子世家》："鲁哀公十四年春，狩大野。叔孙氏车子钽商获兽，以为不祥。仲尼视之曰：'麟也。'取之，曰：'河不出图，雒不出书，吾已矣夫！'颜渊死，孔子曰：'天丧予！'及西狩见麟，曰：'吾道穷矣。'"

[13] 董龙：《资治通鉴·晋纪》："秦司空王堕性刚毅。右仆射董荣，侍中强国皆以佞幸进，堕疾之如仇。每朝见，荣未尝与之言。或谓堕曰：'董君贵幸如此，公宜小降意接之。'堕曰：'董龙是何鸡狗？而令国士与之言乎！'"

[14] 严陵：《后汉书·逸民列传》："严光字子陵，一名遵，会稽余姚人也。少有高名，与光武同游学。及光武即位，乃变名姓，隐身不见。帝思其贤，乃令以物色访之。后齐国上言：'有一男子，披羊裘钓泽中。'帝疑其光，乃备安车玄纁，遣使聘之。三反而后至。……除为谏议大夫，不屈，乃耕于富春山。"

[15] 韩信：《史记·淮阴侯列传》："以为淮阴侯……居常鞅鞅，羞与绛、灌等列。"

[16] 祢衡：《后汉书·文苑列传》："祢衡……少有才辩，而尚气刚傲，

好矫时慢物……是时许都新建，贤士大夫四方来集。或问衡曰：‘盍从陈长文、司马伯达乎？’对曰：‘吾焉能从屠沽儿耶！’”

[17] 李北海：《新唐书·文艺·李邕传》：“李邕字泰和，扬州江都人。……开元二十三年，起为括州刺史……后历淄、滑二州刺史，上计京师。始，邕早有名，重义爱士，久斥外，不与士大夫接。既入朝，人间传其眉目瑰异，至阡陌聚观，后生望风内谒，门巷填隘。中人临问，索所为文章，且进上。以谗媢不得留，出为汲郡、北海太守。天宝中，左骁卫兵曹参军柳勣有罪下狱，邕尝遗勣马。……宰相李林甫，素忌邕，因传以罪……就郡杖杀之。”

[18] 裴尚书：裴敦复，玄宗朝时为刑部尚书，以平海贼功为李林甫所忌，贬淄州太守，与李邕皆坐柳勣事，同时杖死。

[19] 五湖：《国语·越语下》：“反至五湖，范蠡辞于王曰：‘君王勉之，臣不复入越国矣。’王曰：‘不谷疑子之所谓者何也？’对曰：‘臣闻之，为人臣者，君忧臣劳，君辱臣死。昔者君王辱于会稽，臣所以不死者，为此事也。今事已济矣，蠡请从会稽之罚。’王曰：‘所不掩子之恶，扬子之美者，使其身无终没于越国。子听吾言，与子分国。不听吾言，身死，妻子为戮。’范蠡对曰：‘臣闻命矣。君行制，臣行意。’遂乘轻舟以浮于五湖，莫知其所终极。”

思考与练习

1. 李白名篇以七言歌行为多，体裁的选择与作者感情的抒发有无关联？如有，关联具体是如何展现的？
2. 李白此诗用典颇多，典故的运用在李白情感抒发中起到了什么作用？
3. 李白诗歌的艺术个性体现在哪些方面？对后世的影响有哪些？

无 家 别

〔唐〕杜 甫

寂寞天宝后[1]，园庐但蒿藜[2]。我里百余家，世乱各东西。存者无消息，死者为尘泥。贱子因阵败[3]，归来寻旧蹊[4]。久行见空巷，日瘦气惨凄[5]。但对狐与狸，竖毛怒我啼[6]。四邻何所有，一二老寡妻。宿鸟恋本枝[7]，安辞且穷栖[8]。方春独荷锄，日暮还灌畦[9]。县吏知我至，召令习鼓鞞[10]，虽从本州役，内顾无所携[11]。近行止一身，远去终转迷[12]。家乡既荡尽，远近理亦齐[13]。永痛长病母，五年委沟溪[14]，生我不得力，终身两酸嘶[15]。人生无家别，何以为蒸黎[16]。

选自《杜诗详注》，〔清〕仇兆鳌注，中华书局1979年版

题解

《无家别》是唐代诗人杜甫创作的组诗“三吏”“三别”之一。此诗叙写一战败士兵回到家乡，重新被征服役之事。诗中描绘了兵乱之后，人烟稀少、田园荒芜的荒凉图景，细致地刻画出他再度应征、离开这残破家园时的悲惨心情。全诗情感沉痛凄婉，批驳强烈深刻，而且借景、物、事来寄情抒怀，显示了感人的艺术魅力。

杜甫（712—770），字子美，自称少陵野老。唐代最伟大的现实主义诗人，宋以后被尊为“诗圣”，与李白并称“李杜”。其诗大胆揭露当时社会矛盾，对穷苦人民寄予深切同情，展现了唐代由盛转衰的历史过程，被后世称为“诗史”。在诗歌艺术上善于吸收和总结前人的成就，融合众长，兼备诸体，形成沉郁顿挫的风格。现存诗1 400余首，有《杜工部集》。

注释

[1] 天宝后：指唐玄宗天宝十四载（755）爆发安史之乱以后。

[2] 庐：居住的房屋。蒿藜：野草。

[3] 贱子：这位无家者的自称。鲍照《代东武吟》：“主人且勿喧，贱子歌一言。”阵败：指邺城之败。

[4] 蹊：小路。

[5] 日瘦：形容太阳黯淡无光。

[6] 怒我啼：对我发怒且啼叫。

[7] 宿鸟：投林的归鸟。《古诗十九首·行行重行行》：“越鸟巢南枝。”此句化用其意。

[8] 且穷栖：姑且穷苦地居住下来。

[9] 灌畦：浇菜地。颜延之《陶徵士诔》："灌畦鬻蔬，为供鱼菽之祭。"畦：指一块块的菜地。《汉书 · 食货志》："菜茹有畦。"

[10] 习鼓鞞：言重新被征入伍。鞞：同"鼙"，《说文 · 鼓部》："鼙，骑鼓也。"

[11] 内顾：回望家中。左思《咏史诗》："外望无寸禄，内顾无斗储。"携：即离。无所携：无所告别之人。袁淑《防御索虏议》："盅以威利，势必携离。"

[12] 终转迷：终究是前途迷茫，生死凶吉难料。《楚辞 · 离骚》："回朕车以复路兮，及行迷之未远。"

[13] 齐：齐同。

[14] 委沟溪：指死后无人安葬。《孟子 · 梁惠王下》："老弱转乎沟壑，壮者散而之四方者，几千人矣。"

[15] 两酸嘶：指母子二人都抱恨终身。酸嘶：因悲痛而失声痛哭。

[16] 蒸黎：指百姓。蒸：众。黎：黑。

思考与练习

1.《无家别》中杜诗的现实主义风格是如何体现的？

2. 以《无家别》为例，分析杜诗关注视野与其"沉郁顿挫"风格生成之间的关系。

3. 结合《无家别》内容，论述杜诗的"诗史"性质体现在哪些方面。

洗 兵 行

〔唐〕杜 甫

中兴诸将收山东[1]，捷书夜报清昼同[2]。河广传闻一苇过[3]，胡危命在破竹中[4]。只残邺城不日得[5]，独任朔方无限功[6]。京师皆骑汗血马[7]，回纥餧肉蒲萄宫[8]。已喜皇威清海岱[9]，常思仙仗过崆峒[10]。三年笛里关山月[11]，万国兵前草木风[12]。成王功大心转小[13]，郭相谋深古来少[14]。司徒清鉴悬明镜[15]，尚书气与秋天杳[16]。二三豪俊为时出[17]，整顿乾坤济时了[18]。东走无复忆鲈鱼[19]，南飞觉有安巢鸟[20]。青春复随冠冕入[21]，紫禁正耐烟花绕[22]。鹤驾通宵凤辇备[23]，鸡鸣问寝龙楼晓[24]。攀龙附凤势莫当[25]，天下尽化为侯王[26]。汝等岂知蒙帝力[27]，时来不得夸身强[28]。关中既留萧丞相[29]，幕下复用张子房[30]。张公一生江海客[31]，身长九尺须眉苍。征起适遇风云会[32]，扶颠始知筹策良[33]。青袍白马更何有[34]，后汉今周喜再昌[35]。寸地尺天皆入贡[36]，奇祥异瑞争来送。不知何国致白环[37]，复道诸山得银瓮[38]。隐士休歌紫芝曲[39]，词人解撰清河颂[40]。田家望望惜雨干[41]，布谷处处催春种[42]。淇上健儿归莫懒[43]，城南思妇愁多梦[44]。安得壮士挽天河[45]，净洗甲兵长不用[46]。

选自《杜诗详注》，〔清〕仇兆鳌注，中华书局1979年版

题解

《洗兵行》，一称《洗兵马》，是唐代诗人杜甫的名篇。全诗共有四转韵，每韵十二句。从开篇至“万国兵前草木风”，写两京相继克复，平叛捷报频传，叛军覆灭在即。也有论者认为此处含有诗人对借兵回纥的讽刺。从“成王功大心转小”到“鸡鸣问寝龙楼晓”，以铺排之笔首赞李豫成就大功后更加小心谨慎，接着赞美郭子仪之谋略深远、李光弼之识见明察、王思礼之气度宏远。溢美之词既切合各人身份事迹，又表达出对有功于社稷之名臣的钦仰。从“攀龙附凤势莫当”至“后汉今周喜再昌”，笔锋一转，既对赏爵太滥的政治弊端予以批判，又为张镐、房琯不能委以大用而鸣不平。从“寸地尺天皆入贡”到篇终，诗人一方面歌颂海内遍呈祥瑞，举国称贺的局面；另一方面期盼人民安居乐业，愿今后洗尽甲兵，再无战争。此诗辞藻富丽，对偶工整，用典精切，气势雄浑阔大，与诗歌表达的喜悦内容完全相宜。诗的韵脚，逐段平仄互换；声调上疾徐互现，翕张结合，于奔放中寓以顿挫之致，于清丽中融入苍劲之气，彰显了杜诗艺术手法多变的一面。

注释

［1］中兴：指平定安史叛乱，重新振兴唐王朝的事业。诸将：指广平王李俶、郭子仪等将士。山东：此指河北一带。

［2］清昼同：昼夜频传，见得捷报完全可信。梁武帝《赠蔡道恭诏》：

“奇谋间出，捷书日至。”

［3］河：指黄河。一苇过：一芦苇可航，形容官军渡河极易。《卫风·河广》：“谁谓河广，一苇杭之。”

［4］胡：指安史叛军。命在破竹中：指叛军之破灭已近在眼前。《晋书·杜预传》：“今兵威已振，譬如破竹，数节之后，皆迎刃而解。”

［5］只残：只剩。《资治通鉴》“乾元元年十月”：郭子仪引兵自杏园济河，东至获嘉，破安太清……太清走保卫州，子仪进围之；丙午，遣使告捷。鲁炅自阳武济，季光琛、崔光远自酸枣济，与李嗣业兵皆会子仪于卫州。庆绪悉举邺中之众七万来救卫州……子仪复引兵逐之，庆绪大败。获其弟庆和，杀之，遂拔卫州。”邺城：相州，今河南安阳。据《旧唐书·地理志》，相州，属河北道。武德元年，以魏郡置相州。天宝元年，改为邺郡。

［6］独任：只任用。朔方：指节度使郭子仪的朔方军士。《旧唐书·郭子仪传》：“禄山反……以子仪为灵武太守，充朔方节度使。……（房琯）兵及陈涛，为贼所败……惟倚朔方军为根本。”

［7］汗血马：一种产于边地的宝马。《汉书·礼乐志·郊祀歌》：“太一况，天马下，沾赤汗，沫流赭。”应劭注：“大宛马汗血沾濡也，流沫如赭也。”

［8］回纥：古族名。餧：同“喂”。蒲萄宫：即汉代上林苑，代指唐宣政殿。《汉书·匈奴传》：“元帝元寿二年，单于来朝……舍之上林苑蒲陶宫。”

［9］清海岱：清除了山东一带的叛军。《尚书·禹贡》：“海岱惟青州。”

［10］仙仗：皇帝的仪仗。崆峒：山名，在今甘肃平凉。《史记·五帝本纪》：“（黄帝）东至于海……西至于崆峒。”

［11］三年：自天宝十四载（755）十一月安禄山反至乾元二年（759）二月，计三年零三个月。关山月：汉乐府横吹曲名，内容多写战争、离别之事。

［12］万国：即万方，全国各地之意。草木风：草木皆兵之意。《晋书·苻坚载记》：“（苻）坚与苻融登城而望王师，见部阵齐整，将士精锐，又北望八公山上草木皆类人形，顾谓融曰：‘此亦勍敌也，何谓少乎！’”

［13］成王：指李俶，收复两京的主帅。至德二年（757）十二月进封为楚王。乾元元年（758）三月，改封成王。四月庚寅，立为皇太子，改名豫，后继位为代宗。转小：转而变得小心谨慎。刘昼《诫盈章》："楚庄王功立而心惧，晋文公战胜而色忧，非憎荣而恶胜，乃功大而心小，居安而念危也。"

［14］郭相：郭子仪。

［15］司徒：指检校司徒李光弼。清鉴：识见明察。《隋书·高构传》："薛道衡才高当世，每称构有清鉴。"

［16］尚书：指兵部尚书王思礼。气：气度。秋天杳：形容如秋空般明朗高远。杜甫《八哀诗·赠司空王公思礼》"爽气春淅沥"，与尚书气爽语合。

［17］二三豪俊：指李俶、郭子仪、李光弼等。为时出：应运而生。

［18］济时：救济时危。了：完毕。

［19］"东走"句：《世说新语·识鉴》："张季鹰辟齐王东曹掾，在洛，见秋风起，因思吴中菰菜羹、鲈鱼脍，曰：'人生贵得适意尔，何能羁宦数千里以要名爵！'遂命驾便归。"

［20］"南飞"句：《古诗十九首·行行重行行》："越鸟巢南枝。"曹操《短歌行》："月明星稀，乌鹊南飞。绕树三匝，何枝可依。"此句融合两诗比兴之词。

［21］青春：春天。《楚辞·大招》："青春受谢，白日昭只。"王逸注："青，东方春位，其色青也。"冠冕：指上朝的群臣。《风俗通》："黄帝始制冠冕。"入：指进入皇宫。

［22］紫禁：紫宫，皇宫。耐：相宜，适合。烟花：春日景色。王融《芳树》："烟花杂如雾。"

［23］鹤驾：太子李豫的车驾。仇兆鳌注引赤城谢省曰："鹤驾，东宫所乘。"《锦绣万花谷》引刘向《列仙传》："周灵王太子晋……乘白鹤，驻山巅，举旨谢时人而去，故后世称太子之驾曰鹤驾，禁曰鹤禁。"凤辇：肃宗之车辇。隋炀帝《步虚词》："翠霞承凤辇。"

［24］问寝：问候起居。《礼记·文王世子》："鸡初鸣，至于寝门外，问内竖之御者曰：'今日安否？何如？'"龙楼：皇帝住处，此处指唐玄宗的住地。《汉书·成帝纪》："初居桂宫，上尝急召，太子出龙楼门，不敢绝驰道。"张晏注曰："门楼上有铜龙，若白鹤、飞廉之为名也。"唐肃宗《御丹

凤楼大赦制》：“今复宗庙于函锥，迎上皇于巴蜀，导鸾舆而反正，朝寝门以问安，寰宇载宁，朕愿毕矣。”杜诗此句正用诏语。

［25］攀龙附凤：这里指攀附唐肃宗和张淑妃的李辅国等。靠其有拥戴唐肃宗之功，回京后气焰极高。扬雄《法言·渊骞》：“攀龙鳞，附凤翼。”

［26］化为侯王：形容唐肃宗封官之滥。《汉书·叙传》：“云起龙襄，化为侯王。”

［27］汝等：指摇身一变，化为王侯的新贵。蒙帝力：既指诸新贵贪天之功，亦兼示肃宗之偏私。《汉书·张耳陈余传》：“秋豪皆帝力也。”

［28］时：时运。夸身强：夸耀自己有什么大本事。

［29］萧丞相：汉代萧何。《史记·萧相国世家》：“汉王引兵东定三秦，何以丞相留收巴蜀，填抚谕告，使给军食。”

［30］张子房：汉代张良，此指代张镐。《汉书·高帝纪》：“运筹帷幄之中，决胜千里之外，吾不如子房。”

［31］张公：指张镐。《旧唐书·张镐传》：“张镐，博州人也。风仪魁岸，廓落有大志，涉猎经史，好谈王霸大略。……镐自入仕凡三年，致位宰相。居身清廉，不营资产，谦恭下士，善谈论，多识大体，故天下具瞻。”江海客：指张镐“居身清廉”“不事中要”。《庄子·刻意》：“就薮泽，处闲旷，钓鱼闲处，无为而已矣。此江海之士，避世之人，闲暇者之所好也。”

［32］征起：被征召而起来做官。风云会：风云际会。动乱时明君与贤臣的遇合。《旧唐书·张镐传》：“天宝末……自褐衣拜左拾遗。……玄宗幸蜀，镐自山谷徒步扈从。肃宗即位，玄宗遣镐赴行在所。镐至凤翔，奏识多有弘益，拜谏议大夫，寻迁中书侍郎、同中书门下平章事。”

［33］扶颠：挽回国家颠危的局面。《论语·季氏》：“危而不持，颠而不扶，则将焉用彼相矣！”

［34］青袍白马：以梁武帝时的侯景之乱喻安史之乱。侯景作乱，部下皆骑白马，穿青衣。《南史·侯景传》：“先是大同中童谣曰：‘青丝白马寿阳来’。景涡阳之败，求锦，朝廷所给青布，及是悉用为袍。采色尚青。景乘白马，青丝为辔，欲以应谣。”更何有：指不难平定。《论语·里仁》何晏注：“何有者，言不难。”

［35］后汉今周：用周、汉中兴之主周宣王和汉光武帝比拟唐肃宗。再

昌：中兴。

［36］寸地尺天：指全国各地。

［37］白环：传说中西王母朝虞舜时献的宝物。《竹书纪年》："帝舜九年，西王母来朝，献白环玉玦。"

［38］银瓮：银质盛酒器。《瑞应图》："王者宴不及醉，刑罚中，人不为非，则银瓮出。"《孝经援神契》："神灵滋液有银瓮，不汲自满。"

［39］紫芝曲：商山四皓所作。

［40］解：懂得。清河颂：一作河清颂。《南史·鲍照传》："元嘉中，河济俱清，当时以为美瑞。照为《河清颂》，其序甚工。"

［41］望望：《释名·释言语》："望，惘也。视远惘惘也。"又《释姿容》："望，茫也。远视茫茫也。"

［42］布谷：《尔雅·释鸟》："鸤鸠，鴶鵴。"注："今之布谷也。江东人呼为获谷。"《禽经》："鸤鸠，戴胜，布谷也。"张华注曰："农事方起，此鸟飞鸣于桑间，云五谷可布种也。"

［43］淇上健儿：指围攻邺城的士卒。淇上：卫地，在邺城附近。《诗经·卫风·竹竿》："泉源在左，淇水在右。"莫懒：以期快速取得胜利。

［44］城南思妇：泛指将士的妻子。思妇愁梦，从《诗经·豳风·东山》诗"妇叹于室"来，以思家之至情动之也。

［45］天河：银河。

［46］洗甲兵：洗去铠甲兵刃上的泥垢血污，从此不再使用。《说苑·权谋》：武王伐纣……大风折旆。散宜生谏曰："此其妖欤？"王曰："非也，天洗兵也。"

思考与练习

1. 试将《洗兵行》与《闻官军收河南河北》对读，分析这两首诗在情感表达上有何异同。

2. 清代郑燮《范县署中寄舍弟墨第五书》云："作诗非难，命题为难。题高则诗高，题矮则诗矮，不可不慎也。少陵诗高绝千古，自不必言，即其命题，已早据百尺楼上矣。通体不能悉举，且就一二言之。……《北征》《洗兵马》，喜复国望太平也。只一开卷，阅其题次，一种忧国忧民、忽悲忽喜之情，以及宗庙丘墟、关山劳戍之苦，宛然在目。其题如此，其诗有不痛心入骨者乎！”试分析《洗兵行》开篇的特点及其对全篇抒情的作用。

3. 结合《洗兵行》内容，思考杜诗在思想内容与叙事手法上的特征分别有哪些。

阁　　夜

〔唐〕杜　甫

岁暮阴阳催短景[1]，天涯霜雪霁寒宵[2]。五更鼓角声悲壮[3]，三峡星河影动摇[4]。野哭千家闻战伐[5]，夷歌几处起渔樵[6]。卧龙跃马终黄土[7]，人事音书漫寂寥[8]。

选自《杜诗详注》，〔清〕仇兆鳌注，中华书局1979年版

题解

《阁夜》是杜甫的代表作品之一。杜甫流寓于荒僻的山城，面对峡江壮丽的夜景，听到悲壮的鼓角声，因而感慨万千，由眼前的情景想到国家的战乱，由历史人物想到自己的境遇，并力图在内心超越这些一般的人生感慨，因作此诗。诗中虽有悲凉哀伤之情，却亦有壮情和超然之意。

注释

［1］阴阳：指日月。短景：指冬季日短。

［2］霁：雪停。

［3］五更：天将启晓。鼓角：更鼓与号角。《李卫公兵法》：“鼓，三百三十槌为一通。鼓止角动，吹十二声为一叠。”

［4］三峡：指瞿塘峡、巫峡、西陵峡。瞿塘峡在夔州东。星河：银河，这里泛指天上的群星。《汉书·天文志》：“光元中，天星尽摇，上以问候星者。对曰：‘星摇者，民劳也。’”

［5］野哭：战乱的消息传来，千家万户的哭声响彻四野。战伐：崔旰之

乱。永泰元年（765）四月，郭英乂继任剑南西川节度使兼成都尹，十月，严武旧部崔旰起兵攻郭英乂，郭逃到简阳，被韩澄杀死。此后，效忠郭的一批武将又联合起来讨伐崔旰，蜀中大乱。

[6] 夷歌：当地族群的歌谣。《后汉书·南蛮西南夷列传》："夷歌、巴舞，殊音异节之技，列倡于外门。"几处：一作数处。

[7] 卧龙：指诸葛亮。《三国志·蜀书·诸葛亮传》："徐庶……谓先主曰：'诸葛孔明者，卧龙也……' 跃马：指公孙述，字子阳，扶风人，西汉末年，天下大乱，凭蜀地险要，自立为天子，号"白帝"。左思《蜀都赋》："公孙跃马而称帝。"

[8] 人事：指交游。曹操《陌上桑》："绝人事，游浑元。"音书：指亲朋间的慰藉。王僧孺《春怨诗》："万里断音书。"漫寂寥：徒然感到寂寞。漫：徒然、白白地。

思考与练习

1. 此诗一共写了几种悲慨？诗人对什么事最为忧伤？

2. 该诗首联描绘了一幅冬日寒冷孤寂的图景，虽然并未正面表达作者心境，但其心境蕴含在景物描写中。此联中哪两个字与作者心境表达的关系最为密切？试结合全诗进行分析。

3. 根据本诗内容，如何理解杜诗"沉郁顿挫"的艺术风格？

无题四首·其一

〔唐〕李商隐

来是空言去绝踪，月斜楼上五更钟。梦为远别啼难唤，书被催成墨未浓。蜡照半笼金翡翠[1]，麝熏微度绣芙蓉[2]。刘郎已恨蓬山远[3]，更隔蓬山一万重[4]。

选自《玉谿生诗集笺注》，〔清〕冯浩笺注，上海古籍出版社1998年版

题解

此诗为李商隐创作的组诗《无题四首》中的第一首，写所思远隔，辗转难求之情。

李商隐（813—858），字义山，号玉谿生，怀州河内（今河南沁阳）人。唐文宗开成二年（837）进士，但因卷入“牛李党争”的政治漩涡而备受排挤，一生困顿不得志。诗与杜牧并称“小李杜”，词与温庭筠并称“温李”。后人整理有《玉谿生诗集》。

注释

［1］金翡翠：有翡翠鸟图案的帷帐。

［2］绣芙蓉：绣着芙蓉的被褥。

［3］刘郎：据刘义庆《幽明录》，东汉永平中，剡溪人刘晨、阮肇入天台山采药迷路，遇二仙女邀至仙洞。半年后返故里，子孙已七世。后重入天台，踪迹渺然。

［4］蓬山：蓬莱仙境。

思考与练习

1. 此诗力在凸显愿望被阻隔的心理感受，作者是如何表现这种感受的？其中又寄寓着作者怎样的人生感慨？

2. 李商隐《无题》诗主要包括两种：寄托类、爱情类。此诗属于哪种？其《无题》诗辞意缥缈难寻，李商隐是怎么营造出这种境界的？

题西太一宫壁二首[1]

〔宋〕王安石

柳叶鸣蜩绿暗[2]，荷花落日红酣[3]。三十六陂春水[4]，白头想见江南。

三十年前此地，父兄持我东西[5]。今日重来白首，欲寻陈迹都迷。

选自《王荆文公诗笺注》（修订版），〔宋〕李壁笺注，高克勤点校，上海古籍出版社2022年版

题解

这组六言绝句，是王安石重游西太一宫时即兴吟成，题写在墙上。第一首诗由眼前“柳叶”“荷花”“鸣蝉”“落日”“春水”等景物抒发思念江南故乡风光的愁绪。“绿”“红”“春水”等字眼，让绝句充满绮丽色彩之美感。第二首诗则直写曾游西太一宫时父兄同游之乐，而今白首，重游故地，已然物是人非。陈衍在《宋诗精华录》评曰：“绝代销魂，荆公诗当以此二首压卷。”

王安石（1021—1086），字介甫，晚号半山，抚州临川（今江西抚州）人。庆历二年（1042）进士，后官至宰相。封荆国公，世称荆公。其文雄健峭拔，为“唐宋八大家”之一；诗歌遒劲清新。

注释

[1] 西太一宫：道教庙宇，宋仁宗天圣年间所建，在汴京（今河南开封）西南八角镇。

[2] 鸣蜩（tiáo）：鸣蝉。

[3] 酣：形容荷花红艳如醉。“柳叶”二句：一作“草色浮云漠漠，树阴落日潭潭”。

[4] 三十六陂（bēi）：池塘名，在汴京附近。陂：池塘。江南扬州附近也有三十六陂，故诗中云“想见江南”。

[5] 持我东西：带领我四处游历。

思考与练习

1. 组诗其一的色彩运用对于抒发情感有何作用？

2. 此二首诗为六言绝句，以此二诗为例，试分析六言绝句与五言绝句、七言绝句艺术特点的不同。

3. 如何理解组诗二首之间的关系？

和子由渑池怀旧

〔宋〕苏　轼

人生到处知何似？应似飞鸿踏雪泥[1]。泥上偶然留指爪[2]，鸿飞那复计东西[3]。老僧已死成新塔[4]，坏壁无由见旧题[5]。往日崎岖还记否[6]？路长人困蹇驴嘶[7]。

选自《苏轼诗集合注》，〔清〕冯应榴辑注，黄任轲、朱怀春点校，上海古籍出版社2001年版

题解

宋仁宗嘉祐元年（1056）三月，苏轼和苏辙一起到汴京（今河南开封）应试，途径渑池。嘉祐六年（1061）冬，苏轼出任凤翔府签判，苏辙送其过渑池，返京后寄诗，题为《怀渑池寄子瞻兄》，其首联云：“相携话别郑原上，共道长途怕雪泥。”苏轼遂为此诗以和苏辙。此诗是诗人二十五岁所作，青年诗人却已在表达对人生来去无定的怅惘和往事旧迹万般虚无的感慨。该诗前四句单行顺接，以雪泥鸿爪喻人生无定，直抒感喟，发人深省，点出全诗主旨，后四句再回到对具体往事的感怀。由虚入实，哲思高妙，乃诗人名篇之一，清纪昀《始已评苏诗》评曰：“前四句单行入律，唐人旧格；而意境恣逸，则东坡本色。”

苏轼（1037—1101），北宋文学家。字子瞻，一字和仲，号东坡居士，眉州眉山（今属四川）人。嘉祐进士，官至礼部尚书。人生三贬于黄州、惠州、儋州。与父苏洵、弟苏辙合称“三苏”。其文纵横恣肆，为“唐宋八大家”之一。其诗题材广阔，清新豪健，善用夸张比喻，独具风格，与黄庭坚并称“苏黄”。

注释

［1］“人生”句：此是和作，苏轼依苏辙原作中提到的雪泥引发出人生之感，钱锺书《宋诗选注》指出“雪泥鸿爪”，“后来变为成语”。何似：像什么。

［2］留指爪：留下爪子的印记。

［3］计：考虑。

［4］老僧：指奉闲和尚。苏辙原诗“旧宿僧房壁共题”句自注：“辙昔与子瞻应举，过宿县中寺舍，题其老僧奉闲之壁。”新塔：古代僧人死后，以塔葬其骨灰。

［5］坏壁：指奉闲僧舍。无由：没有可能。

［6］崎岖：道路不平。

［7］蹇（jiǎn）驴：跛脚的驴。苏轼自注：“往岁，马死于二陵（按，即崤山，在渑池西），骑驴至渑池。”

思考与练习

1. 体会并鉴赏前四句。
2. 宋诗长于说理，试分析该诗如何说理。
3. 结合本诗，分析苏诗中所体现的宋诗特点分别有哪些。

寄黄几复[1]

〔宋〕黄庭坚

我居北海君南海[2]，寄雁传书谢不能[3]。桃李春风一杯酒，江湖夜雨十年灯。持家但有四立壁[4]，治病不蕲三折肱[5]。想得读书头已白，隔溪猿哭瘴溪藤[6]。

选自《山谷诗集注》，〔宋〕任渊等注，黄宝华点校，上海古籍出版社2003年版

题解

此诗乃黄庭坚寄与友人黄几复之诗。此诗称赞黄几复廉正、干练、好学，而对其垂老沉沦的处境深表惋惜，抒发了思念友人的殷殷之情，寄寓了对友人怀才不遇的不平与愤慨。宋人王直方《王直方诗话》：“张文潜尝谓余曰：黄九似‘桃李春风一杯酒，江湖夜雨十年灯’，真是奇语。”

黄庭坚（1045—1105），北宋文学家、书法家。字鲁直，号山谷道人，

晚号涪翁，洪州分宁（今江西修水）人。治平进士，与苏轼并称“苏黄”，与张耒、秦观、晁补之并称“苏门四学士”。其诗常寓佛理，诗歌艺术独树一帜，讲求句法和用典，开创了宋诗新奇不俗的写作手法，诗风“生新瘦硬”（龙榆生评语）。

注释

［1］黄几复：即黄介，字几复，豫章西山（今江西南昌）人，是黄庭坚少年时的好友。其事迹见黄庭坚所作《黄几复墓志铭》。

［2］“我居”句：集注云：“山谷尝有跋云：‘几复在广州四会，予在德州德平镇，皆海滨也。’”《左传·僖公四年》：“君处北海，寡人处南海，唯是风马牛不相及也。”

［3］“寄雁”句：传说雁南飞时不过衡阳回雁峰，更不用说岭南了。

［4］四立壁：《史记·司马相如列传》：“文君夜亡奔相如，相如与驰归成都，家徒四壁立。”

［5］蕲（qí）：祈求。肱：上臂，手臂由肘到肩的部分。《左传·定公十三年》：“三折肱知为良医。”

［6］瘴（zhàng）溪：旧传岭南边远之地多瘴气。溪：文集、明大全本作“烟”。

思考与练习

1. 试分析颔联为何为“奇语”。

2. 该诗最后二联从哪些方面称赞了黄几复的才干与品行，又表达了作者怎样的情感？

登岳阳楼二首·其一

〔宋〕陈与义

洞庭之东江水西，帘旌不动夕阳迟[1]。登临吴蜀横分地[2]，徙倚湖山欲暮时。万里来游还望远，三年多难更凭危[3]。白头吊古风霜里，老木沧波无限悲[4]。

选自《陈与义集校笺》，白敦仁校笺，浙江古籍出版社2014年版

题解

此诗作于宋高宗建炎二年（1128）秋，陈与义从靖康元年（1126）春为避战乱而南下，至此已三年。此诗通过登楼观感，抒发了诗人感怀家国、慨叹时势的无限悲痛和忧愁之感。

陈与义（1090—1139），字去非，号简斋。洛阳（今属河南）人，自曾祖陈希亮从眉州迁居洛阳。陈与义诗尊杜甫，也推崇苏轼、黄庭坚、陈师道，当时号为“诗俊”，与“词俊”朱敦儒、“文俊”富直柔等人同列洛中八俊。其诗歌前期清新明快，经历靖康之难后，诗风转为雄浑沉郁。宋末元初方回著《瀛奎律髓》，称杜甫为江西诗派“一祖”，黄庭坚、陈师道、陈与义为“三宗”。

注释

[1] 帘旌：酒店或茶馆的招子。夕阳迟：夕阳缓慢下沉。迟：缓慢。

[2] 吴蜀横分地：钱锺书《宋诗选注》：“三国时吴和蜀争夺荆州，吴将鲁肃曾率兵万人驻扎在岳阳。”横分地：以此为分界处。

[3] 三年多难：宋钦宗靖康元年（1126）春，金人攻破宋政权都城东京（今河南开封），至写此诗时已有三年。凭危：指登楼。凭：靠着。危：指高处。

[4] 吊：哀吊，凭吊。

思考与练习

1. 作为推崇杜甫的诗人，陈与义采取同题竞作的方式写作此诗，其作是否受杜甫影响？如是，体现在何处？

2. 诗人以“无限悲”收束全诗，请结合全诗简要分析诗中主要写了诗人的哪些悲情。

长 歌 行

〔宋〕陆 游

人生不作安期生[1]，醉入东海骑长鲸[2]。犹当出作李西平[3]，手枭逆贼清旧京[4]。金印煌煌未入手，白发种种来无情[5]。成都古寺卧秋晚[6]，落日偏傍僧窗明。岂其马上破贼手[7]，哦诗长作寒螿鸣[8]？兴来买尽市桥酒[9]，大车磊落堆长瓶[10]。哀丝豪竹助剧饮[11]，如钜野受黄河倾[12]。平时一滴不入口，意气顿使千人惊[13]。国仇未报壮士老，匣中宝剑夜有声[14]。何当凯还宴将士[15]，三更雪压飞狐城[16]。

选自《剑南诗稿校注》，钱仲联校注，上海古籍出版社2005年版

题解

长歌行为汉乐府曲调名。此诗为陆游采用乐府古调写作的一首七言古体诗。当时陆游寓居成都多福院，忆及自己多年来奔走四方，但仕途跌宕，理想落空，故而心生苦闷，作诗以抒怀抱。诗之前四句陡起壁立，谈自我人生理想。接着回到当下，慨言自己身已老大，功业无成，不甘余生悲吟；于是情感再度迸发，在纵酒使气中吐露心中郁结，表达对理想的执着。末二句作结自然，既上承饮酒而来，又与起首要做李西平遥遥呼应。清代学者方东树称此诗为陆游“压卷”之作，不为无据。

陆游（1125—1210），南宋文学家，字务观，号放翁，越州山阴（今浙江绍兴）人，尚书右丞陆佃之孙。陆游生逢北宋灭亡之际，少年时即深受家庭爱国思想的熏陶。自宋高宗时参加礼部考试开始，陆游因坚持抗金而屡遭主和派打击，仕途不畅。陆游一生笔耕不辍，诗词文均有很高成就。其诗语言平易晓畅、章法整饬谨严，兼具李白的雄奇奔放与杜甫的沉郁顿挫，尤以饱含爱国热情对后世影响深远。词与散文成就亦高，宋人刘克庄谓其词“激昂感慨者，稼轩不能过”。有《剑南诗稿》八十五卷、《渭南文集》五十卷、《老学庵笔记》十卷及《南唐书》等。

注释

［1］安期生：传说中秦始皇时仙人，皇甫谧《高士传》记载：“安期生者，琅琊人也，受学河上丈人，卖药海边，老而不仕，时人谓之千岁公。”据《史记》，方士李少君曾对汉武帝刘彻说：“臣尝游海上，见安期生。食巨枣，大如瓜。”

［2］骑长鲸：杜甫《送孔巢父谢病归游江东兼呈李白》：“罢琴惆怅月照席，几岁寄我空中书。南寻禹穴见李白，道甫问讯今何如。”“南寻”句，一作“若逢李白骑鲸鱼”，“骑鲸”之典应出于此。

［3］犹当：应当，表愿望。李西平：李晟，唐中期名将，以良家子身份从军，跟随河西节度使王忠嗣征讨吐蕃，号称“万人敌”。兴元元年（784），收复长安，平定朱泚之乱，拜司徒兼中书令，领凤翔、陇右、泾原三镇节度使、行营副元帅，册封西平郡王，世称李西平。

［4］枭：斩首。旧京：唐朝京城长安，此处指代汴梁。

［5］种种：头发短，形容老迈。语出《左传·昭公三年》：“齐侯田于莒，卢蒲嫳见，泣且请曰：‘余发如此种种，余奚能为？’”

［6］成都：今四川成都。陆游时在成都，寓居多福院。

［7］岂其：难道，表反诘。

［8］寒螀：寒蝉，似蝉，体较小。

［9］市桥：桥名，在成都石牛门。

［10］磊落：酒瓶堆叠的样子。

［11］哀丝豪竹：指悲壮的音乐。杜甫《醉为马坠诸公携酒相看》：“初筵哀丝动豪竹。”剧饮：放量喝酒。

［12］钜野：古代大泽名。旧址在今山东钜野附近，临近黄河。

［13］顿：立刻。

［14］匣：剑鞘。宝剑夜有声：表示壮志难酬的不平之鸣。

［15］何当：哪时能够。凯还：胜利归来。

［16］飞狐城：《元和郡县图志》：“飞狐道，自县北入妫州怀戎县界，即古飞狐口也。”在今河北涞源。当时被金人侵占。

思考与练习

1. 陆游此诗兼有雄奇奔放与沉郁顿挫，形成这种独特艺术风格的原因是什么？

2. 该诗前二联连续用典，此处典故运用对全诗情感表达的作用是什么？

第二章　小词大雅

词，兴起于唐五代，是一种合乐而歌的新体诗歌。因其句式长短不一，别称长短句；因其与音乐关系密切，又称曲子、乐府、倚声等。至于称其为“诗余”，则反映了古人关于词体起源于汉魏六朝乐府诗和唐代近体诗的认识。

中晚唐时期，文人填词之风日盛，出现了许多著名的词作家。至唐末五代，前、后蜀和南唐成为词坛中心。到了宋代，词的创作云蒸霞蔚，极其兴盛，佳作如林，名家辈出，诸如柳永、苏轼、周邦彦、李清照、辛弃疾、姜夔、吴文英等著名词人，雄踞词史之高峰，对后世影响深远。元、明两代词的创作相对进入低谷。清代则号称词的中兴，也出现了许多著名词人。

五代花间词派所代表的婉约词风，被认为是词体最为“本色当行”的艺术风格。具体说来，“其文小，其质轻，其径狭，其境隐”（缪钺《论词》），要眇宜修，顾盼多情，呈现出鲜明的阴柔之美。宋词的风格流派异彩纷呈，并非“婉约”这一种风格所能概括，若将其仅分为“婉约”“豪放”两家，则是一种大而化之的粗浅认识，并不能反映宋词多样化的艺术风貌。清词既云中兴，其流派之盛，词风之多样，又在宋词之上，更非传统的两家之说所能涵盖。

忆秦娥[1]

〔唐〕李　白

箫声咽，秦娥梦断秦楼月[2]。秦楼月，年年柳色，灞陵伤别[3]。

乐游原上清秋节[4]，咸阳古道音尘绝[5]。音尘绝，西风残照，汉家陵阙[6]。

选自《李太白全集》，〔清〕王琦注，中华书局2015年版

题解

李太白作诗，每喜沿用乐府旧曲。被称为“百家词曲之祖”的《菩萨蛮》《忆秦娥》两首词，究竟是否李白所作，历来聚讼纷纭，今暂依旧说，仍署太白。

此词伤今怀古，寄兴深远。上片追想春天的箫声、月光、柳色，见得繁华梦断，更添别情，情景融为一片。下片写秋天的西风、夕阳、陵阙等景物，见得今日萧瑟苍凉，满目凄清，悲感愈深。末两句情调悲壮，兴衰之感尽寓其中，由上片之离情别绪演而为怀古伤时之沧桑感慨，笔力雄健，撼人心魂。

注释

［1］忆秦娥：词调名，因此词中有“秦娥梦断秦楼月”之句而得名，又名“秦楼月”。娥：美丽的女子。

［2］“箫声咽”二句：咽：呜咽。据《列仙传》记载，秦穆公有个女儿名叫弄玉，爱听萧史吹箫。后来弄玉嫁给萧史，日日学习吹箫，作凤鸣声，把凤凰引到他们居住的楼上，几年后，弄玉夫妇随凤凰升仙而去。

［3］灞陵：汉文帝陵墓，在长安（今陕西西安）。附近有灞桥，古人常在这里折柳赠别。

［4］乐游原：在长安城东南，有秦汉宫苑旧址，地势较高，可以瞭望全城，是唐时游赏名胜。

［5］咸阳：秦朝都城，在今陕西咸阳东北。因为所在山水俱阳（山南水北谓之阳），故称“咸阳”。是汉唐时期从长安去往西域的必经之路。

［6］汉家陵阙：汉代帝王陵墓，多位于长安四郊。阙：墓道前的牌楼。

思考与练习

1. 王国维《人间词话》评论此词云：“太白纯以气象胜。‘西风残照，汉家陵阙’，寥寥八字，遂关千古登临之口。后世唯范文正之《渔家傲》，夏英公之《喜迁莺》，差足继武，然气象已不逮矣。”请谈谈你对这段话的理解。

2. 拓展阅读《菩萨蛮》（平林漠漠烟如织），考证“百代词曲之祖”这一说法的最早出处。同时试作进一步考证，看看此二首词究竟是不是词史上最早的词。

生 查 子[1]

〔五代〕牛希济

春山烟欲收[2]，天澹稀星小。残月脸边明，别泪临清晓。
语已多，情未了，回首犹重道。记得绿罗裙，处处怜芳草[3]。

选自《花间集校注》，〔后蜀〕赵崇祚编，杨景龙校注，中华书局2014年版

题解

恋人离别，自是悱恻缠绵，黯然销魂。上片写清晓时分种种景物，第四句点出“别泪”，为下片开头张本。临行之际，心绪纷乱，万语千言叙说不尽眷恋和牵挂；以处处芳草之绿，而联想佳人罗裙之绿，一片痴心，情极诚挚。

牛希济，生卒年不详，狄道（今甘肃临洮）人，流寓蜀中，在前蜀王朝官至御史中丞，是花间词派的重要词人。

注释

［1］生查子：本来是唐代教坊曲名，后来用作词调。

［2］烟欲收：晨雾即将消散。

［3］“记得”二句：行处见天涯芳草之绿，切勿忘记我之绿色罗裙，怜芳草即是怜佳人。江总妻《赋庭草》：“雨过草芊芊，连云锁南陌。门前君试看，似妾罗裙色。”是此二句所本。

思考与练习

1. 文人词的传统，历来以花间词派之“婉约”为本色当行之风格。试以此词为例，谈谈你对“婉约”的理解和认识，哪些是其最根本的特征？

2. 请将此词与柳永《雨霖铃》（寒蝉凄切）比较，从所抒之情、词体特

征及艺术风格诸方面谈谈两首词之异同。

3. 请结合本词，讨论花间派词人词作的艺术特点及其对宋初词人晏殊、晏几道父子的影响。

破　阵　子[1]

〔南唐〕李　煜

四十年来家国[2]，三千里地山河[3]。凤阁龙楼连霄汉[4]，琼枝玉树作烟萝[5]，几曾识干戈？

一旦归为臣虏，沈腰潘鬓销磨[6]。最是仓惶辞庙日[7]，教坊犹奏别离歌[8]，垂泪对宫娥。

选自《唐宋名家词选》，龙榆生编选，上海古籍出版社1980年版

题解

宋太祖开宝八年（975），宋军攻破南唐都城金陵，李煜被俘至汴京，破国亡家，含悲饮恨，终日沉浸在追忆往昔的痛苦之中。这首词所写的，就是国破之际告别故都宗庙时沉痛感伤之情。上片回想曾经的繁盛逸乐，享国日久，国土广袤，楼阁高耸入云，京城繁花似锦，“几曾”一句，是由兴盛而灭亡的过渡。下片笔锋一转，极写国破时之形容憔悴和情绪愁苦，此情此景本已痛辱难堪，更何况辞庙之际犹有教坊演奏离别之曲？亡国之痛，臣虏之辱，尽见于上下片的盛衰对比之中。

李煜（937—978），五代时南唐末代君主，世称李后主，工诗善画，精于音乐，尤其擅长填词。宋灭其国，被俘至汴京，封违命侯。

注释

[1] 破阵子：唐代宫廷有破阵舞、破阵乐，后来成为教坊曲名，又另谱新声为此词调。

[2] 四十年来家国：南唐开国（937）至亡国（975），近四十年。

[3] 三千里地山河：南唐国势最盛时，据有三十五州，号为大国。

[4] 凤阁龙楼：帝王宫阙。

[5] 烟萝：草树茂密，烟聚萝缠。

[6] 沈腰潘鬓：南朝梁沈约因病消瘦，腰带日渐宽松；晋朝潘岳年仅三十二岁，即鬓发初白。

[7] 辞庙：辞别祖庙，意指家国沦亡。

[8] 教坊：宫廷音乐机构。

思考与练习

1. 如果说牛希济《生查子》一词是较为纯粹的婉约风格，那么李煜这首词的风格与之相较有何异同？请根据文本进行具体细致的分析。

2. 王国维《人间词话》云：“词至李后主而眼界始大，感慨遂深，遂变伶工之词为士大夫之词。”请查阅相关文献，谈谈“伶工之词”和“士大夫之词”的区别具体表现在哪些方面。

3. 明代王世贞评李煜创作：“花间犹伤促碎，至南唐李王父子而妙矣。”请拓展阅读李璟词，并谈一谈李氏父子的成就主要体现在哪些方面。

玉 楼 春[1]

〔宋〕欧阳修

樽前拟把归期说，未语春容先惨咽[2]。人生自是有情痴，此恨不关风与月[3]。

离歌且莫翻新阕[4]。一曲能教肠寸结。直须看尽洛城花[5]，始共春风容易别。

选自《欧阳修词校笺》，欧阳明亮校笺，中华书局2019年版

题解

此词上片写樽前话别情事，用词考究，笔致曲折。“人生”二句，出语警拔，实为对人世种种悲欢离合所作深沉理性之思索。下片起笔，复又回到一开始所写的具体场景与情事，“且莫”“肠寸结”云云，极言别意之深的哀

痛。而于此黯然魂销之际，末二句突然扬起，写出迥然不同的遣玩之豪兴，先前那种深重的忧伤和春归的惆怅，也就因此得到了明亮的慰藉。不过洛城花终有尽时，春风也终须离别，故于豪放之中，复有沉着之致。

欧阳修（1007—1072），字永叔，号醉翁，晚号六一居士，吉州永丰（今属江西）人，宋仁宗天圣八年（1030）进士，官至参知政事。一生博览群书，以文章知名。

注释

[1] 玉楼春：词调名。五代后蜀花间词人顾夐有词起句为“月照玉楼春漏促”，相传后世据此以“玉楼春”为词调。

[2] 春容：女子的容貌。惨咽：凄恻哽咽，悲伤得说不出话来。

[3]“人生”二句：人生的悲欢离合种种情思，本就缘于内在的心灵情感之追求，而非外在的所谓风花雪月感动人心所致。

[4] 阕：歌曲或词一首，以及一首词的一段，都可称为一阕。

[5] 洛城花：这里指牡丹。唐宋时，洛阳牡丹闻名天下。

思考与练习

1. 请结合自己的人生经历，谈谈对“人生自是有情痴，此恨不关风与月”这两句的理解。

2. 王国维《人间词话》云：“欧阳永叔‘人间自是有情痴，此恨不关风与月’，‘直须看尽洛城花，始与东风容易别’，于豪放之中有沉着之致，所以尤高。”应当如何理解这一评论？

3. 请结合本词，谈一谈欧阳修对词的推进体现在哪些方面。

望江南·超然台作[1]

〔宋〕苏　轼

春未老，风细柳斜斜。试上超然台上看，半壕春水一城花[2]。烟雨暗千家。

寒食后[3]，酒醒却咨嗟[4]。休对故人思故国[5]，且将新火试新茶[6]。诗酒趁年华。

选自《苏轼词编年校注》，邹同庆、王宗堂校注，中华书局2002年版

题解

此词作于宋神宗熙宁九年（1076）春。超然台，其名取《老子》“虽有荣观，燕处超然”之意。苏轼于暮春时节登台眺望，但见满眼风光明暗相间，色彩变幻，斜柳、楼台、春水、城花、烟雨，一一铺展开来，不觉触动乡思。下片点明登临时间为寒食过后，正是清明，本应返乡扫墓，却是欲归不能。为遣乡愁，故言“休对”“且将”，欲点新火试新茶，以自我宽解。末一句言正当“春未老”之时光，须诗酒自娱，方不负此大好年华。全词情景交融，天衣无缝，豪放旷达而又深情绵密，青春浪漫而又超然物外。

注释

［1］望江南：词调名。超然台：宋神宗熙宁八年（1075），苏轼为密州（今山东诸城）知州，命人修葺园北旧台，其弟苏辙题其名曰“超然台”。

［2］壕：护城河。

［3］寒食：节令名，在每年冬至后一百零五日，在清明节前一日或两日。据说春秋时晋文公为求介之推出山做官而焚山，介之推抱树而死，文公为悼念他，禁止在其死日生火做饭，只可冷食，以后相沿成俗，寒食禁火。

［4］咨嗟：叹息。

［5］故国：故乡。

［6］新火：唐宋时习俗，寒食节禁火三日，节后再举火，称为“新火”。

思考与练习

1. 在以婉约词风为主导的北宋词史上，苏轼往往被认为是“豪放词”的代表作家。你如何评说这首词的风格特征？

2. 拓展阅读苏轼词《望江南·暮春》、文《超然台记》。

行 香 子[1]

〔宋〕秦 观

树绕村庄，水满陂塘[2]。倚东风、豪兴徜徉[3]。小园几许，收尽春光。有桃花红，李花白，菜花黄。

远远苔墙，隐隐茅堂。飏青旗[4]、流水桥傍。偶然乘兴，步过东岗。正莺儿啼，燕儿舞，蝶儿忙。

选自《淮海居士长短句》，徐培均校注，上海古籍出版社1985年版

题解

此词语言浅近，纯用白描，春树、春水、春风、小园、百花、茅堂、青旗等意象，莺歌燕舞，生机勃勃，多么美好的时节，多么美好的人间！词体格律活泼灵动，读来轻快如歌，恰到好处地传达了春天的自然物态带给词人的深切喜悦之情。

秦观（1049—1100），字少游，一字太虚，号淮海居士，扬州高邮（今属江苏）人。苏门四学士之一，诗、词、文皆擅。他一生追随苏轼，迭遭贬谪，死于藤州（今广西岑溪）。

注释

[1] 行香子：词调名。

[2] 陂塘：池塘。

[3] 徜徉：徘徊，闲游。

[4] 飏：飞扬。

思考与练习

1. 这首词平白如话，轻快活泼，在秦观词里别具一格。请细读秦观《满庭芳》（山抹微云）一词，并与这首词作比较，谈谈两首词在抒情表意和艺术风格上的异同。

2.《行香子》这一词调极富特色，其音韵流美不可胜言，特别适合诵读。请检索几首《行香子》词作，吟咏讽诵，深入体会。

3. 秦观被誉为词坛第一流的正宗婉约作家，请分析其创作与柳永词的区别在哪些方面。

小　重　山[1]

〔宋〕岳　飞

昨夜寒蛩不住鸣[2]。惊回千里梦，已三更。起来独自绕阶行。人悄悄，帘外月胧明[3]。

白首为功名。旧山松竹老[4]，阻归程。欲将心事付瑶筝[5]。知音少，弦断有谁听[6]？

选自《唐宋名家词选》，龙榆生编选，上海古籍出版社1980年版

题解

宋高宗绍兴八年（1138），南宋向金国屈辱求和，达成协议。岳飞“还我河山”的满腔壮志激情，至此尽化为寒蛩之苦吟。夜深不能成眠，唯有满怀惆怅在月下寂寞地徘徊。多年抗战倾心报国，殷红热血尽化作满头白发。如今抗金梦破，壮志难酬，这种孤愤和凄凉，欲待与人诉说，而胸怀抑塞，放眼朝野知音难遇，徒唤奈何！岳飞这首词含蓄蕴藉，幽约怨悱，与其名作《满江红》，在风格上有较大的差异。

岳飞（1103—1142），字鹏举，相州汤阴（今属河南）人。南宋中兴四将之首，力主抗金，志在恢复，然而朝廷一意求和。绍兴十年（1140），大败金军，却被召还。随后受诬陷下狱，以“莫须有”之罪名被害，长子岳云、部将张宪也惨遭杀害。今人有《岳飞集辑注》。

注释

［1］小重山：词调名。

［2］蛩：蟋蟀。

［3］月胧明：月光微明。

［4］旧山：指代故乡。

[5] 瑶筝：饰以美玉的筝。

[6]“知音”二句：用春秋时期俞伯牙和钟子期的典故。俞伯牙善琴，钟子期能够从琴声里分辨出他心里想的是高山还是流水，后来钟子期死了，俞伯牙终身不复弹琴。

思考与练习

1. 学者缪钺有论岳飞词云：“将军佳作世争传，三十功名路八千。一种壮怀能蕴藉，请君细读《小重山》。”请将此词与岳飞另一名作《满江红》（怒发冲冠）比较阅读。

2. 此词末句云：“知音少，弦断有谁听？”请查阅相关文献，深入了解当时的历史背景，对岳飞所感叹的“知音少”作出具体解释。

3. 岳飞词中包含着忧国忧民的愁思，赋予了宋词新的内涵。请谈一谈后世受岳飞影响的著名词人有哪些，他们的代表作是什么。

沁园春·灵山齐庵赋。时筑偃湖未成[1]

〔宋〕辛弃疾

叠嶂西驰，万马回旋，众山欲东[2]。正惊湍直下，跳珠倒溅；小桥横截，缺月初弓。老合投闲[3]；天教多事，检校长身十万松[4]。吾庐小，在龙蛇影外[5]，风雨声中。

争先见面重重，看爽气朝来三数峰[6]。似谢家子弟，衣冠磊落[7]；相如庭户，车骑雍容[8]。我觉其间，雄深雅健，如对文章太史公[9]。新堤路，问偃湖何日，烟雨濛濛？

选自《稼轩词编年笺注》，邓广铭笺注，上海古籍出版社2016年版

题解

此词大约作于南宋宁宗庆元二年（1196），其时辛弃疾罢官落职，闲居上饶（今属江西）。词人眼底所见灵山齐庵之山水景色，山则喻之为万马奔腾，水则喻之为跳珠倒溅，桥则喻之为新月，松则喻之为龙蛇，如此等等，

一连串比喻铺排，写法已是十分新奇。而下片复以谢家子弟、相如庭户、太史公文章等虚笔作比，更觉匠心独运，出人意表。词人先写山水之外在形胜，继写山水之内在精神，而能与此天地精神相往来者，其人之胸襟与思想境界，必是磊落雍容、雄深雅健，物我同一而两相宜。辛弃疾另一首词所云“我见青山多妩媚，料青山见我应如是”，与此词理实相通。

辛弃疾（1140—1207），字幼安，号稼轩居士，历城（今山东济南）人。青年时参与耿京起义军，后率部回归南宋。一生以恢复中原为志，以功业自许，而命途多舛，壮志难酬。辛弃疾与苏轼并称“苏辛”，其词今存600余首，数量在宋代词人中首屈一指，风格以豪放为主而丰富多样。

注释

［1］沁园春：词调名。东汉大将军窦宪仗势豪夺沁水公主的园林，后人咏其事，此调因而得名。灵山：即今江西上饶北部的绵延群山。

［2］“叠嶂”三句：层层峰峦向西延伸，突然又掉头而来，如万马回旋，气势雄壮。

［3］投闲：置身于闲散境况。

［4］检校：巡视。

［5］龙蛇影：指古松盘曲如龙蛇状。

［6］“争先”二句：晓雾消散，朝来爽气，群峰尽显，争相与作者见面。

［7］“似谢家子弟”二句：《晋书·谢玄传》：“（谢）安尝戒约子侄，因曰：‘子弟亦何豫人事，而正欲使其佳？’诸人莫有言者。玄答曰：‘譬如芝兰玉树，欲使其生于庭阶耳。’安悦。”这里指松如佳子弟气度轩昂，可贵而能成材。

［8］“相如”二句：《史记·司马相如列传》：“相如之临邛，从车骑，雍容闲雅甚都。”

［9］“雄深雅健”二句：韩愈称赞柳宗元之文“雄深雅健似司马子长”。太史公司马迁，字子长。

思考与练习

1. 王国维《人间词话》云：“东坡之词旷，稼轩之词豪。”旷达和豪放是两种不同的美学风格，这和通常以苏轼和辛弃疾为豪放派词人的说法有较大不同。请谈谈你对王国维这句话的认识。

2. 辛弃疾是豪放词的杰出代表，但伟大的作家其风格往往呈现出多样化的特点。请阅读辛词《西江月·夜行黄沙道中》《青玉案·元夕》《祝英台近·晚春》诸作，加深对稼轩词艺术风貌的认识。

3. 辛弃疾的词风在宋代影响颇大，请列举著名的辛派词人及其代表作。

鹧鸪天·正月十一日观灯[1]

〔宋〕姜 夔

巷陌风光纵赏时[2]，笼纱未出马先嘶[3]。白头居士无呵殿[4]，只有乘肩小女随。

花满市[5]，月侵衣，少年情事老来悲。沙河塘上春寒浅，看了游人缓缓归。

选自《姜白石词编年笺校》，夏承焘笺校，上海古籍出版社1998年版

题解

正月十五元宵节赏灯是我国传统民俗。词题既云“正月十一日”，是为灯节之前的“预赏”。起笔描述熙来攘往纵情游赏之盛况，继之笔锋一转，写自己赏灯时只有肩头小女相随，两相对照，热闹是他们的，而更见我之寂寥落寞。下片写花月，忆少年情事，皆抒个人之悲慨。结句与起首相呼应，来时但见巷陌马嘶，去时只能看毕游人缓缓归，一热闹，一冷清。词人以乐景写哀情，以冷笔写热情，情感深沉而空灵含蕴，达到了很高的艺术境界。

姜夔（约1155—1209），字尧章，号白石道人，饶州鄱阳（今属江西）人。少年孤贫，终生未仕，转徙于江湖之中，晚年生活凄苦。精通音律，能自度曲，在词、诗、文等方面均有卓著贡献。其词今存不足百首，而极负盛名，为南宋一大家。

注释

［1］鹧鸪天：词调名。

［2］巷陌：街道。

［3］笼纱：纱制的灯笼。这句写豪贵人家看灯时的声势。

［4］白头居士：作者自称。呵殿：前呵后殿，即前呼后拥。

［5］花：花灯。

思考与练习

1. 吴越王钱镠与夫人感情甚笃。夫人每年春天必归临安（今属杭州）。钱镠见桃红柳绿，春暖花开，便寄信给夫人："陌上花开，可缓缓归矣。"钱氏之"缓缓归"，与本词末句的"缓缓归"，在表情达意上有何不同？

2. 姜夔在南宋后期诸词人中艺术成就最为突出，请结合《暗香》《疏影》《扬州慢》诸作，谈一谈姜夔词的典型艺术风格。

一剪梅·舟过吴江[1]

〔宋〕蒋　捷

一片春愁待酒浇，江上舟摇，楼上帘招[2]。秋娘渡与泰娘桥[3]，风又飘飘，雨又萧萧。

何日归家洗客袍？银字笙调[4]，心字香烧[5]。流光容易把人抛，红了樱桃，绿了芭蕉。

选自《唐宋名家词选》，龙榆生编选，上海古籍出版社1980年版

题解

此词写春日乘船漂泊途中的羁旅怀乡之情。上片起笔点出时序，继之以一"摇"一"招"，画面灵动，摇曳多姿，"飘飘""萧萧"，叠词连用，音韵和谐，此皆写羁旅之愁。下片转而抒写乡关之思。"银字"二句，是自然地回忆起往昔居家生活的温馨和美好。"流光"以下，感叹春光易逝，人生易

老，一“红”一“绿”，把流光飞逝转化为形象可感之画面，具有极强的视觉冲击力；而用语纤巧，下字妍媚，深得婉约之致。

蒋捷，约1245—1305后，字胜欲，世称竹山先生，常州宜兴（今属江苏）人。亡国之后，隐居不仕，有《竹山词》传世。

注释

［1］一剪梅：词调名。吴江：今江苏苏州吴江区。

［2］帘：酒旗。

［3］秋娘渡、泰娘桥：均为吴江地名。

［4］银字笙：沈雄《古今词话》：“银字，制笙以银作字，饰其音节。”调：调弄乐器。

［5］心字香：杨慎《词品》：“所谓‘心字香’者，以香末萦篆成心字也。”

思考与练习

1.“红了樱桃，绿了芭蕉”这两句，字面意思就是“樱桃红了，芭蕉绿了”，但是很显然，其字面之外的意义又不止于此。请谈谈你对此的理解。

2. 本词首句便揭出“春愁”主题，结合全词来看，表现了词人哪些方面的愁绪？具体又是如何表现的？

3. 拓展阅读蒋捷《虞美人·听雨》《梅花引·荆溪阻雪》。

摸　鱼　儿[1]

〔金〕元好问

乙丑岁赴试并州[2]。道逢捕雁者云：“今日获一雁，杀之矣。其脱网者悲鸣不能去，竟自投于地而死。”予因买得之，葬之汾水之上，累石为识，号曰“雁丘”[3]。同行者多为赋诗，予亦有《雁丘词》。旧所作无宫商，今改定之。

问人间、情是何物？直教生死相许！天南地北双飞客，老翅几回寒暑。

欢乐趣，离别苦，是中更有痴儿女[4]。君应有语，渺万里层云，千山暮景，只影为谁去？

横汾路[5]，寂寞当年箫鼓，荒烟依旧平楚[6]。招魂楚些何嗟及，山鬼自啼风雨[7]。天也妒，未信与、莺儿燕子俱黄土。千秋万古。为留待骚人，狂歌痛饮，来访雁丘处。

选自《元好问全集》，姚奠中主编，李正民增订，三晋出版社2015年版

题解

李白的诗句“宁同万死碎绮翼，不忍云间两分张”（《白头吟》），即是这首词的主旨。双宿双飞的大雁，为爱情生死相许，忠贞不渝，真是能惊天地泣鬼神。词前小序交代了作品缘起。开篇一个“问”字，凌空而来，震撼心灵，“直教”二字，突出了“情”的强大力量。生前的欢乐，死后的凄苦，处处都是雁的一往深情。下片渲染雁丘环境的凄清冷落，论大雁为情而死必将万古流芳。全词抒情议论融而为一，歌颂凄美的爱情，而能如此慷慨激越，是所谓“以健笔写柔情”者。

元好问（1190—1257），字裕之，号遗山，秀容（今山西忻州）人。金亡不仕，以故国文献自任，诗词古文俱佳。

注释

［1］摸鱼儿：词调名，又作“迈陂塘”。

［2］并州：今太原。

［3］雁丘：嘉庆《大清一统志》：“雁丘在阳曲县西汾水旁。”

［4］痴儿女：元好问另有一首《摸鱼儿》，其序云：“泰和中，大名民家小儿女，有以私情不如意赴水者。”似即指此。

［5］横汾路：横渡汾水的路。

［6］平楚：平林。

［7］“招魂”二句：《招魂》《山鬼》均为《楚辞》篇名。楚些：《楚辞》多以“些”字收尾，故云。这两句化用屈原《山鬼》“杳冥冥兮羌昼晦，东风飘兮神灵雨”句意。

思考与练习

1. 本词名为咏物，实为抒情。元好问记述了一个什么故事？抒发了怎样的情感？

2. “问人间、情是何物？直教生死相许！”爱到极深之处，为何会有同生共死的期许？请谈谈你对这句话的理解。

临江仙·《廿一史弹词》第三段说秦汉开场词[1]

〔明〕杨　慎

滚滚长江东逝水，浪花淘尽英雄。是非成败转头空[2]。青山依旧在，几度夕阳红。

白发渔樵江渚上[3]，惯看秋月春风。一壶浊酒喜相逢。古今多少事，都付笑谈中。

选自《金元明清词选》，夏承焘、张璋编选，人民文学出版社1997年版

题解

因为《三国演义》的缘故，这首词知名度非常高，但它本是说秦汉史的开场词，后来被《三国演义》用作小说的开篇题词。词的上片写古来多少英雄的功业成败，只如长江大河滚滚东流一般转眼成空。下片写江湖隐者闲话古今，清谈快论，任他江山社稷千载兴亡，但付一笑而已。全词气势磅礴，境界空阔，具有深沉厚重的历史沧桑之感。

杨慎（1488—1559），字用修，号升庵，四川新都（今成都新都）人。明正德六年（1511）状元及第。博学广识，著述丰富，编有《全蜀艺文志》传世。

注释

[1] 临江仙：词调名。《廿一史弹词》：杨慎作，以正史所载为题材，以浅近文言写成，唱文均十字句，后再系以诗或曲。

［2］转头：形容时间极其短暂。

［3］渔樵：渔人和樵夫，指隐逸之士。

思考与练习

1. 请将此词与苏轼《念奴娇·赤壁怀古》作比较阅读，说说它们在意象、情感、声韵诸方面的异同。

2. “是非成败转头空”这句话历来为人所称道，这句话表达了词人怎样的情感？请在深刻理解“空”的基础上，对此进行分析。

3. 拓展阅读杨慎《少年游》（红稠绿暗遍天涯）《水调歌头·灵宝县赏牡丹》。

浣　溪　沙[1]

〔清〕纳兰性德

谁念西风独自凉？萧萧黄叶闭疏窗。沈思往事立残阳。
被酒莫惊春睡重[2]，赌书消得泼茶香[3]。当时只道是寻常。

选自《金元明清词选》，夏承焘、张璋编选，人民文学出版社1997年版

题解

这是一首悼亡词。上片写丧偶之后的孤单和凄凉。下片前两句则是回忆往昔诗情画意的生活细节，历历在目，却又物是人非。最后一句说，平凡的生活中，常常有这类情境：当时以为是极其寻常的事情，事后追忆起来，才发现人生如逆旅，旅途上的种种细节，生活中的点点滴滴，都浸透了欣悦、悲伤和爱恋的滋味，它真是一点也不寻常。

纳兰性德（1655—1685），原名成德，字容若，号楞伽山人，清满洲正黄旗人。大学士纳兰明珠长子，官至一等侍卫。其人善骑射，好读书。作词主情致，宗法李煜，清新委婉，不事雕琢，多感伤情调，为清词一大家。

注释

［1］浣溪沙：词调名。

［2］被酒：醉酒。

［3］这句化用李清照夫妇的典故。李清照《金石录后序》："余性偶强记，每饭罢，坐归来堂烹茶，指堆积书史，言某事在某书某卷第几页第几行，以中否角胜负，为饮茶先后。中即举杯大笑，至茶倾覆怀中，反不得饮而起。"

思考与练习

1. 题材相同，而词牌不同，自然也就有了差异。试将这首词与苏轼的悼亡词《江城子·乙卯正月二十日夜记梦》作比较阅读，仔细品味两位词人在情感表达上的异同。

2. 拓展阅读纳兰性德《金缕曲·赠梁汾》《南乡子·为亡妇题照》。

3. 在回忆陈年往事的时候，为什么会产生"当时只道是寻常"的感受？试谈谈你的体会。

第三章　白 话 新 诗

中国现代新诗从它的起点开始，奔流至今已有百年。中国新诗不同于古典诗，新诗以灵活自由的白话为载体，表现新的时代和思想为内容。

《教我如何不想她》的“她”登上诗坛，标志着二十世纪二十年代白话新诗诗坛的思想解放。二十年代中期以后，为摆脱“五四”初期诗歌创作多强调使用白话，而在内容和形式上讲究不够的局面，诗坛产生了新格律派，他们较此前的诗人更关心新诗发展中的形式问题——如何为新诗重铸严整的格律。二十世纪六七十年代，在艰难的“文化大革命”时期，诗歌依然是表现生活、抒发胸臆的利器。八十年代改革开放后，诗坛勃兴，现代诗从形式到内容都有了新的变化，尤其值得关注的是少数民族诗人的崛起，为中国现代白话新诗带来了新的元素和活力。中国百年现代诗坛可谓跌宕起伏。

教我如何不想她

刘半农

天上飘着些微云，
地上吹着些微风。
啊！
微风吹动了我头发，
教我如何不想她？

月光恋爱着海洋，
海洋恋爱着月光。
啊！
这般蜜也似的银夜，
教我如何不想她？

水面落花慢慢流，
水底鱼儿慢慢游。
啊！
燕子你说些什么话？
教我如何不想她？

枯树在冷风里摇。
野火在暮色中烧。
啊！
西天还有些儿残霞，
教我如何不想她？

选自《教我如何不想她》，上海人民美术出版社2021年版

题解

本诗作于1920年9月4日的伦敦。当时刘半农留学英国，人在旅途，身在他乡，怀着对故国家园的思念，将个人的感情与对祖国的怀念之情编织在一起，写出了以“她”为对象的情诗，其时身处英国伦敦的许多留学生都为此诗所感动。该诗运用歌词的形式，融进了民歌风，同时又是不折不扣的现代白话诗，可谓三种风格、三种审美因素的完美统一。刘半农在当时的社会背景下，创造性地提出用“她”来表示女性第三人称，并在《教我如何不想她》这首诗中大胆地使用了这个字。主攻语言学的赵元任还专门为“她”谱写了乐曲，从此《教我如何不想她》不胫而走，广为流传。全诗感情充沛，反复吟咏“教我如何不想她”，体现着刘半农对祖国的思念之情和深沉的爱国之心。

刘半农（1891—1934），原名寿彭，后改为复，初字半侬，后改字半农，号曲庵，江苏江阴人。1917年到北京大学任法科预科教授，参加《新青年》编辑工作，反对文言文，提倡白话文，是五四新文化运动的先驱。1920年起刘半农先后留学英国、法国，1925年秋回国，任北京大学国文系教授，讲授语音学。1934年在北京病逝。著有诗集《扬鞭集》《瓦釜集》。

思考与练习

1.《教我如何不想她》的主题思想是什么？

2. 本诗原标题为《情歌》，请问更改后的标题有何深层的含义？体现了作者怎样的情感？

3.“她”字的提出所具有的时代意义是什么？

偶　　然

徐志摩

我是天空里的一片云，
偶尔投影在你的波心——
　　你不必讶异，
　　更无须欢喜——
在转瞬间消灭了踪影。

你我相逢在黑夜的海上，
你有你的，我有我的，方向；
　　你记得也好，
　　最好你忘掉，
在这交会时互放的光亮！

选自《雪花的快乐：徐志摩诗集》，人民文学出版社2020年版

题解

本诗作于1926年5月中旬，载于1926年5月27日《晨报》副刊《诗镌》第9期。徐志摩把“偶然”这样一个极为抽象的时间副词形象化，置入象征性的结构中，充满情趣哲理，朗朗上口而且余味无穷。你与我、云与水、黑与光都在《偶然》一诗中形成了鲜明的对比，使动与静、甜蜜与忧伤对立统一，形成一个美的境界，让读者充分地体会到了诗人清新明丽的艺术追求，

感受到了诗人的性情。

徐志摩（1897—1931），浙江海宁人，原名徐章垿，字槱森，曾用过的笔名有南湖、诗哲、海谷、云中鹤等。1925年出版第一本诗集《志摩的诗》。1926年与闻一多一起提倡新诗格律化，对新诗的发展产生了重要影响，其诗歌鲜明地体现了新月派的诗歌艺术主张，是新月派的核心人物。代表作品有《再别康桥》《翡冷翠的一夜》等。

思考与练习

1. 以《偶然》为例，谈谈徐志摩诗歌的艺术风格是怎样的。

2.《偶然》表达了作者怎样的思想感情？

故园九咏

流沙河

我家

荒园有谁来！
点点斑斑，小路起青苔。
金风派遣落叶，
飘到窗前，纷纷如催债。
失学的娇女牧鹅归，
苦命的乖儿摘野菜。
檐下坐贤妻，
一针针为我补破鞋。
秋花红艳无心赏，
贫贱夫妻百事哀。

中秋

纸窗亮，负儿去工场。
赤脚裸身锯大木。

音韵铿锵，节奏悠扬。
爱他铁齿有情，
养我一家四口；
恨他铁齿无情，
啃我壮年时光。

啃完春，啃完夏，
晚归忽闻桂花香。
屈指今夜中秋节，
叫贤妻快来窗前看月亮。
妻说月色果然好，
明晨又该洗衣裳，
不如早上床！

芳邻

邻居脸上多春色，
夜夜邀我作客。
一肚皮的牢骚，
满嘴巴的酒气，
待我极亲热。

最近造反当了官，
脸上忽来秋色。
猛揭我的“放毒”，
狠批我的“复辟”，
交情竟断绝。

他家小狗太糊涂，
依旧对我摇尾又舔舌。
我说不要这样做了，

它却听不懂，
语言有隔阂。

乞丐

门外谁呼唤？
河南父老，逃荒来讨饭。
“俺们不是坏人！”
怀中掏出证件。

东家端来剩菜汤，
西家端来陈饭。
儿学英文识beggar（乞丐），
这回亲眼看见。

愧我书生无能，
敢怒不敢言。
呼儿送去冷红薯，
羞见父老，掩门一声叹。

哄小儿

爸爸变了棚中牛，
今日又变家中马。
笑跪床上四蹄爬，
乖乖儿，快来骑马马！

爸爸驮你打游击，
你说好耍不好耍？
小小屋中有自由，
门一关，就是家天下。

莫要跑到门外去，
去到门外有人骂。
只怪爸爸连累你，
乖乖儿，快用鞭子打！

焚书

留你留不得，
藏你藏不住。
今宵送你进火炉，
永别了，
契诃夫！

夹鼻眼镜山羊胡，
你在笑，我在哭。
灰飞烟灭光明尽，
永别了，
契诃夫！

夜读

一天风雪雪断路，
晚来关门读禁书。
脚踏烘笼手搓手，
一句一笑吟，
一句一欢呼。

刚刚读到最佳处，
可惜瓶灯油又枯。
鸡声四起难入睡，
墙缝月窥我，
弯弯一把梳。

夜捕

儿女拉我园中去，
篱边夜捕蟋蟀。
静悄悄，步步侧耳听，
小女握瓶，小儿照灯火。

一回捕获八九个，
从此荒园夜夜不闻歌。
且看瓶中何所有，
断腿冤虫，悲哀与寂寞。

残冬

天地迷蒙好大雾，
竹篱茅舍都遮住。
手冻僵，脚冻木，
破烂衣裳空着肚。
一早忙出门，
贤妻问我去何处。

我去园中看腊梅，
昨晚幽香吹入户。
向南枝，花已露，
不怕檐冰结成柱。
春天就要来，
你听鸟啼残雪树！

选自《流沙河诗集》，上海文艺出版社1982年版

题解

本组诗作于20世纪70年代中期，后收入《流沙河诗集》。《故园九咏》是流沙河最有影响的代表作之一，蕴含着深邃的哲理意味，是流沙河率直的

情感抒发，也体现了他对生活的深刻感受和理解。《故园九咏》首首至情至性，是“伤痕文学”中最感人的诗篇之一。流沙河借助平仄声的交替运用，表现出婉转跌宕的音乐美；同时，诗歌的押韵规律又自由灵活，体现出诗歌的回环美。

流沙河（1931—2019），本名余勋坦，四川金堂人。因1957年创办《星星》诗刊发表组诗《草木篇》时需要，遂以“流沙河”笔名刊之，尔后，沿用至今。主要作品有《流沙河诗集》《故园别》《游踪》《台湾诗人十二家》《隔海说诗》《台湾中年诗人十二家》《流沙河诗话》《锯齿啮痕录》《庄子现代版》《流沙河随笔》等。

思考与练习

1.《故园九咏》的艺术特色是什么？

2.《故园九咏》采用了组诗的创作形式，对诗人表达情感有何作用？

乡愁四韵

余光中

给我一瓢长江水啊长江水
　　酒一样的长江水
　　醉酒的滋味
　　是乡愁的滋味
给我一瓢长江水啊长江水

给我一张海棠红啊海棠红
　　血一样的海棠红
　　沸血的烧痛
　　是乡愁的烧痛
给我一张海棠红啊海棠红

给我一片雪花白啊雪花白
信一样的雪花白
家信的等待
是乡愁的等待
给我一片雪花白啊雪花白

给我一朵腊梅香啊腊梅香
母亲一样的腊梅香
母亲的芬芳
是乡土的芬芳
给我一朵腊梅香啊腊梅香

选自《台湾现代诗选》，李少君、陈卫编，现代出版社2017年版

题解

《乡愁四韵》写于1974年3月。诗人深受传统文化熏陶，诗中充满了对祖国深深的依恋之情。远离祖国大陆的诗人，渴望着回归与寻根的心情借助诗歌得以抒发。《乡愁四韵》依次选用了四个极具传统特色和个性风格的意象来抒发诗人的乡愁，表达诗人对中华民族和传统文化的深深依恋。该诗将诗与歌结合，体现了诗人追求民族化与民间化的艺术趋向。

余光中（1928—2017），祖籍福建永春，生于江苏南京，1949年随父母迁往香港，次年迁赴台湾。余光中是著述丰富、影响深远的诗人，也是资深编辑家。迄今为止，已出版诗集、散文集、文学评论集和译著四十余种。曾任中国台湾、香港以及海外多所大学教授。主编过《蓝星》《文星》等重要诗文刊物。

思考与练习

1. 与诗人另一首《乡愁》比较，两首诗在思想内容、语言表达等方面有何异同？

2. 此诗大量运用反复手法，如“长江水啊长江水”“海棠红啊海棠红”等，试分析这些反复修辞手法在诗中的作用。

3. 该诗具有现代新民歌的特色，曾被谱曲传唱。试分析其中民族性与民

间性的表达元素。

阳光中的向日葵

芒　克

你看到了吗
你看到阳光中的那棵向日葵了吗
你看它，它没有低下头
而是在把头转向身后
它把头转了过去
就好像是为了一口咬断
那套在它脖子上的
那牵在太阳手中的绳索

你看到它了吗
你看到那棵昂着头
怒视着太阳的向日葵了吗
它的头几乎已把太阳遮住
它的头即使是在没有太阳的时候
也依然在闪耀着光芒

你看到那棵向日葵了吗
你应该走近它
你走近它便会发现
它脚下的那片泥土
每抓起一把
都一定会攥出血来

选自《芒克的诗》，人民文学出版社 2009 年版

题解

本诗原载于1985年7月6日《诗歌报》。芒克在《阳光中的向日葵》一诗中运用陌生化的手法，对“向日葵”和“太阳”这两个意象进行异化，打破了读者对这两个意象的常规理解。通过书写“向日葵”对“太阳”的反抗，发出自我意识觉醒的宣言。芒克借此诗激励着饱受历史惨重折磨的人们，奋力抗争，去争取自我价值的实现，获得独立自由的人格。

芒克（1950— ），本名姜世伟，朦胧诗人的代表之一，生于辽宁沈阳。20世纪70年代初开始写诗。1978年底参与创办文学刊物《今天》，并出版了第一部诗集《心事》。1987年与唐晓渡、杨炼组织了“幸存者诗歌俱乐部”，并出版刊物《幸存者》。著有诗集《阳光中的向日葵》《芒克诗选》《没有时间的时间 》《今天是哪一天》《芒克的诗歌》，长篇小说《野事》，随笔集《瞧，这些人》。作品被翻译成英、法、意、德、西班牙等多国文字。

思考与练习

1. 谈谈芒克诗歌中蕴含的自然特质。

2. 诗人如何通过诗的意象来赞美并传播生命的原始之力和个体的思想之力？

3. 如何理解“它没有低下头/而是在把头转向身后”？谈谈这首诗的时代意义及对当下有何启示。

根

牛　汉

我是根。

一生一世在地下
默默地生长，

向下，向下……
我相信地心有一个太阳

听不见枝头鸟鸣，
感觉不到柔软的微风，
但是我坦然
并不觉得委屈烦闷。
开花的季节，
我跟枝叶同样幸福
沉甸甸的果实，
注满了我的全部心血。

选自《牛汉作品精选集》，南海出版公司2016年版

题解

《根》是诗人的情感寄托和对理想的追求的外化。诗歌第一节描写根的特性——深埋地下，扎根地下，向着地下；第二节写根的默默无闻的个性和不懈追求。全诗运用了象征的手法，虚实结合，含蓄而深刻。

牛汉（1923—2013），原名史成汉，山西定襄人，蒙古族，1940年开始诗歌创作，是七月诗派代表诗人。著有诗集《彩色生活》《温泉》《祖国》《蚯蚓和羽毛》《沉默的悬崖》《爱与歌》《在祖国面前》《海上蝴蝶》等。

思考与练习

1.《根》的思想内涵是什么？

2.“根”有着深刻的象征意蕴，试分析诗中象征手法的运用。

3.《根》表现了怎样的人生追求、信念与生活态度？

岩　羊

阿库乌雾

那是一只多年独居
峭壁与峭壁之间
不安分的老羊

每个黄昏让目光的野果
结回到岩壁高处
偶尔从幽深的裂隙
伸出的草木四季如秋
每个清晨　用坚硬的老蹄
叩亮一些属于岩石的音符

那是一只从没听到过
枪声的　岩羊
是一块自由运动着的
旷古的岩石

很多年以后
它其实是一面
不曾有过铭文的
碑

从此　山里的石头
莫名地　多了些
不可思议的
重量

选自《阿库乌雾诗歌选》，阿库乌雾著，四川民族出版社2004年版

题解

《岩羊》一诗，让一只老羊“不安分”的形象跃然眼前，“叩亮一些属于岩石的音符”，有生命的动物与静态、无生命的岩石形成一种生动的互动关系。生机，在静谧中勃发。贫瘠、艰险的生存环境却铸就乐观、坚韧的生存精神。这首非常隽永的诗充满了象征意味，表面上写一只老羊与大山的关系，其实是在处理一个族群和其赖以生存的坚硬环境共生的关系。里面有很多地方让人触动，比如“那是一只从没听到过/枪声的岩羊/是一块自由运动着的/旷古的岩石”，都能让人联想到彝族聚居区。

阿库乌雾（1964— ），又名罗庆春，四川省凉山彝族自治州人，彝族，西南民族大学教授。1984年开始发表彝文新诗，1986年后从事诗歌创作，他深谙彝族的诗歌传统，对汉语文学和文化也有较深入的了解，有着开阔的现代文化视野。阿库乌雾主张重塑母语文学传统，对进入网络时代人类生存的矛盾和困境，也有敏锐的体察。出版诗集有《冬天的河流》《走出巫界》《虎迹》《阿库乌雾诗歌选》，散文集《神巫的祝咒》。

思考与练习

1. 该诗的主题思想是什么？
2. 该诗体现了彝族地区怎样的生态情况？
3. 从这首诗说开去，谈谈人与土地的关系。

第四章　民族史诗

史诗是民族精神的纪念碑，在民族学、文学、艺术、哲学、语言学等多门学科中都具有丰富价值。不少民族的史诗还衍生出绘画、歌舞、电影等再创造性的艺术形态。孕育自西南地区藏羌彝走廊的藏族史诗《格萨尔王传》、羌族史诗《羌戈大战》、彝族史诗《勒俄特依》即是我国民族史诗的代表。我们可从史诗中窥见中原文化之外别有风情的草原文化、高原文化、山地文化等，这些地域文化共同组成中国多元一体的文化景观。

格萨尔王传·大王欲去救梅萨　珠毛暗进健忘酒（节选）

这以后，有一天，格萨尔大王又来到岭地的蕨麻海草场，把马群赶到草场的右边，把牛群赶到草场的左边，把羊群赶到草场的中间，自己以酣畅快乐环形寝卧方式，进入梦乡。这时，半空中，烟云缭绕，彩虹灿烂，天母阿内巩闷姐毛[1]，现身在烟云彩虹当中，威光压伏三界，唱了这样的一个歌，歌道：

翁木那埃，塔拉拉毛塔拉，
阿拉拉毛阿拉。
金刚亥母妈妈呵！
勇父空行众神呵[2]！
请你们慈悲佑助我，
把一切众生转向法。
特别请发大慈悲，
保佑花花上岭尕。

这个地方你若是不认识，
这是那玛尔扩大草场。

天母我你若是不认识，
我是来自上面高天上，
名叫阿内玉巩闷，
我有话语同你讲。
我是侄儿你的预言神，
我经常守护你身旁。

这首歌词啥意义，
可能你还弄不清。
它是镇压三界曲，
它是照亮黑暗的灯。
它能统治三千大千世，
它能分清道理明如镜。
它是指示孩儿你，
让你把事情认分明。

在这里的壮士呵，
我的侄儿就是你！
顿珠尕尔保孩子呵[3]！
你别贪睡快些起！
快快起来到北方，
降伏老魔路赞去！
男儿睡眠如过多，
射起箭来不准当。
射箭如果射不准，
敌人就会更倡狂。
现在降妖时间到，
一切准备要停当。

侄儿顿珠尕尔保，

你和别人不一样。
不一样处在哪里，
听我跟你说端详。
你一人能降四方魔，
你一王能治三千世。
你是世界一宝珠，
你是降魔一雄狮。
你是菩萨转世身，
你是梵天好孩子。
你是代替莲花生[4]，
作救世主来救世。

你清早与天神作游戏，
午后与赞神玩骰子。
同宁神角力在正午[5]，
用套绳降魔在夜里。
你证神通得自在，
你能变化随心意。
你是佛教护法人，
你是天神下凡世。
你降伏路赞老妖魔，
你消灭白帐三兄弟。
你镇压毒水萨当王，
你征服边疆十八地。
降妖除你雄狮王，
任何英雄无此力。
当前的仇敌是黑魔，
你要降伏路赞去。
把梅萨绷吉救回来，
把妖魔财宝运岭地。

了解此意是耳中的甘露，
不了解时要仔细去寻思。
孩子雄狮宝珠王，
要把我的话记心里！

选自《格萨尔王传·降妖伏魔之部》，王沂暖译，甘肃人民出版社1980年版

题解

《格萨尔王传》是一部长期在藏族人民中广泛流传，结构宏伟的英雄史诗。史诗采用了藏族人民喜爱的“鲁”体和“谐”体的民歌形式，运用大量的藏族民间谚语和比喻，叙述古代藏族岭尕地方格萨尔王一生的英雄事迹，反映吐蕃王朝崩溃后三四百年间的社会生活。

《降妖伏魔之部》，叙述白岭国王格萨尔王降伏北亚尔康恶魔路赞的故事——盘踞北亚尔康地区的魔王路赞，趁格萨尔王外出闭关的时候，施妖法抢走了格萨尔王的次妃梅萨绷吉。格萨尔王遵照天母的指示，前去降伏妖魔路赞，备历曲折，最后经过一场激烈的搏斗，降伏了魔王路赞，搭救了梅萨绷吉。

注释

[1] 天母阿内巩闷姐毛：格萨尔天上的姨母。

[2] 金刚亥母、空行：都是女神。勇父：男性神，是空行女神的配偶。

[3] 尕（gǎ）：方言，意为小。

[4] 莲花生：红教的祖师。

[5] 赞神、宁神：都是地面上的一种神。

思考与练习

1.《格萨尔王传》的语言运用富有民族特点，请以此节诗为例试作分析。

2. 该史诗采用了民歌的形式，试分析此种形式对史诗的传播有何影响。

羌戈大战·羌戈相遇

太阳晒化了冰雪，
和风吹散了乌云；
严寒的冬天过去，
绚丽的春天又临。

灾难已经过去，
吉祥的日子来临；
羌人摆脱了追兵，
才整队顺着山梁前进。

翻过一山又一山，
越过悬崖爬陡坎；
千山万岭脚下过，
来到热兹大草原[1]。

热兹地方水草茂盛，
热兹地方气候温暖；
阿巴白构心喜欢，
派人四处把山探。

热兹有九沟，
林密草嫩泉水甜；
热兹有九坝，
土地肥沃牧草鲜；
热兹有九岭，
青红碧绿花果山。

阿巴白构心欢喜，

眼望原野心盘算：
“这是木姐指引的幸福地，
尔玛人要在这里建家园。”

羌人驻扎热兹地，
羊毛帐篷架河边；
牛羊牲口放坝上，
四山要隘把哨安。

蚂蚁打洞真辛苦，
喜鹊架窝忙林间；
羌人建家园，
人人忙得欢。

九座岭上砍木头，
木料做枋片；
九匹梁上背石头，
石块砌墙垣。

九沟九坝取泥土，
泥土碾细铺房面；
雪山顶上捧白石，
白石供在房顶正中间。

九沟建了九座寨，
羌寨设立在四边；
九岭九座烽火堆，
敌人来时能望见。

九坝当中设羌城，

好把百事来掌管；
阿巴白构住中间，
羌兵羌将守四面。

树叶落了又发芽，
牧草黄了把青转；
一年过了又一月，
羌寨人马大发展。

太阳出来又落山，
月亮缺了又重圆；
三年瞬间过去了，
羌寨牲畜装满圈。

太阳出山满天霞，
牛羊出圈满山垭；
晚上村寨松明亮，
羌人心里乐开花。

热兹好地方，
青山多娇艳；
麋鹿山上跑，
獐麂藏林间。

大雁歇河滩，
锦鸡树上把翅扇；
羌人居住幸福地，
不觉过了多少年。

阿巴白构住寨内，

忽然羌兵把信传：
“村寨牛羊常失掉，
请求阿巴去查看。”

阿巴白构取神箭，
骑马带兵查四山；
东山西山巡察过，
南山北山也走遍。

没有虎豹踪迹，
没有妖魔捣乱；
吩咐羌兵严防守，
不让奸细来为患。

日子过了多少天，
羌兵又来把信传：
“羌寨牛羊常不见，
再请阿巴去查看。”

阿巴白构取弓箭，
骑马带兵巡草原；
大河上下都巡遍，
沟头沟尾甚安全。

不见虎豹逞凶残，
不见豺狼嘴贪馋；
叮咛羌兵严防守，
人人注意保平安。

阿巴白构正练兵，

山头烽堆冒浓烟；
这是紧急信号，
这是大敌当前。

阿巴白构率大军，
飞兵直往脱苏山；
羌兵前哨遇强敌，
探马不断情报传。

“日补坝上有妖魔[2]，
‘戈基人’生性很凶悍[3]；
多次抢劫我牛羊，
现在又来把寨占。

“戈人吃人又吃畜，
戈人性野又凶残；
戈人皮厚刀难戳，
猛勇凶狠善作战。”

阿巴白构怒火起，
骑马带兵拿弓箭；
羌兵一涌冲上阵，
要向戈人把账算。

阿巴白构马当先，
指着戈人把话喊：
“啊！戈基你们太愚蠢，
你抢劫牛羊上万千，
你做坏事比沙粒多，
灯蛾扑火必自燃！”

阿巴白构声声训，
戈基人好像没听见；
张开嘴巴只憨笑，
就像群猴跑下山。

阿巴白构射神箭，
羌人兵马涌上前；
刀矛剑戟闪寒光，
羌戈展开大血战。

戈基身强像野猪，
皮厚刀矛戳不穿；
戈基身强像野牛，
凶猛能征又惯战；
羌人一时难取胜，
不断苦战受熬煎。

羌戈血战日补坝，
乌云遮天天暗淡；
双方相持无胜负，
战争一连多少年。

阿巴白构内心想：
“戈基人凶残又横蛮，
单凭刀矛难取胜；
要胜利只能用巧战。”

选自《木姐珠与斗安珠　羌戈大战》，罗世泽、时逢春搜集整理，中国国际广播出版社2016年版

题解

《羌戈大战》是一部记述一支羌族先民从西北高原南迁的历史进程中与戈基人征战的羌族史诗。该诗长达600余行，由“序歌”“羊皮鼓的来源”“大雪山的来源”“羌戈相遇”“寻找神牛”“羌戈大战”“重建家园”七个部分组成。在叙述历史事件和描写战争场面的同时，也记述了羌族的民间信仰观念。该诗是羌族“释比”在祭祀时演唱的经典之一，通常用古羌语演唱，文辞优美，音韵铿锵，包含了大量远古的历史、文化、民俗等信息，具有较高的文学价值和多学科研究价值。

本文为“羌戈相遇”部分，讲述了羌人翻山越岭来到了热兹大草原，并在热兹建设家园。突然有一天，戈基人偷走了羌人的牛羊，想要占领羌寨，阿巴白构带领羌兵奋起反抗，与戈基人大战数年。“羌戈相遇”这一部分体现出羌族人民勤劳朴实的生活态度和面对强敌时坚决反抗的斗争精神。

注释

[1] 热兹：羌语，地名。在今四川松潘境内。

[2] 日补坝：羌语，地名。在今四川茂县境内。

[3] 戈基人：传说中的一种民族，可能为岷江上游嘉绒藏族之先民。

思考与练习

1. 试分析该史诗选段的艺术手法。
2. 该史诗片段的主旨精神是什么？

勒俄特依·洪水漫天地（节选）

却布居木啊，
发髻弯弯如长角，
裤脚长长拖地上，
身披十层毡，

不时搭在肩头上。
想要娶个如意妻，
娶了美女俄池来。
结婚二十一年后，
养了三个好儿子。

居木家三子，
桦槁红树做犁弯，
杜鹃花树做枷担，
红枣树做赶脚棒，
嫩竹做成牵牛绳，
黄竹做成赶牛鞭，
驾起阿卓黑牯牛，
来到阿呷地拖犁。
前日犁好了，
后日又复原，
不知为何故？
居木家三子，
为了知究竟，
前去看守地。
携带木棍子，
长子守上方，
次子守中央，
幺子守下方。

恩体谷兹家，
派遣阿格叶库臣，
身揹杉“乌突”[1]，
携带除魔器，
手拿套猪绳，

赶头黄脸独野猪，
来到地上方，
将土翻还原，
居木长子将他捉。
居木长子啊，
长子说大话，
说要将他杀，
居木次子啊，
次子说硬话，
说要用棍打；
居木幺子啊，
幺子说话留后路，
说要问明白。
阿格叶库说：
我非可捕人，
宇宙的上方，
恩体谷兹家，
为争格惹阿毕的命案[2]，
要放九个海，
把地全淹没。
洪水漫天地，
四方都遭淹。
恩体谷兹家，
兹莫是一个，
阿枯是两个，
阿格是三个，
君臣在一起，
坐在兹洪尔碾山上看[3]。

居木三子啊，

听后着了急，
忙问怎么办？
阿格叶库说：
“居木家长子，
是条好汉子，
做张金银床来睡。
口粮种子放在外，
吉猪祥鸡放在外[4]，
公羊阉羊放在内，
铜铁农具放在内。
居木家次子，
是个英俊人，
做张铜铁床来睡，
口粮种子放在外，
吉猪祥鸡放在外，
公羊阉羊放在内，
铜铁农具放在内。
居木家幺子，
是个愚蠢汉，
好的作不到，
做个木柜子来睡。
口粮种子放在内，
吉猪祥鸡放在内，
公羊阉羊放在外，
铜铁农具放在外。
母鸡孵声‘咯咯’叫，
柜口锁上锁；
小鸡出壳‘唧唧’叫，
柜口就开开。”
阿格叶库啊，

把话说完后，
立即飞上天。

阿格叶库上天后，
牛日起云雾，
虎日雷声响，
兔日即下雨，
龙日暴雨下四方。
蛇日浪滔滔，
马日洪水漫天地，
江河水齐天。
羊日獭鼠食松叶，
鸡日孵鸡已到二十一天时[5]，
小鸡“唧唧”叫，
柜口就开开。

柜口开开后，
山川变了样：
阿子达果山[6]，
只剩一棵蕨草够长的一点。
合木叠译山，
只剩一个汉人够站的一点。
俄地尔曲山，
只剩珠子大一点。
极尔极日出，
只剩星星大一点。
俄池木峨山，
只剩马头大一点。
夜母则木山，
只剩鼓柄大一点。

谢克木曲山，
只剩够挂一副铠甲大一点。
俄倮则峨山，
只剩冰雹大一点。
夜叶安哈山，
只剩鸭子大一点。
吾格耻苦山，
只剩山羊大一点。
沙马马洪山，
只剩一丛竹子大一点。
木惹硕洪山，
只剩一马够站的一点。
署祖瓦格山，
只剩一株杉树树根大一点。
硕乐阿居山，
只剩狐狸大一点。
谢则沓古山，
只剩坛子大一点。
莫莫拉尼山，
只剩一只老虎够站的一点。
除区扎扎山，
只剩一丛刺树大一点。
阿布泽洛山，
只剩一只鹿子够站的一点。
特尔特子山，
只剩一棵松树树根大一点。

洪水消退后，
居木长子啊，
因睡金银床，

被水沉下河底去了。
居木次子啊，
因睡铜铁床，
被水裹进江心去。
居木幺子啊，
因睡木柜子，
漂泊在水面，
荡到兹洪尔碾山顶上。

居木武吾啊，
蛙被水荡来，
他也捞起来作伴。
蛇被水荡来，
他也捞起来作伴。
鼠被水荡来，
他也捞起来作伴。
乌鸦被荡来，
他也捞起来作伴。
蜜蜂被荡来，
他也捞起来作伴。
他将弓弦宰来喂乌鸦，
而今还在乌鸦肚子里。
捡束草把来点火，
喜鹊拾干柴，
劈开箭杆烧。
一股箭杆粗细的炊烟，
升到天空去。

宇宙的上方，
恩体谷兹家，

派对野公鸡，
察看地面上。
回来禀告说：
“兹洪尔碾山，
还在起炊烟。”
恩体谷兹说：
“居木第三子，
非为绝命人。”
随即派出三差使，
前去地上捉武吾。
居木武吾啊，
剩羊剩只黑公羊，
剩猪剩头黄母猪。
杀了黄母猪，
款待三差使。
牵来黑公羊，
赠送三差使，
恳请三使臣，
回去当媒人。
聘请天上“兹”的女，
嫁给地上的奴隶。
恩体谷兹发怒说：
“主奴绝不能通婚。”

居木武吾啊，
邀集众友来商量：
乌鸦能高飞，
蛇缠乌鸦颈项上，
鼠坐乌鸦肩头上，
蜜蜂贴在尾巴上。

"霍"地一声从地起，
"轰"地一声到天庭。
老鼠钻到神位下，
祖灵被鼠咬下来。
毒蛇梭到堂屋边，
恩体谷兹的脚被咬伤。
蜜蜂飞进内房里，
兹的女儿被锥伤。
乌鸦坐在房顶上，
叫了三声不吉音。

恩体谷兹痛难忍，
命令众使臣：
"知多识广者，
唯有下界的武吾。
若能治好我的伤，
愿将女儿尼掩配。"
居木武吾啊，
派去良医癞蛤蟆。
开头去一次，
到时敷好药，
回时敷烂药。
后来去一次，
到时敷烂药，
回时敷好药。
毒蛇咬伤的，
麝香拿来敷。
蜜蜂锥伤的，
"尔吾"拿来敷[7]。
祖灵被咬的，

因为老鼠逃到石堆下，
翻开石堆找，
祖灵已无踪，
找到老鼠屎一粒，
经过毕摩口，
经过匠师手，
重将祖灵装还原。

蛤蟆将病治好后，
恩体谷兹说：
“若给大女儿，
给也要给金子来，
穿也要穿金子来。
若给二女儿，
给也要给银子来，
穿也要穿银子来。”
居木武吾说：
“金银无处寻，
给也给幺女，
穿也就穿补钉衣。”
恩体谷兹家，
只得照允准。
扯起铜铁线，
接到地面上。
居木武吾啊，
竖起铜铁柱，
通到天上去。
天上地下就此通了婚，
娶了兹俄尼拖来，
配给武吾作妻子。

兹俄尼拖啊，
嫁到武吾家，
住在大地上。
成家三年后，
生下三个哑儿子。
为了弄清哑原因，
特意派差使。
派个虫中聪明者，
派了蜘蛛去，
吐根蜘蛛丝，
沿丝爬到天上问。
恩体谷兹啊，
不肯说出真实话，
骂声“不吉利的虫”。
把头掐到杉林里，
把尾掐到江河中，
把腰掐到山岩下。
蜘蛛被分尸以后，
恩体谷兹啊，
病痛不离身，
忙去请毕摩，
请了特勒毕摩来，
卜掛算命后，
说被下界差使惹着了。
派了一对獐和麂，
杉树林中找头也找到。
派对小蜜蜂，
岩下找腰也找到。
派对小水獭，
河中找尾没找到。

只好将腰当作尾，
牵根蛛丝来接上，
赶回地上来。
蜘蛛无腰由此来。

后又派遣鸡中聪明者，
派了一对野公鸡。
恩体谷兹啊，
骂声“你这不吉利的鸡，
玷污了天庭。”
随即跃身起，
追打野公鸡。
野鸡脸颊被打红，
那时红脸颊，
现在脸颊仍然红。

再派兽中聪明者，
派遣兔子去。
恩体谷兹啊，
骂声“你这不吉利的兽，
玷污了天庭。”
随即跃身起，
赶来追打兔。
兔子鼻梁被打缺，
那时缺鼻梁，
现在鼻梁仍然缺。

又派鸟中聪明者，
派去小白雀。
恩体谷兹啊，

骂声“你这不吉利的鸟，
玷污了天庭。”
随即跃身起，
撮起火灰烫。
白雀逃到楼上去，
躲在葫芦里。
聪明的小白雀，
睡呀只顾睡，
睡到公鸡啼叫时，
听见恩体谷兹的夫人说：
“你若知道如何治哑病，
为何不告诉？”
恩体谷兹说：
“苦命女儿在夫家，
成天用手撕枯菜，
所以我恨她。
若不是这样，
只要砍来三节竹，
用火烧爆烙三子。
再烧三锅开水烫，
就会各自说出话。”
聪明的小雀啊，
说声“实话我已听到了”。
飞到堂屋下，
众人来捕捉，
尾被扯脱落，
钻进灶眼才逃脱。
阿蒲小白雀，
从前是白色，
此后变黑了。

从前尾不秃，
此后秃了尾。

白雀回来把话告。
居木武吾家，
听后忙不赢，
深谷砍了三节竹来炸，
家中烧开三锅水来烫。
首先烫长子，
说声“俄底俄夺”，
成为藏族的始祖，
蹲起双脚坐。
然后烫次子，
说声“阿兹格叶”，
成为彝族的始祖，
跳到竹席上面坐。
最后烫幺子，
说声“表子的咯”，
成为汉族的始祖，
跳到门槛上面坐。
武吾三子啊，
三子三样话，
互相听不懂。

选自《勒俄特依》，冯元蔚译，四川民族出版社1986年版

题解

《勒俄特依》是彝族创世史诗，主要流传在金沙江南北两岸的大小凉山彝区，被人们珍视为民族的“根谱”与文化的瑰宝，长期以来一直在历时性的书写传承与现时性的口头演进中发展。“勒俄特依”系彝语音译，意为“传说历史书”。《勒俄特依》包括“天地演变史”“开天辟地”“阿俄署

布”“呼日唤月”“支格阿龙”“石尔俄特”“洪水漫天地”“合侯赛变”等十几个部分。它以朴素的唯物主义观点和丰富的想象叙述了宇宙的变化、万物的生长、人类的起源、彝族的迁徙等，其中也反映了彝族人民在原始社会和奴隶社会初期的一些情景。

本文为“洪水漫天地”部分。这个部分既讲述了全世界都有的“洪水”神话母题，洪水后“再生人类”神话母题，多民族“同源共祖”神话母题，又讲述了彝族的六祖起源等，表达了彝族人民对自然，对统治者，对人与人之间关系的看法，是凉山彝族人民生活与思想感情、阶级意识、社会历史的反映。

注释

［1］揹：同“背”。

［2］格惹阿毕的命案：格惹阿毕是恩体谷兹的使臣。民间故事说，他到下界来催收租谷，被地上的勇士赫体拉巴打死，恩体谷兹便放下九个大海的水淹没大地，以示报复。

［3］兹洪尔碾山：传说此山最高，恩体谷兹常在这里察看下界。疑指云南罗宜山。

［4］吉猪祥鸡：指经过毕摩祝咒后，打上特殊标记，作为辟邪物而饲养着的猪和鸡。

［5］鸡日孵鸡已到二十一天时：从牛日起云雾那天开始孵蛋，到第二轮鸡日洪水消退，鸡仔出壳，恰好二十一天，为洪水持续的天数。

［6］阿子达果山：所列十九座山的山名，都以所剩面积及其上的物体名称相谐音而起的，如阿子达果山的“达果”是蕨草枝，合木叠译山的“合木”是汉区……以下皆同。

［7］“尔吾”：草药名，治蜂锥伤有特效。

思考与练习

1. 史诗选段主要由哪些情节单元构成？

2. 比较彝族《勒俄特依》洪水神话与纳西族《创世纪》洪水神话的异同。

3. 该史诗表现了彝族怎样的自然生态观？

拓展资源

莫砺锋《射猎诗中的盛唐气象》（节选）

叶朗《日常生活的美》（节选）

叶舒宪《“神话中国”观对文明探源的理论意义》（节选）

第三编

直笔青史与虚构世界

概　述

李剑国《唐稗思考录》说："极为重视历史的纵向联系，以求得历史的连续和延伸而不致断裂，这是我们民族的固有文化心理。"中华民族五千年的沧桑历史，绵亘至今，犹如一条川流不息的长河。我们用文字完整地记录了历史的足迹，形成了非常清晰的文化脉络。历代史部典籍的精心保存和广泛传播，加强了民族文化的认同和融合，对于中华民族共同体的形成，具有极为重要的意义。

中国的修史传统源远流长。周代就有专门掌管文献典籍和记录国家大事的史官，"左史记言，右史记事，事为《春秋》，言为《尚书》"(《汉书·艺文志》)。后来出现了《左传》《国语》《战国策》这类由"士"编纂的史书，修史者秉笔直书，如实描绘了历史事件的经纬，彰显了民族的理想道德和价值观念，为后代史官树立了典范。同时，在安排情节、描绘人物、渲染气氛甚至虚构想象等方面，也都表现出了较强的文学性。到了汉代，司马迁《史记》横空出世，在史学成就和文学造诣两方面都达到了极高的境界，纪传体这一书写体例，将"人"置于史家视野的核心，突出强调了人在历史活动中的主体地位。《史记》及其后的《汉书》《后汉书》《三国志》，并称"前四史"，历来受到特别的推重。而此后的历代正史均以"前四史"为准的，叙史记事，惩恶扬善；尤其在记述杰出的历史人物时，也多有精彩的篇章。这些史书记载了历朝历代重大的政治事件，以及在历史大潮中搏击沉浮的风云人物，对于铸牢中华民族共同体意识，塑造民族文化的基本性格，起到了非常重要的作用。

与秉笔直书的史书不同，小说乃是一种虚构的文学样式。今之所言"小说"，乃是与诗歌、散文等并列的一种文学体裁，而中国古典小说起源和发展流变的具体情形则较为复杂。考其源头，"小说"一词出自《庄子》，乃与"大达"对举而言，指浅薄琐屑之言论，后来被用作演述故事类文体的专称。先秦之神话、传说、寓言，魏晋六朝之志怪、志人，唐代之传奇，都可以看作在演述故事，在今天看来，当然都是可以视为"小说"一类的。需要说明的是，中国古代的正统文学观念强调“文以载道”“诗以言志”，所以小说在文学史上的地位长期以来并不高。班固撰《汉书·艺文志》，列小说家为九流十家之末；清代编纂《四库全书》，也并没有收录我们今天所熟知的“四大名著”之类。根据现存文献，参考鲁迅《中国小说史略》的相关论述，可以大致把中国古典小说的发展历程分为如下几期：一、早期神话与传说；二、六朝志怪与志人；三、唐代传奇与杂俎；四、宋代文言与话本小说；五、明清白话与文言小说。以宋代为分界，此前皆为文言小说，自此以后，文言小说之外，白话小说日益发展壮大，后来居上，至明清时期趋于鼎盛，乃成一代文学之代表，故现在有“唐诗宋词元曲，明清章回小说”的说法。

与悠久的古代相比，现当代一百年短暂如白驹过隙，但是这一百年间国家局势天翻地覆，历史风云变幻莫测，它本身就是一部波澜壮阔的史诗。五四新文化运动反对蒙昧和封建专制，提倡民主和科学，反对文言，提倡白话，中国文化从内容到形式都发生了深刻的变化。现当代小说创作与传统小说大异其趣，从形式到内容都带有鲜明的新文化特征。现代文学三十年，小说创作取得了丰硕的实绩，鲁迅、郁达夫、茅盾、巴金、李劼人、老舍、沈从文等作家，群星璀璨，流派众多，现代小说发展迅速走向成熟。当代文学七十余年，以1976年“文化大革命”结束为界线，此前的总体趋势是文学一体化的确立和不断加强，此后的总体趋势是文学一体化的逐步解体和多元化的初步形成。小说的发展历程也大略可作如是观，至于具体的作家和作品评价则言人人殊，而经典的形成也需要时间。

第一章　历史长河

历史，是文化的积累与延续，是文明的发展与传承。中国自古以来有记录和总结历史的传统，以十三经、二十四史为代表的各种历史文化典籍保存和记录着中华民族智慧、勤劳、不断创造辉煌的过去。“原始察终，见盛观衰”（《史记·太史公自序》），这是司马迁的治史之法。“天行健，君子以自强不息；地势坤，君子以厚德载物”（《易·乾》），这是孔子诠释的做人之本。那些被时空浓缩的成败得失，那些影响深远的格言警语，特别是那些不畏艰难、积极进取、追寻理想的先贤志士的精神，无不促使现在的我们跳出自身生活的局限，把对人生、对世界的认识与思考推向更深更高层次。

郑伯克段于鄢

〔春秋〕左丘明

初[1]，郑武公娶于申[2]，曰武姜[3]。生庄公及共叔段[4]。庄公寤生[5]，惊姜氏，故名曰寤生，遂恶之。爱共叔段，欲立之。亟请于武公[6]，公弗许。

及庄公即位，为之请制[7]。公曰：“制，岩邑也[8]，虢叔死焉[9]。佗邑唯命[10]。”请京[11]，使居之，谓之京城大叔[12]。

祭仲曰[13]：“都城过百雉[14]，国之害也。先王之制，大都，不过参国之一[15]；中，五之一；小，九之一。今京不度[16]，非制也，君将不堪[17]。”公曰：“姜氏欲之，焉辟害[18]？”对曰：“姜氏何厌之有[19]！不如早为之所[20]，无使滋蔓！蔓，难图也[21]。蔓草犹不可除，况君之宠弟乎！”公曰：“多行不义，必自毙[22]。子姑待之。”

既而大叔命西鄙、北鄙贰于己[23]。公子吕曰[24]：“国不堪贰，君将若之何？欲与大叔，臣请事之；若弗与，则请除之，无生民心[25]。”公曰：“无庸[26]，将自及[27]。”大叔又收贰以为己邑，至于廪延[28]。子封曰：“可矣。厚将得众[29]。”公曰：“不义不暱[30]，厚将崩[31]。”

大叔完聚[32]，缮甲兵[33]，具卒乘[34]，将袭郑。夫人将启之[35]。公闻其期，曰：“可矣！”命子封帅车二百乘以伐京。京叛大叔段，段入于鄢[36]。公伐诸鄢。五月辛丑[37]，大叔出奔共[38]。

书曰[39]：“郑伯克段于鄢[40]。”段不弟[41]，故不言弟；如二君，故曰克[42]；称郑伯，讥失教也[43]；谓之郑志[44]。不言出奔，难之也[45]。

遂寘姜氏于城颍[46]，而誓之曰：“不及黄泉，无相见也！”既而悔之。颍考叔为颍谷封人[47]，闻之，有献于公[48]。公赐之食，食舍肉[49]。公问之。对曰：“小人有母，皆尝小人之食矣，未尝君之羹[50]，请以遗之[51]。”公曰：“尔有母遗，繄我独无[52]！”颍考叔曰：“敢问何谓也？”公语之故，且告之悔。对曰：“君何患焉！若阙地及泉[53]，隧而相见[54]，其谁曰不然？”公从之。公入而赋：“大隧之中[55]，其乐也融融！”姜出而赋：“大隧之外，其乐也泄泄[56]！”遂为母子如初。

君子曰[57]：“颍考叔，纯孝也，爱其母，施及庄公[58]。《诗》曰：‘孝子不匮[59]，永锡尔类[60]。’其是之谓乎？”

选自《春秋左传正义》，《十三经注疏》本，中华书局2009年版

题解

《左传》是《春秋左氏传》的简称，相传为春秋时鲁国史官左丘明所著，是我国现存最早的一部编年史著作，记录了春秋至战国初期周王朝及主要诸侯国的盛衰兴亡，以及政治、经济、军事、文化等方面的一系列重大事件。《左传》具有较高的文学价值，叙事详略适度，首尾完整，人物个性突出，语言生动精练。对我国散文体裁的发展有很大的影响。

本文录自《左传·隐公元年》，记叙的是郑庄公图谋霸业之前，家族内部母子、兄弟之间一场争夺权力的斗争。文章叙事完整，尤其重视人物形象的刻画。

注释

[1] 初：当初。

[2] 郑武公：名掘突，郑桓公之子。申：国名，姜姓。

［3］武姜：郑武公之妻，“姜”为母家姓氏，“武”为其丈夫的谥号。

［4］共（gōng）：国名，在今河南辉县。

［5］寤（wù）生：逆生，难产。

［6］亟（qì）：屡次。

［7］制：郑地名，又名虎牢，在今河南荥阳汜水西。

［8］岩：险要。

［9］虢（guó）叔：东虢国君，为郑所灭。

［10］佗：同“他”。

［11］京：郑地名，今河南荥阳东南。

［12］大：同“太”。

［13］祭（zhài）仲：郑国大夫。

［14］都：都邑。《左传·庄公二十八年》：“凡邑有宗庙先君之主曰都，无曰邑。”雉：古代城墙长三丈，高一丈，为一雉。

［15］参（sān）国之一：国都的三分之一。参：三。

［16］度：法度。

［17］不堪：受不了，即无法控制。

［18］辟：同“避”。

［19］厌：满足。

［20］所：处所，此处指封地。

［21］图：图谋。此处指对付。

［22］毙：倒下。此处指灭亡。

［23］鄙：边邑。贰：两属，属二主。

［24］公子吕：郑国大夫，字子封。

［25］无生民心：不要使民生二心。

［26］庸：用。

［27］自及：自己赶上（灾难）。及：赶上。

［28］廪延：地名，在今河南延津。

［29］厚：雄厚，此处指扩大土地。

［30］暱：同“昵”，黏。此处指能团结人。

［31］崩：崩溃。

［32］完聚：修治城郭，聚集百姓。完：修葺。

［33］缮：修理。

［34］具：准备。卒：步兵。乘：兵车。

［35］夫人：指武姜。启：开城门，指给段作内应。

［36］鄢：郑地名，在今河南鄢陵北。

［37］辛丑：干支纪日，五月辛丑，即五月二十三日。

［38］出奔：逃亡。《春秋》笔法，凡记某人出奔，表示这人犯了罪。

［39］书：指《春秋》。

［40］郑伯：指郑庄公。春秋时有五等爵，郑国君属伯爵，故称郑伯。

［41］不弟：不守弟道。

［42］克：战胜。

［43］失教：庄公本有教弟之责而未教。

［44］郑志：郑庄公的本意。志：意愿。

［45］难：责难。

［46］寘：同“置”，安置，实为放逐。城颍：郑地名，在今河南临颍西北。

［47］颍考叔：郑国大夫，执掌颍谷（今河南登封西）。封人：掌管疆界的地方长官。封：聚土培植树木。古代国境以树为界，故为边界标志。

［48］有献：有所献。

［49］舍：放在一边。

［50］羹：肉汁。

［51］遗（wèi）：赠送。

［52］繄（yī）：句首语气词。

［53］阙：通“掘”，挖。

［54］隧：隧道，这里用作动词，指挖成隧道。

［55］赋：赋诗，此处指诵读诗句。

［56］洩（yì）洩：与“融融”意义相近，欢快。

［57］君子：《左传》作者自指。

［58］施（yì）：扩展。

［59］匮：竭尽。

[60] 锡：赐，给予。类：同类。

思考与练习

1. 本文在刻画郑庄公形象方面有何特色？

2. 作者对郑庄公的评价是什么？

3.《左传》是一部很特别的史书。在中国古代图书的四部分类法中，它被列入经部而不是史部，这是为什么呢？请查阅相关文献，对此作系统的梳理。

项羽本纪（节选）

〔汉〕司马迁

项王军壁垓下[1]，兵少食尽，汉军及诸侯兵围之数重。夜闻汉军四面皆楚歌，项王乃大惊曰："汉皆已得楚乎？是何楚人之多也！"项王则夜起，饮帐中。有美人名虞，常幸从；骏马名骓，常骑之。于是项王乃悲歌慷慨，自为诗曰："力拔山兮气盖世，时不利兮骓不逝[2]。骓不逝兮可奈何，虞兮虞兮奈若何[3]！"歌数阕[4]，美人和之。项王泣数行下，左右皆泣，莫能仰视。

于是项王乃上马骑，麾下壮士骑从者八百余人，直夜溃围南出[5]，驰走。平明，汉军乃觉之，令骑将灌婴以五千骑追之。项王渡淮，骑能属者百余人耳[6]。项王至阴陵[7]，迷失道，问一田父，田父绐曰[8]："左。"左，乃陷大泽中，以故汉追及之。项王乃复引兵而东，至东城[9]，乃有二十八骑。汉骑追者数千人。项王自度不得脱。谓其骑曰："吾起兵至今八岁矣，身七十余战，所当者破，所击者服，未尝败北，遂霸有天下。然今卒困于此，此天之亡我，非战之罪也。今日固决死，愿为诸君快战，必三胜之，为诸君溃围，斩将，刈旗[10]，令诸君知天亡我，非战之罪也。"乃分其骑以为四队，四向。汉军围之数重。项王谓其骑曰："吾为公取彼一将。"令四面骑驰下，期山东为三处[11]。于是项王大呼驰下，汉军皆披靡[12]，遂斩汉一将。是时，赤泉侯为骑将[13]，追项王，项王瞋目而叱之，赤泉侯人马俱惊，辟易数里[14]。与其骑会为三处。汉军不知项王所在，乃分军为三，复围之。项王乃驰，复斩汉一都尉，杀数十百人，复聚其骑，亡其两骑耳。乃谓其骑曰："何如？"骑皆伏曰[15]："如大王言！"

于是项王乃欲东渡乌江。乌江亭长舣船待[16]，谓项王曰："江东虽小，地方千里，众数十万人，亦足王也。愿大王急渡。今独臣有船，汉军至，无以渡。"项王笑曰："天之亡我，我何渡为！且籍与江东子弟八千人渡江而西，今无一人还，纵江东父兄怜而王我，我何面目见之？纵彼不言，籍独不愧于心乎？"乃谓亭长曰："吾知公长者。吾骑此马五岁，所当无敌，尝一日行千里，不忍杀之，以赐公。"乃令骑皆下马步行，持短兵接战。独籍所杀汉军数百人。项王身亦被十余创[17]。顾见汉骑司马吕马童，曰："若非吾故人乎？"马童面之[18]，指王翳曰："此项王也。"项王乃曰："吾闻汉购我头千金，邑万户，吾为若德[19]。"乃自刎而死。王翳取其头，余骑相蹂践争项王，相杀者数十人。最其后，郎中骑杨喜，骑司马吕马童，郎中吕胜、杨武各得其一体。五人共会其体，皆是，故分其地为五：封吕马童为中水侯，封王翳为杜衍侯，封杨喜为赤泉侯，封杨武为吴防侯，封吕胜为涅阳侯。

项王已死，楚地皆降汉，独鲁不下。汉乃引天下兵欲屠之，为其守礼义，为主死节，乃持项王头视鲁[20]，鲁父兄乃降。始，楚怀王初封项籍为鲁公，及其死，鲁最后下，故以鲁公礼葬项王谷城[21]。汉王为发哀[22]，泣之而去。

诸项氏枝属[23]，汉王皆不诛。乃封项伯为射阳侯。桃侯、平皋侯、玄武侯皆项氏，赐姓刘氏。

太史公曰：吾闻之周生曰："舜目盖重瞳子[24]"，又闻项羽亦重瞳子。羽岂其苗裔邪[25]？何兴之暴也[26]！夫秦失其政，陈涉首难，豪杰蜂起，相与并争，不可胜数。然羽非有尺寸[27]，乘势起陇亩之中[28]，三年，遂将五诸侯灭秦，分裂天下，而封王侯，政由羽出，号为"霸王"，位虽不终，近古以来未尝有也。及羽背关怀楚[29]，放逐义帝而自立[30]，怨王侯叛己，难矣。自矜功伐，奋其私智而不师古[31]，谓霸王之业，欲以力征经营天下[32]，五年卒亡其国，身死东城，尚不觉寤而不自责[33]，过矣。乃引"天亡我，非用兵之罪也"，岂不谬哉！

选自《史记》，〔宋〕裴骃集解，〔唐〕司马贞索隐，〔唐〕张守节正义，中华书局2014年版

题解

《史记》记载了从上古传说中的黄帝时期到汉武帝时期长达三千多年的历史，体例分为本纪、表、书、世家、列传五种，共一百三十篇。其纪传体编史体例为后来历代正史所传承，对史学发展有重要影响。《史记》同时也具有极高的文学价值，被鲁迅誉为“史家之绝唱，无韵之离骚”。本文录自《史记·项羽本纪》，是《史记》最具文学代表性的篇章之一，文章以飞扬的文采、充沛的感情、壮阔的场面、紧张的情节成功地刻画了项羽这一历史人物。

注释

[1] 壁：作动词，驻扎。垓下：地名，在今安徽灵璧东南。

[2] 骓：毛色苍白相杂的马。

[3] 若：你。

[4] 阕：曲终。歌数阕：一连唱了数遍。

[5] 直夜：当夜。

[6] 属：跟随。

[7] 阴陵：地名，在今安徽定远西北。

[8] 绐：欺骗。

[9] 东城：地名，在今安徽定远东南。

[10] 刈：斩断，砍倒。

[11] 期：约定。

[12] 披靡：草木散乱偃扑的样子，此处指人马溃退。

[13] 赤泉侯：杨喜，后因破项羽有功，封赤泉侯。

[14] 辟易：退避。

[15] 伏：通“服”。

[16] 舣：停船靠岸。

[17] 被：遭受。

[18] 面：通“偭”，背向。裴骃集解：“张晏曰：‘以故人故，难视斫之，故背之。’”

[19] 德：恩惠，好处。

[20] 视：通“示”。

[21] 谷城：地名，在今山东平阴西南。

[22] 发哀：举丧。

[23] 枝属：宗族。

[24] 重瞳子：一只眼睛里有两个瞳孔。

[25] 苗裔：后代。

[26] 暴：突然，猝然。

[27] 非有尺寸：没有尺寸的封地。

[28] 陇亩：指田间，民间。

[29] 背关怀楚：放弃关中，怀念楚地。指项羽放弃秦地，定都彭城。

[30] 义帝：楚怀王之孙熊心。

[31] 奋：逞。

[32] 力征：武力征伐。

[33] 寤：通“悟”。

思考与练习

1. 怎样理解司马迁对项羽的评价？

2. 唐代诗人杜牧《题乌江亭》：“胜败兵家事不期，包羞忍耻是男儿。江东子弟多才俊，卷土重来未可知。”宋代词人李清照《夏日绝句》：“生当作人杰，死亦为鬼雄。至今思项羽，不肯过江东。”他们对项羽的评价有何不同？造成这种不同的原因是什么？

3. 通读《史记》的《项羽本纪》和《高祖本纪》，比较项羽和刘邦这两位历史人物。

苏武传（节选）

〔汉〕班　固

武字子卿，少以父任[1]，兄弟并为郎，稍迁至栘中厩监[2]。时汉连伐胡，数通使相窥观[3]，匈奴留汉使郭吉、路充国等，前后十余辈。匈奴使来，汉亦留之以相当[4]。天汉元年，且鞮侯单于初立[5]，恐汉袭之，乃曰："汉天子我丈人行也[6]。"尽归汉使路充国等。武帝嘉其义，乃遣武以中郎将使持节送匈奴使留在汉者[7]，因厚赂单于，答其善意。武与副中郎将张胜及假吏常惠等[8]，募士斥候百余人俱[9]。既至匈奴，置币遗单于。单于益骄，非汉所望也。

方欲发使送武等，会缑王与长水虞常等谋反匈奴中[10]。缑王者，昆邪王姊子也[11]，与昆邪王俱降汉，后随浞野侯没胡中[12]。及卫律所将降者，阴相与谋劫单于母阏氏归汉[13]。会武等至匈奴，虞常在汉时素与副张胜相知，私候胜曰[14]："闻汉天子甚怨卫律，常能为汉伏弩射杀之。吾母与弟在汉，幸蒙其赏赐。"张胜许之，以货物与常。后月余，单于出猎，独阏氏子弟在。虞常等七十余人欲发，其一人夜亡，告之。单于子弟发兵与战。缑王等皆死，虞常生得。

单于使卫律治其事。张胜闻之，恐前语发，以状语武。武曰："事如此，此必及我，见犯乃死[15]，重负国[16]。"欲自杀，胜、惠共止之。虞常果引张胜。单于怒，召诸贵人议，欲杀汉使者。左伊秩訾曰[17]："即谋单于，何以复加？宜皆降之。"单于使卫律召武受辞[18]，武谓惠等："屈节辱命，虽生，何面目以归汉！"引佩刀自刺。卫律惊，自抱持武，驰召医。凿地为坎，置煴火[19]，覆武其上，蹈其背以出血[20]。武气绝，半日复息。惠等哭，舆归营。单于壮其节，朝夕遣人候问武，而收系张胜。

武益愈，单于使使晓武。会论虞常[21]，欲因此时降武。剑斩虞常已，律曰："汉使张胜谋杀单于近臣，当死，单于募降者赦罪。"举剑欲击之，胜请降。律谓武曰："副有罪，当相坐。"武曰："本无谋，又非亲属，何谓相坐？"复举剑拟之，武不动。律曰："苏君，律前负汉归匈奴，幸蒙大恩，赐号称王，拥众数万，马畜弥山，富贵如此。苏君今日降，明日复然。空以身膏草野[22]，谁复知之！"武不应。律曰："君因我降，与君为兄弟，今不听吾计，后虽复欲见我，尚可得乎？"武骂律曰："女为人臣子[23]，不顾恩义，畔主背亲[24]，为降虏于蛮夷，何以女为见？且单于信女，使决人死生，不平心持正，反欲斗两主，观祸败。南越杀汉使者，屠为九郡[25]；宛王杀汉使者，头县北阙[26]；朝鲜杀汉使者，即时诛灭。独匈奴未耳。若知我不降明[27]，欲令两国相攻，匈奴之祸从我始矣。”

律知武终不可胁，白单于。单于愈益欲降之，乃幽武置大窖中，绝不饮食。天雨雪，武卧啮雪与旃毛并咽之[28]，数日不死，匈奴以为神，乃徙武北海上无人处，使牧羝，羝乳乃得归[29]。别其官属常惠等，各置他所。

武既至海上，廪食不至[30]，掘野鼠去中实而食之[31]。杖汉节牧羊，卧起操持，节旄尽落。积五六年，单于弟於靬王弋射海上[32]。武能网纺缴[33]，檠弓弩[34]，於靬王爱之，给其衣食。三岁余，王病，赐武马畜服匿穹庐[35]。王死后，人众徙去。其冬，丁令盗武牛羊[36]，武复穷厄。

初，武与李陵俱为侍中，武使匈奴明年，陵降，不敢求武[37]。久之，单于使陵至海上，为武置酒设乐，因谓武曰：“单于闻陵与子卿素厚，故使陵来说足下，虚心欲相待。终不得归汉，空自苦亡人之地，信义安所见乎？前长君为奉车[38]，从至雍棫阳宫[39]，扶辇下除，触柱折辕，劾大不敬[40]，伏剑自刎，赐钱二百万以葬。孺卿从祠河东后土[41]，宦骑与黄门驸马争船[42]，推堕驸马河中溺死，宦骑亡，诏使孺卿逐捕不得，惶恐饮药而死。来时，太夫人已不幸，陵送葬至阳陵。子卿妇年少，闻已更嫁矣。独有女弟二人，两女一男，今复十余年，存亡不可知。人生如朝露，何久自苦如此！陵始降时，忽忽如狂[43]，自痛负汉，加以老母系保宫[44]，子卿不欲降，何以过陵？且陛下春秋高，法令亡常，大臣亡罪夷灭者数十家，安危不可知，子卿尚复谁为乎？愿听陵计，勿复有云。”武曰：“武父子亡功德，皆为陛下所成就，位列将，爵通侯，兄弟亲近[45]，常愿肝脑涂地。今得杀身自效，虽蒙斧钺汤镬，诚甘乐之。臣事君，犹子事父也，子为父死亡所恨。愿无复再言。”陵与武饮数日，复曰：“子卿壹听陵言。”武曰：“自分已死久矣！王必欲降武，请毕今日之驩[46]，效死于前！”陵见其至诚，喟然叹曰：“嗟呼，义士！陵与卫律之罪上通于天。”因泣下霑衿，与武决去。

陵恶自赐武，使其妻赐武牛羊数十头。后陵复至北海上，语武：“区脱捕得云中生口[47]，言太守以下吏民皆白服，曰上崩。”武闻之，南乡号哭，欧血。旦夕临[48]。

数月，昭帝即位。数年，匈奴与汉和亲。汉求武等，匈奴诡言武死。后汉使复至匈奴，常惠请其守者与俱，得夜见汉使，具自陈道。教使者谓单于，言天子射上林中，得雁，足有系帛书，言武等在某泽中。使者大喜，如惠语以让单于。单于视左右而惊，谢汉使曰："武等实在。"于是李陵置酒贺武曰："今足下还归，扬名于匈奴，功显于汉室，虽古竹帛所载，丹青所画，何以过子卿！陵虽驽怯，令汉且贳陵罪[49]，全其老母，使得奋大辱之积志，庶几乎曹柯之盟[50]，此陵宿昔之所不忘也。收族陵家，为世大戮，陵尚复何顾乎？已矣！令子卿知吾心耳。异域之人，壹别长绝！"陵起舞，歌曰："径万里兮度沙幕，为君将兮奋匈奴。路穷绝兮矢刃摧，士众灭兮名已隤[51]。老母已死，虽欲报恩将安归！"陵泣下数行，因与武决。单于召会武官属，前以降及物故[52]，凡随武还者九人。

武以始元六年春至京师。……武留匈奴凡十九岁，始以强壮出，及还，须发尽白。

……

赞曰：……孔子称"志士仁人，有杀身以成仁，无求生以害仁"，"使于四方，不辱君命"。苏武有之矣。

选自《汉书》，〔唐〕颜师古注，中华书局1962年版

题解

《汉书》是我国第一部纪传体断代史，与《史记》《后汉书》《三国志》并称为"前四史"。记述了上起汉高祖元年（前206），下至新朝王莽地皇四年（23）共约二百三十年的历史，是继《史记》以后的又一部史传文学典范之作；叙述西汉众多人物事迹，全面展现西汉时期的盛世繁荣风貌。行文谨严有法，重视规矩绳墨；于看似平淡的叙述中寓含褒贬、预示吉凶，分寸得当；语言典雅有致，叙事完整。本文录自《汉书·李广苏建传》，记述汉朝使臣苏武被匈奴扣压囚禁，牧羊北海长达十九年之事，刻画其持节南望、忠心不改的坚贞形象，成为中华民族刚正不屈的象征。叙事曲折细腻，生动感人，显示出很高的文学水平。

班固（32—92），东汉史学家、文学家，字孟坚，扶风安陵（今陕西咸阳东北）人。出身儒学世家，其父为史学家班彪，其弟班超，其妹班昭。班固承父志著史书，前后二十余年完成《汉书》。他也是《汉赋四大家》之一，《两都赋》为其代表作，萧统《文选》将其列在全书首位。汉章帝时，以文才得器重，迁官玄武司马。汉和帝永元四年（92），受窦宪失势自杀牵连免

官、被捕，死于狱中。

注释

[1] 以父任：汉制，年俸二千石以上的官员，其子弟可任职为郎。苏武之父曾为代郡太守。

[2] 栘（yí）：汉宫廷园名。厩监：掌管鞍马射猎用具之官。

[3] 窥观：窥探、观察对方情况。

[4] 相当：相抵。

[5] 且鞮（jūdī）侯：当时单于的封号。

[6] 丈人：家长。行：行辈。

[7] 节：使臣所持信物，又叫旄节，竹柄长八尺，端头装饰牦牛尾。

[8] 假吏：非本来官职而临时充任者。

[9] 斥候：军中侦查人员。

[10] 缑（gōu）王：匈奴贵族。长水：今陕西蓝田。

[11] 昆邪（húnyé）王：匈奴贵族。

[12] 浞（zhuó）野侯：汉将赵破奴，兵败投降匈奴。

[13] 阏氏（yānzhī）：单于妻子的称号。

[14] 候：访。

[15] 见犯：被凌辱。

[16] 重：更加。

[17] 左伊秩訾（zī）：匈奴王号，有左右之分。

[18] 受辞：受审，取口供。

[19] 煴（yūn）火：无焰的微火。

[20] 蹈：通“掏”。

[21] 会：共同。论：判决罪犯。

[22] 膏：肥沃，此处作动词。

[23] 女：通“汝”。

[24] 畔：通“叛”。

[25]“南越”二句：汉武帝元鼎五年（前112），南越王相吕嘉杀死南越王、王太后及汉使者，武帝派兵讨伐之，获吕嘉，在南越之地设置九郡。

屠：夷，平定。

[26]“宛王”二句：汉武帝派使者前往大宛国求良马被拒，汉使被攻杀。后武帝发兵征大宛。县，通“悬”。

[27] 若知我不降明：你明知我绝不投降。若：你。

[28] 旃：通“毡”，羊毛毡。

[29] 羝：公羊。乳：生育。

[30] 廪食：公家所配给的粮食。

[31] 去：通“弆（jǔ）”，藏。屮：古“草”字。

[32] 於靬（wūjiān）王：单于弟封为王者。

[33] 缴（zhuó）：箭尾部的丝绳。

[34] 檠（qíng）：矫正弓弩的器具，此处作动词。

[35] 服匿：一种盛酒器。穹庐：大型圆顶帐篷。

[36] 丁令：即丁零，匈奴族的别支。当时卫律为丁零王。

[37] 求：访求。

[38] 长君：指苏武兄长苏嘉。奉车：奉车都尉，官名。

[39] 雍：地名，在今陕西凤翔。棫阳宫：宫殿名。

[40] 劾：被弹劾。

[41] 孺卿：苏武弟苏贤之字。祠：祭祀。后土：地神。

[42] 宦骑：充当骑从的宦官。黄门驸马：皇帝的骑侍。

[43] 忽忽：失意的样子。

[44] 系：拘囚。保宫：官署名。

[45] 亲近：为武帝所亲近。

[46] 驩：通“欢”。

[47] 区（ōu）脱：边地，匈奴与汉交界处。云中：汉云中郡。生口：俘虏。

[48] 临：哭吊死者。

[49] 贳（shì）：宽恕。

[50] 曹柯之盟：指曹沫劫齐桓公之事。

[51] 陨：坠。

[52] 物：通“歾（mò）”。物故：死亡。

思考与练习

1. 通过本文对比《史记》与《汉书》在叙事写人方面的不同特点。
2. 你认为支撑苏武坚持了十九年的内在精神动力是什么？
3. 查找了解文中相关历史典故。

孔颖达传

孔颖达，字仲达，冀州衡水人[1]。八岁就学，诵记日千余言，暗记《三礼义宗》[2]。及长，明服氏《春秋传》、郑氏《尚书》《诗》《礼记》、王氏《易》，善属文[3]，通步历[4]。尝造同郡刘焯[5]，焯名重海内，初不之礼，及请质所疑，遂大畏服。

隋大业初，举明经高第，授河内郡博士。炀帝召天下儒官集东都[6]，诏国子秘书学士与论议，颖达为冠，又年最少，老师宿儒耻出其下，阴遣客刺之，匿杨玄感家得免[7]。补太学助教。隋乱，避地虎牢。

太宗平洛，授文学馆学士，迁国子博士。贞观初，封曲阜县男[8]，转给事中[9]。时帝新即位，颖达数以忠言进。帝问："孔子称'以能问于不能，以多问于寡，有若无，实若虚'，何谓也？"对曰："此圣人教人谦耳。己虽能，仍就不能之人以咨所未能[10]；己虽多，仍就寡少之人更资其多[11]。内有道，外若无；中虽实，容若虚[12]。非特匹夫，君德亦然。故《易》称'蒙以养正'，'明夷以莅众'[13]。若其据尊极之位，炫聪耀明，恃才以肆，则上下不通，君臣道乖[14]。自古灭亡，莫不由此。"帝称善。除国子司业[15]，岁余，以太子右庶子兼司业。与诸儒议历及明堂事[16]，多从其说。以论撰劳[17]，加散骑常侍，爵为子[18]。

皇太子令颖达撰《孝经章句》，因文以尽箴讽。帝知数争太子失[19]，赐黄金一斤、绢百匹。久之，拜祭酒，侍讲东宫。帝幸太学观释菜[20]，命颖达讲经，毕，上《释奠颂》，有诏褒美。后太子稍不法，颖达争不已，乳夫人曰："太子既长，不宜数面折之[21]。"对曰："蒙国厚恩，虽死不恨[22]。"剀切愈至[23]。后致仕[24]，卒，陪葬昭陵，赠太常卿，谥曰宪。

初，颖达与颜师古、司马才章、王恭、王琰受诏撰《五经》义训凡百余篇[25]，号《义赞》，诏改为《正义》云。虽包贯异家为详博，然其中不能无谬冗，博士马嘉运驳正其失，至相讥诋。有诏更令裁定，功未就。永徽二年，诏中书门下与国子三馆博士、弘文馆学士考正之，于是尚书左仆射于志宁、右仆射张行成、侍中高季辅就加增损，书始布下[26]。

颖达子志，终司业。志子惠元，力学寡言，又为司业，擢累太子谕德[27]。三世司业，时人美之。

选自《新唐书》，〔宋〕欧阳修、宋祁撰，中华书局1975年版

题解

《新唐书》是北宋时期宋祁、欧阳修、范镇、吕夏卿等合撰的一部记载唐朝历史的纪传体史书。全书共二百二十五卷，前后修史历经十余年，于宋仁宗嘉祐五年（1060）完成。以清新质朴的语言特点为后人所赏识。

本文录自《新唐书·儒学传》。孔颖达（574—648），唐初经学家，字冲远，为孔子三十二世孙，以博学强识、善于词章而知名。曾奉唐太宗诏主持编纂《五经正义》一百八十卷。该书于唐高宗时颁行全国，直至宋初，一直是经学考试的标准。

注释

［1］冀州衡水：地名，今河北衡水。

［2］《三礼义宗》：训诂书。梁崔灵恩撰。原书三十卷，已佚。

［3］属文：写文章。

［4］步历：推算岁时节候。

［5］刘焯：隋朝天文学家。字士元，信都（治今河北衡水冀州区）人。

［6］东都：洛阳。

［7］杨玄感：隋朝大臣，司徒楚公杨素长子。

［8］县男：爵名，唐代九等爵最末等，从五品上。

［9］给事中：官名，唐代为正五品上。

［10］咨：询问。

［11］资：求，取。

[12] 容：外表。

[13] 蒙：蒙昧。夷：伤。莅：临。“蒙以养正”“明夷以莅众”的意思是“在蒙昧中默养正道”“外表隐晦而内心明察以治理民众”。

[14] 乖：违背。

[15] 除：授。国子司业：官名。国子监次官，协助祭酒。

[16] 明堂：即“明政教之堂”，是古代帝王用于祭祀、布政的重要礼制建筑。

[17] 论撰：议论撰著。

[18] 子：县子，爵位，唐代九等爵第八等，正五品上。

[19] 争：同“诤”，直言相劝。

[20] 释菜：亦作“释采”。古代入学时祭祀先圣先师的一种典礼。

[21] 面折：当面批评、指责。

[22] 恨：遗憾。

[23] 剀切（kǎiqiè）：切合事理。

[24] 致仕：交还官职，即退休。

[25] 义训：对字义、词义的解释。

[26] 布下：颁行天下。

[27] 太子谕德：官名，掌皇太子教谕道德，唐代为正四品下。

思考与练习

1. 孔颖达身上体现出哪些士人精神？

2. 查找“以能问于不能，以多问于寡，有若无，实若虚”的出处，仔细体会其中深意。

3.《新唐书》和《旧唐书》有什么不同？请查阅相关文献，任选一个角度简要谈谈。

辛弃疾传（节选）

辛弃疾，字幼安，齐之历城人。……金主亮死[1]，中原豪杰并起。耿京聚兵山东[2]，称天平节度使，节制山东、河北忠义军马，弃疾为掌书记，即劝京决策南向。僧义端者，喜谈兵，弃疾间与之游。及在京军中，义端亦聚众千余，说下之，使隶京[3]。义端一夕窃印以逃，京大怒，欲杀弃疾。弃疾曰："丐我三日期，不获，就死未晚。"揣僧必以虚实奔告金帅，急追获至。义端曰："我识君真相，乃青兕也[4]，力能杀人，幸勿杀我。"弃疾斩其首归报，京益壮之[5]。

绍兴三十二年，京令弃疾奉表归宋，高宗劳师建康，召见，嘉纳之，授承务郎、天平军节度掌书记，并以节使印告召京。会张安国、邵进已杀京降金，弃疾还至海州，与众谋曰："我缘主帅来归朝，不期事变，何以复命？"乃约统制王世隆及忠义人马全福等径趋金营，安国方与金将酣饮，即众中缚之以归，金将追之不及。献俘行在[6]，斩安国于市。仍授前官，改差江阴佥判。弃疾时年二十三。

……

弃疾豪爽尚气节，识拔英俊，所交多海内知名士。尝跋绍兴间诏书曰[7]："使此诏出于绍兴之前，可以无事仇之大耻；使此诏行于隆兴之后，可以卒不世之大功[8]。今此诏与仇敌俱存也，悲夫！"人服其警切。……尝谓："人生在勤，当以力田为先。北方之人，养生之具不求于人[9]，是以无甚富甚贫之家。南方多末作以病农[10]，而兼并之患兴，贫富斯不侔矣[11]。"故以"稼"名轩。为大理卿时，同僚吴交如死，无棺敛，弃疾叹曰："身为列卿而贫若此，是廉介之士也[12]！"既厚赙之[13]，复言于执政[14]，诏赐银绢。

弃疾尝同朱熹游武夷山[15]，赋《九曲棹歌》，熹书"克己复礼""夙兴夜寐"题其二斋室[16]。熹殁，伪学禁方严，门生故旧至无送葬者。弃疾为文往哭之曰："所不朽者，垂万世名。孰谓公死，凛凛犹生！"弃疾雅善长短句，悲壮激烈，有《稼轩集》行世。

选自《宋史》，〔元〕脱脱等撰，中华书局1985年版

题解

元朝至正三年（1343）起，由丞相脱脱和阿鲁图先后主持修撰《宋史》。全书共四百九十六卷，大多利用旧有宋朝国史编撰而成，保存了大量重要史

料。是二十四史中篇幅最庞大的一部，史料丰富，叙事详尽。

本文录自《宋史·辛弃疾传》，以简约生动的记述展现了辛弃疾有勇有谋、忠心报国、慷慨悲壮的传奇人生。

注释

［1］亮：完颜亮，金朝第四位皇帝。

［2］耿京：南宋抗金起义军首领，山东济南人。

［3］隶：从属。

［4］兕（sì）：古代犀牛类兽名。一角，青色，重千斤。

［5］壮之：以之为壮；赞赏。

［6］行在：天子巡行所在之处。

［7］跋：文体的一种，写在书籍、文章或书画作品的后面。

［8］卒：完成，成就。

［9］养生之具：维持生计的工具、器具。

［10］末作：此处指经商。病：损害。

［11］侔（móu）：相等。

［12］廉介：清廉耿介。

［13］赙（fù）：拿钱财帮助别人办理丧事。

［14］执政：宋代宰相以外的部分官职的通称。

［15］朱熹：南宋理学家。祖籍徽州婺源（今属江西），生于南剑州尤溪（今属福建）。晚年遭遇庆元党禁，被列为“伪学魁首”。

［16］克己复礼：语出《论语·颜渊》：“克己复礼为仁。”夙兴夜寐：语出《诗经·卫风·氓》：“夙兴夜寐，靡有朝矣。”

思考与练习

1. 从辛弃疾的生平经历和思想的角度谈谈你对其词作风格的理解。

2. 辛弃疾出身行伍，以武起事，以文为业，最终成为一流作家，贯穿其一生事业和创作的内在动力是什么？

张顺张贵传

张顺，民兵部将也。襄阳受围五年[1]，宋闯知其西北一水曰清泥河[2]，源于均、房[3]，即其地造轻舟百艘，以三舟联为一舫，中一舟装载，左右舟则虚其底而掩覆之[4]。出重赏募死士，得三千。求将，得顺与张贵。俗呼顺曰“矮张”，贵曰“竹园张”，俱智勇，素为诸将所服，俾为都统[5]。出令曰：“此行有死而已，汝辈或非本心，宜亟去，毋败吾事”。人人感奋。

汉水方生，发舟百艘，稍进团山下。越二日，进高头港口，结方陈[6]，各船置火枪、火炮、炽炭、巨斧、劲弩。夜漏下三刻，起矴出江[7]，以红镫为识[8]。贵先登，顺殿之，乘风破浪，径犯重围。至磨洪滩以上，北军舟师布满江面，无隙可入。众乘锐凡断铁絙攒杙数百[9]，转战百二十里，黎明抵襄城下。城中久绝援，闻救至，踊跃气百倍。及收军，独失顺。越数日，有浮尸溯流而上，被介胄[10]，执弓矢，直抵浮梁[11]，视之顺也，身中四枪六箭，怒气勃勃如生。诸军惊以为神，结冢敛葬，立庙祀之。

张贵既抵襄，襄帅吕文焕力留共守。贵恃其骁勇，欲还郢[12]，乃募二士能伏水中数日不食，使持蜡书赴郢求援。北兵增守益密，水路连锁数十里，列撒星桩[13]，虽鱼虾不得度。二人遇桩即锯断之，竟达郢，还报，许发兵五千驻龙尾洲以助夹击。

刻日既定，乃别文焕东下，点视所部军，洎登舟[14]，帐前一人亡去，乃有过被挞者。贵惊曰：“吾事泄矣，亟行，彼或未及知。”复不能衔枚隐迹，乃举炮鼓噪发舟，乘夜顺流断絙破围冒进，众皆辟易。既出险地，夜半天黑，至小新城，大兵邀击，以死拒战。沿岸束荻列炬，火光烛天如白昼。至勾林滩，渐近龙尾洲，遥望军船旗帜纷披，贵军喜跃，举流星火示之[15]，军船见火即前迎，及势近欲合，则来舟皆北兵也。盖郢兵前二日以风水惊疑，退屯三十里，而大兵得逃卒之报，据龙尾洲以逸待劳。贵战已困，出于不意，杀伤殆尽，身被数十枪，力不支见执，卒不屈，死之。乃命降卒四人舁尸至襄[16]，令于城下曰：“识矮张乎？此是也。”守陴者皆哭[17]，城中丧气。文焕斩四卒，以贵祔葬顺冢[18]，立双庙祀之。

选自《宋史》，〔元〕脱脱等撰，中华书局1985年版

题解

本文录自《宋史·忠义列传》。记叙智勇兼备的民兵将领张顺、张贵在援襄之战中英勇杀敌、壮烈牺牲的事迹，显示出南宋人民保家卫国、视死如归的崇高精神。文章叙事清楚，笔力雄健，重点突出，严谨精当，在表现“二张”奋勇作战的英雄气魄方面尤为精彩。

注释

［1］襄阳受围五年：宋理宗宝祐五年（1257），元军围攻襄阳，至咸淳九年（1273），吕文焕以襄阳降元。张顺、张贵救襄阳，在咸淳八年（1272），距城破仅一年。

［2］闯：窥探。

［3］均：今湖北丹江口。房：今湖北房县。

［4］虚其底：船底凿空以作诱饵，敌人上船则落水。

［5］俾（bǐ）：使。都统：官名。

［6］陈：同“阵”。

［7］矴（dìng）：船停泊时使船身固定的大石。

［8］镫：同“灯”。

［9］絙（gēng）：粗绳。攒：折。杙（yì）：木棍。

［10］介胄：盔甲。

［11］浮梁：浮桥。

［12］郢：新郢，今湖北江陵附近，在汉水之南。

［13］撒星桩：水道上错综密布的桩头。

［14］洎：及，到。

［15］流星火：军中用以互通信号的烽火。

［16］舁（yú）：抬。

［17］陴（pí）：城墙上的矮墙。

［18］祔葬：合葬。

思考与练习

1. 本文在刻画“二张”英勇气概方面有哪些手法特点？

2. 谈谈本文语言精练的特色是如何体现的。

戚继光传（节选）

戚继光，字元敬，世登州卫指挥佥事[1]。父景通，历官都指挥，署大宁都司[2]，入为神机坐营，有操行。继光幼倜傥负奇气。家贫，好读书，通经史大义。嘉靖中嗣职[3]，用荐擢署都指挥佥事[4]，备倭山东。改佥浙江都司，充参将[5]，分部宁、绍、台三郡。

三十六年，倭犯乐清、瑞安、临海，继光援不及，以道阻不罪。寻会俞大猷兵[6]，围汪直余党于岑港[7]。久不克，坐免官，戴罪办贼。已而倭遁，他倭复焚掠台州。给事中罗嘉宾等劾继光无功，且通番。方按问[8]，旋以平汪直功复官，改守台、金、严三郡。

继光至浙时，见卫所军不习战，而金华、义乌俗称剽悍，请召募三千人，教以击刺法，长短兵迭用，由是继光一军特精。又以南方多薮泽，不利驰逐，乃因地形制阵法，审步伐便利，一切战舰、火器、兵械，精求而更置之。“戚家军”名闻天下。

四十年，倭大掠桃渚、圻头。继光急趋宁海，扼桃渚[9]，败之龙山，追至雁门岭。贼遁去，乘虚袭台州。继光手歼其魁[10]，蹙余贼瓜陵江尽死[11]。而圻头倭复趋台州，继光邀击之仙居，道无脱者，先后九战皆捷，俘馘一千有奇[12]，焚溺死者无算。总兵官卢镗、参将牛天锡又破贼宁波、温州。浙东平，继光进秩三等[13]。闽、广贼流入江西。总督胡宗宪檄继光援[14]。击破之上坊巢，贼奔建宁。继光还浙江。

明年，倭大举犯福建。自温州来者，合福宁、连江诸倭攻陷寿宁、政和、宁德。自广东南澳来者，合福清、长乐诸倭攻陷玄钟所，延及龙岩、松溪、大田、古田、莆田。是时宁德已屡陷。距城十里有横屿，四面皆水路险隘，贼结大营其中。官军不敢击，相守逾年。其新至者营牛田[15]，而酋长营兴化，东南互为声援。闽中连告急，京宪复檄继光剿之。先击横屿贼。人持草一束，填壕进，大破其巢，斩首二千六百。乘胜至福清，捣败牛田贼，覆其巢[16]，余贼走兴化。急追之，夜四鼓抵贼栅[17]。连克六十营，斩首千数百级。平明入城，兴化人始知，牛酒劳不绝[18]。继光乃旋师。抵福清，遇倭自东营澳登陆，击斩二百人。而刘显亦屡破贼，闽宿寇几尽。于是继光至福州饮至，勒石平远台[19]。

选自《明史》，〔清〕张廷玉等撰，中华书局1974年版

题解

《明史》是一部纪传体断代史，为二十四史中的最后一部，共三百三十二卷。记载了自明太祖朱元璋洪武元年（1368）至明思宗朱由检崇祯十七年（1644）共二百七十六年的历史。《明史》是我国官修史书中编纂时间最长的一部，从康熙十八年（1679）正式开始编纂至最终呈稿止，历时六十年之久。以编纂得体、材料翔实、叙事稳妥、行文简洁为史家所称道，赵翼在《廿二史札记》中说："近代诸史，自欧阳公《五代史》外，《辽史》简略，《宋史》繁芜，《元史》草率，惟《金史》行文雅洁，叙事简括，稍为可观，然未有如《明史》之完善者。"

本文录自《明史·戚继光传》。文章将戚继光与俞大猷等将领十多年联手抗击倭寇、确保沿海人民生命财产安全的英雄事迹，以真实客观、简洁具体的手法展现出来，多用短句、叙述冷静；而战斗的紧张、胜利的喜悦于字里行间隐然自见。

注释

[1] 世：世袭。

[2] 署：代理，暂任。

[3] 嗣：继承，承续。

[4] 用：表原因。荐：推荐。擢：提拔。

[5] 充：充任。

[6] 俞大猷：明代抗倭名将，福建晋江人。

[7] 汪直：即王直。明代海盗，徽州（今安徽歙县）人。

[8] 按问：查究审问。

[9] 扼：扼守。

[10] 魁：首领。

［11］蹙：逼迫，逼。

［12］馘（guó）：战争中割取敌人的左耳以计数献功，此处指俘虏。

［13］秩：品级。

［14］胡宗宪：徽州绩溪（今属安徽）人。曾任浙江巡按御史。檄：文书，此处用作动词，指传檄。

［15］营：建营，驻扎。

［16］覆：颠覆，覆灭。

［17］栅：营栅。

［18］劳：慰劳。

［19］勒石：刻石纪功。

思考与练习

1. 了解戚继光其他相关事迹，分析“戚家军”名闻天下的原因都有哪些？

2. 戚继光《韬钤深处》有云：“封侯非我意，但愿海波平。”结合戚继光的生平谈谈你对这首诗的理解。

3. 中国近现代历史上，涌现了众多抗击外敌侵略的民族英雄。请选取一位，查阅相关的历史文献，撰写一篇关于这位英雄人物的传记。

第二章　古典小说

如果以较为严格的标准审视，魏晋南北朝时期出现的专谈神灵怪异和士人轶事的杂著类作品，可以算是中国小说的滥觞，今天分别称之为“志怪小说”和“志人小说”。志怪一类，以干宝《搜神记》为代表，志人一类则以刘义庆《世说新语》为代表。比及唐代，传奇一体，着意虚构，怪诞离奇，表现出较为成熟的小说形态。诸如沈既济《枕中记》、李公佐《南柯太守传》、蒋防《霍小玉传》、白行简《李娃传》，都是这一时期的优秀篇章，同时李复言《续玄怪录》、裴铏《传奇》、袁郊《甘泽谣》一类的传奇集也大量出现。此外，段成式《酉阳杂俎》、牛肃《纪闻》、戴孚《广异记》、张读《宣室志》等作品集，广录志怪、传奇、杂事，细大不捐，面目驳杂，而在小说史上均产生了较大影响。宋代是中华文化全面繁荣的时期，通俗文学尤盛，出现说话、说唱等文艺形式。然而由于宋人根深蒂固的文体等级观念，对此类文学样式不甚重视，故留存至今的相关文献并不算多。到了明代，长篇章回体小说名著的出现，标志中国叙事文学的发展到达鼎盛状态；拟话本形式的白话短篇小说，如“三言”“二拍”，也都达到了很高的艺术成就。清代曹雪芹的《红楼梦》，不但可以视为古典小说的最高峰，也不妨视作中国古典文学的一个总结。

鹅笼书生

〔南朝梁〕吴　均

阳羡许彦[1]，于绥安山行[2]，遇一书生，年十七八，卧路侧，云脚痛，求寄鹅笼中。彦以为戏言。书生便入笼，笼亦不更广，书生亦不更小。宛然与双鹅并坐，鹅亦不惊。彦负笼而去，都不觉重。

前行，息树下，书生乃出笼，谓彦曰：“欲为君薄设。”彦曰：“善。”乃于口中吐出一铜奁子[3]。奁子中具诸馔肴，海陆珍羞方丈[4]。其器皿皆铜物。气味香旨，世所罕见。酒数行，乃谓彦曰：“向将一妇人自随，今欲暂邀之。”彦曰：“善。”又于口中吐一女子，年可十五六，衣服绮丽，容貌殊绝，共坐宴。

俄而书生醉卧，此女谓彦曰：“虽与书生结好，而实怀外心。向亦窃将一男子同，书生既眠，暂唤之，君幸勿言。”彦曰：“善。”女子于口中吐出一男子，年可二十三四，亦颖悟可爱，仍与彦叙寒温。书生卧欲觉，女子口吐一锦行障[5]，遮书生，书生乃留女子共卧。

男子谓彦曰：“此女子虽有情，心亦不尽。向复窃将一女人同行，今欲暂见之，愿君勿泄。”彦曰：“善。”男子又于口中吐一妇人，年可二十许，共酌，戏调甚久，闻书生动声，男子曰：“二人眠已觉。”因取所吐女人，还纳口中。

须臾，书生处女子乃出，谓彦曰：“书生欲起。”更吞向男子，独对彦坐。然后书生起，谓彦曰：“暂眠遂久，君独坐，当悒悒邪[6]？日又晚，便与君别。”遂吞此女子，诸器皿悉纳口中。留大铜盘，可二尺广，与彦别曰：“无以藉君[7]，与君相忆也。”

彦大元中为兰台令史[8]，以盘饷侍中张散[9]。散看其铭题，云是永平三年作[10]。

选自《古代短篇小说荟萃》，上海古籍出版社1997年版

题解

志怪小说主要记述神仙方术、鬼魅妖怪、殊方异物、佛法灵异等，在六朝三百余年间，大约产生了数十部作品集，较为著名的如干宝《搜神记》、刘义庆《幽明录》等。

本文出自吴均的志怪小说集《续齐谐记》。这则故事情节曲折，想象奇特，大概受了佛经的影响。《旧杂譬喻经》：“……梵志独行来，入水池浴，出饭食，作术吐出一壶。壶中有女人，与于屏处作家室，梵志遂得卧。女人则复作术，吐出一壶，壶中有年少男子，复与共卧。已便吞壶。须臾梵志起，复内妇著壶中。吞之已，作杖而去。”唐人段成式认为，吴均必是看过这则故事，在此基础上添枝加叶改编而成。

吴均（469—520），南朝梁文学家，字叔庠，吴兴故鄣（今浙江安吉）人。

注释

［1］阳羡：地名，今江苏宜兴。

［2］绥安：地名，在今宜兴西南。

［3］奁子：盛放东西的箱盒之类。

［4］珍羞：珍贵精美的食物。羞：同“馐”。

［5］行障：屏风。

［6］悒悒：愁闷不乐。

［7］藉：献。

［8］大：同“太”。太元：晋孝武帝司马曜年号。兰台令史：官名。兰台是汉代宫内藏图书的地方，兰台令史掌书奏。

［9］侍中：官名，侍从皇帝左右。

［10］永平：汉明帝刘庄年号。

思考与练习

1. 秉持现代小说观念，在小说文体的“人物形象”“故事情节”“环境描写”三要素中，你认为本篇小说在哪一要素上表现最为突出？请再举出在另两要素上表现突出的小说并简要阐释。

2. 鲁迅《中国小说史略》谈到这篇小说，认为它除了受到《旧杂譬喻经》影响之外，“复有他经为本”。请阅读鲁迅该篇论述，并查阅相关文献，对此问题深入探究。

3. 拓展阅读干宝《搜神记·三王墓》、刘义庆《幽明录·刘晨阮肇》。

《世说新语》三则

〔南朝宋〕刘义庆

东床坦腹

郗太傅在京口[1]，遣门生与王丞相书[2]，求女婿。丞相语郗信：“君往东厢，任意选之。”门生归，白郗曰：“王家诸郎，亦皆可嘉，闻来觅婿，咸自矜持[3]。唯有一郎，在床上坦腹卧，如不闻。”郗公云：“正此好！”访之，乃是逸少[4]，因嫁女与焉。

情之所钟

王戎丧儿万子[5]，山简往省之[6]，王悲不自胜。简曰：“孩抱中物，何至于此？”王曰：“圣人忘情，最下不及情[7]；情之所钟，正在我辈。”简服其言，更为之恸。

刘伶病酒[8]

刘伶病酒，渴甚，从妇求酒。妇捐酒毁器，涕泣谏曰：“君饮太过，非摄生之道[9]，必宜断之！”伶曰：“甚善。我不能自禁，唯当祝鬼神，自誓断之耳。便可具酒肉。”妇曰：“敬闻命。”供酒肉于神前，请伶祝誓。伶跪而祝曰：“天生刘伶，以酒为名，一饮一斛，五斗解酲[10]。妇人之言，慎不可听！”便引酒进肉，隗然已醉矣[11]。

选自《世说新语笺疏》，余嘉锡笺疏，周祖谟、余淑宜、周士琦整理，中华书局2007年版

题解

志人小说，如其字面之意，是记录士人日常生活中的轶闻琐事、言谈举止的小说。今之读者，可以从中窥见当时社会政治状况和人物风貌。这一类小说在南朝较为流行，以刘义庆《世说新语》为集大成之作。

《世说新语》全书共分德行、言语、政事、文学等三十六门，主要记载东汉后期到晋宋之际的名士之言行风貌。在日常生活点点滴滴的记录中，自然而然地见出人物高尚的品行、脱俗的气质、超逸的精神、机智的谈吐，他们或豪爽放达，或忿狷轻躁，大俗大雅，调笑嘲谑，各各不同而仪态万方。全书出以随笔，长于用短句，语言精练，见微知著，有很高的文学价值，对后世士大夫文化也产生了极其深刻的影响。原书各则记录无题，此三则标题为编者所加。

刘义庆（403—444），南朝宋彭城（今江苏徐州）人，袭封临川王。通常认为他就是《世说新语》的作者。鲁迅指出，刘义庆喜聚文学之士，近远

必至，则《世说新语》一书，或成于众手。

注释

［1］郗太傅：郗鉴，博览群书，以儒雅著称，官至太尉。京口：今江苏镇江。

［2］门生：门下供役使之人。王丞相：王导，少有识量，才智过人，历事晋元帝、明帝、成帝，出将入相，位极人臣。

［3］矜持：此处指拘谨，故作庄严的样子。

［4］逸少：王羲之，字逸少，王导侄。

［5］王戎："竹林七贤"之一，晋惠帝时官至尚书令、司徒。为人悭吝好货，积财无数，为时议所讥。

［6］山简：名士山涛之子，温雅有父风，晋怀帝时官至尚书左仆射。省：看望。

［7］最下：指最愚笨之人。

［8］刘伶："竹林七贤"之一，纵酒放达，著有《酒德颂》。

［9］摄生：养生。

［10］解酲：解酒病。酲（chéng）：醉酒后神志不清的状态。

［11］隗：倒下，倾颓。

思考与练习

1. "东床坦腹"这则故事里，郗鉴最终选择王羲之为婿，他的择人标准是什么？请结合历史文化背景谈谈你的理解。

2. 王戎说："圣人忘情，最下不及情；情之所钟，正在我辈。"这句话内涵非常丰富，请谈谈你的理解。

3. 德国哲学家尼采在《悲剧的诞生》一书中提出"狄奥尼索斯精神"，即"酒神精神"：那是一个醉狂的世界，人沉酣于其间，狂歌醉舞，在酩酊大醉中忘却生命之痛苦，感受到灵魂之欢悦，最终使人之主观消失在完全的自我忘却之中（朱立元《艺术美学辞典》）。刘伶之放纵醉酒的行为，与此"酒神精神"有何异同？请结合历史文化背景谈谈你的理解。

《酉阳杂俎》四则

〔唐〕段成式

蜘蛛精

元和中，苏湛游蓬鹊山[1]，裹粮钻火，境无遗址。忽谓妻曰：“我行山中，睹倒崖有光如镜[2]，必灵境也[3]。明日将投之，今与卿诀。”妻子号泣，止之不得。及明遂行，妻子领奴婢潜随之。入山数十里，遥望岩有白光，圆明径丈。苏遂逼之，才及其光，长叫一声。妻儿遽前救之，身如茧矣。有蜘蛛，黑色，大如钴鉧[4]，走集岩下。奴以利刃决其网，方断，苏已脑陷而死。妻乃积薪烧其崖，臭满一山中。

叶限[5]

南人相传，秦汉前有洞主吴氏[6]，土人呼为吴洞，娶两妻。一妻卒，有女名叶限，少惠，善陶钧[7]，父爱之。末岁父卒，为后母所苦，常令樵险汲深。时尝得一鳞，二寸余，赪鬐金目[8]，遂潜养于盆水。日日长，易数器，大不能受，乃投于后池中。女所得余食，辄沉以食之。女至池，鱼必露首枕岸，他人至，不复出。其母知之，每伺之，鱼未尝见也。因诈女曰：“尔无劳乎？吾为尔新其襦[9]。”乃易其弊衣。后令汲于他泉，计里数里也。母徐衣其女衣，袖利刃，行向池呼鱼，鱼即出首，因斤杀之[10]。鱼已长丈余，膳其肉，味倍常鱼，藏其骨于郁栖之下[11]。逾日，女至向池，不复见鱼矣，乃哭于野。忽有人披发粗衣，自天而降，慰女曰：“尔无哭，尔母杀尔鱼矣，骨在粪下。尔归，可取鱼骨藏于室，所须第祈之[12]，当随尔也。”女用其言，金玑衣食，随欲而具。及洞节[13]，母往，令女守庭果。女伺母行远，亦往，衣翠纺上衣，蹑金履。母所生女认之，谓母曰：“此甚似姊也。”母亦疑之。女觉，遽反，遂遗一只履，为洞人所得。母归，但见女抱庭树眠，亦不之虑。其洞邻海岛，岛中有国名陀汗，兵强，王数十岛，水界数千里。洞人遂货其履于陀汗国，国主得之，命其左右履之，足小者，履减一寸。乃令一国妇人履之，竟无一称者。其轻如毛，履石无声。陀汗王意其洞人以非道得之，遂禁锢而拷掠之[14]，竟不知所从来。乃以是履弃之于道旁，即遍历人家捕之，若有女履者，捕之以告。陀汗王怪之，乃搜其室，得叶限，令履之而信。叶限因衣翠纺衣，蹑履而进，色若天人也[15]。始具事于王，载鱼骨与叶限俱还国。其母及女即为飞石击死，洞人哀之，埋于石坑，命曰懊女冢。洞人以为媒祀[16]，求女必应。陀汗王至国，以叶限为上妇。一年，王贪求，祈于鱼骨宝玉无限。逾年，不复应。王乃葬鱼骨于海岸，用珠百斛藏之，以金为际。至征卒叛时，将发以赡军。一夕，为海潮所沦。成式旧家人李士元所说。士元本邕州洞中人[17]，多记得南中怪事。

髑髅鬼[18]

元和中[19]，国子监学生周乙者[20]，常夜习业，忽见一小鬼，髑髅头，长二尺余，满头碎光如星，眨眨可恶[21]。戏灯弄砚，纷搏不止。学生素有胆，叱之，稍却，复傍书案。因伺其所为，渐逼近，乙因擒之。踞坐求哀[22]，辞颇苦切。天将晓，觉如物折声，视之，乃弊木杓也，其上粘粟百余粒。

王申

贞元中，望苑驿西有百姓王申[23]，手植榆于路傍成林，构茅屋数椽。夏月，常馈浆水于行人，官者即延憩具茗。有儿年十三，每令伺客。忽一日，白其父："路有女子求水。"因令呼入。女少年，衣碧襦白幅巾，自言："家在此南十余里，夫死无儿，今服禫矣[24]，将适马嵬访亲情[25]，丐衣食[26]。"言语明悟，举止可爱。王申乃留饭之，谓曰："今日暮，夜可宿此，达明去也。"女亦欣然从之。其妻遂纳之后堂，呼之为妹。倩其成衣数事，自午至戌悉办。针缀细密，殆非人工。王申大惊异，妻犹爱之，乃戏曰："妹既无极亲，能为我家作新妇子乎[27]？"女笑曰："身既无托，愿执粗井灶。"王申即日赁衣贯酒礼[28]，纳为新妇。其夕暑热，戒其夫："近多盗，不可辟门。"即举巨椽捍户而寝。及夜半，王申妻梦其子披发诉曰："被食将尽矣。"惊，欲省其子。王申怒之："老人得好新妇，喜极呓言耶！"妻还睡，复梦如初。申与妻秉烛，呼其子及新妇，悉不复应。启其户，户牢如键[29]，乃坏门阖[30]，才开，有物圆目凿齿[31]，体如蓝色，冲人而去，其子唯余脑骨及发而已。

选自《酉阳杂俎》，张仲裁译注，中华书局2017年版

题解

《酉阳杂俎》是一部志怪传奇杂事集。全书分为前集二十卷，续集十卷，分门辑事，所记自天文地理、文学史志、仙佛鬼怪、人事以至动物、植物、酒食、医药等，天覆地载，无奇不有。历代以来蜚声士林，流播甚广，清代《四库全书总目》评价甚高，誉其“自唐以来，推为小说之翘楚”。所选四则故事，出自前集《诺皋记上》、续集《支诺皋上》《支诺皋中》，原书各则故事无题，此四则标题为编者所加；“诺皋”之义众说不一，而其中所录诸篇，写鬼写妖，神奇怪异，变幻莫测，相比六朝志怪小说更高一筹。后来的明清小说名著《西游记》《聊斋志异》等，都受到了《酉阳杂俎》的影响。

段成式（约803—863），字柯古，临淄（今山东淄博临淄区北）人。出身名门望族，学问博洽，其文章与李商隐、温庭筠齐名，因三人皆排行十六，故所作并称“三十六体”。

注释

[1] 蓬鹊山：在今河北内丘。相传扁鹊同虢太子曾到此山采药。

[2] 倒崖：上面凸出下面凹入的悬崖。

[3] 灵境：仙境。

[4] 钴鉧（gǔmǔ）：熨斗。

[5] 叶限：据杨宪益《中国的扫灰娘故事》考证，这篇故事显然是西方的扫灰娘故事。段成式是九世纪人，可见这段故事至迟在九世纪已传入中国了。

[6] 洞：古代南方族群部落单位。

[7] 陶钧：制作陶器。

[8] 赪（chēng）：红色。

[9] 襦：短衣。

[10] 斤：斧头。

[11] 郁栖：粪土。

[12] 第：只管。

[13] 洞节：洞人的节日。

［14］拷掠：拷问。

［15］天人：天仙。

［16］媒祀：即“禖祀”，求子的祭祀。禖，求子所祭之神。

［17］邕州：今广西南宁。

［18］鬅鬙（péngsēng）：头发散乱的样子。

［19］元和：唐宪宗李纯年号。

［20］国子监：古代的教育管理机构和最高学府。隋炀帝时始置。唐宋时，以国子监总辖国子、太学、四门等学。

［21］眨眨：一闪一闪。

［22］踞坐：以臀部压在脚跟上的一种跪坐姿势。

［23］望苑驿：驿站名。在今陕西兴平西。

［24］服禫（dàn）：服丧期满。禫：除孝服时举行的祭仪。

［25］马嵬：马嵬驿，在今陕西兴平西。

［26］丐：求。

［27］新妇子：儿媳。

［28］贳（shì）：赊。

［29］键：门闩。

［30］阖：门扇。

［31］凿齿：齿长如凿。凿：木工工具。

思考与练习

1.《酉阳杂俎》这个书名非常特别，它究竟是什么意思？请查阅相关文献，给出具体的解释。

2. 注释［5］提到，杨宪益认为《叶限》这篇故事显然是西方的扫灰娘（灰姑娘）故事。关于这个问题，相关研究成果颇为丰富。请查阅相关文献，尝试探究灰姑娘故事的起源和传播情况。

3. 拓展阅读《西游记》第七十二回、《聊斋志异·画皮》。

陨大星汉丞相归天[1]（节选）

〔明〕罗贯中

姜维入帐[2]，直至孔明榻前问安。孔明曰："吾本欲竭忠尽力，恢复中原，重兴汉室；奈天意如此，吾旦夕将死。吾平生所学，已著书二十四篇，计十万四千一百一十二字，内有八务、七戒、六恐、五惧之法。吾遍观诸将，无人可授，独汝可传我书。切勿轻忽！"维哭拜而受。孔明又曰："吾有'连弩'之法，不曾用得。其法矢长八寸，一弩可发十矢，皆画成图本。汝可依法造用。"维亦拜受。孔明又曰："蜀中诸道，皆不必多忧；惟阴平之地[3]，切须仔细。此地虽险峻，久必有失。"又唤马岱入帐[4]，附耳低言，授以密计；嘱曰："我死之后，汝可依计行之。"岱领计而出。少顷，杨仪入[5]。孔明唤至榻前，授与一锦囊，密嘱曰："我死，魏延必反[6]；待其反时，汝与临阵，方开此囊。那时自有斩魏延之人也。"孔明一一调度已毕，便昏然而倒，至晚方苏，便连夜表奏后主[7]。后主闻奏大惊，急命尚书李福，星夜至军中问安，兼询后事。李福领命，趱程赴五丈原[8]，入见孔明，传后主之命，问安毕。孔明流涕曰："吾不幸中道丧亡，虚废国家大事，得罪于天下。我死后，公等宜竭忠辅主。国家旧制，不可改易；吾所用之人，亦不可轻废。吾兵法皆授与姜维，他自能继吾之志，为国家出力。吾命已在旦夕，当即有遗表上奏天子也。"李福领了言语，匆匆辞去。

孔明强支病体，令左右扶上小车，出寨遍观各营；自觉秋风吹面，彻骨生寒，乃长叹曰："再不能临阵讨贼矣！悠悠苍天，曷此其极[9]！"叹息良久。回到帐中，病转沉重，乃唤杨仪分付曰："王平、廖化、张嶷、张翼、吴懿等，皆忠义之士，久经战阵，多负勤劳，堪可委用。我死之后，凡事俱依旧法而行。缓缓退兵，不可急骤。汝深通谋略，不必多嘱。姜伯约智勇足备，可以断后。"杨仪泣拜受命。孔明令取文房四宝，于卧榻上手书遗表[10]，以达后主。表略曰：

伏闻生死有常，难逃定数；死之将至，愿尽愚忠：臣亮赋性愚拙，遭时艰难，分符拥节[11]，专掌钧衡[12]，兴师北伐，未获成功；何期病入膏肓，命垂旦夕，不及终事陛下，饮恨无穷！伏愿陛下：清心寡欲，约己爱民；达孝道于先皇，布仁恩于宇下；提拔幽隐，以进贤良；屏斥奸邪，以厚风俗。

臣家成都，有桑八百株，薄田十五顷，子弟衣食，自有余饶。至于臣在外任，别无调度，随身衣食，悉仰于官，不别治生，以长尺寸。臣死之日，不使内有余帛，外有赢财[13]，以负陛下也。

孔明写毕，又嘱杨仪曰："吾死之后，不可发丧。可作一大龛，将吾尸坐于龛中；以米七粒，放吾口内；脚下用明灯一盏；军中安静如常，切勿举哀：则将星不坠。吾阴魂更自起镇之。司马懿见将星不坠[14]，必然惊疑。吾军可令后寨先行，然后一营一营缓缓而退。若司马懿来追，汝可布成阵势，回旗返鼓。等他来到，却将我先时所雕木像，安于车上，推出军前，令大小将士，分列左右。懿见之必惊走矣。"杨仪一一领诺。是夜，孔明令人扶出，仰观北斗，遥指一星曰："此吾之将星也。"众视之，见其色昏暗，摇摇欲坠。孔明以剑指之，口中念咒。咒毕急回帐时，不省人事。众将正慌乱间，忽尚书李福又至；见孔明昏绝，口不能言，乃大哭曰："我误国家之大事也！"须臾，孔明复醒，开目遍视，见李福立于榻前。孔明曰："吾已知公复来之意。"福谢曰："福奉天子命，问丞相百年后，谁可任大事者。适因匆遽，失于谘请，故复来耳。"孔明曰："吾死之后，可任大事者：蒋公琰其宜也[15]。"福曰："公琰之后，谁可继之？"孔明曰："费文伟可继之[16]。"福又问："文伟之后，谁当继者？"孔明不答。众将近前视之，已薨矣。时建兴十二年秋八月二十三日也[17]，寿五十四岁。

……

是夜，天愁地惨，月色无光，孔明奄然归天。姜维、杨仪遵孔明遗命，不敢举哀，依法成殓，安置龛中，令心腹将卒三百人守护；随传密令，使魏延断后，各处营寨一一退去。

选自《三国演义》，人民文学出版社1973年版

题解

所谓"演义"，是古代小说的一种体裁，它根据史传或传说，敷演成长篇章回体小说。《三国演义》脱胎于正史《三国志》，"七分事实，三分虚构"，投合了大众读者的阅读趣味，获得了极大成功，促进了历史演义的发展。它继承和改造了宋元话本的艺术形式，确立了长篇小说的章回体制，对后世通俗小说影响极大。其叙事成就主要体现在对战争及相关智谋的描写。

胡适《〈三国志演义〉序》批评《三国演义》“拘守历史的故事太严，而想象力太少，创造力太薄弱”，不过他又强调说，“《三国演义》究竟是一部绝好的通俗历史，在几千年的通俗教育史上，没有一部书比得上他的魔力。五百年来，无数的失学国民从这部书里得着了无数的常识与智慧”。

本文节选部分，是诸葛亮出师不利、星殒五丈原的情节，整体具有深沉厚重的历史悲剧意蕴，而其中关于诸葛亮的诸多细节描写，却正应了鲁迅《中国小说史略》对《三国演义》的评价：“至于写人，亦颇有失，以致欲显刘备之长厚而似伪，状诸葛之多智而近妖。”

罗贯中（约1330—约1400），元末明初文学家，名本，号湖海散人，太原（今属山西）人。

注释

［1］本文节选自《三国演义》第一百零四回，原回目为“陨大星汉丞相归天　见木像魏都督丧胆”。陨：陨落，坠落。汉丞相：诸葛亮，字孔明，琅邪阳都（今山东沂南）人。隐居隆中，刘备三顾茅庐，遂为刘备辅佐筹划，成三国鼎立之势。蜀汉建立，为丞相。刘备死后，辅佐后主刘禅，多次北伐，志在恢复，后卒于军中。

［2］姜维：字伯约，蜀汉名将。

［3］阴平：阴平道，自今甘肃文县经四川平武而入蜀的险道。后来邓艾果然率军偷渡阴平至成都，灭亡蜀汉。

［4］马岱：蜀汉名将。

［5］杨仪：字威公，蜀汉大臣。

［6］魏延：字文长，蜀汉名将。

［7］后主：蜀汉后主刘禅，刘备之子，字公嗣，小字阿斗，继位后由丞相诸葛亮辅政。蜀汉亡，至洛阳，封安乐公。

［8］五丈原：在今陕西岐山南，渭水南岸。

［9］曷此其极：语出《诗经·唐风·鸨羽》：“悠悠苍天，曷其有极。”意谓这种痛苦何时才算完呢！

［10］遗表：大臣临终时所上奏表。

［11］分符拥节：掌握大权。符节：朝廷传达命令、征调兵将的凭证。

［12］钧衡：国政重任。

［13］羸财：多余的财物。

［14］司马懿：字仲达，受曹操父子重用，为魏国权臣。至其孙司马炎，代魏建晋，追尊他为晋宣帝。

［15］蒋公琰：蒋琬，字公琰，蜀汉名臣。

［16］费文伟：费祎，字文伟，蜀汉名臣。

［17］建兴：蜀汉后主年号。

思考与练习

1. 诸葛亮《前出师表》云："今南方已定，兵甲已足，当奖率三军，北定中原，庶竭驽钝，攘除奸凶，兴复汉室，还于旧都。此臣所以报先帝，而忠陛下之职分也。"其《后出师表》自明心迹云："臣鞠躬尽力，死而后已；至于成败利钝，非臣之明所能逆睹也。"你如何评价诸葛亮的北伐大计？并谈谈你对诸葛亮这一艺术形象及其悲剧意蕴的理解。

2. 成都武侯祠有一副对联评价诸葛亮云："能攻心则反侧自消，从古知兵非好战；不审势即宽严皆误，后来治蜀要深思。"请结合《三国志·诸葛亮传》等相关文献，谈谈你对历史人物诸葛亮的评价。

3. 晚唐诗人罗隐《筹笔驿》诗云："时来天地皆同力，运去英雄不自由。"请查阅文献，了解"筹笔驿"这一地点的来龙去脉；并谈谈对罗隐这两句诗的理解。

灌园叟晚逢仙女（节选）

〔明〕冯梦龙

就在大宋仁宗年间，江南平江府东门外长乐村中[1]。这村离城只有二里之远。村上有个老者，姓秋名先，原是庄家出身，有数亩田地，一所草房。妈妈水氏已故[2]，别无儿女。那秋先从幼酷好栽花种果，把田业都撇弃了，专于其事。若偶觅得种异花，就是拾着珍宝，也没有这般欢喜。……或遇见卖花的有株好花，不论身边有钱无钱，一定要买。……日积月累，遂成了一个大园。

……

按下散言，且说秋先每日清晨起来，扫净花底落叶，汲水逐一灌溉。到晚上又浇一番。若有一花将开，不胜欢跃。或暖壶酒儿，或烹瓯茶儿[3]，向花深深作揖，先行浇奠，口称花万岁三声，然后坐于其下，浅斟细嚼。酒酣兴到，随意歌啸。身子倦时，就以石为枕，卧在根傍。自半含至盛开，未尝暂离。如见日色烘烈，乃把棕拂蘸水沃之。遇着月夜，便连宵不寐。倘值了狂风暴雨，即披蓑顶笠，周行花间检视，遇有欹枝，以竹扶之，虽夜间，还起来巡看几次。……平昔最恨的是攀枝折朵。……生平不折一枝，不伤一蕊。就是别人家园上，他心爱着那一种花儿，宁可终日看玩。假饶那花主人要取一枝一朵来赠他，他连称罪过，决然不要。若有傍人要来折花者，只除他不看见罢了；他若见时，就把言语再三劝止。人若不从其言，他情愿低头下拜，代花乞命。人虽叫他是花痴，多有可怜他一片诚心，因而住手者。他又深深作揖称谢。又有小厮们要折花卖钱的，他便将钱与之，不教折损。或他不在时，被人折损，他来见有损处，必凄然伤感，取泥封之，谓之“医花”。为这件上，所以自己园中不轻易放人游玩。偶有亲戚邻友要看，难好回时，先将此话讲过，才放进去。

……

那老者因得了花中之趣，自少至老，五十余年，略无倦怠。筋骨愈觉强健。粗衣淡饭，悠悠自得。有得赢余，就把来周济村中贫乏。自此合村无不敬仰，又呼为秋公。他自称为灌园叟。……

话分两头。却说城中有一人姓张，名委，原是个宦家子弟；为人奸狡诡谲，残忍刻薄，恃了势力，专一欺邻吓舍，扎害良善。触着他的，风波立至，必要弄得那人破家荡产，方才罢手。手下用一班如狼似虎的奴仆，又有几个助恶的无赖子弟，日夜合做一块，到处闯祸生灾，受其害者无数。不想却遇了一个又狠似他的，轻轻捉去，打得个臭死。及至告到官司，又被那人弄了些手脚，反问输了。因妆了幌子，自觉无颜，带了四五个家人，同那一班恶少，暂在庄上遣闷。那庄正在长乐村中，离秋公家不远。一日早饭后，吃得半酣光景，向村中闲走，不觉来到秋公门首。只见篱上花枝鲜媚，四周树木繁翳[4]，齐道：“这所在到也幽雅，是那家的？”家人道：“此是种花秋公园上，有名叫做花痴。”张委道：“我常闻得说庄边有什么秋老儿，种得异样好花，原来就住在此。我们何不进去看看？”家人道：“这老儿有些古怪，不许人看的。”张委道：“别人或者不肯，难道我也是这般？快去敲门！”那时园中牡丹盛开，秋公刚刚浇灌完了，正将着一壶酒儿，两碟果品，在花下独酌，自取其乐。饮不上三杯，只听得闸闸的敲门响，放下酒杯，走出来开门一看，见站着五六个人，酒气直冲。秋公料道必是要看花的，便拦住门口问道：“列位有甚事到此？”张委道：“你这老儿不认得我么？我乃城里有名的张衙内[5]。那边张家庄便是我家的。闻得你园中好花甚多，特来游玩。”秋公道：“告衙内，老汉也没种甚好花，不过是桃杏之类，都已谢了，如今并没别样花卉。”张委睁起双眼道：“这老儿恁般可恶！看看花儿打甚紧，却便回我没有！难道吃了你的？”秋公道：“不是老汉说谎，果然没有。”张委那里肯听，向前叉开手，当胸一掓[6]，秋公站立不牢，踉踉跄跄，直撞过半边。众人一齐拥进。秋公见势头凶恶，只得让他进去，把篱门掩上，随着进来，向花下取过酒果，站在旁边。众人看那四边花草甚多，惟有牡丹最盛。那花不是寻常玉楼春之类，乃五种有名异品。那五种？

黄楼子　绿蝴蝶　西瓜瓤　舞青猊　大红狮头

……

那花正种在草堂对面，周遭以湖石拦之，四边竖个木架子，上覆布幔，遮蔽日色。花木高有丈许，最低亦有六七尺。其花大如丹盘，五色灿烂，光华夺目。众人齐赞：“好花！”张委便踏上湖石去嗅那香气。秋先极怪的是这节。乃道：“衙内站远些看，莫要上去。”张委恼他不容进来，心下正要寻事，又听了这话，喝道：“你那老儿住在我庄边，难道不晓得张衙内名头么？有恁样好花，故意回说没有。不计较就够了，还要多言！那见得闻一闻就坏了花？你便这般说，我偏要闻！”遂把花逐朵攀下来，一个鼻子凑在花上去嗅。那秋老在傍，气得敢怒而不敢言。也还道略看一会就去；谁知这厮故意卖弄道：“有恁样好花，如何空过？须把酒来赏玩。”分付家人快去取。秋公见要取酒来赏，更加烦恼，向前道：“所在蜗窄，没有坐处。衙内只看看花儿，酒还到贵庄上去吃。”张委指着地上道：“这地下尽好坐。”秋公道：“地上龌龊，衙内如何坐得？”张委道：“不打紧，少不得有毡条遮衬。”不一时，酒肴取到，铺下毡条。众人团团围坐，猜拳行令，大呼小叫，十分得意。只有秋公骨笃了嘴，坐在一边。

那张委看见花木茂盛，就起个不良之念，思想要吞占他的。斜着醉眼，向秋公道："看你这蠢老儿不出，倒会种花，却也可取，赏你一杯酒。"秋公那里有好气答他，气忿忿的道："老汉天性不会饮酒。衙内自请。"张委又道："你这园可卖么？"秋公见口声来得不好，老大惊讶，答道："这园是老汉的性命，如何舍得卖？"张委道："什么性命不性命！卖与我罢了。你若没去处，一发连身归在我家，又不要做别事，单单替我种些花木，可不好么？"众人齐道："你这老儿好造化，难得衙内恁般看顾，还不快些谢恩？"秋公看见逐步欺负上来，一发气得手足麻软，也不去睬他。张委道："这老儿可恶！肯不肯，如何不答应我？"秋公道："说过不卖了，怎的只管问？"张委道："放屁！你若再说句不卖，就写帖儿，送到县里去！"秋公气不过，欲要抢白几句，又想一想：他是有势力的人，却又醉了，怎与他一般样见识？且哄了去再处。忍着气答道："衙内纵要买，必须从容一日，岂是一时急骤的事。"众人道："这话也说得是。就在明日罢。"此时都已烂醉，齐立起身。家人收拾家伙先去。秋公恐怕折花，预先在花边防护。那张委真个走向前，便要踹上湖石去采。秋先扯住道："衙内，这花虽是微物，但一年间不知费多少工夫，才开得这几朵。不争折损了，深为可惜。况折去不过二三日就谢了，何苦作这样罪过！"张委喝道："胡说！有甚罪过！你明日卖了，便是我家之物，就都折尽，与你何干！"把手去推开。秋公揪住死也不放，道："衙内便杀了老汉，这花决不与你摘的！"众人道："这老儿其实可恶！衙内采朵花儿，值什么大事，妆出许多模样！难道怕你就不摘了？"遂齐走上前乱摘，把那老儿急得叫屈连天，舍了张委，拼命去拦阻，扯了东边，顾不得西首。顷刻间摘下许多。秋老心疼肉痛，骂道："你这班贼男女，无事登门，将我欺负，要这性命何用！"赶向张委身边，撞个满怀。去得势猛，张委又多了几杯酒，把脚不住，翻筋斗跌倒。众人都道："不好了，衙内打坏也！"齐将花撇下，一赶过来，要打秋公。内中有一个老成些的，见秋公年纪已老，恐打出事来，劝住众人，扶起张委。张委因跌了这交，心中转恼，赶上前打得个只蕊不留，撒作遍地，意犹未足，又向花中践踏一回。

……

当下只气得个秋公抢地呼天，满地乱滚。邻家听得秋公园中喧嚷，齐跑进来，看见花枝满地狼藉，众人正在行凶，邻里尽吃一惊，上前劝住，问知其故。内中到有两三个是张委的租户，齐替秋公陪个不是，虚心冷气，送出篱门。张委道："你们对那老贼说，好好把园送我，便饶了他，若说半个不字，须教他仔细着。"恨恨而去。邻里们见张委醉了，只道酒话，不在心上。覆身转来，将秋公扶起，坐在阶沿上。那老儿放声号恸。众邻里劝慰了一番，作别出去，与他带上篱门，一路行走。……

不题众人，且说秋公不舍得这些残花，走向前将手去检起来看，见践踏得凋残零落，尘垢沾污，心中凄惨，又哭道："花阿！我一生爱护，从不曾损坏一瓣一叶，那知今日遭此大难！"正哭之间，只听得背后有人叫道："秋公为何恁般痛哭？"秋公回头看时，乃是一个女子，年约二八，姿容美丽，雅淡梳妆，却不认得是谁家之女。乃收泪问道："小娘子是那家？至此何干？"那女子道："我家居在左近，因闻你园中牡丹花茂盛，特来游玩，不想都已谢了。"秋公题起牡丹二字，不觉又哭起来。女子道："你且说有甚苦情，如此啼哭？"秋公将张委打花之事说出。那女子笑道："原来为此缘故。你可要这花原上枝头么？"秋公道："小娘子休得取笑，那有落花返枝的理？"女子道："我祖上传得个落花返枝的法术，屡试屡验。"秋公听说，化悲为喜道："小娘子真个有这法术么？"女子道："怎的不真？"秋公倒身下拜道："若得小娘子施此妙术，老汉无以为报，但每一种花开，便来相请赏玩。"女子道："你且莫拜，去取一碗水来。"秋公慌忙跳起去取水，心下又转道："如何有这样妙法？莫不是见我哭泣，故意取笑？"又想道："这小娘子从不相认，岂有要我之理。还是真的。"急舀了一碗清水出来。抬头不见了女子，只见那花都已在枝头，地下并无一瓣遗存。起初每本一色，如今却变做红中间紫，淡内添浓，一本五色俱全，比先更觉鲜妍。

……

当下秋公又惊又喜道："不想这小娘子果然有此妙法！"只道还在花丛中，放下水，前来作谢。园中团团寻遍，并不见影。乃道："这小娘子如何就去了？"……心下恍悟道："恁般说，莫不这位小娘子是神仙下降？"……秋公即焚起一炉好香，对天叩谢。

……

按下此处，且说张委至次早，对众人道："昨日反被那老贼撞了一交，难道轻恕了不成？如今再去要他这园。不肯时，多教些人从，将花木尽打个稀烂，方出这气。"众人道："这园在衙内庄边，不怕他不肯。只是昨日不该把花都打坏，还留几朵，后日看看，便是。"张委道："这也罢了，少不得来年又发。我们快去，莫要使他停留长智。"众人一齐起身，出得庄门，就有人说："秋公园上神仙下降，落下的花，原都上了枝头，却又变做五色。"张委不信，道："这老贼有何好处，能感神仙下降？况且不前不后，刚刚我们打坏，神仙就来，难道这神仙是养家的不成？一定是怕我们又去，故此诌这话来央人传说[7]，见得他有神仙护卫，使我们不摆布他。"众人道："衙内之言极是。"顷刻，到了园门口，见两扇柴门大开，往来男女络绎不绝，都是一般说话。众人道："原来真有这等事！"张委道："莫管他，就是神仙现坐着，这园少不得要的。"弯弯曲曲，转到草堂前，看时，果然话不虚传。这花却也奇怪，见人来看，姿态愈艳，光采倍生，如对人笑的一般。张委心中虽十分惊讶，那吞占念头，全然不改。看了一回，忽地又起了一个恶念，对众人道："我们且去。"齐出了园门，众人问道："衙内如何不与他要园？"张委道："我想得个好策在此，不消与他说得，这园明日就归于我。"众人道："衙内有何妙算？"张委道："见今贝州王则谋反[8]，专行妖术。枢密府行下文书来[9]，普天下军州严禁左道[10]，捕缉妖人。本府现出三千贯赏钱，募人出首[11]。我明日就将落花上枝为由，教张霸到府，首他以妖术惑人。这个老儿熬刑不过，自然招承下狱。这园必定官卖。那时谁个敢买他的？少不得让与我。还有三千贯赏钱哩。"众人道："衙内好计！事不宜迟，就去打点起来。"当时即进城，写下首状，次早，教张霸到平江府出首。这张霸是张委手下第一出尖的人，衙门情熟，故此用他。大尹正在缉访妖人，听说此事，合村男女都见的，不繇不信。即差缉捕使臣带领几个做公的，押张霸作眼[12]，前去捕获。张委将银布置停当，让张霸与缉捕使臣先行，自己与众子弟随后也来。缉捕使臣一径到秋公园上，那老儿还道是看花的，不以为意。众人发一声喊，赶上前一索捆翻。秋公吃这一吓不小。问道："老汉有何罪犯？望列位说个明白。"众人口口声声，骂做妖人反贼，不繇分诉，拥出门来。……

且说张委俟秋公去后，便与众子弟来锁园门。恐还有人在内，又检点一过，将门锁上。随后赶上府前。缉捕使臣已将秋公解进，跪在月台上[13]。见傍边又跪着一人，却不认得是谁。那些狱卒都得了张委银子，已备下诸般刑具伺候。大尹喝道："你是何处妖人，敢在此地方上将妖术煽惑百姓？有几多党羽？从实招来！"秋公闻言，恰如黑暗中闻个火炮，正不知从何处起的。禀道："小人家世住于长乐村中，并非别处妖人，也不晓得什么妖术。"大尹道："前日你用妖术使落花上枝，还敢抵赖！"秋公见说到花上，情知是张委的缘故。即将张委要占园打花，并仙女下降之事，细诉一遍。不想那大尹性是偏执的，那里肯信，乃笑道："多少慕仙的，修行至老，尚不能得遇神仙；岂有因你哭，花仙就肯来？既来了，必定也留个名儿，使人晓得，如何又不别而去？这样话哄那个！不消说得，定然是个妖人！快夹起来！"狱卒们齐声答应，如狼虎一般，蜂拥上来，揪翻秋公，扯腿拽脚，刚要上刑，不想大尹忽然一个头晕，险些儿跌下公座。自觉头目森森，坐身不住。分付上了枷杻，发下狱中监禁，明日再审。……秋公含着眼泪进狱。邻里又寻些酒食，送至门上。那狱卒谁个拿与他吃，竟接来自去受用。到夜间，将他上了囚床，就如活死人一般，手足不能少展。心中苦楚，想道："不知那位神仙救了这花，却又被那厮借此陷害。神仙呵！你若怜我秋先，亦来救拔性命，情愿弃家入道。"一头正想，只见前日那仙女，冉冉而至。秋公急叫道："大仙救拔弟子秋先则个[14]！"仙女笑道："汝欲脱离苦厄么？"上前把手一指，那枷杻纷纷自落。……秋先稽首叩谢起来，便不见了仙子。抬头观看，却在狱墙之上，以手招道："汝亦上来，随我出去。"秋先便向前攀援了一大回，还只到得半墙，甚觉吃力。渐渐至顶，忽听得下边一棒锣声，喊道："妖人走了，快拿下！"秋公心下惊慌，手酥脚软，倒撞下来，撒然惊觉，元在囚床之上。想起梦中言语，历历分明，料必无事，心中稍宽。……

且说张委见大尹已认做妖人，不胜欢喜，乃道："这老儿许多清奇古怪，今夜且请在囚床上受用一夜，让这园儿与我们乐罢！"众人都道："前日还是那老儿之物，未曾尽兴。今日是大爷的了，须要尽情欢赏。"张委道："言之有理！"遂一齐出城，教家人整备酒肴，径至秋公园上，开门进去。那邻里看见是张委，心下虽然不平，却又惧怕，谁敢多口。且说张委同众子弟走至草堂前，只见牡丹枝头一朵不存，原如前日打下时一般，纵横满地。众人都称奇怪。张委道："看起来，这老贼果系有妖法的。不然，如何半日上倏尔又变了？难道也是神仙打的？”有一个子弟道：“他晓得衙内要赏花，故意弄这法儿来羞我们。”张委道：“他便弄这法儿，我们就赏落花。”当下依原铺设毡条，席地而坐，放开怀抱恣饮。也把两瓶酒赏张霸到一边去吃。看看饮至日色挫西[15]，俱有半酣之意，忽地起一阵大风。

……

那阵风却把地下这些花朵吹得都直竖起来，眨眼间俱变做一尺来长的女子。众人大惊，齐叫道：“怪哉！”言还未毕，那些女子迎风一晃，尽已长大，一个个姿容美丽，衣服华艳，团团立做一大堆。众人因见恁般标致，通看呆了。内中一个红衣女子却又说起话来，道：“吾姊妹居此数十余年，深蒙秋公珍重护惜，何意蓦遭狂奴，俗气熏炽，毒手摧残，复又诬陷秋公，谋吞此地。今仇在目前，吾姊妹曷不戮力击之[16]！上报知己之恩，下雪摧残之耻，不亦可乎？”众女郎齐声道：“阿妹之言有理！须速下手，毋使潜遁！”说罢，一齐举袖扑来。那袖似有数尺之长，如风翻乱飘，冷气入骨。众人齐叫有鬼，撇了家伙，望外乱跑。彼此各不相顾。也有被石块打脚的，也有被树枝抓面的，也有跌而复起，起而复跌的，乱了多时，方才收脚。点检人数都在，单不见了张委、张霸二人。此时风已定了，天色已昏。这班子弟各自回家，恰像检得性命一般，抱头鼠窜而去。家人喘息定了，唤几个生力庄客，打起火把，覆身去抓寻。直到园上，只听得大梅树下有呻吟之声。举火看时，却是张霸被梅根绊倒，跌破了头，挣扎不起。庄客着两个先扶张霸归去。众人周围走了一遍，但见静悄悄的万籁无声。……这园子又不多大，三回五转，毫无踪影。——难道是大风吹去了？女鬼吃去了？正不知躲在那里。延捱了一会，无可奈何，只索回去过夜[17]，再作计较。方欲出门只见门外又有一伙人，提着行灯进来。……两边人犹未散，只见一个庄客在东边墙脚下叫道：“大爷有了！”众人蜂拥而前。庄客指道：“那槐枝上挂的，不是大爷的软翅纱巾么[18]？”众人道：“既有了巾儿，人也只在左近。”沿墙照去，不多几步，只叫得声：“苦也！”原来东角转弯处，有个粪窖，窖中一人，两脚朝天，不歪不斜，刚刚倒种在内。庄客认得鞋袜衣服，正是张委。顾不得臭秽，只得上前打捞起来。虞单二老暗暗念佛，和邻舍们自回。众庄客抬了张委，在湖边洗净。先有人报去庄上。合家大小，哭哭啼啼，准备棺衣入殓，不在话下。其夜，张霸破头伤重，五更时亦死。……

次日，大尹病愈升堂，正欲吊审秋公之事，只见公差禀道：“原告张霸同家长张委，昨晚都死了。”如此如此，这般这般。大尹大惊，不信有此一事。须臾间，又见里老乡民，共有百十人，连名具呈前事。诉说秋公平日惜花行善，并非妖人。张委设谋陷害，神道报应。前后事情，细细分剖。大尹因昨日头晕一事，亦疑其枉，到此心下豁然。还喜得不曾用刑，即于狱中吊出秋公，当堂释放。

选自《醒世恒言》，人民文学出版社1956年版

题解

明代中后期，通俗小说中出现了拟话本，小说家创作时有意模拟宋元话本的形式，此其得名之由。冯梦龙的“三言”和凌濛初的“二拍”即是拟话本小说的代表作品。

“三言”，即《警世通言》《醒世恒言》《喻世明言》，相当一部分篇目根据前代话本、其他文言小说或故事改编而成，作者有意选取市井细民最感兴趣的题材，描绘他们的日常生活，表现其爱憎好恶、理想情趣和道德观念。这篇《灌园叟晚逢仙女》开篇介绍了一位爱花如命的花痴秋先，设定了他质朴、善良、尚美的思想性格，主体部分写恶霸张委践踏花园，仙女以神力使落花返枝，后来张委诬告，秋先陷狱，复得花神之助，最终得以诛锄邪恶、彰显正义。文章按时间顺序单线发展设置情节，想象丰富，语言质朴，行文流畅，美丑对比昭然，情感态度分明，体现出鲜明的通俗文学特色。

冯梦龙（1574—1646），长洲（今江苏苏州）人，工于诗文和通俗文学，著述丰富，尤以“三言”著称。

注释

［1］平江府：北宋政和三年（1113）升苏州为平江府。治吴县、长洲（今苏州）。

［2］妈妈：对年长女性的敬称。这里指老伴。

［3］瓯：杯。

［4］繁翳：形容绿树荫浓。

［5］衙内：对官僚及贵家子弟的泛称。

［6］扨（sǒng）：推。

［7］诌：胡编乱造。

［8］贝州：今河北清河。王则：涿州（今属河北）人，宋仁宗庆历七年（1047）冬，据贝州起义。

［9］枢密府：即枢密院，宋代最高政务机关。

［10］左道：邪门歪道。

［11］出首：告发他人的罪行。

［12］作眼：作眼线，带领人去捉拿人。

［13］月台：正房、正殿前面突出的平台。

［14］则个：加重语气，表示希望的语助词。

［15］挫西：渐渐西沉。

［16］曷不：何不。

［17］只索：只好，只得。

［18］软翅纱巾：古代官员戴的一种头巾。

思考与练习

1. 晚明张岱说："人无癖不可与交，以其无深情也；人无疵不可与交，以其无真气也。"请你谈谈小说主人公秋先的"深情"和"真气"。

2. 试将本文与《红楼梦》第二十七至二十八回黛玉葬花的相关情节作比较，就主题意蕴和语言风格之异同谈谈你的理解。

3. 本书所选这篇故事有删节，请阅读《醒世恒言》卷四中本篇故事的全文，并就所删部分的文学价值大小谈谈你的意见。

栊翠庵茶品梅花雪[1]（节选）

〔清〕曹雪芹

当下贾母等吃过茶，又带了刘姥姥至栊翠庵来。妙玉忙接了进去。至院中见花木繁盛，贾母笑道："到底是他们修行的人，没事常常修理，比别处越发好看。"一面说，一面便往东禅堂来[2]。妙玉笑往里让，贾母道："我们才都吃了酒肉，你这里头有菩萨，冲了罪过。我们这里坐坐，把你的好茶拿来，我们吃一杯就去了。”妙玉听了，忙去烹了茶来。

宝玉留神看他是怎么行事。只见妙玉亲自捧了一个海棠花式雕漆填金云龙献寿的小茶盘，里面放一个成窑五彩小盖钟[3]，捧与贾母。贾母道：“我不吃六安茶[4]。”妙玉笑说：“知道。这是老君眉[5]。”贾母接了，又问是什么水。妙玉笑回“是旧年蠲的雨水[6]”。贾母便吃了半盏，便笑着递与刘姥姥说：“你尝尝这个茶。”刘姥姥便一口吃尽，笑道：“好是好，就是淡些，再熬浓些更好了。”贾母众人都笑起来。然后众人都是一色官窑脱胎填白盖碗[7]。

那妙玉便把宝钗和黛玉的衣襟一拉，二人随他出去，宝玉悄悄的随后跟了来。只见妙玉让他二人在耳房内，宝钗坐在榻上，黛玉便坐在妙玉的蒲团上。妙玉自向风炉上扇滚了水，另泡一壶茶。宝玉便走了进来，笑道：“偏你们吃梯己茶呢[8]。”二人都笑道：“你又赶了来飺茶吃[9]。这里并没你的。”妙玉刚要去取杯，只见道婆收了上面的茶盏来[10]。妙玉忙命：“将那成窑的茶杯别收了，搁在外头去罢。”宝玉会意，知为刘姥姥吃了，他嫌脏不要了。

又见妙玉另拿出两只杯来。一个旁边有一耳，杯上镌着“𤓰瓟斝”三个隶字[11]，后有一行小真字是“晋王恺珍玩”[12]，又有“宋元丰五年四月眉山苏轼见于秘府”一行小字[13]。妙玉便斟了一斝，递与宝钗。那一只形似钵而小，也有三个垂珠篆字[14]，镌着“点犀䀉”[15]。妙玉斟了一䀉与黛玉。仍将前番自己常日吃茶的那只绿玉斗来斟与宝玉。

宝玉笑道：“常言‘世法平等’[16]，他两个就用那样古玩奇珍，我就是个俗器了。”妙玉道：“这是俗器？不是我说狂话，只怕你家里未必找的出这么一个俗器来呢。”宝玉笑道：“俗说‘随乡入乡’，到了你这里，自然把那金玉珠宝一概贬为俗器了。”妙玉听如此说，十分欢喜，遂又寻出一只九曲十环一百二十节蟠虬整雕竹根的一个大盒出来[17]，笑道：“就剩了这一个，你可吃的了这一海？”宝玉喜的忙道：“吃的了。”妙玉笑道：“你虽吃的了，也没这些茶糟踏。岂不闻‘一杯为品，二杯即是解渴的蠢物，三杯便是饮牛饮骡了’。你吃这一海便成什么？”说的宝钗、黛玉、宝玉都笑了。妙玉执壶，只向海内斟了约有一杯。宝玉细细吃了，果觉轻浮无比[18]，赏赞不绝。妙玉正色道：“你这遭吃的茶是托他两个福，独你来了，我是不给你吃的。”

宝玉笑道：“我深知道的，我也不领你的情，只谢他二人便是了。”妙玉听了，方说：“这话明白。”

黛玉因问：“这也是旧年的雨水？”妙玉冷笑道：“你这么个人，竟是大俗人，连水也尝不出来。这是五年前我在玄墓蟠香寺住着[19]，收的梅花上的雪，共得了那一鬼脸青的花瓮一瓮[20]，总舍不得吃，埋在地下，今年夏天才开了。我只吃过一回，这是第二回了。你怎么尝不出来？隔年蠲的雨水那有这样轻浮，如何吃得。”黛玉知他天性怪僻，不好多话，亦不好多坐，吃完茶，便约着宝钗走了出来。

宝玉和妙玉陪笑道：“那茶杯虽然脏了，白撂了岂不可惜？依我说，不如就给那贫婆子罢，他卖了也可以度日。你道可使得？”妙玉听了，想了一想，点头说道：“这也罢了。幸而那杯子是我没吃过的，若我使过，我就砸碎了也不能给他。你要给他，我也不管你，只交给你，快拿了去罢。”宝玉笑道：“自然如此，你那里和他说话授受去，越发连你也脏了。只交与我就是了。”妙玉便命人拿来递与宝玉。

宝玉接了，又道：“等我们出去了，我叫几个小幺儿来河里打几桶水来洗地如何[21]？”妙玉笑道：“这更好了，只是你嘱咐他们，抬了水只搁在山门外头墙根下，别进门来。”宝玉道：“这是自然的。”说着，便袖着那杯，递与贾母房中小丫头拿着，说：“明日刘姥姥家去，给他带去罢。”交代明白，贾母已经出来要回去。妙玉亦不甚留，送出山门，回身便将门闭了。不在话下。

选自《红楼梦》，人民文学出版社1996年版

题解

清代《竹枝词》：“开谈不说《红楼梦》，读尽诗书是枉然。”作为中国古典章回小说的集大成者，《红楼梦》自问世至今的两百余年间，风靡天下，长盛不衰。曹雪芹以其字字泣血的十年辛苦，赢得了不计其数的读者。有人认为《红楼梦》一书大抵谈情说爱，脂粉气太重，这一评价是因为并未真正走进《红楼梦》的艺术世界。俞平伯先生说：“凡情谬赏芳华，多情或伤憔悴，而良工苦心埋没多矣。”这句话大致道出了阅读《红楼梦》的几重境界。

妙玉名列金陵十二钗正册，她的判词写道：“欲洁何曾洁，云空未必空。

可怜金玉质，终陷淖泥中。”《红楼梦》十二支曲之〔世难容〕又评说她：“太高人愈妒，过洁世同嫌。”在“茶品梅花雪”这一部分情节中，妙玉的种种表现，均须从这类相关提示着眼，方可有较为深刻的理解。

曹雪芹（约1715或1721—约1763），清代小说家。名霑，字梦阮，号雪芹、芹圃、芹溪，满洲正白旗人。

注释

［1］本文节选自《红楼梦》第四十一回，原回目为“栊翠庵茶品梅花雪 怡红院劫遇母蝗虫”。栊翠庵是大观园里的一处尼庵，为妙玉的修行之所。

［2］禅堂：佛堂。僧尼参禅礼佛的地方。

［3］成窑：明代成化年间官窑所出瓷器，以五彩者为上品。盖钟：有盖的小杯。

［4］六安茶：一种产于安徽六安的名茶。

［5］老君眉：湖南洞庭湖君山所产的银针茶，形如长眉，故名。

［6］蠲：同“涓”，清洁。这是密闭封存使之澄清的意思。

［7］官窑脱胎填白盖碗：一种名贵的青瓷盖碗。官窑：宋代著名瓷窑，又明清两代景德镇御器厂所烧瓷器，也称官窑。脱胎：凸印团花，刷以深浅不一的豆青色玛瑙釉，光润明亮，看上去仿佛没有胎骨，称为“脱胎”。填白：以粉白釉料衬底，以增光泽的工艺。

［8］梯己：亲密，心腹。

［9］餈（cí）：沾光，揩油。

［10］道婆：尼姑庵中做杂活的女性。

［11］𤬪瓟斝（bānpáojiǎ）：一种特制的名贵饮器。

［12］真字：楷书。晋王恺珍玩：王恺是晋代富豪，收藏奇珍异物无数。

［13］元丰：宋神宗年号。秘府：宫廷中藏图书秘珍之所。

［14］垂珠篆字：一种篆体，笔画断续成小点，犹如串串垂珠。

［15］杏（qiáo）：碗类器皿。名为点犀，似取李商隐《无题》诗“心有灵犀一点通”之意，极言其珍贵。

［16］世法平等：佛家语。平等地对待世间一切事物。

［17］盉（hǎi）：大杯。

［18］轻浮：极言茶味不凡。

［19］玄墓：山名，在今江苏。其山多梅，花开时望之若雪，有“香雪海”之誉。

［20］鬼脸青：一种釉色深青的瓷。

［21］小幺儿：少年男仆。

思考与练习

1. 妙玉为什么要将自己常日吃茶的绿玉斗给宝玉用？宝玉不用，是真的认为这绿玉斗是个“俗器”吗？他的用意究竟是什么？

2. 对于贾母、刘姥姥用过的那只成窑茶杯，宝玉和妙玉的处置态度有何不同？曹雪芹这样描写的用意何在？

3.《红楼梦》第十八回里说妙玉是“带发修行”，通读小说中关于妙玉的相关章节，仔细体会“带发修行”的深意。

第三章　百年精华

中国现代文学是“五四”前后产生的，是用现代的文学语言和形式表达现代中国思想情感的文学。其中既借鉴了西方近代文学，又吸收了民族、民间文学的传统，从而形成既不同于中国古代文言文作品，也迥异于古代白话作品的新形式。中国现当代文学经历了“五四”时期、抗战时期、延安时期、新中国成立初期、新时期等重要阶段，出现了灿若群星的众多作家。百年来，小说是最活跃、最具生命力的文体之一。众多专业作家，甚至政治家、经济学家、教育家以及普通民众，都曾在这个领域一试身手。经历了时间的淘洗后，其中一些作品被认定为经典，广为大众所接受，且荣膺各种文学奖项，它们给予读者的是智的超越，是情的陶冶。

风　波

鲁　迅

临河的土场上，太阳渐渐的收了他通黄的光线了。场边靠河的乌桕树叶，干巴巴的才喘过气来，几个花脚蚊子在下面哼着飞舞。面河的农家的烟突里，逐渐减少了炊烟，女人孩子们都在自己门口的土场上泼些水，放下小桌子和矮凳；人知道，这已经是晚饭时候了。

老人男人坐在矮凳上，摇着大芭蕉扇闲谈，孩子飞也似的跑，或者蹲在乌桕树下赌玩石子。女人端出乌黑的蒸干菜和松花黄的米饭，热蓬蓬冒烟。河里驶过文人的酒船，文豪见了，大发诗兴，说，“无思无虑，这真是田家乐呵！”

但文豪的话有些不合事实，就因为他们没有听到九斤老太的话。这时候，九斤老太正在大怒，拿破芭蕉扇敲着凳脚说：

“我活到七十九岁了，活够了，不愿意眼见这些败家相，——还是死的好。立刻就要吃饭了，还吃炒豆子，吃穷了一家子！”

伊的曾孙女儿六斤捏着一把豆，正从对面跑来，见这情形，便直奔河边，藏在乌桕树后，伸出双丫角的小头，大声说，“这老不死的！”

九斤老太虽然高寿，耳朵却还不很聋，但也没有听到孩子的话，仍旧自己说，“这真是一代不如一代！”

这村庄的习惯有点特别，女人生下孩子，多喜欢用秤称了轻重，便用斤数当作小名。九斤老太自从庆祝了五十大寿以后，便渐渐的变了不平家，常说伊年青的时候，天气没有现在这般热，豆子也没有现在这般硬：总之现在的时世是不对了。何况六斤比伊的曾祖，少了三斤，比伊父亲七斤，又少了一斤，这真是一条颠扑不破的实例。所以伊又用劲说，“这真是一代不如一代！”

伊的儿媳七斤嫂子正捧着饭篮走到桌边[1]，便将饭篮在桌上一摔，愤愤的说，“你老人家又这么说了。六斤生下来的时候，不是六斤五两么？你家的秤又是私秤，加重称，十八两秤；用了准十六，我们的六斤该有七斤多哩。我想便是太公和公公，也不见得正是九斤八斤十足，用的秤也许是十四两……”

“一代不如一代！”

七斤嫂还没有答话，忽然看见七斤从小巷口转出，便移了方向，对他嚷道，“你这死尸怎么这时候才回来，死到那里去了！不管人家等着你开饭！”

七斤虽然住在农村，却早有些飞黄腾达的意思。从他的祖父到他，三代不捏锄头柄了；他也照例的帮人撑着航船，每日一回，早晨从鲁镇进城，傍晚又回到鲁镇，因此很知道些时事：例如什么地方，雷公劈死了蜈蚣精；什么地方，闺女生了一个夜叉之类。他在村人里面，的确已经是一名出场人物了。但夏天吃饭不点灯，却还守着农家习惯，所以回家太迟，是该骂的。

七斤一手捏着象牙嘴白铜斗六尺多长的湘妃竹烟管，低着头，慢慢地走来，坐在矮凳上。六斤也趁势溜出，坐在他身边，叫他爹爹。七斤没有应。

“一代不如一代！”九斤老太说。

七斤慢慢地抬起头来，叹一口气说，“皇帝坐了龙庭了。”

七斤嫂呆了一刻，忽而恍然大悟的道，“这可好了，这不是又要皇恩大赦了么！”

七斤又叹一口气，说，“我没有辫子[2]。”

"皇帝要辫子么？"

"皇帝要辫子。"

"你怎么知道呢？"七斤嫂有些着急，赶忙的问。

"咸亨酒店里的人，都说要的。"

七斤嫂这时从直觉上觉得事情似乎有些不妙了，因为咸亨酒店是消息灵通的所在。伊一转眼瞥见七斤的光头，便忍不住动怒，怪他恨他怨他；忽然又绝望起来，装好一碗饭，搡在七斤的面前道，"还是赶快吃你的饭罢！哭丧着脸，就会长出辫子来么？"

太阳收尽了他最末的光线了，水面暗暗地回复过凉气来；土场上一片碗筷声响，人人的脊梁上又都吐出汗粒。七斤嫂吃完三碗饭，偶然抬起头，心坎里便禁不住突突地发跳。伊透过乌桕叶，看见又矮又胖的赵七爷正从独木桥上走来，而且穿着宝蓝色竹布的长衫。

赵七爷是邻村茂源酒店的主人，又是这三十里方圆以内的唯一的出色人物兼学问家；因为有学问，所以又有些遗老的臭味。他有十多本金圣叹批评的《三国志》[3]，时常坐着一个字一个字的读；他不但能说出五虎将姓名，甚而至于还知道黄忠表字汉升和马超表字孟起。革命以后，他便将辫子盘在顶上，像道士一般；常常叹息说，倘若赵子龙在世，天下便不会乱到这地步了。七斤嫂眼睛好，早望见今天的赵七爷已经不是道士，却变成光滑头皮，乌黑发顶；伊便知道这一定是皇帝坐了龙庭，而且一定须有辫子，而且七斤一定是非常危险。因为赵七爷的这件竹布长衫，轻易是不常穿的，三年以来，只穿过两次：一次是和他呕气的麻子阿四病了的时候，一次是曾经砸烂他酒店的鲁大爷死了的时候；现在是第三次了，这一定又是于他有庆，于他的仇家有殃了。

七斤嫂记得，两年前七斤喝醉了酒，曾经骂过赵七爷是"贱胎"，所以这时便立刻直觉到七斤的危险，心坎里突突地发起跳来。

赵七爷一路走来，坐着吃饭的人都站起身，拿筷子点着自己的饭碗说，"七爷，请在我们这里用饭！"七爷也一路点头，说道"请请"，却一径走到七斤家的桌旁。七斤们连忙招呼，七爷也微笑着说"请请"，一面细细的研究他们的饭菜。

"好香的菜干，——听到了风声了么？"赵七爷站在七斤的后面七斤嫂的对面说。

“皇帝坐了龙庭了。”七斤说。

七斤嫂看着七爷的脸，竭力陪笑道，“皇帝已经坐了龙庭，几时皇恩大赦呢？”

“皇恩大赦？——大赦是慢慢的总要大赦罢。”七爷说到这里，声色忽然严厉起来，“但是你家七斤的辫子呢，辫子？这倒是要紧的事。你们知道：长毛时候[4]，留发不留头，留头不留发，……”

七斤和他的女人没有读过书，不很懂得这古典的奥妙，但觉得有学问的七爷这么说，事情自然非常重大，无可挽回，便仿佛受了死刑宣告似的，耳朵里嗡的一声，再也说不出一句话。

“一代不如一代，——”九斤老太正在不平，趁这机会，便对赵七爷说，“现在的长毛，只是剪人家的辫子，僧不僧，道不道的。从前的长毛，这样的么？我活到七十九岁了，活够了。从前的长毛是——整匹的红缎子裹头，拖下去，拖下去，一直拖到脚跟；王爷是黄缎子，拖下去，黄缎子；红缎子，黄缎子，——我活够了，七十九岁了。”

七斤嫂站起身，自言自语的说，“这怎么好呢？这样的一班老小，都靠他养活的人，……”

赵七爷摇头道，“那也没法。没有辫子，该当何罪，书上都一条一条明明白白写着的。不管他家里有些什么人。”

七斤嫂听到书上写着，可真是完全绝望了；自己急得没法，便忽然又恨到七斤。伊用筷子指着他的鼻尖说，“这死尸自作自受！造反的时候，我本来说，不要撑船了，不要上城了。他偏要死进城去，滚进城去，进城便被人剪去了辫子。从前是绢光乌黑的辫子，现在弄得僧不僧道不道的。这囚徒自作自受，带累了我们又怎么说呢？这活死尸的囚徒……”

村人看见赵七爷到村，都赶紧吃完饭，聚在七斤家饭桌的周围。七斤自己知道是出场人物，被女人当大众这样辱骂，很不雅观，便只得抬起头，慢慢地说道：

“你今天说现成话，那时你……”

“你这活死尸的囚徒……”

看客中间，八一嫂是心肠最好的人，抱着伊的两周岁的遗腹子，正在七斤嫂身边看热闹；这时过意不去，连忙解劝说，“七斤嫂，算了罢。人不是神仙，谁知道未来事呢？便是七斤嫂，那时不也说，没有辫子倒也没有什么丑么？况且衙门里的大老爷也还没有告示，……”

七斤嫂没有听完，两个耳朵早通红了；便将筷子转过向来，指着八一嫂的鼻子，说，“阿呀，这是什么话呵！八一嫂，我自己看来倒还是一个人，会说出这样昏诞胡涂话么？那时我是，整整哭了三天，谁都看见；连六斤这小鬼也都哭，……”六斤刚吃完一大碗饭，拿了空碗，伸手去嚷着要添。七斤嫂正没好气，便用筷子在伊的双丫角中间，直扎下去，大喝道，“谁要你来多嘴！你这偷汉的小寡妇！”

扑的一声，六斤手里的空碗落在地上了，恰巧又碰着一块砖角，立刻破成一个很大的缺口。七斤直跳起来，捡起破碗，合上了检查一回，也喝道，“入娘的！”一巴掌打倒了六斤。六斤躺着哭，九斤老太拉了伊的手，连说着“一代不如一代”，一同走了。

八一嫂也发怒，大声说，“七斤嫂，你‘恨棒打人’……”

赵七爷本来是笑着旁观的；但自从八一嫂说了“衙门里的大老爷没有告示”这话以后，却有些生气了。这时他已经绕出桌旁，接着说，“‘恨棒打人’，算什么呢。大兵是就要到的。你可知道，这回保驾的是张大帅[5]，张大帅就是燕人张翼德的后代，他一支丈八蛇矛，就有万夫不当之勇，谁能抵挡他，”他两手同时捏起空拳，仿佛握着无形的蛇矛模样，向八一嫂抢进几步道，“你能抵挡他么！”

八一嫂正气得抱着孩子发抖，忽然见赵七爷满脸油汗，瞪着眼，准对伊冲过来，便十分害怕，不敢说完话，回身走了。赵七爷也跟着走去，众人一面怪八一嫂多事，一面让开路，几个剪过辫子重新留起的便赶快躲在人丛后面，怕他看见。赵七爷也不细心察访，通过人丛，忽然转入乌桕树后，说道“你能抵挡他么！”跨上独木桥，扬长去了。

村人们呆呆站着，心里计算，都觉得自己确乎抵不住张翼德，因此也决定七斤便要没有性命。七斤既然犯了皇法，想起他往常对人谈论城中的新闻的时候，就不该含着长烟管显出那般骄傲模样，所以对七斤的犯法，也觉得有些畅快。他们也仿佛想发些议论，却又觉得没有什么议论可发。嗡嗡的一阵乱嚷，蚊子都撞过赤膊身子，闯到乌桕树下去做市；他们也就慢慢地走散回家，关上门去睡觉。七斤嫂咕哝着，也收了家伙和桌子矮凳回家，关上门睡觉了。

七斤将破碗拿回家里，坐在门槛上吸烟；但非常忧愁，忘却了吸烟，象牙嘴六尺多长湘妃竹烟管的白铜斗里的火光，渐渐发黑了。他心里但觉得事情似乎十分危急，也想想些方法，想些计画，但总是非常模糊，贯穿不得："辫子呢辫子？丈八蛇矛。一代不如一代！皇帝坐龙庭。破的碗须得上城去钉好。谁能抵挡他？书上一条一条写着。入娘的！……"

第二日清晨，七斤依旧从鲁镇撑航船进城，傍晚回到鲁镇，又拿着六尺多长的湘妃竹烟管和一个饭碗回村。他在晚饭席上，对九斤老太说，这碗是在城内钉合的，因为缺口大，所以要十六个铜钉，三文一个，一总用了四十八文小钱。

九斤老太很不高兴的说，"一代不如一代，我是活够了。三文钱一个钉；从前的钉，这样的么？从前的钉是……我活了七十九岁了，——"

此后七斤虽然是照例日日进城，但家景总有些黯淡，村人大抵回避着，不再来听他从城内得来的新闻。七斤嫂也没有好声气，还时常叫他"囚徒"。

过了十多日，七斤从城内回家，看见他的女人非常高兴，问他说，"你在城里可听到些什么？"

"没有听到些什么。"

"皇帝坐了龙庭没有呢？"

"他们没有说。"

"咸亨酒店里也没有人说么？"

"也没人说。"

"我想皇帝一定是不坐龙庭了。我今天走过赵七爷的店前，看见他又坐着念书了，辫子又盘在顶上了，也没有穿长衫。"

"…………"

"你想，不坐龙庭了罢？"

"我想，不坐了罢。"

现在的七斤，是七斤嫂和村人又都早给他相当的尊敬，相当的待遇了。到夏天，他们仍旧在自家门口的土场上吃饭；大家见了，都笑嘻嘻的招呼。九斤老太早已做过八十大寿，仍然不平而且康健。六斤的双丫角，已经变成一支大辫子了；伊虽然新近裹脚，却还能帮同七斤嫂做事，捧着十八个铜钉的饭碗[6]，在土场上一瘸一拐的往来。

选自《鲁迅全集》第一卷，人民文学出版社2005年版

题解

《风波》借张勋复辟为背景，以鲁镇七斤家里的一场小小风波，写出了乡村社会的死水微澜，深刻地揭示了一群“愚弱的国民”的精神面貌：七斤没有辫子后的惶恐与茫然，赵七爷的幸灾乐祸，九斤老太的陈腐、保守和狭隘等。

鲁迅（1881—1936），文学家、思想家和革命家。原名周树人，字豫才，浙江绍兴人。青年时代留学日本，后弃医从文，开始文学创作和翻译活动。1918年5月，首次用“鲁迅”的笔名，在《新青年》发表中国现代文学史上第一篇白话小说《狂人日记》。著有小说集《呐喊》《彷徨》《故事新编》，散文诗集《野草》，散文集《朝花夕拾》以及十多部杂文集等。

注释

[1] 伊的儿媳：从上下文看，这里的“儿媳”应是“孙媳”。

[2] 辫子：清朝初年统治者曾令各民族按满族习俗，男子剃发留辫，即剃去头顶前部头发，后部结辫子垂在脑后。辛亥革命后，这一习俗逐渐改变。

[3] 金圣叹批评的《三国志》：指小说《三国演义》。金圣叹：明末清初文人，名人瑞，字圣叹，曾批注《水浒》《西厢记》等书，他把所加的序文、读法和评语等称为“圣叹外书”。《三国演义》经清代毛宗岗改编，附加评语，卷首有假托金圣叹所作的序，首回前亦有“圣叹外书”字样，通常认为这评语是金圣叹所作。

[4] 长毛：指太平天国起义军。他们不剃发不留辫，表示对清朝的反抗，被称为“长毛”。

[5] 张大帅：张勋，江西奉新人，北洋军阀之一。原为清朝军官，辛亥革命后，他和所部官兵仍留着辫子，表示忠于清王朝，被称为辫子军。1917年7月1日他在北京扶持清废帝溥仪复辟，7月12日即告失败。

［6］十八个铜钉：据上文应是“十六个”。作者在1926年11月23日致李霁野的信中曾说：“六斤家只有这一个钉过的碗，钉是十六或十八，我也记不清了。总之两数之一是错的，请改成一律。”

思考与练习

1. 分析小说开头和结尾的场面描写与主题的关系。

2.《风波》里刻画了哪几种不同类型的人物？他们各有什么代表性？

3. 通读鲁迅《阿Q正传》全文，尝试谈谈鲁迅的小说成就及其在中国现代小说史上的地位。另外，请查阅相关文献，了解和鲁迅同时代的国外著名作家及其各自的代表作。

菉竹山房

吴组缃

阴历五月初十日和阿圆到家，正是家乡所谓“火梅”天气[1]：太阳和淫雨交替迫人，那苦况非身受的不能想象。母亲说，前些日子二姑姑托人传了口信来，问我们到家没有；说“我做姑姑的命不好，连侄儿侄媳也冷淡我。”意思之间，是要我和阿圆到她老人家村上去住些时候。

二姑姑家我只于年小时去过一次，至今十多年了。我连年羁留外乡，过的是电灯电影洋装书籍柏油马路的另一世界的生活。每当想起家乡，就如记忆一个年远的传说一样。我脑中的二姑姑家，到现在更是模糊得如云如烟。那座阴森敞大的三进大屋，那间摊乱着雨蚀虫蛀的古书的学房，以及后园中的池塘竹木，想起来都如依稀的梦境。

二姑姑的故事好似一个旧传奇的仿本。她的红颜时代我自然没有见过，但从后来我所见到的她的风度上看来：修长的身材，清癯白皙的脸庞，狭长而凄清的眼睛，以及沉默少言笑的阴暗调子，都和她的故事十分相称。

故事在这里不必说得太多。其实，我所知道的也就有限；因为家人长者都讳谈它[2]。我所知道的一点点，都是日长月远，家人谈话中偶然流露出来，由零碎摭拾起来的。

多年以前，叔祖的学塾中有个聪明年少的门生[3]，是个三代孤子。因为看见叔祖房里的幛幔，笔套，与一幅大云锦上的刺绣，绣的都是各种姿态的美丽蝴蝶，心里对这绣蝴蝶的人起了羡慕之情：而这绣蝴蝶的姑娘因为听叔祖常常夸说这人，心里自然也早就有了这人。这故事中的主人以后是乘一个怎样的机缘相见相识，我不知道，长辈们恐怕也少知道。在我所摭拾的零碎资料中，这以后便是这悲惨故事的顶峰：一个三春天气的午间，冷清的后园的太湖石洞中，祖母因看牡丹花，拿住了一对仓皇失措的系裤带的顽皮孩子。

这幕才子佳人的喜剧闹了出来，人人夸说的绣蝴蝶的小姐一时连丫头也要加以鄙夷。放佚风流的叔祖虽从中尽力撮合周旋[4]，但当时究未成功。若干年后，扬子江中八月大潮，风浪陡作，少年赴南京应考，船翻身亡。绣蝴蝶的小姐那时才十九岁，闻耗后，在桂花树下自缢[5]，为园丁所见，救活了，没死。少年家觉得这小姐尚有稍些可风之处[6]，商得了女家同意，大吹大擂接小姐过去迎了灵柩；麻衣红绣鞋，抱着灵牌参拜家堂祖庙，做了新娘。

这故事要不是二姑姑的，并不多么有趣；二姑姑要没这故事，我们这次也就不致急于要去。

母亲自然怂恿我们去。说我们是新结婚，也难得回家一次。二姑姑孤寂了一辈子，如今如此想念我们，这点子人情是不能不尽的。但是阿圆却有点怕我们家乡的老太太。这些老太太——举个例，就如我的大伯娘，她老人家就最喜欢搂阿圆在膝上喊宝宝，亲她的脸，咬她的肉，摩挲她的臂膊；又要我和她接吻给她老人家看。一得闲空，就托支水烟袋坐到我们房里来，盯着眼看守着我们作迷迷笑脸，满口反复地说些叫人红脸不好意思的夸羡话。这种种罗唣[7]，我倒不大在意；可是阿圆就老被窘得脸红耳赤，不知该往那里躲。——因此，阿圆不愿去。

我知道弊病之所在，告诉阿圆：二姑姑不是这种善于表现的快乐天真的老太太。而且我会投年轻姑娘之所好，照二姑姑原来的故事又编上了许多的动人的穿插，说得阿圆感动得红了眼睛叹长气。听说二姑姑决不会给她那种罗唣，她的不愿去的心就完全消除；再听了二姑姑的故事，有趣得如从线装书中看下来的一样；又想到借此可以暂时躲避家下的老太太；而且又知道金燕村中风景好，菉竹山房的屋舍阴凉宽敞：于是阿圆不愿去的心，变成急于要去了。

我说金燕村，就是二姑姑的村；菉竹山房就是二姑姑的家宅。沿着荆溪的石堤走，走的七八里地，回环合抱的山峦渐渐拥挤，两岸葱翠古老的槐柳渐密，溪中暗赭色的大石渐多，哗哗的水激石块声越听越近。这段溪，渐不叫荆溪，而是叫响潭。响潭的两岸，槐树柳树榆树更多更老更葱茏，两面缝合，荫罩着乱喷白色水沫的河面，一缕太阳光也晒不下来。沿着响潭两岸的树林中，疏疏落落点缀着二十多座白垩瓦屋。西岸上，紧临着响潭，那座白屋分外大；梅花窗的围墙上面探露着一丛竹子；竹子一半是绿色的，一半已开了花，变成槁色。——这座村子便是金燕村，这座大屋便是二姑姑的家宅菉竹山房。

阿圆是外乡生长的，从前只在中国山水画上见过的景子，一朝忽然身历其境，欣跃之情自然难言。我一时回想起平日见惯的西式房子，柏油马路，烟囱，工厂等等，也觉得是重入梦境，做了许多缥缈之想。

二姑姑多年不见，显见得老迈了。

“昨天夜里结了三颗大灯花，今朝喜鹊在屋脊上叫了三四次，我知道要来人。”

那张苍白皱摺的脸没多少表情。说话的语气，走路的步法，和她老人家的脸庞同一调子：阴暗，凄苦，迟钝。她引我们进到内屋里，自己蹒蹒颤颤地到房里去张罗果盘，吩咐丫头为我们打脸水。——这丫头叫兰花，本是我家的丫头，三十多岁了。二姑姑陪嫁丫头死去后，祖父便拨了身边的这丫头来服侍姑姑，和姑姑作伴。她陪姑姑住守这所大屋子已二十多年，跟姑姑念诗念经，学姑姑绣蝴蝶，她自己说不要成家的。

二姑姑说没指望我们来得如此快，房子都没打扫。领我们参观全宅，顺便叫我们自己拣一间合意的住。四个人分作三排走，姑姑在前，我俩在次，兰花在最后。阿圆蹈着姑姑的步子走，显见得拘束不自在，不时昂头顾我，作有趣的会意之笑。我们都无话说。

屋子高大，阴森，也是和姑姑的人相谐调的。石阶，地砖，柱础，甚至板壁上，都染涂着一层深深浅浅的黯绿，是苔尘。一种与陈腐的土木之气混合的霉气扑满鼻官。每一进屋的梁上都吊有淡黄色的燕子窝，有的已剥落，只留着痕迹；有的正孵着雏儿，叫得分外响。

我们每走到一进房子，由兰花先上前开锁；因为除姑姑住的一头两间的正屋而外，其余每一间房，每一道门都是上了锁的。看完了正屋，由侧门一条巷子走到花园中。邻着花园有座雅致的房，门额上写着“邀月”两个八分字。百叶窗，古瓶式的门，门上也有明瓦纸的册叶小窗。我爱这地方近花园，较别处明朗清新得多，和姑姑说，我们就住这间房。姑姑叫兰花开了锁，两扇门一推开，就噗噗落下三只东西来：两只是壁虎，一只是蝙蝠。我们都怔了一怔。壁虎是悠悠地爬走了；兰花拾起那只大蝙蝠，轻轻放到墙隅里，呓语着似地念了一套怪话：

“福公公，你让让房，有贵客要在这里住。”

阿圆惊惶不安的样子，牵一牵我的衣角，意思大约是对着这些情景，不敢在这间屋里住。二姑姑年老还不失其敏感，不知怎样她老人家就窥知了阿圆的心事：

“不要紧。——这些房子，每年你姑爹回家时都打扫一次。停会，叫兰花再好好来收拾。福公公虎爷爷都会让出去的。”

又说：

“这间避月庐是你姑爹最喜欢的地方；去年你姑爹回来，叫我把它修葺一下[8]。你看看，里面全是新崭崭的。”

我探身进去张看，兜了一脸蜘蛛网。里面果然是新崭崭的。墙上字画，桌上陈设，都很整齐。只是蒙上一层薄薄的尘灰罢了。

我们看兰花扎了竹叶把，拿了扫帚来打扫。二姑姑自回前进去了。阿圆用一个小孩子的神秘惊奇的表情问我说：

“怎么说姑爹……”

兰花放下竹叶把，瞪着两只阴沉的眼睛低幽地告诉阿圆说：

“爷爷灵验得很啦！三朝两天来给奶奶托梦。我也常看见的，公子帽，宝蓝衫，常在这园里走。”

阿圆扭着我的袖口，只是向着兰花的两只眼睛瞪看。兰花打扫好屋子，又忙着抱被褥毯子席子为我们安排床铺。里墙边原有一张檀木榻，榻儿上面摆着一套围棋子，一盘瓷制的大蟠桃。把棋子蟠桃连同榻儿拿去，铺上被席，便是我们的床了。二姑姑蹒跚颤颤地走来，拿着一顶蚊帐给我们看，说这是姑爹用的帐，是玻璃纱制的；问我们怕不怕招凉。我自然愿意要这顶凉快帐子；但是阿圆却望我瞪着眼，好像连这顶美丽的帐子也有可怕之处。

这屋子的陈设是非常美致的，只看墙上的点缀就知道。东墙上挂着四幅大锦屏，上面绣着《菉竹山房唱和诗》，边沿上密密齐齐地绣着各色的小蝴蝶，一眼看上去就觉得很灿烂。西墙上挂着一幅彩色的《钟馗捉鬼图》[9]，两边有洪北江的“梅雪松风清几榻，天光云影护琴书”的对子[10]。床榻对面的南墙上有百叶窗子可以看花园，窗下一书桌，桌上一个朱砂古瓶，瓶里插着马尾云拂。

我觉得这地方好。陈设既古色古香，而窗外一丛半绿半黄的修竹，和墙外隐约可听的响潭之水，越衬托得闲适恬静。

不久吃晚饭，我们都默然无话。我和阿圆是不知在姑姑面前该说些什么好；姑姑自己呢，是不肯多说话的。偌大屋子如一大座古墓，没一丝人声；只有堂厅里的燕子啾啾地叫。兰花向天井檐上张一张，自言自语地说：

“青姑娘还不回来呢！”

二姑姑也不答话，点点头。阿圆偷眼看看我。——其实我自己也正在纳罕着的。吃了饭，正洗脸，一只燕子由天井飞来，在屋里绕了一道，就钻进檐下的窝里去了。兰花停了碗，把筷子放在嘴沿上，低低地说：

“青姑娘，你到这时才回来。”悠悠地长叹一口气。

我释然，向阿圆笑笑；阿圆却不曾笑，只瞪着眼看兰花。

我说邀月庐清新明朗，那是指日间而言。谁知这天晚上，大雨复作，一盏三支灯草的豆油檠摇晃不定；远远正屋里二姑姑兰花低幽地念着晚经，听来简直是“秋坟鬼唱鲍家诗”[11]；加以外面雨声虫声风弄竹声合奏起一支凄戾的交响曲，显得这周遭的确鬼趣殊多。也不知是循着怎样的一个线索，很自然地便和阿圆谈起《聊斋》的故事来。谈一回，她越靠紧我一些，两眼只瞪着西墙上的《钟馗捉鬼图》，额上鼻上渐渐全渍着汗珠。钟馗手下按着的那个鬼，披着发，撕开血盆口，露出两支大獠牙，栩栩欲活。我偶然瞥一眼，也不由得一惊。这时觉得那钟馗，那恶鬼，姑姑和兰花，连同我们自己俩，都成了鬼故事中的人物了。

阿圆瑟缩地说：“我想睡。”

她紧紧靠住我，我走一步，她走一步。睡到床上，自然很难睡着。不知辗转了多少时候，雨声渐止，月光透过百叶窗，映照得满屋凄幽。一阵飒飒的风摇竹声后，忽然听得窗外有脚步之声。声音虽然轻微，但是入耳十分清楚。

“你……听见了……没有？”阿圆把头钻在我的腋下，喘息地低声问。

我也不禁毛骨悚然。

那声音渐听渐近，没有了；换上的是低沉的戚戚声，如鬼低诉。阿圆已浑身汗濡。我咳了一声，那声音突然寂止；听见这突然寂止，想起兰花日间所说的话，我也不由得不怕了。

半晌没有声息，紧张的心绪稍稍平缓，但是两人的神经都过分紧张，要想到梦乡去躲身，究竟不能办到。为要解除阿圆的恐怖，我找了些快乐高兴的话和她谈说。阿圆也就渐渐敢由我的腋下伸出头来了。我说：

“你想不想你的家？”

“想。”

“怕不怕了？”

“还有点怕。”

正答着话，她突然尖起嗓子大叫一声，搂住我，嚎啕，震抖，迫不成声：

“你……看……门上！……”

我看门上——门上那个册叶小窗露着一个鬼脸，向我们张望；月光斜映，隔着玻璃纱帐看得分外明晰。说时迟，那时快。那个鬼脸一晃，就沉下去不见了。我不知从那里涌上一股勇气，推开阿圆，三步跳去，拉开门。

门外是两个女鬼！

一个由通正屋的小巷窜远了；一个则因逃避不及，正在我的面前蹲着。

“是姑姑吗？”

“唔——”幽沉的一口气。

我抹着额上的冷汗，不禁轻松地笑了。我说：

“阿圆，莫怕了，是姑姑。”

选自《吴组缃小说散文集》，人民文学出版社1954年版

题解

小说叙述了二姑姑受封建礼教束缚终身守寡的凄苦人生，揭示了封建文化对人性的压抑摧残。小说的景物描写、气氛渲染尤见奇巧，对于刻画人物、表达题旨有画龙点睛之益。

吴组缃（1908—1994），现代作家、学者，安徽泾县人。曾先后任清华大学、北京大学教授，潜心于古典文学研究。1929年入清华大学读书后开始创作。其小说《一千八百担》《樊家铺》《天下太平》等是20世纪30年代社会剖析派的代表作，以悲剧风格抨击摧残人性的旧社会，描述急剧破产的农村现实。风格悲凉，文笔委婉细腻。著有小说集《西柳集》、小说散文集《饭余集》、长篇小说《鸭嘴涝》以及学术著作《宋元文学史稿》等。

注释

[1]“火梅”天气：我国长江下游，每年四五月间，梅子黄熟，连日阴雨，称为梅雨季节。因为太阳和淫雨交替迫人，又叫“火梅”天气。

[2]讳谈：因为有所忌讳而不说。

[3]学塾：又称私塾。旧时私人举办的学馆。

[4]放佚风流：旧时指一种人的风度，有才气而不受礼法拘束，品格清高，举止潇洒。

[5]自缢：上吊自杀。

[6]可风之处：可以教化之处。

[7]罗唣：纠缠，啰唆。

[8]修葺（qì）：泛指修理房屋。

[9]《钟馗捉鬼图》：钟馗是传说中一个捉鬼的勇士，旧时民间有悬挂《钟馗捉鬼图》以驱除邪祟的风俗。相传最早的钟馗像是唐朝画家吴道子所作。

[10]洪北江：即洪亮吉，号北江，清乾隆时进士，善写诗及骈体文。

[11]“秋坟鬼唱鲍家诗”：是唐朝诗人李贺所作《秋来》中的诗句。“鲍家诗”指南朝诗人鲍照的诗。

思考与练习

1. 分析造成二姑姑的悲剧一生和畸变心理的历史和文化根源。

2. 分析景物描写在小说中起到了什么作用。

3. 课外阅读《明史·列女传》各篇，归纳这些妇女被载入正史的主要事由。并查阅相关文献，进一步深入思考：这些事由所反映的当时社会主导的价值观念是什么？这些观念是怎么形成的？除了中国，其他国家的历史上有无类似的情况？

断魂枪

老舍

“生命是闹着玩，事事显出如此；从前我这么想过，现在我懂得了。”

沙子龙的镳局已改成客栈。

东方的大梦没法子不醒了。炮声压下去马来与印度野林中的虎啸。半醒的人们，揉着眼，祷告着祖先与神灵；不大会儿，失去了国土、自由与主权。门外立着不同面色的人，枪口还热着。他们的长矛毒弩，花蛇斑彩的厚盾，都有什么用呢；连祖先与祖先所信的神明全不灵了啊！龙旗的中国也不再神秘，有了火车呀，穿坟过墓破坏着风水。枣红色多穗的镳旗，绿鲨皮鞘的钢刀，响着串铃的口马，江湖上的智慧与黑话，义气与声名，连沙子龙，他的武艺、事业，都梦似的变成昨夜的。今天是火车、快枪，通商与恐怖。听说，有人还要杀下皇帝的头呢！

这是走镳已没有饭吃，而国术还没被革命党与教育家提倡起来的时候。

谁不晓得沙子龙是短瘦、利落、硬棒，两眼明得像霜夜的大星？可是，现在他身上放了肉。镳局改了客栈，他自己在后小院占着三间北房，大枪立在墙角，院子里有几只楼鸽。只是在夜间，他把小院的门关好，熟习熟习他的“五虎断魂枪”。这条枪与这套枪，二十年的工夫，在西北一带，给他创出来“神枪沙子龙”五个字，没遇见过敌手。现在，这条枪与这套枪不会再替他增光显胜了；只是摸摸这凉、滑、硬而发颤的杆子，使他心中少难过一些而已。只有在夜间独自拿起枪来，才能相信自己还是“神枪沙”。在白天，他不大谈武艺与往事；他的世界已被狂风吹了走。

在他手下创练起来的少年们还时常来找他。他们大多数是没落子的，都有点武艺，可是没地方去用。有的在庙会上去卖艺：踢两趟腿，练套家伙，翻几个跟头，附带着卖点大力丸，混个三吊两吊的。有的实在闲不起了，去弄筐果子，或挑些毛豆角，赶早儿在街上论斤吆喝出去。那时候，米贱肉贱，肯卖膀子力气本来可以混个肚儿圆；他们可是不成：肚量既大，而且得吃口当事儿的；干饽饽辣饼子咽不下去。况且他们还时常去走会：五虎棍，开路，太狮少狮……虽然算不了什么——比起走镳来——可是到底有个机会活动活动，露露脸。是的，走会捧场是买脸的事，他们打扮的得像个样儿，至少得有条青洋绉裤子，新漂白细市布的小褂，和一双鱼鳞洒鞋——顶好是青缎子抓地虎靴子。他们是神枪沙子龙的徒弟——虽然沙子龙并不承认——得到处露脸，走会得赔上俩钱，说不定还得打场架。没钱，上沙老师那里去求。沙老师不含糊，多少不拘，不让他们空着手儿走。可是，为打架或献技去讨教一个招数，或是请给说个“对子”——什么空手夺刀，或虎头钩进枪——沙老师有时说句笑话，马虎过去：“教什么？拿开水浇吧！”有时直接把他们逐出去。他们不大明白沙老师是怎么了，心中也有点不乐意。

可是，他们到处为沙老师吹腾，一来是愿意使人知道他们的武艺有真传授，受过高人的指教；二来是为激动沙老师：万一有人不服气而找上老师来，老师难道还不露一两手真的么？所以：沙老师一拳就砸倒了个牛！沙老师一脚把人踢到房上去，并没使多大的劲！他们谁也没见过这种事，但是说着说着，他们相信这是真的了，有年月，有地方，千真万确，敢起誓！

王三胜——沙子龙的大伙计——在土地庙拉开了场子，摆好了家伙。抹了一鼻子茶叶末色的鼻烟，他抡了几下竹节钢鞭，把场子打大一些。放下鞭，没向四围作揖，叉着腰念了两句：“脚踢天下好汉，拳打五路英雄！”向四围扫了一眼：“乡亲们，王三胜不是卖艺的；玩艺儿会几套，西北路上走过镳，会过绿林上的朋友。现在闲着没事，拉个场子陪诸位玩玩。有爱练的尽管下来，王三胜以武会友，有赏脸的，我陪着。神枪沙子龙是我的师傅；玩艺地道！诸位，有愿下来的没有？”他看着，准知道没人敢下来，他的话硬，可是那条钢鞭更硬，十八斤重。

王三胜，大个子，一脸横肉，努着对大黑眼珠，看着四围。大家不出声。他脱了小褂，紧了紧深月白色的“腰里硬”，把肚子杀进去。给手心一口唾沫，抄起大刀来：

“诸位，王三胜先练趟瞧瞧。不白练，练完了，带着的扔几个；没钱，给喊个好，助助威。这儿没生意口。好，上眼！”

大刀靠了身，眼珠努出多高，脸上绷紧，胸脯子鼓出像两块老桦木根子。一跺脚，刀横起，大红缨子在肩前摆动。削砍劈拨，蹲越闪转，手起风生，忽忽直响。忽然刀在右手心上旋转，身弯下去，四围鸦雀无声，只有缨铃轻叫。刀顺过来，猛的一个“踩泥”，身子直挺，比众人高着一头，黑塔似的。收了势：“诸位！”一手持刀，一手叉腰，看着四围。稀稀的扔下几个铜钱，他点点头。“诸位！”他等着，等着，地上依旧是那几个亮而削薄的铜钱，外层的人偷偷散去。他咽了口气：“没人懂！”他低声的说，可是大家全听见了。

“有功夫！”西北角上一个黄胡子老头儿答了话。

“啊？”王三胜好似没听明白。

“我说：你——有——功——夫！”老头子的语气很不得人心。

放下大刀，王三胜随着大家的头往西北看。谁也没看重这个老人：小干巴个儿，披着件粗蓝布大衫，脸上窝窝瘪瘪，眼陷进去很深，嘴上几根细黄胡，肩上扛着条小黄草辫子，有筷子那么细，而绝对不像筷子那么直顺。王三胜可是看出这老家伙有功夫，脑门亮，眼睛亮——眼眶虽深，眼珠可黑得像两口小井，深深的闪着黑光。王三胜不怕：他看得出别人有功夫没有，可更相信自己的本事，他是沙子龙手下的大将。

“下来玩玩，大叔！”王三胜说得很得体。

点点头，老头儿往里走。这一走，四外全笑了。他的胳臂不大动；左脚往前迈，右脚随着拉上来，一步步的往前拉扯，身子整着，像是患过瘫痪病。蹭到场中，把大衫扔在地上，一点没理会四围怎样笑他。

“神枪沙子龙的徒弟，你说？好，让你使枪吧；我呢？”老头子非常地干脆，很像久想动手。

人们全回来了，邻场要狗熊的无论怎么敲锣也不中用了。

“三截棍进枪吧？”王三胜要看老头子一手，三截棍不是随便就拿得起来的家伙。

老头子又点点头，拾起家伙来。

王三胜努着眼，抖着枪，脸上十分难看。

老头子的黑眼珠更深更小了，像两个香火头，随着面前的枪尖儿转，王三胜忽然觉得不舒服，那俩黑眼珠似乎要把枪尖吸进去！四外已围得风雨不透，大家都觉出老头子确是有威。为躲那对眼睛，王三胜耍了个枪花。老头子的黄胡子一动：“请！”王三胜一扣枪，向前躬步，枪尖奔了老头子的喉头去，枪缨打了一个红旋。老人的身子忽然活展了，将身微偏，让过枪尖，前把一挂，后把撩王三胜的手。啪，啪，两响，王三胜的枪撒了手。场外叫了好。王三胜连脸带胸口全紫了，抄起枪来；一个花子，连枪带人滚了过来，枪尖奔了老人的中部。老头子的眼亮得发着黑光；腿轻轻一屈，下把掩裆，上把打着刚要抽回的枪杆；啪，枪又落在地上。

场外又是一片彩声。王三胜流了汗，不再去拾枪，努着眼，木在那里。老头子扔下家伙，拾起大衫，还是拉拉着腿，可是走得很快了。大衫搭在臂上，他过来拍了王三胜一下：

“还得练哪，伙计！”

“别走！”王三胜擦着汗：“你不离，姓王的服了！可有一样，你敢会会沙老师？”

“就是为会他才来的！”老头子的干巴脸上皱起点来，似乎是笑呢。“走；收了吧；晚饭我请！”

王三胜把兵器拢在一处，寄放在变戏法二麻子那里，陪着老头子往庙外走。后面跟着不少人，他把他们骂散。

“你老贵姓？”他问。

“姓孙哪。”老头子的话与人一样，都那么干巴：“爱练；久想会会沙子龙。”

沙子龙不把你打扁了！王三胜心里说。他脚底下加了劲，可是没把孙老头落下。他看出来，老头子的腿是老走着查拳门中的连跳步；交起手来，必定很快。但是，无论他怎么快，沙子龙是没对手的。准知道孙老头要吃亏，他心中痛快了些，放慢了些脚步。

“孙大叔贵处？”

“河间的，小地方。”孙老者也和气了些：“月棍年刀一辈子枪，不容易见功夫！说真的，你那两手就不坏！”

王三胜头上的汗又回来了，没言语。

到了客栈，他心中直跳，唯恐沙老师不在家，他急于报仇。他知道老师不爱管这种事，师弟们已碰过不少回钉子，可是他相信这回必定行，他是大伙计，不比那些毛孩子；再说，人家在庙会上点名叫阵，沙老师还能丢这个脸么？

“三胜，”沙子龙正在床上看着本《封神榜》，“有事吗？”

三胜的脸又紫了，嘴唇动着，说不出话来。

沙子龙坐起来，“怎了，三胜？”

“栽了跟头！”

只打了个不甚长的哈欠，沙老师没别的表示。

王三胜心中不平，但是不敢发作；他得激动老师：“姓孙的一个老头儿，门外等着老师呢；把我的枪，枪，打掉了两次！”他知道“枪”字在老师心中有多大分量。没等吩咐，他慌忙跑出去。

客人进来，沙子龙在外间屋等着呢。彼此拱手坐下，他叫三胜去泡茶。三胜希望两个老人立刻交了手，可是不能不沏茶去。孙老者没话讲，用深藏着的眼睛打量沙子龙。沙很客气：

“要是三胜得罪了你，不用理他，年纪还轻。”

孙老者有些失望，可也看出沙子龙的精明。他不知怎样好了，不能拿一个人的精明断定他的武艺。“我来领教领教枪法！”他不由地说出来。

沙子龙没接碴儿。王三胜提着茶壶走进来——急于看二人动手，他没管水开了没有，就沏在壶中。

“三胜，”沙子龙拿起个茶碗来：“去找小顺们去，天汇见，陪孙老者吃饭。”

“什么！”王三胜的眼珠几乎掉出来。看了看沙老师的脸，他敢怒而不敢言地说了声“是啦！”走出去，撅着大嘴。

“教徒弟不易！”孙老者说。

“我没收过徒弟。走吧，这个水不开！茶馆去喝，喝饿了就吃。”沙子龙从桌子上拿起缎子褡裢，一头装着鼻烟壶，一头装着点钱，挂在腰带上。

“不，我还不饿！”孙老者很坚决，两个“不”字把小辫从肩上抡到后边去。

“说会子话儿。”

“我来为领教领教枪法。”

“功夫早搁下了，”沙子龙指着身上：“已经放了肉！”

“这么办也行，”孙老者深深的看了沙老师一眼：“不比武，教给我那趟五虎断魂枪。”

“五虎断魂枪？”沙子龙笑了：“早忘干净了！早忘干净了！告诉你，在我这儿住几天，咱们各处逛逛，临走，多少送点盘缠。”

“我不逛，也用不着钱，我来学艺！”孙老者立起来：“我练趟给你看看，看够得上学艺不够！”一屈腰已到了院中，把楼鸽都吓飞起去。拉开架子，他打了趟查拳：腿快，手飘洒，一个飞脚起去，小辫儿飘在空中，像从天上落下来一个风筝；快之中，每个架子都摆得稳、准，利落；来回六趟，把院子满都打到，走得圆，接得紧，身子在一处，而精神贯串到四面八方。抱拳收势，身儿缩紧，好似满院乱飞的燕子忽然归了巢。

“好！好！”沙子龙在台阶上点着头喊。

“教给我那趟枪！”孙老者抱了抱拳。

沙子龙下了台阶，也抱着拳：“孙老者，说真的吧；那条枪和那套枪都跟我入棺材，一齐入棺材！”

“不传？”

“不传！”

孙老者的胡子嘴动了半天，没说出什么来。到屋里抄起蓝布大衫，拉拉着腿：“打搅了，再会！”

“吃过饭走！”沙子龙说。

孙老者没言语。

沙子龙把客人送到小门，然后回到屋中，对着墙角立着的大枪点了点头。

他独自上了天汇，怕是王三胜们在那里等着。他们都没有去。

王三胜和小顺们都不敢再到土地庙去卖艺，大家谁也不再为沙子龙吹腾；反之，他们说沙子龙栽了跟头，不敢和个老头儿动手；那个老头子一脚能踢死个牛。不要说王三胜输给他，沙子龙也不是“个儿”。不过呢，王三胜到底和老头子见了个高低，而沙子龙连句硬话也没敢说。“神枪沙子龙”慢慢似乎被人们忘了。

夜静人稀，沙子龙关好了小门，一气把六十四枪刺下来；而后，拄着枪，望着天上的群星，想起当年在野店荒林的威风。叹一口气，用手指慢慢摸着凉滑的枪身，又微微一笑，“不传！不传！”

选自《老舍全集》第七卷，人民文学出版社2008年版

题解

《断魂枪》是老舍的短篇小说名篇，发表于1935年9月22日天津《大公报》第13期的“文艺副刊”上。《断魂枪》仅四千多字，一桩事，三个人，三个精彩片段，构思精巧。小说以辛亥革命前后为背景，在比武求艺的情节中，揭示了有高超技艺的镖师沙子龙孤傲执着，却又无可奈何的复杂心态；暗示了被时代淘汰的落伍者不可避免的暗淡命运。

老舍（1899—1966），作家，原名舒庆春，北京人，满族。曾任方家胡同小学校长、南开中学教员、英国伦敦大学东方学院讲师、山东齐鲁大学和山东大学教授。1949年后历任中国文联副主席、中国作协副主席、北京市文联主席等职。其作品有浓厚的北京地方色彩，富于幽默感。著有长篇小说《骆驼祥子》《四世同堂》、话剧《茶馆》等。

思考与练习

1. 你认为在本篇小说中“断魂”是否有深层的隐喻？其所指为何？

2. 小说中的人物沙子龙和孙老者各自代表了怎样的文化心态？请结合当时的历史背景来谈谈你的理解。

3. 拓展阅读冯骥才《神鞭》，与本篇作比较。

华威先生

张天翼

转弯抹角算起来——他算是我的一个亲戚。我叫他“华威先生”。他觉得这种称呼不大好。

“嗳，你真是！”他说。“为什么一定要个‘先生’呢。你应当叫我‘威弟’。再不然叫‘阿威’。”

把这件事交涉过了之后，他立刻戴上了帽子：

“我们改日再谈好不好？我总想畅畅快快跟你谈一次——唉，可总是没有时间。今天刘主任起草了一个县长公余工作方案，硬叫我参加意见，叫我替他修改。三点钟又还有一个集会。”

这里他摇摇头，没奈何地苦笑了一下。他声明他并不怕吃苦：在抗战时期大家都应当苦一点。不过——时间总要够支配呀。

“王委员又打了三个电报来，硬要请我到汉口去一趟。这里全省文化界抗敌总会又成立了，一切抗战工作都要领导起来才行。我怎么跑得开呢，我的天！”

于是匆匆忙忙跟我握了握手，跨上他的包车。

他永远挟着他的公文皮包。并且永远带着他那根老粗老粗的黑油油的手杖。左手无名指上戴着他的结婚戒指。拿着雪茄的时候就叫这根无名指微微地弯着，而小指翘得高高的，构成一朵兰花的图样。

这个城市里的黄包车谁都不作兴跑[1]，一脚一脚挺踏实地踱着，好像饭后千步似的。可是包车例外：叮当，叮当，叮当，——一下子就抢到了前面。黄包车立刻就得往左边躲开，小推车马上打斜。担子很快地就让到路边。行人赶紧就避到两旁的店铺里去。

包车踏铃不断地响着。钢丝在闪着亮。还来不及看清楚——它就跑得老远老远的了。像闪电一样快。

而——据这里有几位抗战工作者的上层分子的统计，跑得顶快的是那位华威先生的包车。

他的时间很要紧。他说过——

“我恨不得取消晚上睡觉的制度。我还希望一天不止二十四小时。抗战工作实在太多了。”

接着掏出表来看一看，他那一脸丰满的肌肉立刻紧张了起来。眉毛皱着，嘴唇使劲撮着，好像他在把全身的精力都要收敛到脸上似的。他立刻就走：他要到难民救济会去开会。

照例——会场里的人全到齐了坐在那里等着他。他在门口下车的时候总得顺便把踏铃踏它一下：叮！

同志们彼此看着：唔，华威先生到会了。有几位透了一口气。有几位可就拉长了脸瞧着会场门口。有一位甚至于要准备决斗似的——抓着拳头瞪着眼。

华威先生的态度很庄严，用种从容的步子走进去，他先前那付忙劲儿好像被他自己的庄严态度消解掉了。他在门口稍为停了一会儿让大家好把他看个清楚，仿佛要唤起同志们的一种信任心，仿佛要给同志们一种担保——什么困难的大事也都可以放下心来。他并且还点点头。他眼睛并不对着谁，只看着天花板。他是在对整个集体打招呼。

会场里很静。会议就要开始。有谁在那里翻着什么纸张，悉悉率率的。

华威先生很客气地坐到一个冷角落里，离主席位子顶远的一角。他不大肯当主席。

“我不能当主席。”他拿着一支雪茄烟打手势。“工人抗战工作协会的指导部今天开常会。通俗文艺研究会的会议也是今天。伤兵工作团也要去的，等一下。你们知道我的时间不够支配：只容许我在这里讨论十分钟。我不能当主席。我想推举刘同志当主席。”

说了就在嘴角上闪起一丝微笑，轻轻地拍几下手板。

主席报告的时候，华威先生不断地在那里括洋火点他的烟[2]。把表放在面前，时不时像计算什么似地看看它。

“我提议！”他大声说。“我们的时间是很宝贵的：我希望主席尽可能报告得简单一点。我希望主席能够在两分钟之内报告完。”

他括了两分钟洋火之后，猛的站了起来。对那正在哇啦哇啦的主席摆摆手：

“好了，好了。虽然主席没有报告完，我已经明白了。我现在还要赴别的会，让我先发表一点意见。”

停了一停。抽两口雪茄，扫了大家一眼。

“我的意见很简单，只有两点。”他舔舔嘴唇。“第一点，就是——每个工作人员不能够怠工。而是相反，要加紧工作。这一点不必多说，你们都是很努力的青年，你们都能热心工作。我很感谢你们。但是还有一点——你们要时时刻刻不能忘记，那就是我要说的第二点。”

他又抽了两口烟，嘴里吐出来的可只有热汽。这就又括了一根洋火。

“这第二点呢就是：青年工作人员要认定一个领导中心。你们只有在这一个领导中心的领导之下，抗战工作才能够展开。青年是努力的，是热心的，但是因为理解不够，工作经验不够，常常容易犯错误。要是上面没有一个领导中心，往往要弄得不可收拾。”

瞧瞧所有的脸色，他脸上的肌肉耸动了一下——表示一种微笑。他往下说：

“你们都是青年同志，所以我说得很坦白，很不客气。大家都要做抗战工作，没有什么客气可讲。我想你们诸位青年同志一定会接受我的意见。我很感激你们。好了，抱歉得很，我要先走一步。”

把帽子一戴，把皮包一挟，瞧着天花板点点头，挺着肚子走了出去。

到门口可又想起了一件什么事。他把当主席的同志拽开，小声儿谈了几句：

“你们工作——有什么困难没有？”他问。

“我刚才的报告提到了这一点，我们……”

华威先生伸出个食指顶着主席的胸脯：

“唔，唔，唔。我知道我知道。我没有多余的时间来谈这件事。以后——你们凡是想到的工作计划，你们可以到我家里去找我商量。”

坐在主席旁边那个长头发青年注意地看着他们，现在可忍不住插嘴了：

“星期三我们到华先生家里去过三次，华先生不在家……”

那位华先生冷冷地瞅他一眼，带着鼻音哼了一句——“唔，我有别的事。”又对主席低声说下去：

“要是我不在家，你们跟密司黄接头也可以。密司黄知道我的意见，她可以告诉你们。”

密司黄就是他的太太。他对第三者说起她来，总是这么称呼她的。

他交代过了这才真的走开。这就到了通俗文艺研究会的会场。他发现别人已经在那里开会，正有一个人在那里发表意见。他坐了下来，点着了雪茄，不高兴地拍了三下手板。

“主席！”他叫。“我因为今天另外还有一个集会，我不能等到终席。我现在有点意见，想要先提出来。”

于是他发表了两点意见：第一，他告诉大家——在座的人都是当地的文化人，文化人的工作是很重要的，应当加紧地做去。第二，文化人应当认清一个领导中心，文化人在文抗会的领导中心的领导之下团结起来，统一起来。

五点三刻他到了文化界抗敌总会的会议室。

这回他脸上堆上了笑容，并且对每一个人点头。

“对不住得很，对不住得很：迟到了三刻钟。”

主席对他微笑一下，他还笑着伸了伸舌头，好像闯了祸怕挨骂似的。他四面瞧瞧形势，就拣在一个小胡子的旁边坐下来。

他带着很机密很严重的脸色——小声儿问那个小胡子：

“昨晚你喝醉了没有？”

“还好，不过头有点子晕。你呢？”

“我啊——我不该喝了那三杯猛酒。”他严肃地说。“尤其是汾酒，我不能猛喝。刘主任硬要我干掉——嗨，一回家就睡倒了。密司黄说要跟刘主任去算账呢：要质问他为什么要把我灌醉。你看！”

一谈了这些，他赶紧打开皮包，拿出一张纸条——写几个字递给了主席。

“请你稍为等一等。”主席打断了一个正在发言的人的话。“华威先生还有别的事情要走。现在他有点意见：要求先让他发表。”

华威先生点点头站了起来。

“主席！”腰板微微地一弯。“各位先生！”腰板微微地一弯。“兄弟首先要请求各位原谅：我到会迟了点，而又要提前退席。……”

随后他说出了他的意见。他声明——这文化界抗敌总会的常务理事会，是一切救亡工作的领导机关，应该时时刻刻起领导中心作用。

“群众是复杂的。工作又很多。我们要是不能起领导作用，那就很危险，很危险。事实上，此地各方面的工作也非有个领导中心不可。我们的担子真是太重了，但是我们不怕怎样的艰苦，也要把这担子担起来。”

他反复地说明了领导中心作用的重要，这就戴起帽子去赴一个宴会。他每天都这么忙着。要到刘主任那里去联络。要到各学校去演讲。要到各团体去开会。而且每天——不是别人请他吃饭，就是他请人吃饭。

华威太太每次遇到我，总是代替华威先生诉苦。

“唉，他真苦死了！工作这么多，连吃饭的工夫都没有。”

“他不可以少管一点，专门去做某一种工作么？”我问。

“怎么行呢？许多工作都要他去领导呀。”

可是有一次，华威先生简直吃了一大惊。妇女界有些人组织了一个战时保婴会，竟没有去找他！

他开始打听，调查。他设法把一个负责人找来。

“我知道你们委员会已经选出来了。我想还可以多添加几个，由我们文化界抗敌总会派人来参加。”

他看见对方在那里踌躇，他把下巴挂了下来：

“问题是在这一点：你们委员是不是能够真正领导这工作。你能不能够对我担保——你们会内没有汉奸，没有不良分子？你能不能担保——你们以后工作不至于错误，不至于怠工？你能不能担保，你能不能？你能够担保的话，那我要请你写个书面的东西，给我们文抗会常务理事会。以后万一——如果你们的工作出了毛病，那你就要负责。”

接着他又声明：这并不是他自己的意思。他不过是一个执行者。这里他食指点点对方胸脯：

“如果我刚才说的那些你们办不到，那不是就成了非法团体了么？”

这么谈判了两次，华威先生当了战时保婴会的委员。于是在委员会开会的时候，华威先生挟着皮包去坐这么五分钟，发表了一两点意见就跨上了包车。

有一天他请我吃晚饭。他说因为家乡带来了一块腊肉。

我到他家里的时候，他正在那里对两个学生样的人发脾气。他们都挂着文化界抗敌总会的徽章。

“你昨天为什么不去，为什么不去？”他吼着。“我叫你掩几个人去的。

但是我在台上一开始演讲，一看——连你都没有去听！我真不懂你们干了些什么？”

“昨天——我去出席日本问题座谈会的。”

华威先生猛地跳起来了：

“什么！什么！——日本问题座谈会？怎么我不知道，怎么不告诉我？”

“我们那天部务会议决议了的。我来找过华先生，华先生又是不在家——”

“好啊，你们秘密行动！”他瞪着眼。“你老实告诉我——这个座谈会到底是什么背景，你老实告诉我！”

对方似乎也动了火：

“什么背景呢，都是中华民族！部务会议议决的，怎么是秘密行动呢。……华先生又不到会，开会也不终席，来找又找不到……我们总不能把部里的工作停顿起来。”

“混蛋！”他咬着牙，嘴唇在颤抖着。“你们小心！你们，哼，你们！你们！……”他倒到了沙发上，嘴巴痛苦地抽得歪着。“妈的！这个这个——你们青年！……”

五分钟之后他抬起头来，害怕地四面看一看。那两个客人已经走了。他叹一口长气，对我说：

“唉，你看你看！现在的青年怎么办，现在的青年！”

这晚他没命地喝了许多酒，嘴里嘶嘶地骂着那些小伙子。他打碎了一只茶杯。密司黄扶着他上了床。他忽然打个寒噤说：

“明天十点钟有个集会……”

选自《速写三篇》，人民文学出版社2001年版

题解

《华威先生》是张天翼在抗战期间创作的一篇杰出讽刺短篇小说，原载《文艺阵地》1938年第1卷第1期。作家以幽默诙谐的笔调，漫画夸张式手法，塑造出一个极其迷恋开会，处处争取领导权的国民党官僚形象。这一形象被视为官僚阶层被权力欲望异化的某种表征。本篇也成为抗战文学“暴露与讽刺”之滥觞。

张天翼（1906—1985），现代小说家、儿童文学作家，湖南湘乡人。1926年夏考入北京大学预科。1931年参加中国左翼作家联盟。抗日战争时期参加救亡运动。著有长篇小说《清明时节》《鬼土日记》、短篇小说集《从空虚到充实》《速写三篇》等，以及儿童文学《大林和小林》《宝葫芦的秘密》等。其创作具有鲜明的幽默讽刺特色，尤其擅长于描写城市灰色人物和小市民心理。

注释

［1］黄包车：旧时的一种人力车，也称洋车。

［2］洋火：火柴。

思考与练习

1. 作家蒋星煜评论说："在广大的中国的土地上，华威先生之多，犹如恒河沙数……华威先生的时代还没有死去。"请结合现实生活，谈谈你对"华威先生的时代还没有死去"这一判断的理解。

2. 分析这篇小说讽刺手法的具体表现，并比较其与鲁迅小说讽刺手法的异同。

琥珀色的篝火

乌热尔图

猎人尼库和他的儿子，还有妻子塔列走在山路上。

尼库高个儿头。他那被九月的太阳晒得发黑的脸，拉得挺长，显得很难看。秋卡头发蓬乱，牵着驯鹿，一窜一窜地跟在父亲身后，几乎在小跑。孩子的母亲骑在一头粗壮的驯鹿背上，弓着腰，垂着头，用深绿色的头巾包住额头。还有两头驮着炊具和行装的灰白色驯鹿，张着大嘴，晃着锯掉了茸角的光秃秃的脑袋，颠着碎步，跟在最后。

现在是黄昏，林子里倾斜的光线变成了玫瑰色。树枝上的鸟儿扯着嗓门叫着，发出各种悦耳动听的音调，可谁也没有兴趣理睬它们。

“爸爸！”

走在前面的尼库扭过头来，瞥了一眼儿子。

“太阳快下去了，还没到呀？”

尼库紧绷着脸，没说什么。他把目光投向妻子。他的妻子脸色苍白，眼神暗淡无光。他皱起眉头，心好像被什么东西揪了一下。他的步子迈得更大了，两眼盯着前面淡褐色的山脊。

他们走得很快。走过又高又密的松林，尼库收住脚步，低头盯着一条野鹿走过的小径。这样的小径常被人当成小路。小径上果真留着一片杂乱的印迹，不知是什么人走的脚印。这些足迹还很新鲜，被它踩倒的嫩草冒着叶浆，地面上几片掀翻了的枯叶散发着湿乎乎的霉味。

“秋卡——过来！”尼库呼唤着儿子。他声音不高，嘴撇了一下，脸上的皱纹连在一起。

秋卡牵着驯鹿的缰绳，倚在一棵小树上，真累乏了。听到喊声，他扶了扶被病痛折磨着的母亲，晃着又瘦又窄的膀子，慢腾腾地走过来。

“哪儿飞来这么几只鸟儿？真他妈的笨透了！”尼库低声骂了一句，顿了顿脚，在地上吐了口痰，继续朝前走去。

谁也没有再说什么。天快黑了，人太乏了。当跨过这片足迹的时候，塔列挺起精神，在驯鹿背上皱着眉头朝下瞅了瞅。

太阳悄悄地溜走了，林子里已经看不见它的影儿。他们来到小河边。这是猎人常用的露营地。露营地是靠近河边的一块平地，平地中间有一堆残灰。尼库砍来一抱细软的树枝，铺在潮湿的地面。秋卡把母亲扶下驯鹿，扯过一张犴皮铺在地上[1]，让母亲躺在那里。秋卡忙了起来。他卸下驯鹿的鞍具，找来旧木绊，给每头驯鹿上妥蹄绊。然后，把它们撵进林子，让驯鹿自己去找苔藓和蘑菇吃。

树枝上的鸟儿叫得真欢，这是几只喜欢熬夜的鸟儿。小河变得比白天还急躁。水流得哗哗响。天黑了。

篝火着了起来。尼库盘腿坐在火边，翻弄着木叉上的烤肉。吊锅里炖的肉粥咕咕地翻着气泡。从他背后传来塔列的咳嗽声，伴随着低沉的呻吟。

“我们吃饭吧，秋卡。”尼库说。

他从身旁的皮驮袋里取出三个小碗，两个厚厚的烤饼，还有一包白糖。

他抽出猎刀，把烤饼切成块，摊在一张新剥的桦树皮上。这张米黄色的桦树皮成了干净的地桌。

“我……不想吃……一点也不饿。”塔列有气无力地说。

“还是吃点好。”尼库伸过粗硬的大手，在妻子额头上摸了摸，脸色阴沉，很难看。

“我……真挺不住了，驯鹿……都骑不稳，身子骨像散了架……咳……尼库，我胸口里有什么东西坏了，也许是烂了。”

“你累了，别瞎说。明天翻过前面的山脊，下午就能赶到公路。顺当的话，晚上就住上医院了。”

“医院也……”她的声音很低。

“上次你真不该从医院跑回来。”

“在山上……我死了也不觉得难受……要不是怕你生气，这次我真不想下山……我真要死的话，早晚也得埋在山上。”

“你老说死，死！真烦人。秋卡，吃饱了吗？去把毛毯拿来。”

“你们一口都没吃！”秋卡站起来，映着火光的嫩脸变得暗淡，两片厚嘴唇撅了起来。

尼库上下打量着站在眼前的十四岁的儿子。他脸上虽然带着孩子气，可从他的眼神，全身的骨架，已经看得出将来他会成为有力气、有筋骨的猎手。尼库操起猎刀割块熏成暗红色的烤肉，填在嘴里，慢慢地嚼着。

秋卡双手抱膝躺在火堆边，小狗似的蜷卧在一块厚毛的獐子皮上，身上盖着毛毯睡着了。他眯着眼，半张着嘴，好像在梦里也为谁担忧。

林子里真静。尼库紧闭着嘴，两眼直愣愣地盯着一个地方。塔列侧身倚着什么，半卧着，不时从她喉咙里发出一阵揪动人心的咳嗽声。

“尼库！”

“嗯。”

“你看星星，真多……天太晚了，你不想睡吗？”她望着头顶墨蓝色的夜空。

“我，不想睡，你睡吧。”

他抽了一块木柈[2]，扔在火堆上，两眼死死地盯着它，全身一动不动。这块灰白色的木柈先是被暗红的火炭熏烤，发出几声细微的脆裂声。隔了一会儿，呼地一闪，木柈由下而上窜起几缕淡红的火苗。火苗开始的时候很弱，闪动了几下，转眼间变大了，变成一团明亮的，欢快的火。现在，他感到了这块木柈发出的全部热量，脸和手被它烤得热乎乎的。他感到说不出的快慰，还有一股由远而近，由近而远的暖气。可这一段时间太短暂了，短得真像一眨眼的工夫，那灼人的火光，透人心底的暖气，减弱了，消失了。这块木柈的全部热量燃烧掉了。它裂成几块，变成淡黄色的火炭，无声地跌落在火堆中。他看呆了，眼圈变得湿润，抓起一块烤肉，扔进火堆，烤肉冒了一缕细微的烟丝，眼看着烧成一团黑炭。他又把一块烤饼扔在里面，虔诚地望着，瞧着这堆有着自己生命的火。

“尼库！”

“哦。”

“你转过脸来，我想再说几句。”

“别说了，我不想听。你说一句话，比喝一口水都费劲。”

“尼库，你别这样。我想……告诉你，今天我从你身后，瞅着你的背，你的胳膀，你的两条腿，看你迈步，甩胳膊，我觉得心里真好受。我……想起，你第一次在桦树林里亲我，那时候我们真年轻。”

“塔列，你在说些什么？”他扭头瞅瞅自己的儿子，“你是不是在说胡话？”

“这不是胡话。昨天晚上，我是说了胡话。可现在不是。我……想起，你亲我的时候，我的心是怎么跳的，还想起，从那以后，让我高兴的事儿。咳——咳——尼库，你那么能干，喝醉酒也不像别人那样打自己的老婆。你多爱我呀！从你那次亲我，谁也没偷去我的心。它是你的。可我，我还是觉得对不起你。”她的声音变得颤抖。

“算了。你说这些干啥？我们都老了，老了，真老了！”

“一路上，我把这一生高兴的事儿，都想起来了。”

“你别说了，好不好？”

“我知道你心烦。”

“我烦透了。塔列！”

“我知道为什么！”

“为什么？”

"为我。还为那些脚印！"

"你也看见了？那几只鸟儿，真是笨透了。离小路只有几步远，蹭着边走过去，硬是没看见。妈的，看见他们没准我会用柳枝抽他们一顿。"

"尼库，你别那样。到了他们的城里，你也会迷路的。"

尼库扭过头去，盯着火，又垂下脑袋，神态十分苦恼。

"尼库，你想去。可你怕我……"塔列打起精神瞧着丈夫。在这个世界她是最了解他的人。

"可他们是三个人呀！是三个吗？那一阵儿，我头晕，两眼发花。"

"是三个人。这三个家伙拖着脚后跟，像受伤的野猪，可能……还没吃的，我在那儿瞧见他们的一滩屎，就像黑熊拉的。"

"你——去——吧！"

尼库很烦躁，他站起身，弯腰抱起几块木桦，哗地一声，压在火堆上，随后一屁股坐在那里，一句话也没说。火堆中响起木柴噼噼啪啪的爆裂声。

"咳——咳——尼库！我说话真费劲，心都跟着跳。你——去——吧。我知道你在等我这句话。"

尼库转过身来，凝视着妻子失去血色的脸。这张脸罩了一层桔黄色的火光。她年轻的时候多漂亮呵，他和她一起过了这么多年，从来也没觉得她难看。可现在，谁都感到自己老了，到了更加难离难舍的年纪了。他轻轻地抚摸着她那变得粗糙和松弛的脸，心里的血变得热乎乎的。他第一次这么强烈地体会到生命的美好，还有残存在心底的青春的气息。他觉得这一切并没有离开他。

"不要说这个好，那个好。你比谁都好……那你一定吃点东西。"他说。

"我吃。为了你，我也要吃一点。"

尼库轻轻地推了推睡得正香的儿子。"秋卡，你醒醒。"

秋卡睡意正浓。他翻个身，蹬了蹬腿，睁开眼睛，一挺腰，坐了起来，阴森森的冷气一吹，他打个哆嗦，急忙扯过毛毯裹在身上。

"秋卡，天亮你就把驯鹿赶回来。你听——在那片林子里，没走远。明早吃完东西就走，下午能到公路。堵一辆拉木头的汽车，就说是尼库的儿子，送妈妈下山看病，他们会把你们捎去的。"

"那你去哪儿？天这么黑！"

“去看那三个人。你在路上没看见他们的脚印？那是迷路了。”

孩子瞧着母亲，神色不安。

“不怕，孩子。给爸爸装点吃的。”塔列说。她的声音变得又低又哑。

秋卡借着闪动的火光取出食品，装在父亲的背夹子里。

“给你，斧子也得带。”

尼库站在火堆旁，挺直了身腰，默默地望着妻子和孩子。他觉得该走了，弯腰把背夹子搭在后背，左肩挎上猎枪，右手拎着砍刀。火光在他的脸上闪来闪去。

“把路指给他们，我就往回走。明天也许能撵上你们。”说完，他迈开双腿，朝黑沉沉的林子里走去。

秋卡裹着毛毯站在那里，呆呆地望着父亲黑黝黝的身影，这身影消失在一片昏暗中。他什么也看不见了，眼前是一堵黑色的墙，还有，从高高的墙顶透出的几块深蓝色的光斑。从那没有边沿的黑墙里传来一阵有节奏的砍树标的声音。渐渐地，声音越去越远了。

“这么黑，爸爸怎么看路？”秋卡站在那里一动不动。

“是呀，这时候野鹿的眼睛也不管用，它们要靠鼻子和耳朵。你爸爸，现在得靠他的脑袋。睡吧，孩子。”说完，她按着胸脯咳嗽起来，全身像痉挛似的抽动。

在林子里走夜路要比白天费力。尼库正在横穿黑幽幽的密林。他把一只手臂探在脸前，防止干硬的树梢划伤眼睛。他认为眼睛是最值得保护的。天要放亮时，他走出很远。他走的方向与公路正好相反。为此，他在心里把三个迷路人又臭骂了一顿。

这一天真糟，太阳还没升起来，就被厚厚的云块围住了。天空中的乌云翻腾起来，像一群松鼠在撕咬，追逐。尼库在林子里大步跑起来。他闻到了暴雨的气息。

暴雨到来之前，他总算找到了那些脚印。他松了口气，站在一棵树干下，任狂风吹拂自己发热的胸脯。他琢磨着那些拖拖拉拉的足迹，揣想那几个可怜的迷路人准是在绕一个山包转圈。他知道，眼下，他们的处境很危险。

大雨泼下来了，林子里原有的声音消失了，只有大粒的雨珠噼噼啪啪地落在树叶上、岩石上、河水里，汇成气势无比的音响。雨越下越大。

尼库走得更快了。他被淋得浑身精湿。使全身颤抖的冷气，针刺般穿透胸脯，朝他的心底逼进。这样冷飕飕的秋雨是能冻死人的。他的脑袋里闪出迷路人的影子：绝望的，饥饿的，僵硬的。眼前出现的变幻不定的情景，鞭子似的抽打着他的脊背。

他觉得这一天特别长。雨势弱下的时候，他终于发现自己全力寻找的目标。三个迷路人蜷缩在一个陡峭的石壁下。铁青的岩石用冰冷的爪子，抓住了他们的肉体。

他站在他们面前。这是三个穿着野外作业服的陌生人。看来，是从很远的地方来的。也许为干件大事儿，甘心来冒这么大风险。他盯着一张年轻的脸，这还是个孩子。他那又厚又密的黑发，被冰冷的雨水粘在一起，有几绺垂在平滑的额头上。手臂搂着这个年轻人的是戴着眼镜的老头儿。他额头光秃，脸上的皱纹已经不少，还有一个中年人，好像在做梦，脸上挂着青紫的笑纹。

他喘了口长气，甩了一把脸上的水珠，从肩上取下猎枪，倚放在一块岩石上，把背夹子一甩，砰地扔在地上，身上那件湿淋淋的上衣，也被他哗地一扯，抛在一旁。他凑上前去伸手摸了摸那一张张冰冷的脸，把手放在年轻人的嘴唇上。他感觉到一丝微弱的气息。他用力扯了一把，觉得这个活着的血肉像具由软变僵的新尸。他对准他的胸脯，猛捶一拳。年轻人哼了哼，声音那么微弱，眼神闪了闪，又被僵硬的眼皮遮住了。由于极度饥饿、疲乏引起的各种感觉，在他身上骤然消失了，一切都变得可以忍受，可以坚持。他解下背夹子上的斧头，左右望了望。附近青紫色的冷雾中，有片被雨水冲洗得十分新鲜的松林。他摇晃着双肩，迈着沉重的脚步，朝那里走去。

他在林子里四处寻找。他找到一棵枯死的松树，这棵树没有枝杈、光秃秃的。他用斧背敲敲外表湿滑的树干，树干发出咚咚的声音。他挥起锋利的小斧，砍着树干的根部，树被砍倒了。失去根基支撑的树干猛地摔在岩石上，拦腰断成两截，从断裂处露出灰白的、干硬的木质。他又在林子里找了截碗口粗干枯的柳木，挟在腋下。他把半截树干扛在右肩，拎着小斧朝回走来。

他干的真猛。一会儿工夫，半截树干劈成一堆细长的木柈，木柈散发着松脂的清香。

他蹲在地上，抽出猎刀，削起那截柳木。柳木外表的湿皮被削掉了，露出里面干爽的木芯，木芯很快又削成了花瓣似的木屑。这一切他做得熟练，迅速。随后，他从贴身衣兜里掏出一个小巧的桦皮盒，打开木塞，抖出一盒火柴。嚓地一声，微小的火花在那堆木屑上跳了一下，冒起一缕青烟。紧接着，木屑变成火团，发出呼呼的燃烧声。他在火团上横竖交叉压了几块木柈。一堆篝火着了起来，火光是琥珀色的，很好看。在这满是水气、被暴雨糟蹋的林子里，用这么短的时间生起一堆火，他觉得挺愉快。

他砍来树枝，散铺在火堆四周，把三个冻僵的迷路人拖到火堆边。

他忙着，奔来奔去。帐篷终于搭成了，完全是鄂温克式的。它圆锥形，尖顶，四周的围子是用爬松枝排满的。简易帐篷里的火很旺，热气逼人。

“妈的，我干的不错，真顺当！”他对自己很满意。“我还没老，就是小伙子们这样干，也要累瘫的。”他想。

他用最后一点力气，把三个迷路人的湿乎乎的外衣脱掉，挂在火堆上面的枝叉上。从背夹子里取出带来的烤饼、烤肉，摊在火堆边。他想，这些很快就会暖和过来的迷路人，会吃掉这些东西的。

他觉得再也支撑不住了，难以忍受的饥饿，极度的疲劳，使他头晕、想吐、心慌。他还想干点什么，可失去头脑支配的肉体，软软地瘫在火堆边。他仰起头，望见树梢间露出两颗浅黄色的星星。好像有道闪电在他眼前划过。他想起病重的妻子，还有十四岁的儿子。他真想象不出他们是怎样度过这场暴雨的。

“你们怎么样？塔——列！”

他用手臂支撑沉重的身体：“我要回去。回去，这就回去！”他命令自己。

他太累了，脑袋越来越沉，全身松软无力。他身子一歪，昏睡过去。

不知睡了多久，朦胧中他感到难以忍受的饥渴。腰、腿，全身各部位，针刺般疼痛。他醒了，听见有人在耳边悄声细语。他睁开眼睛，天已经大亮。他眼前晃动着三个陌生人的面孔。他突然愣住了，仔细想想，想起了昨天发生的一切。

戴眼镜的老汉坐在他身边。脸蛋有了血色的年轻人，握着他的手，一会儿攥紧，一会儿放松。

“醒了，他醒了！”年轻人嚷了起来。

“哦——”他喘口长气。他嘴唇干裂，心里很不好受。

“您救了我们三个人的命！”戴眼镜的老汉嘴唇在抖，眼眶湿了。

他坐起来，瞅瞅他们，没说什么。他觉得没什么可说的。不论哪一个鄂温克人在林子里遇见这种事儿，都会像他这样干的。只不过有的干得顺当，有的干得不顺当。他转过脸去，朝火堆瞥了一眼。火已经变成一堆残灰，木柈早已烧光。放在火堆边的烤饼、烤肉，一块也没剩下。他觉得心里不舒服。他太想吃东西了，哪怕是喝口水。他的眼神在这些陌生人脸上慢慢地滑过。那种不痛快的感觉消失了，他心里又觉得很顺畅。这是从大城市来的人呀！他们见过多少世面！现在，他们用这么恭敬的眼光望着他——一个鄂温克猎人。他发现自己被人推到一个尊贵的位置，这是难得的心灵里的位置。这是第一次！多漂亮的第一次呵！他很满意，很痛快，很高兴。

“你们——好了？”他问。

“好了，好了。就是饿了两天，身上还没劲儿。”年轻人说。

“您是猎人？”戴眼镜的老汉问。

他点点头。

“鄂温克猎人？”

他又点点头，脸上露出笑容。

“你们——在这个山转圈。”他提高了声音，汉语讲得生硬。“你们——住在帐篷——帆布的——在小河边。我知道。”

“对，我们的帐篷是在小河边。”

“你们——这样走——那个桦树林——穿过去——看见小河——顺小河走。”

“往哪里走？”

“顺流水走——半天——半天就到了。”

“谢谢您！”

“真谢谢您！”

他站起身，肩膀晃了晃，他觉得腰、腿一夜之间变得十分僵硬。

“您饿了吧？”戴眼镜的老汉问。“真对不起！您带的饼和熟肉让我们吃光了。”

“光了好——我去打猎。”他扛起猎枪，晃着双肩，朝林子里走去。

这次出猎很顺利。走出不远，在桦树林里他发现狍子的蹄印[3]。这印迹新鲜，是刚走过去的。他放慢脚步，穿过树丛，瞧见那只狍子，它正在低头吃草，枪响了，狍子身子一抖，朝前窜了两步，栽倒在那里。他走过去，抽出猎刀，剖开它的胸膛，掏空内脏。他干得非常利落。三下两下就弄妥了。他一屁股坐在地上，在草丛里擦了擦手，用猎刀把新鲜的、热乎乎的狍肝切成块，用手抓着，大口大口地吃起来。他饿极了，吃得很香。他觉得肚子不空了，身上添了劲儿。出猎的鄂温克人打到狍子，谁不先尝新鲜的生狍肝。

他把猎物扛了回来。三个饿得发慌的迷路人，瞪大了眼睛焦急地等待着他。

他没有心思再去理睬他们的问话，脸色变得阴沉。他默默不语，弯腰收起斧头。割了块狍子肉，绑在背夹子里。弄妥行装，他站起身。

“我——回去了。”他对他们说。他的声音很慢，语气挺重。“你们——那个桦树林穿过去——找到小河——能到家。”说罢，他把背夹子搭在后背，操起猎枪，手中拎着砍刀。他最后望了他们一眼。他想：有一天，在他们的城里见面，能认出他来，就行了。不能再耽误了。他转过身去。

“大叔——”年轻人在他背后喊他。

“大叔——”戴眼镜的老汉也在这样称呼他。

“您——别走！我们还会迷路的。”这是那个中年人的声音。

他的心猛地被什么东西紧紧地拉住了。他转过身来，呆呆地站在那里。他盯着年轻人的脸。这两只眼睛湿漉漉的，眼神是真切、诚实的。他瞧瞧戴眼镜的老汉。老汉脸上每个微小的表情，都在表达一个希望。这个希望他理解了。最使他愉快的是老汉刚才那声称呼：“大叔——”他心里想笑，因为他知道，眼前这位老汉比他的年岁要大。他又瞅了瞅那个中年人。他的脸像孩子似的，一下子变得这么哀愁。

他们站在那里，呆呆地对视着，彼此等待着。

尼库终于放弃走的念头。他摘下背夹子，猎枪。动作缓慢、凝重。

他笑了。他笑了。他也笑了。

尼库回到火堆旁，坐在那里，默默不语。不知为什么，他想起过去一些让他不愉快的事儿。他想起那次在小镇上喝醉了酒，舒舒服服地躺在路边的树荫下，一群孩子无缘无故朝他撇来一块块石头。他还想起，有一次，他扛着猎枪，穿着渍满血污的猎装，走在热闹的大街上，不少人用那样一种眼光盯着他，有的直躲。那种眼光他记得清清楚楚，好像他们在看一匹马，一头牛。他还想起，他走进招待所时，那个女服务员的神态。他记下了她扭歪了的小鼻子，捂得很严的、难看的大嘴。他还想起什么……他想哭，找个没人的地方，放声哭一场；他又想笑，扯开自己的喉咙，大笑一通。他没有哭，也没有笑，仰起头，望着遥远的蓝天。它是那么蓝，那么干净。他觉得这块蓝天现在离他并不远，一点也不远。

他心情变得明朗，变得痛快，变得舒服了。他忘掉了一切忧愁。

“我们——做饭——我会烤肉——炖肉——不会炒肉。”他笑了。几天没洗脸，他脸上留着几道污痕，笑起来反而很动人，很有神采。

“我们连个锅都没有。”

“我会——我都会。”他很自信。

“太好了，我来帮你。”年轻人说。

他忙了起来。他从白桦林剥来大张的桦树皮，折成盆形，用细软的松树根再把它缝得严严实实。他从河边捧来一堆卵石，把这些卵石扔在火堆中。他做桦皮桶很快。只把一块桦树皮折了折。用松树根缝了几下就成了。不过这个桶没有提手，装了水只能搂在怀里。他在盆形的桦皮锅里放上水，添了肉，又撒点盐，再用木棍把扔在火堆里的卵石，一块块夹出来，放在桦皮锅里。顿时，冰冷的水翻起白色的气泡，水开得翻花，滚烫的卵石炸裂了，桦皮锅里的肉变了颜色。弄妥炖肉，又忙起烤肉。他把切成片的生肉串在木叉上，抹了盐面，竖插在火堆旁，让年轻人照看。他没停手，翻出狍子的胃囊，去水坑洗净，在里面装水，添肉，把口扎紧，放在火堆里。炭火不紧不慢地熏烤着胃囊，等到胃囊被烧焦，里面的肉也就炖熟了。尼库兴致很高，他把祖辈传授的古老的生活经验表演出来了，就凭一把猎刀，一双手。

肉熟了，四周飘着香味。这些肚子变得又空又瘪的人，围着火堆，手拿把抓，大口大口地吃起来。尼库瞧着他们。

时间过得真快。尼库抿着嘴角，不说，也不笑，可心里痛快极了，不知是什么东西使他忘记忧愁，把他的心同陌生人连在一起，竟变得难离难舍。

他累了，躺在地上，头枕着一块石头。该动身了，他想。

有什么响声？就在前面的林子里，声音微弱。他挺身坐起来，侧耳细听。那声音又传过来了，还是那么微弱，可又这么熟悉。他的心狠狠的被揪了一下。他腾地跳起来，拎起背夹子、猎枪、砍刀，直朝林子里跑去。幽幽山林变得灰灰蒙蒙的。

他一头冲进桦树林，呆立在那里。被树枝划伤脸蛋，撕破外衣的秋卡，可怜巴巴地站在他的面前。

“你来干什么？”他吼起来。

“爸爸……”

“你妈妈怎么样？”

“爸爸，桥断了，大水冲的。公路上一辆汽车也没有。”

“你还小吗？不会想办法？笨东西！找木头，扎木排，坐木排过河！”

“爸爸，我连一把斧头也没有。”

“别说了，别说了。你妈妈怎么样？”

“……”

秋卡用手捂住眼睛，泪珠顺着手指缝里流出来。

“你说，你妈妈怎么样？快说！”

他随手折根木棍，举在半空，猛抽在孩子的腰上。

秋卡被打个趔趄，撞在身后的小树上。他站在那里，既不躲，也不哀求，咬牙忍着疼痛，那泪汪汪的眼睛望着父亲。

“你哑巴了吗？”

“妈说：她哪儿也不去了，她说，她就死在那儿……”

“你来的时候，她还好吗？”

“妈说，等你回去，见你一面……才……才……”

“别说死，别说死。鬼东西！我问你：她还好吗？”

“好……”

“能说话吗？”

“能……可我一点也听不清了。”

“走！我们快点走！”

“爸爸，我走不动了。”

"鬼东西，我背你。走吧，我们快点，快一点。你真笨，笨透了。"

尼库回头望了望。他知道那些迷路人很快就会找到自己的帐篷。

灰蒙蒙的密林像墨绿色的海，淹没了父子的身影。

"大叔——"

从他们背后传来喊声。这是那三个人的呼唤。大概是在林子里的缘故，他们的声音变了，变得清脆，像孩子充满渴望的、纯真的童音。

森林沉默了，倾听着他们的呼唤。

选自《乌热尔图小说选》，内蒙古当代文学丛书编委会编，内蒙古人民出版社1986年版

题解

小说以巧妙的构思和生动的细节描写，展现了鄂温克族人的善良本性，表现了深厚的民族情谊。善于选择最具典型意义、富于强烈冲突的细节，在生命攸关的关键时刻着力展示人物的内心世界和美好灵魂，有较强的情感色彩和艺术感染力。

乌热尔图（1952— ），作家，鄂温克族。鄂温克民族的生活历史、大森林绚丽的自然风景，构成其短篇小说独有的世界。短篇小说代表作《一个猎人的恳求》《七岔犄角的公鹿》《琥珀色的篝火》连续获得1981年、1982年、1983年全国优秀短篇小说奖。

注释

［1］犴皮：驼鹿皮。

［2］木柈：大块的劈柴。

［3］狍子：鹿科的一种，耳朵和眼睛都很大，颈长，尾很短，后肢略比前肢长。

思考与练习

1. 结合课文中尼库对待妻子、儿子、迷路人的行动、语言、心理、外貌描写的句子，分析尼库的人物形象。

2. 举例说说这篇小说艺术上的特色。

3. 本篇小说表现了怎样的民族情谊？

三体（节选）

刘慈欣

以后的八年，是叶文洁一生中最平静的一段时间。“文革”中的经历造成的惊惧渐渐平息，她终于能够稍微放松一下自己的精神。红岸工程已经完成了实验和磨合期，一切渐渐转入常规，需要解决的技术问题越来越少，工作和生活变得有规律了。

平静之后，一直被紧张和恐惧压抑着的记忆开始苏醒，叶文洁发现，真正的伤痛才刚刚开始。噩梦般的记忆像一处处死灰复燃的火种，越烧越旺，灼烧着她的心灵。对于普通的女性，也许时间能够渐渐愈合这些创伤，毕竟，“文革”中有她这样遭遇的女性太多了，比起她们中的很多人，她算是幸运的。但叶文洁是一位科学女性，她拒绝忘却，而且是用理性的目光直视那些伤害了她的疯狂和偏执。

其实，叶文洁对人类恶的一面的理性思考，从她看到《寂静的春天》那天就开始了。随着与杨卫宁关系的日益密切，叶文洁通过他，以收集技术资料的名义，购进了许多外文的哲学和历史经典著作，斑斑血迹装饰着的人类历史令她不寒而栗，而那些思想家的卓越思考，则将她引向人性的最本质也是最隐秘之处。

其实，就是在这近乎世外桃源的雷达峰上，人类的非理性和疯狂仍然每天都历历在目。叶文洁看到，山下的森林，每天都在被她昔日的战友疯狂砍伐，荒地面积日益扩大，仿佛是大兴安岭被剥去皮肤的部分，当这些区域连成一片后，那幸存的几片林木倒显得不正常了。烧荒的大火在那光秃秃的山野上燃起，雷达峰成了那些火海中逃生的鸟儿的避难所，当火烧起来时，基地里那些鸟儿凄惨的叫声不绝于耳，它们的羽毛都被烧焦了。

在更远的外部世界，人类的疯狂已达到了文明史上的顶峰。那段时间，正是美苏争霸最激烈的时期，分布在两个大陆上的数不清的发射井中，在幽灵般潜行于深海下的战略核潜艇上，能将地球毁灭几十次的核武器一触即发，仅一艘“北极星”或“台风”级潜艇上的分导核弹头，就足以摧毁上百座城市，杀死几亿人。但普通人对此仍然一笑置之，似乎与己无关。

作为天体物理学家，叶文洁对核武器十分敏感，她知道这是恒星才具有的力量。她更清楚，宇宙中还有更可怕的力量，有黑洞，有反物质，等等，与那些力量相比，热核炸弹不过是一支温柔的蜡烛。如果人类得到了那些力量中的一种，世界可能在瞬间被汽化，在疯狂面前，理智是软弱无力的。

进入红岸基地四年后，叶文洁和杨卫宁组成了家庭。杨卫宁是真心爱着叶文洁的，为了爱情，他放弃了自己的前途。这时，“文革”最激烈的时期已经过去，政治环境相对温和了一些，杨卫宁没有因为自己的婚姻受到迫害，但因为娶了一个戴着反革命帽子的妻子，被视为政治上不成熟，丢掉了总工程师的职位。他和妻子能够作为普通技术人员留在基地，也仅仅是因为技术上离不开他们。对于叶文洁来说，接受杨卫宁的爱情主要是出于一种报恩的心理，在那最危难的时刻，如果不是他将自己带进这个与世隔绝的避风港，她可能早已不在人世了。杨卫宁很有才华，风度和修养俱佳，不是一个让她讨厌的人，但她自己已心如死灰，很难再燃起爱情的火焰了。

对人类本质的思考，使叶文洁陷入了深重的精神危机。她首先面临的，是一种奉献目标的缺失，她曾是一个理想主义者，需要将自己的才华贡献给一个伟大的目标，现在却发现，自己以前做的一切全无意义，以后也不可能有什么有意义的追求。这种心态发展下去，她渐渐觉得这个世界是那样的陌生，她不属于这里，这种精神上的流浪感残酷地折磨着她，在组成家庭后，她的心灵反而无家可归了。

这天叶文洁值夜班，这是最孤寂的时刻，在静静的午夜，宇宙向它的聆听者展示着广漠的荒凉。叶文洁最不愿意看的，就是显示器上缓缓移动的那条曲线，那是红岸接收到的宇宙电波的波形，无意义的噪声。叶文洁感到这条无限长的曲线就是宇宙的抽象，一头连着无限的过去，另一头连着无限的未来，中间只有无规律无生命的随机起伏，一个个高低错落的波峰就像一粒粒大小不等的沙子，整条曲线就像是所有沙粒排成行形成的一维沙漠，荒凉寂寥，长得令人无法忍受。你可以沿着它向前向后走无限远，但永远找不到归宿。

但今天，当叶文洁扫了一眼波形显示器后，发现有些异样。即使是专业人员，也很难仅凭肉眼看出波形是否携带信息，但叶文洁对宇宙噪声的波形太熟悉了，眼前移动的波形，似乎多了某种说不出来的东西，这条起伏的细线像是有了灵魂，她敢肯定，眼前的电波是被智能调制的！叶文洁冲到另一台主机终端前，察看计算机对目前接收内容识别度的判别，发现识别度是AAAAA！！在这之前，红岸接收到的宇宙电波，识别度从未超过C，如果达到A，波段包含智能信息的可能性就大于百分之九十；连续五个A是一个极端情况，它意味着接收到的信息使用的就是红岸发射信息的语言！叶文洁打开了红岸译解系统，这个软件能对识别度大于B的信息进行试译解，在整个红岸监听过程中，它从未被正式使用过。按软件试验运行中的情况，翻译一段可能的智能编码可能需要几天甚至几个月的运算时间，出来的结果多半还是译解失败。但这次，原始文件刚刚提交，几乎没有时间间隔，屏幕上就显示译解完成。叶文洁打开结果文件，人类第一次读到了来自宇宙中另一个世界的信息，其内容出乎所有人的想象，它是三条重复的警告：

不要回答！

不要回答！！

不要回答！！！

在令她头晕目眩的激动和迷惑中，叶文洁接着译解了第二段信息：

这个世界收到了你们的信息。

我是这个世界的一个和平主义者，我首先收到信息是你们文明的幸运，警告你们：不要回答！不要回答！！不要回答！！！

你们的方向上有千万颗恒星，只要不回答，这个世界就无法定位发射源。

如果回答，发射源将被定位，你们的行星系将遭到入侵，你们的世界将被占领！

不要回答！不要回答！！不要回答！！！

看着显示屏上闪动的绿色字迹，叶文洁已经无法冷静思考，她那被激动和震撼抑制了的智力只能理解以下的事实：现在距她上次向太阳发送信息不到九年，那么这些信息的发射源距地球只有四光年左右，它只能来自距我们最近的恒星系：半人马座三星！

宇宙不荒凉，宇宙不空旷，宇宙充满了生机！人类将目光投向宇宙的尽头，但哪里想到，在距他们最近的恒星中，就存在着智慧生命！

叶文洁看看波形显示，信息仍源源不断地从太空中涌进红岸天线，她打开另一个接口，启动了实时译解，接收到的信息被立刻显示出来。在以后的四个多小时中，叶文洁知道了三体世界的存在，知道了那个一次次浴火重生的文明，也知道了他们星际移民的企图。

凌晨四点多，来自半人马座的信息结束了，译解系统开始无结果地运行，不断发出失败信息，红岸监听系统所听到的，又是宇宙荒凉的噪声。

但叶文洁可以确定，刚才的一切不是梦。

太阳确实是一个超级天线，但八年前那次试验中为什么没有收到回波，为什么木星的辐射波形与后来的太阳辐射对不上？叶文洁后来想出了许多原因，基地的电台可能根本不能接收那个频段的电波，或者收到后只是一团噪音，就认为是什么都没有收到。至于后者，很可能是因为太阳在放大电波的同时，还叠加了一个波形，这个波形是有规律的，在外星文明的译解系统中很容易被剔除，但在她的肉眼看来，木星和太阳的辐射波形就大不相同了。这一点后来得到了证实，叠加的是一个正弦波。

她警觉地四下看看，主机房中值班的还有三人，其中两人在一个角落聊天，一人在终端前打瞌睡；而在监听系统的信息处理部分，能够查看接收内容识别度和访问译解系统的终端只有她面前这两台。她不动声色地迅速操作，将已接收到的信息全部转存到一个多重加密的隐形子目录中，用一年前接收到的一段噪声代替了这五个小时的内容。

然后，她从终端上将一段简短的信息输入红岸发射系统的缓存区。

叶文洁起身走出了监听主控室的大门，一阵冷风吹到她滚烫的脸上，东方晨曦初露，她沿着被晨光微微照亮的石子路，向发射主控室走去，在她的上方，红岸天线的巨掌无声地向宇宙张开着。晨曦照出了门口哨兵那黑色的剪影，像往常一样，叶文洁进门时他没有理会。发射主控室比监听主控室要暗许多，叶文洁穿过一排排机柜，径直走向控制台，熟练地扳动十几个开关，启动了发射系统的预热。坐在控制台旁边的两名值班员抬起头用困乏的眼睛看了看她，其中一人又扭头看了看墙上的钟表，然后一人继续打瞌睡，另一人则翻看着可能已看了许多遍的报纸。在基地里，叶文洁在政治上自然没有任何地位，但在技术上有一定的自由，她常常在发射前检查设备，虽然今天太早了些，距发射操作还有三个小时，但提前预热也是不奇怪的。

漫长的半个小时过去了，叶文洁在这期间重设了发射频率，将其置于太阳能量镜面反射的最优值上，将发射功率设为最大值，然后，她将双眼凑近光学定位系统的目镜，看到太阳正在升出地平线。她启动了天线定位系统，缓缓转动方向杆使其对准太阳。巨型天线转动时产生的隆隆震动传进主控室，有一名值班员又看了叶文洁一眼，但也没说什么。

太阳完全升出了天边连绵的山脊，红岸天线定位器的十字丝的中心对在它的上缘，这是考虑了电波运行的提前量，发射系统已处于就绪状态。发射按钮呈长方形，很像电脑键盘上的空格键，但是红色的。这时，叶文洁的手指悬在它上面两厘米处。

人类文明的命运，就系于这纤细的两指之上。

毫不犹豫地，叶文洁按下了发射键。

“干什么？”一名值班员带着睡意问。

叶文洁冲他笑了笑，没有说话，随即按下另一个黄键中止了发射，又转动方向杆改变了天线的指向，然后离开控制台向外走去。

那个值班员看看表，也该下班了，他拿起日志，想把叶文洁刚才启动发射系统的操作记下来，这多少有些异常，但他看看一条记录纸带，发现她只将发射系统启动了不到三秒钟，于是将日志扔回原位，打了个哈欠，戴上军帽走了。正在飞向太阳的信息是：

到这里来吧，我将帮助你们获得这个世界，我的文明已无力解决自己的问题，需要你们的力量来介入。

初升的太阳使叶文洁头晕目眩，出门后没有走出多远，她就昏倒在草地上。

醒来后，她发现自己躺在医务室中，杨卫宁在床边关切地看着她，像多年前在飞机上那样。医生让叶文洁以后注意休息，因为她怀孕了。

选自《三体》，重庆出版社2008年版

题解

《三体》三部曲是刘慈欣创作的系列长篇科幻小说，由《三体》《三体2：黑暗森林》《三体3：死神永生》组成，作品讲述了地球人类文明和三体文明的信息交流、生死搏杀及两个文明在宇宙中的兴衰历程。

本文选自《三体》第二十四章，天文学家叶文洁在历经劫难之后，参与军方绝密计划“红岸工程”。但她过去的经历，无时无刻不在使她陷入严重的精神危机。她期盼着更高等的文明来解放人类。所以当她收到另一个世界的信息时，她以太阳为天线，毫不犹豫地向宇宙发出地球文明的第一声啼鸣。

刘慈欣（1963— ），科幻作家，山西阳泉人。中国作家协会会员、中国科普作家协会会员。著有长篇小说《超新星纪元》《球状闪电》《三体》三部曲等，中短篇小说《流浪地球》《乡村教师》《朝闻道》《不能共存的节日》《全频带阻塞干扰》等。

思考与练习

1. 文中多次描写太阳升起的场景有何作用？

2. 如何理解叶文洁没有丝毫犹豫就回复宇宙信息的行为？体现出她怎样的精神困境？

3. 叶文洁认为“在疯狂面前，理智是软弱无力的”，结合文本谈谈你对这句话的理解。

拓展资源

白寿彝《读史零简·史的概念的发展》（节选）

周汝昌《卿云斓兮 红楼灿兮——〈红楼梦〉与中华文化之思》（节选）

朱自清《鲁迅先生的杂感》

第四编
文以明德与人生况味

概　述

散文是一种以真实性为本质，将记叙、抒情、哲理、趣味融为一体，自由地表达个体情感、经验和个性的文体。散文之写作极为个性化，强调个人旨趣的彰显。正如梁实秋《论散文》所说，“有一个人便有一种散文”。散文还具有平实、亲切的特点，宛如读者的“邻居”或“友人”。见到“邻居”无非家长里短，然而却亲切真实；见到“友人”，只能以真实面貌示之。写小说时所假想的读者是看戏的陌生人，写散文却必须是熟悉的人，因为自己所说的是真实的人生。散文的真实性来源于作家的生活，正如三毛看了贾平凹的散文后在信中所写：“看到您的散文的部分，一时里有些惊吓。原先看您的小说，作者是躲在幕后的，散文是生活的部分，作者没有窗帘可挡，我轻轻地翻了数页。合上了书，有些想退的感觉。散文是那么直接，更明显的真诚，令人不舍一下子进入作者的家园。”（《三毛致贾平凹的信》）散文又是自由的，这种自由包含题材的自由和风格的自由。自由试图将天地万物囊括其中，并不受陈规的束缚，故而散文写作纵横驰骋却又充满“审美性”，情感真挚却又节制。

不过，被誉为“文类之母”的散文，与诗歌、小说和戏剧对比，有时处于“次要”的地位。究其原因，西方文学理论将文学划分为诗歌、小说和戏剧，其中是将散文文体排除在外的。当代中国文论受苏俄与欧美文学理论的影响较多，因此在研究对象和理论建构上往往以诗歌、小说和戏剧为重心，导致散文文体未得到该有的重视。而散文文体自身独有的自由性，使其穿梭在艺术、哲学、历史、政治甚至科学等学科之中，在某种程度上并不具备纯文学意义上的“文学性”。故而，散文不应被仅仅局限于“文学”之内，而应该被置于“人文”范畴之中。

“五四”时期，散文被视为与小说、诗歌和戏剧并列的一种文体。其散文概念融入了西方的“美文”观念，并摇摆于主智的“随笔”（essay）和主情的“美文”（belles lettres）之间。自此，散文作为文学文体被明确提出来。然而，“美文”却窄化了中国源远流长的散文事实。中国的散文创作最早可以追溯到先秦诸子文章，然后是汉代的《史记》，继而是“唐宋八大家”文章和明清小品文等。中国古代散文是相较于韵文和骈文而存在的，其创作脉络可粗略分为“载道”与“缘情”（陈剑晖《诗性想象》）：前者之代表有韩愈、欧阳修、王安石等；后者之代表有柳宗元、苏轼、袁宏道、张岱等。20世纪初期，纯文学观念（“美文”）剥离了古代散文“载道”的维度，而突显了审美和抒情的内蕴。20世纪90年代，以余秋雨为代表的一批学者开始了“文化散文”的创作，开启了散文创作的新维度。对理性和智性追求的散文风格，在中国可以追溯到春秋战国及以前的《周易》《尚书》《春秋》《论语》《孟子》《老子》等；在西方可以追溯到文艺复兴时期以来的思想家的随笔写作，比如培根、蒙田、爱默生、尼采和罗素等人的散文作品。相较于其他文体，散文具有中国独有的文学和审美传统，其创作和研究背后体现的是一种文体自觉、文化自觉和文化自信。在中国古代，散文是一种容纳“国学”的载体，比如“四书五经”等中国文化的精华都是以散文文体撰写和传承的。（吴周文、陈剑晖《构建中国自主性散文理论话语》）

阅读散文可以培养一个人的审美、思辨和伦理精神，也即“美”“真”和“善”。散文中的“闲情雅趣”可以唤醒我们对自然和生活的高雅情调和审美品格的感受力。散文中沉潜着的“生命哲思”又能使我们感受哲思的魅力，提升思辨的能力，领悟其中所承载的厚重的历史文化精神。而散文中的“家国情怀”，则是作者家国精神和人格魅力的书写，是民族精神和民族文化的凝结。

第一章　家国情怀

文学作品兼具社会功能与审美功能。从孔子将《诗经》的社会功能概括为“兴观群怨”，到中唐韩愈、柳宗元分别在古文运动中对“文以贯道”“文以明道”思想的强调，再到北宋周敦颐在继承韩柳文学理论基础上对“文以载道”的明确，以及其后苏轼“道可致不可求”观点的提出，文、道关系的演进轨迹清晰地浮现了出来，这反映着作家们对于文学创作和个体理想、社会进步之间关系的思考。从《邵公谏厉王弭谤》到《梅花岭记》，从《囚绿记》到《绣满羊角图案的地方》，古往今来无数国人真挚、细腻地表达对家国的深情与热爱，以忠诚、生命捍卫着人格与信仰的高洁。

邵公谏厉王弭谤[1]

厉王虐，国人谤王。邵公告曰：“民不堪命矣！”王怒，得卫巫[2]，使监谤者，以告，则杀之。国人莫敢言，道路以目[3]。

王喜，告邵公曰：“吾能弭谤矣，乃不敢言。”邵公曰：“是障之也[4]。防民之口，甚于防川[5]。川壅而溃[6]，伤人必多，民亦如之。是故为川者决之使导[7]，为民者宣之使言[8]。故天子听政，使公卿至于列士献诗，瞽献曲[9]，史献书，师箴[10]，瞍赋[11]，矇诵[12]，百工谏[13]，庶人传语[14]，近臣尽规，亲戚补察，瞽史教诲，耆艾修之[15]，而后王斟酌焉，是以事行而不悖[16]。民之有口，犹土之有山川也，财用于是乎出；犹其有原隰衍沃[17]也，衣食于是乎生。口之宣言也，善败于是乎兴，行善而备败[18]，所以阜财用衣食者也[19]。夫民虑之于心而宣之于口，成而行之[20]，胡可壅也！若壅其口，其与能几何[21]？”

王不听，于是国莫敢出言[22]。三年乃流王于彘[23]。

选自《国语集解》，徐元诰集解，王树民、沈长云点校，中华书局2002年版

题解

《国语》是一部国别史，记载了从周穆王到周贞定王十六年（前453）共五百余年有关周、鲁、齐、晋、郑、楚、吴、越等国的片段历史。所记各国史实，大都通过一些历史人物的言论来表现。

本文是记述邵公劝阻周厉王打压民意的谏辞，出自《周语上》，原书无标题，标题为编者所加。语言简洁形象，论证有力，逻辑性强。

注释

［1］邵公：姬姓，名虎，谥号穆公。周厉王的卿士。厉王：周厉王，名胡，前877年至前841年在位。弭：消除。谤：公开的指责。

［2］巫：巫者。古代以侍奉鬼神为职业的人。

［3］目：用作动词，以目光示意。表示敢怒不敢言。

［4］障：防水堤坝，用作动词，堵塞。

［5］防：此处指堵截，封堵。

［6］壅（yōng）：堵塞。溃：水冲破堤坝。

［7］为：治。决之使导：引水使它流通。决：排除。导：疏通。

［8］宣：引导，开放。

［9］瞽（gǔ）：盲者，此处指乐师。

［10］师：此处指小师。箴（zhēn）：规谏。

［11］瞍（sǒu）：没有眸子的盲人。

［12］矇（méng）：有眸子而看不见的盲人。

［13］百工：各类工匠。

［14］庶人：平民。

［15］耆（qí）艾：耆，六十岁的人。艾，五十岁的人。此处指年高有德的人。

［16］悖：违背。

［17］其：指土地。原：宽阔而平坦的土地。隰（xí）：低下而潮湿的土地。衍：低下而平坦的土地。沃：有河流灌溉的土地。

［18］备：预防。

[19] 阜：增多，丰厚。

[20] 成：成熟。

[21] 与：帮助。

[22] 另有版本“国”后有“人”字。

[23] 彘（zhì）：地名，在今山西霍州。

思考与练习

1. 请就本文谈谈《国语》通过记言来记事的特点。

2. 召公论述“防民之口，甚于防川”的论证方法有哪些？

3. 结合本文及“水则载舟，水则覆舟”的观点，论述我国古代先贤对国家、君主和民众关系的看法。

谏逐客书

〔秦〕李　斯

臣闻吏议逐客，窃以为过矣。昔缪公求士[1]，西取由余于戎[2]，东得百里奚于宛[3]，迎蹇叔于宋[4]，来丕豹、公孙支于晋[5]。此五子者，不产于秦，而缪公用之，并国二十[6]，遂霸西戎。孝公用商鞅之法[7]，移风易俗，民以殷盛[8]，国以富强，百姓乐用，诸侯亲服，获楚、魏之师，举地千里[9]，至今治强。惠王用张仪之计[10]，拔三川之地[11]，西并巴、蜀，北收上郡[12]，南取汉中，包九夷[13]，制鄢、郢[14]，东据成皋之险[15]，割膏腴之壤，遂散六国之从[16]，使之西面事秦，功施到今[17]。昭王得范雎[18]，废穰侯[19]，逐华阳[20]，强公室，杜私门，蚕食诸侯，使秦成帝业。此四君者，皆以客之功。由此观之，客何负于秦哉！向使四君却客而不内[21]，疏士而不用，是使国无富利之实而秦无强大之名也。

今陛下致昆山之玉[22]，有随、和之宝[23]，垂明月之珠，服太阿之剑[24]，乘纤离之马[25]，建翠凤之旗，树灵鼍之鼓[26]。此数宝者，秦不生一焉，而陛下说之[27]，何也？必秦国之所生然后可，则是夜光之璧不饰朝廷；犀象之器不为玩好；郑、卫之女不充后宫，而骏良駃騠不实外厩[28]，江南金锡不为用，西蜀丹青不为采[29]。所以饰后宫充下陈娱心意说耳目者，必出于秦然后可，则是宛珠之簪，傅玑之珥[30]，阿缟之衣[31]，锦绣之饰不进于前，而随俗雅化佳冶窈窕赵女不立于侧也[32]。夫击瓮叩缶弹筝搏髀[33]，而歌呼呜呜快耳者，真秦之声也；郑、卫、桑间，昭、虞、武、象者[34]，异国之乐也。今弃击瓮叩缶而就郑卫，退弹筝而取昭虞，若是者何也？快意当前，适观而已矣。今取人则不然。不问可否，不论曲直，非秦者去，为客者逐。然则是所重者在乎色乐珠玉，而所轻者在乎人民也。此非所以跨海内制诸侯之术也[35]。

臣闻地广者粟多，国大者人众，兵强则士勇。是以太山不让土壤[36]，故能成其大；河海不择细流，故能就其深；王者不却众庶，故能明其德。是以地无四方，民无异国，四时充美，鬼神降福，此五帝、三王之所以无敌也。今乃弃黔首以资敌国[37]，却宾客以业诸侯[38]，使天下之士退而不敢西向，裹足不入秦，此所谓“藉寇兵而赍盗粮”者也[39]。

夫物不产于秦，可宝者多；士不产于秦，而愿忠者众。今逐客以资敌国，损民以益仇[40]，内自虚而外树怨于诸侯，求国无危，不可得也。

选自《史记》，〔南朝宋〕裴骃集解，〔唐〕司马贞索隐，〔唐〕张守节正义，中华书局1982年版

题解

本文是秦国下达逐客令后，李斯给秦王政所上的奏章。文中用今昔对比的手法，列举大量事实指出逐客对秦国不利，应建立“王者不却众庶”的正确用人原则。文章论据确凿，议论纵横，逻辑性强，对后世影响广泛。

李斯（？—前208），楚国上蔡（今属河南）人，战国后期法家代表人物。帮助秦始皇统一中国，官至丞相，为秦始皇定郡县之制，下禁书令，以小篆为标准统一文书。秦二世立，赵高用事，诬李斯谋反，使其被腰斩于咸阳。

注释

［1］缪公：秦穆公任好，春秋五霸之一。缪：同“穆”。

［2］由余：本为晋国人，后入戎，戎王命他使秦。秦穆公见其贤，以计招致，用其谋伐戎，开地千里。戎：我国古代西部部分族群的统称。

[3] 百里奚：本为虞国大夫，晋灭虞后被俘，后作为晋献公女儿的陪嫁奴仆入秦。逃亡到宛，被楚人所执。秦穆公闻其贤，用五张黑公羊皮赎出，并任用为相。宛（yuān）：楚地名，治今河南南阳。

[4] 蹇（jiǎn）叔：百里奚的好友，经百里奚推荐，秦穆公使人厚币迎时游于宋的蹇叔以为上大夫。

[5] 丕豹：晋国大夫丕郑之子，丕郑被晋惠公杀死后，丕豹投奔秦国，秦穆公任其为大夫。公孙支：秦国人，曾游于晋，后返秦任大夫。

[6] 并国二十：《史记·秦本纪》记载秦穆公"益国十二，开地千里，遂霸西戎"。这里的"二十"应当是约数。并：吞并。

[7] 孝公：秦孝公渠梁。商鞅：战国时期法家代表人物，卫国公族。入秦后受到秦孝公重用，帮助秦孝公实行变法，因功封于商（今陕西丹凤西北），号称商君。

[8] 殷盛：富裕。

[9] 举：攻克，占领。

[10] 惠王：秦惠文王驷。张仪：魏国人，惠文王用为相。

[11] 三川之地：指今河南洛阳一带，境内有黄河、洛水、伊水。

[12] 上郡：魏地名，在今陕西榆林。

[13] 包：吞并。九夷：属楚的部族。

[14] 鄢（yān）：楚地名，在今湖北宜城。郢（yǐng）：楚国都城，在今湖北江陵。

[15] 成皋：一名虎牢，在今河南荥阳，地势险要，是著名的军事要塞。

[16] 从（zòng）：通"纵"。六国合纵。

[17] 施（yì）：延续。

[18] 昭王：秦昭襄王则。范雎（jū）：魏国人，昭王用为相。

[19] 穰侯：魏冉。

[20] 华阳：华阳君芈戎。穰侯、华阳均为秦昭王母宣太后弟。

[21] 向使：假使，倘若。内：同"纳"，接纳。

[22] 致：求得。昆山：昆仑山。

[23] 随：同"隋"。随、和之宝：即"隋侯珠""和氏璧"，传说中春秋时隋侯所得的夜明珠和楚人卞和所得的美玉。

［24］太阿（ē）：宝剑名，相传为春秋名匠干将所铸。

［25］纤离：骏马名。

［26］鼍（tuó）：今称扬子鳄，俗称猪婆龙，皮可蒙鼓。

［27］说：通“悦”。

［28］駃騠（juétí）：骏马名。厩（jiù）：马棚。

［29］丹青：颜料。采：彩饰。

［30］傅：附着。玑：不圆的珠子，此泛指珠子。珥（ěr）：耳饰。

［31］阿：地名，指齐国东阿（今属山东）。缟（gǎo）：白色绢。

［32］冶：美。

［33］搏髀（bì）：拍打大腿，以此掌握音乐唱歌的节奏。搏：击打，拍打。髀：大腿。

［34］郑、卫、桑间：《礼记·乐记》：“郑卫之音，乱世之音也，比于慢矣。桑间、濮上之音，亡国之音也。”昭：同“韶”，舜乐名。虞：舜乐名。武、象：周乐名。

［35］跨：驾凌，喻统一。

［36］太山：即泰山。让：辞让，拒绝。

［37］黔首：百姓。资：资助，供给。

［38］业：用作动词，成就其事业。

［39］藉：借。赍（jī）：赠送，送给。

［40］益：增益，增多。仇：仇敌。

思考与练习

1. 此文纵横捭阖的气势是如何体现出来的？

2. 查找了解文中所涉及的典故，指出它们在文中的作用。

送李愿归盘谷序[1]

〔唐〕韩　愈

太行之阳有盘谷，盘谷之间，泉甘而土肥，草木丛茂，居民鲜少[2]。或曰：谓其环两山之间，故曰“盘”；或曰：是谷也，宅幽而势阻[3]，隐者之所盘旋[4]。友人李愿居之。

愿之言曰：人之称大丈夫者，我知之矣；利泽施于人，名声昭于时，坐于庙朝[5]，进退百官而佐天子出令。其在外，则树旗旄[6]，罗弓矢，武夫前呵，从者塞途，供给之人，各执其物，夹道而疾驰。喜有赏，怒有刑。才畯满前[7]，道古今而誉盛德，入耳而不烦。曲眉丰颊，清声而便体[8]，秀外而惠中，飘轻裾[9]，翳长袖[10]，粉白黛绿者，列屋而闲居。妒宠而负恃，争妍而取怜。大丈夫之遇知于天子，用力于当世者之所为也。吾非恶此而逃之，是有命焉，不可幸而致也[11]。穷居而野处，升高而望远，坐茂树以终日，濯清泉以自洁。采于山，美可茹[12]；钓于水，鲜可食；起居无时，惟适之安[13]。与其有誉于前，孰若无毁于其后；与其有乐于身，孰若无忧于其心。车服不维[14]，刀锯不加[15]，理乱不知[16]，黜陟不闻[17]。大丈夫不遇于时者之所为也，我则行之。伺候于公卿之门，奔走于形势之途，足将进而趑趄[18]，口将言而嗫嚅[19]，处秽汙而不羞。触刑辟而诛戮[20]，侥幸于万一，老死而后止者，其于为人贤不肖何如也？

昌黎韩愈闻其言而壮之，与之酒而为之歌曰：盘之中，维子之宫；盘之土，可以稼[21]。盘之泉，可濯可沿。盘之阻，谁争子所。窈而深，廓其有容[22]。缭而曲[23]，如往而复。嗟盘之乐兮，乐且无殃[24]；虎豹远迹兮，蛟龙遁藏；鬼神守护兮，呵禁不祥。饮则食兮寿而康，无不足兮奚所望！膏吾车兮秣吾马[25]，从子于盘兮，终吾生以徜徉。

选自《韩昌黎文集校注》，马其昶校注，马茂元整理，上海古籍出版社2014年版

题解

本文写于贞元十七年（801）。李愿为韩愈好友，因对当时权贵不满而隐居太行山盘谷。韩愈当时亦处于仕途蹭蹬之际，借送别友人之机，撰文一泄胸中不快。文章通过李愿之口，将入仕与归隐作了一番对比，对玩弄权术的显贵、趋炎附势的小人以及不肯追逐世俗的大丈夫进行了生动的描写。文笔含蓄曲折，骈散交融，警句迭出，褒贬自明。

韩愈（768—824），字退之，河南河阳（今河南孟州）人。因韩氏郡望昌黎，世称“韩昌黎”。二十五岁中进士，官至吏部侍郎，人称“韩吏部”。

卒谥文，故又称“韩文公”。是唐代古文运动的倡导者，被后人尊为“唐宋八大家”之首，与柳宗元并称“韩柳”，有“文章巨公”和“百代文宗”之名。他提出的“文道合一”“气盛言宜”“陈言务去”“文从字顺”等散文的写作理论，对后人很有指导意义。有《韩昌黎集》。

注释

［1］盘谷：在今河南济源。序：赠序。

［2］鲜：少。

［3］宅：位置。

［4］盘旋：盘桓，流连。

［5］坐于庙朝：参与政事。庙：宗庙。朝：朝廷。

［6］旗旄（máo）：节度使的旗帜。唐时，外官以节度使为重。

［7］畯：同“俊”。

［8］便（pián）体：轻盈的体态。

［9］裾（jū）：衣襟。

［10］翳（yì）：掩映。

［11］幸：侥幸。致：取得，得到。

［12］茹：吃。

［13］惟适之安：只求安适。

［14］车服：代指官职。维：束缚，约束。

［15］刀锯：泛指刑具。加：施加。

［16］理乱：指国家的安宁与动乱。理：即“治”，唐人避高宗李治讳，用“理”代“治”字。

［17］黜陟（chùzhì）：官员的升降。黜：贬斥。陟：晋升。

［18］趑趄（zījū）：踌躇难进的样子。

［19］嗫嚅（nièrú）：欲言又止的样子。

［20］刑辟（bì）：刑法，刑罚。

［21］稼：种植农作物。此句有其他版本作“维子之稼”。

［22］廓：广阔。

［23］缭：盘绕。

［24］殃：有的版本作“央”，当作“央”。央，尽。

［25］膏（旧读gào）：用作动词，指用油润滑车轴。

思考与练习

1. 作者歌颂隐者有什么积极意义？谈谈你的看法。
2. 体会文中“而”字的艺术效果。
3. 结合文章主旨谈谈人们在逆境中当如何自处。

相州昼锦堂记

〔宋〕欧阳修

仕宦而至将相，富贵而归故乡，此人情之所荣，而今昔之所同也。盖士方穷时，困厄闾里[1]，庸人孺子皆得易而侮之。若季子不礼于其嫂[2]，买臣见弃于其妻[3]。一旦高车驷马，旗旄导前而骑卒拥后，夹道之人，相与骈肩累迹[4]，瞻望咨嗟[5]。而所谓庸夫愚妇者奔走骇汗，羞愧俯伏，以自悔罪于车尘马足之间。此一介之士得志当时，而意气之盛，昔人比之衣锦之荣者也。

惟大丞相魏国公则不然[6]。公，相人也，世有令德，为时名卿。自公少时，已擢高科[7]，登显仕[8]，海内之士闻下风而望余光者，盖亦有年矣。所谓将相而富贵，皆公所宜素有，非如穷厄之人侥幸得志于一时，出于庸夫愚妇之不意，以惊骇而夸耀之也。然则高牙大纛不足为公荣[9]；桓圭衮冕不足为公贵[10]。惟德被生民而功施社稷[11]，勒之金石[12]，播之声诗[13]，以耀后世而垂无穷，此公之志，而士亦以此望于公也。岂止夸一时而荣一乡哉！

公在至和中[14]，尝以武康之节来治于相[15]，乃作昼锦之堂于后圃，既又刻诗于石，以遗相人。其言以快恩仇、矜名誉为可薄[16]，盖不以昔人所夸者为荣，而以为戒。于此见公之视富贵为何如，而其志岂易量哉！故能出入将相，勤劳王家，而夷险一节[17]。至于临大事，决大议，垂绅正笏[18]，不动声气，而措天下于泰山之安[19]，可谓社稷之臣矣。其丰功盛烈[20]，所以铭彝鼎而被弦歌者[21]，乃邦家之光[22]，非闾里之荣也。

余虽不获登公之堂，幸尝窃诵公之诗，乐公之志有成，而喜为天下道也。于是乎书。尚书吏部侍郎、参知政事欧阳修记。

选自《欧阳修全集》，李逸安点校，中华书局2001年版

题解

魏国公韩琦是相州安阳（今属河南）人，以武康节度使身份回相州任知州。他虽功绩显赫，名重一时，但并不以高官显爵威风排场为荣。欧阳修借“昼锦”二字层层发挥，从古今所同的以荣华富贵为追求、以衣锦还乡为得志的角度切入。然后转折笔锋，盛赞韩琦不以前人所夸耀者为荣，而是以此为戒，其志在建功立业，安邦定国；深刻地批判了那些只图个人荣华富贵的思想。

注释

[1] 困厄：困苦危难。闾里：乡里。

[2] 季子：苏秦，字季子。战国时洛阳（今河南洛阳东）人。

[3] 买臣：朱买臣，西汉吴县（今江苏苏州）人。

[4] 骈肩累迹：肩挨肩，足迹相叠。形容人多拥挤。

[5] 咨嗟：赞叹。

[6] 大：尊称。魏国公：韩琦的封号。

[7] 擢：擢第，科考登第。

[8] 显仕：显贵仕途。

[9] 高牙大纛（dào）：高官的仪仗队。牙：牙旗。纛：仪仗队的大旗。

[10] 桓圭：玉圭有六种，表示不同的爵秩等级，公爵执桓圭为信符。衮冕：帝王公族礼服。桓圭衮冕表示三公以上的高官。

[11] 被：施及。

[12] 勒：刻。

[13] 声诗：乐歌。

[14] 至和：宋仁宗年号。

[15] 武康之节：武康军节度使。

［16］矜：夸耀。薄：鄙薄。

［17］夷：平时。险：危难。一节：一致。

［18］绅：古代贵族、官员束在衣外腰间的大带。笏：朝笏。垂绅正笏形容稳重沉着。

［19］措：安放。

［20］烈：功业。

［21］彝鼎：泛指鼎、尊等礼器。

［22］邦家：国家。

思考与练习

1. 如何理解“昼锦”二字的含义？

2. 欧阳修对韩琦的评价在今天有何现实意义？

3. 结合本文谈谈欧阳修文章“气度从容”的特点。

喜雨亭记

〔宋〕苏　轼

亭以雨名，志喜也[1]。古者有喜，则以名物，示不忘也。周公得禾，以名其书[2]；汉武得鼎，以名其年[3]；叔孙胜狄，以名其子[4]。其喜之大小不齐，其示不忘一也。

余至扶风之明年[5]，始治官舍，为亭于堂之北，而凿池其南，引流种树，以为休息之所。是岁之春，雨麦于岐山之阳[6]，其占为有年[7]。既而弥月不雨[8]，民方以为忧。越三月乙卯，乃雨[9]，甲子又雨，民以为未足，丁卯，大雨，三日乃止。官吏相与庆于庭，商贾相与歌于市，农夫相与忭于野[10]，忧者以乐，病者以愈，而吾亭适成。

于是举酒于亭上以属客[11]，而告之曰：“五日不雨，可乎？”曰：“五日不雨，则无麦。”“十日不雨，可乎？”曰：“十日不雨，则无禾。”无麦无禾，岁且荐饥[12]，狱讼繁兴，而盗贼滋炽，则吾与二三子，虽欲优游以乐于此亭，其可得耶！今天不遗斯民，始旱而赐之以雨，使吾与二三子，得相与优游以乐于此亭者，皆雨之赐也。其又可忘耶！

既以名亭，又从而歌之，曰：使天而雨珠，寒者不得以为襦[13]。使天而雨玉，饥者不得以为粟。一雨三日，系谁之力。民曰太守，太守不有。归之天子，天子曰不然。归之造物，造物不自以为功。归之太空。太空冥冥。不可得而名，吾以名吾亭。

选自《苏轼文集》，〔明〕茅维编，孔凡礼点校，中华书局1986年版

题解

喜雨亭是苏轼在凤翔府（今属陕西）任签书判官的第二年修造的一座亭子。本文记述了该亭命名的缘由，描绘了人们久旱逢雨后的喜悦心情，表现出作者重民重农的思想。文章句法灵活，寓议论于风趣的谈话之中，语调轻松，韵散结合，文笔摇曳多姿。

注释

[1] 志：记。

[2]“周公得禾”二句：传说周成王曾送给周公两株苗合生一穗的谷子，周公遂作《嘉禾》一篇。周公：姬姓，名旦，亦称叔旦，周武王弟。

[3]“汉武得鼎”二句：汉武帝元狩六年（前117），得宝鼎于汾水，于是改年号为元鼎。

[4]“叔孙胜狄”二句：叔孙：叔孙得臣，春秋时鲁国人。曾率军打败狄军，俘获首领侨如。后给自己的儿子改名侨如。

[5] 扶风：宋人郎晔注：“扶风即凤翔府。时陈希亮公弼守凤翔。”

[6] 雨麦：天上落下麦子。雨，用作动词，下雨。

[7] 有年：丰年。

[8] 弥：满。

[9] 乙卯：记日的干支数，为当年的四月初二。下文“甲子”“丁卯”同，分别是四月十一、四月十四日。

[10] 忭（biàn）：欢乐，喜悦。

[11] 属：倾注。引申为劝酒。

[12] 荐饥：连年饥荒。

［13］襦：短袄。

思考与练习

1. 文中哪些地方体现出了“喜”的感觉？
2. 文章是怎样表现作者的重农思想的？
3. 文章观点在今天有何现实意义？

寄欧阳舍人书

〔宋〕曾　巩

巩顿首再拜舍人先生：

去秋人还，蒙赐书及所撰先大父墓碑铭[1]。反复观诵，感与惭并。

夫铭志之著于世，义近于史，而亦有与史异者。盖史之于善恶无所不书。而铭者，盖古之人有功德材行志义之美者，惧后世之不知，则必铭而见之[2]。或纳于庙，或存于墓，一也。苟其人之恶，则于铭乎何有？此其所以与史异也。其辞之作，所以使死者无有所憾，生者得致其严[3]。而善人喜于见传[4]，则勇于自立；恶人无有所纪[5]，则以愧而惧。至于通材达识，义烈节士，嘉言善状，皆见于篇，则足为后法警劝之道。非近乎史，其将安近？

及世之衰，为人之子孙者，一欲褒扬其亲而不本乎理。故虽恶人，皆务勒铭以夸后世[6]。立言者既莫之拒而不为，又以其子孙之所请也，书其恶焉，则人情之所不得[7]，于是乎铭始不实。后之作铭者，常观其人。苟托之非人，则书之非公与是[8]，则不足以行世而传后。故千百年来，公卿大夫至于里巷之士，莫不有铭，而传者盖少。其故非他，托之非人，书之非公与是故也。

然则孰为其人而能尽公与是欤？非畜道德而能文章者无以为也[9]。盖有道德者之于恶人，则不受而铭之，于众人则能辨焉[10]。而人之行，有情善而迹非，有意奸而外淑[11]，有善恶相悬而不可以实指[12]，有实大于名，有名侈于实[13]。犹之用人，非畜道德者恶能辨之不惑[14]，议之不徇[15]？不惑不徇，则公且是矣。而其辞之不工，则世犹不传。于是又在其文章兼胜焉。故曰非畜道德而能文章者无以为也。岂非然哉？

然畜道德而能文章者，虽或并世而有，亦或数十年或一二百年而有之。其传之难如此，其遇之难又如此。若先生之道德文章，固所谓数百年而有者也。先祖之言行卓卓[16]，幸遇而得铭其公与是，其传世行后无疑也。而世之学者，每观传记所书古人之事，至其所可感，则往往衋然不知涕之流落也[17]，况其子孙也哉？况巩也哉？其追晞祖德而思所以传之之繇[18]，则知先生推一赐于巩而及其三世[19]，其感与报，宜若何而图之？

抑又思若巩之浅薄滞拙，而先生进之；先祖之屯蹶否塞以死[20]，而先生显之。则世之魁闳豪杰不世出之士[21]，其谁不愿进于门？潜遁幽抑之士[22]，其谁不有望于世？善谁不为？而恶谁不愧以惧？为人之父祖者，孰不欲教其子孙？为人之子孙者，孰不欲宠荣其父祖？此数美者，一归于先生。既拜赐之辱[23]，且敢进其所以然。所谕世族之次[24]，敢不承教而加详焉[25]。幸甚，不宣[26]。巩再拜。

选自《曾巩集》，陈杏珍、晁继周点校，中华书局1984年版

题解

宋仁宗庆历六年（1046），欧阳修为曾巩的祖父写了一篇碑铭，曾巩作此书信表示感谢。文中既着力赞颂了欧阳修的文章功力，又不失对祖先功德的追思。文章结构环环相扣、层层推进，节奏从容，议论曲折，叙事委婉深沉，语言简洁凝练，历来被誉为书简典范。

曾巩（1019—1083），字子固，南丰（今属江西）人。宋仁宗嘉祐二年（1057）进士，官至中书舍人。其文章温醇典重，雍容平易，注重整体布局的完整和谨严。《宋史》本传称其“为文章，上下驰骋，愈出而愈工。本原六经，斟酌于司马迁、韩愈，一时工作文词者，鲜能过也”。有《元丰类稿》。

注释

[1] 先大父：去世的祖父。曾巩祖父曾致尧，宋真宗大中祥符五年

（1012）卒于官，享年六十六岁。墓碑铭：指欧阳修所作《尚书户部郎中赠右谏议大夫曾公神道碑铭》。

［2］铭而见之：作铭文使其显现。见：通“现”。

［3］严：尊敬。

［4］见传：流传后世。

［5］纪：同“记”。

［6］勒：刻。

［7］得：相称。

［8］公：公正。是：正确。

［9］畜：通“蓄”，积蓄。

［10］众人：一般的人。

［11］淑：善良。

［12］悬：悬殊。

［13］侈：超过。

［14］惑：困惑、迷乱。

［15］徇：徇私。

［16］卓卓：杰出，卓越。

［17］衋（xì）然：伤痛的样子。

［18］睎：仰慕。

［19］推一赐：指本次惠赐碑铭。

［20］屯（zhūn）蹶否（pǐ）塞：不得志，不顺利。屯、否：都是表示艰难、困顿的易卦名。蹶：跌倒。塞：阻塞。

［21］魁闳：俊伟。

［22］潜遁：隐居山野。幽抑：不显达。

［23］辱：谦词，犹言承蒙。

［24］谕：谕示。世族之次：家族世系。欧阳修在《与曾巩论氏族书》中考辨了曾氏家族世系。

［25］加详：加以详细审核考究。

［26］不宣：不一一细说。古代书信末尾常用语。

思考与练习

1. 请分析文章如何通过分析铭志作用及流传条件来述说“立言”的社会意义，阐发“文以载道”的主张。

2. 文章在叙事和议论中是怎样体现出真挚的情感的？

3. 从文章所表达对先祖的感情中体会中国传统文化中“孝”的内涵。

石门亭记

〔宋〕王安石

石门亭在青田县若干里[1]，令朱君为之[2]。石门者，名山也。古之人咸刻其观游之感慨，留之山中，其石相望。君至而为亭，悉取古今之刻立之亭中，而以书与其甥之婿王某，使记其作亭之意。

夫所以作亭之意，其直好山乎[3]？其亦好观游眺望乎？其亦于此问民之疾忧乎？其亦燕闲以自休息于此乎[4]？其亦怜夫人之刻暴剥偃踣而无所庇障且泯灭乎[5]？夫人物之相好恶，必以类[6]。广大茂美，万物附焉以生，而不自以为功者，山也。好山，仁也。去郊而适野，升高以远望，其中必有慨然者。《书》不云乎：“予耄逊于荒。[7]”《诗》不云乎：“驾言出游，以写我忧。[8]”夫环顾其身无可忧，而忧者必在天下，忧天下亦仁也。人之否也敢自逸？至即深山长谷之民，与之相对接而交言语，以求其疾忧，其有壅而不闻者乎[9]？求民之疾忧，亦仁也。政不有小大，不以德则民不化服，民化服，然后可以无讼[10]。民不无讼，令其能休息无事，优游以嬉乎？古今之名者，其石幸在，其文信善，则其人之名与石且传而不朽，成人之名而不夺其志，亦仁也。作亭之意，其然乎？其不然乎？

选自《王安石文集》，刘成国点校，中华书局2021年版

题解

青田县令朱君为王安石妻舅，作者应其请求所作的这篇题记，表面上是在探讨作亭之意，而其实是在阐述“求民之疾忧”，从而“以德”“化服”的

为官之道。文章先以短简的文字交代写作此序的缘起，之后转向对“仁”的阐释，用一连串问句就“作亭之意”进行了质询，表达了对朱君怜民爱物之意的肯定。

注释

［1］青田县：今属浙江丽水。

［2］令朱君：指当时青田的朱姓知县。

［3］直：只不过。

［4］燕闲：安宁，安闲。

［5］暴（pù）：即“曝”，太阳晒。偃（yǎn）：仰面卧倒。踣（bó）：向前仆倒。庇障：遮蔽。

［6］“夫人物之相好恶”二句：人或物的相互喜欢或者厌恶必然有相类之处。

［7］予耄（mào）逊于荒：语出《尚书·微子》，原文为“吾家耄逊于荒”。耄：形容年老。逊：逃遁，逃避。荒：边远地区。

［8］“驾言出游”二句：语出《诗经·邶风·泉水》，意指驾车出城去，排除心中的忧虑。写：通“泻”，宣泄。

［9］壅（yōng）：阻塞。

［10］讼：争讼。

思考与练习

1. 作者如何看待“优游以嬉”与“求民之疾忧”？
2. 谈谈文中大量使用问句的作用。
3. 作者的为官思想在今天有何现实意义？

左忠毅公逸事

〔清〕方　苞

先君子尝言[1]：乡先辈左忠毅公视学京畿[2]，一日风雪严寒，从数骑出，微行入古寺；庑下一生伏案卧[3]，文方成草，公阅毕，即解貂覆生，为掩户。叩之寺僧，则史公可法也[4]。及试，吏呼名至史公，公瞿然注视[5]；呈卷，即面署第一[6]。召入使拜夫人，曰：“吾诸儿碌碌，他日继吾志事，惟此生耳。”

及左公下厂狱[7]，史朝夕狱门外，逆阉防伺甚严，虽家仆不得近。久之，闻左公被炮烙，旦夕且死；持五十金，涕泣谋于禁卒，卒感焉。一日使史更敝衣，草屦背筐，手长镵[8]，为除不洁者。引入，微指左公处，则席地倚墙而坐，面额焦烂不可辨，左膝以下，筋骨尽脱矣。史前跪抱公膝而呜咽。公辨其声而目不可开，乃奋臂以指拨眦[9]，目光如炬，怒曰：“庸奴！此何地也？而汝来前。国家之事，糜烂至此。老夫已矣！汝复轻身而昧大义[10]，天下事谁可支拄者？不速去，无俟奸人构陷[11]，吾今即扑杀汝！”因摸地上刑械，作投击势。史噤不敢发声，趋而出。后常流涕述其事以语人曰：“吾师肺肝，皆铁石所铸造也。”

崇祯末，流贼张献忠出没蕲、黄、潜、桐间[12]，史公以凤庐道奉檄守御[13]；每有警，辄数月不就寝，使壮士更休，而自坐幄幕外，择健卒十人，令二人蹲踞而背倚之，漏鼓移则番代[14]。每寒夜起立，振衣裳，甲上冰霜迸落，铿然有声。或劝以少休，公曰：“吾上恐负朝廷，下恐愧吾师也。”史公治兵，往来桐城，必躬造左公第[15]，候太公太母起居[16]，拜夫人于堂上。

余宗老涂山[17]，左公甥也，与先君子善，谓狱中语乃亲得之于史公云。

选自《方苞集》，刘季高校点，上海古籍出版社1983年版

题解

左忠毅，即左光斗（1575—1625），明万历年间进士，官至左佥都御史。天启四年（1624）因弹劾魏忠贤，被诬下狱，次年死于狱中。后追谥“忠毅”。“逸事”写的是散失了的不为正史所载的事迹。这些事迹一般比较琐碎，但能说明被记者的品质、性格等。本文叙述左光斗具有知人的卓识和不计较个人生死荣辱而以国事为重的可贵品质。通篇以史可法作陪衬，叙事简洁生动，人物形象丰满。写左光斗、史可法狱中相见一段，尤为大气凛然。

方苞（1668—1749），字凤九、灵皋，号望溪，安徽桐城人。康熙

四十五年（1706）进士，官至礼部右侍郎。桐城派创始人之一，与姚鼐、刘大櫆合称“桐城三祖”。他主张文章的内容要尊经载道，讲究“义法”，文风雅洁。有《望溪文集》。

注释

［1］先君子：作者对其已过世的父亲方仲舒的称呼。

［2］京畿：国都及其附近的地方。

［3］庑（wǔ）：廊下小屋。

［4］史可法：字宪之，河南祥符（今开封）人。崇祯进士，南明时任兵部尚书、武英殿大学士，清军入关时督师扬州，弘光元年（1645）四月二十四日城破，殉难。

［5］瞿然：惊视貌。

［6］面署第一：当面批为第一名。

［7］厂狱：明代特务机关东厂所设的监狱。

［8］长镵（chán）：长柄的掘土工具。

［9］眥（zì）：眼眶。

［10］昧：不明。

［11］构陷：诽谤陷害。

［12］张献忠：明末农民起义首领。崇祯十七年（1644）在成都称帝，建大西政权。大顺三年（1647）于四川西充战死。蕲、黄、潜、桐：今湖北蕲春、黄冈，安徽潜山、桐城一带。

［13］凤庐道：管辖凤阳府、庐州府一带的长官。檄：用于讨伐或征召的文书。

［14］番代：轮换。

［15］躬造：亲临。第：府第，住宅。

［16］太公太母：指左光斗的父母。

［17］宗老：同一宗族的老前辈。涂山：方苞族祖父的号。

思考与练习

1. 作者从哪几个方面来刻画人物？

2. 谈谈文中细节对人物形象塑造起到的作用。

3. 结合文中人物谈谈你体会的做人的道理。

梅花岭记

〔清〕全祖望

顺治二年乙酉四月[1]，江都围急[2]，督相史忠烈公知势不可为[3]，集诸将而语之曰："吾誓与城为殉，然仓皇中不可落于敌人之手、以死，谁为我临期成此大节者？"副将军史德威慨然任之。忠烈喜曰："吾尚未有子，汝当以同姓为吾后，吾上书太夫人，谱汝诸孙中[4]。"

二十五日城陷，忠烈拔刀自裁，诸将果争前抱持之。忠烈大呼"德威"，德威流涕不能执刃，遂为诸将所拥而行，至小东门，大兵如林而至，马副使鸣𫘧、任太守民育、及诸将刘都督肇基等皆死。忠烈乃瞠目曰："我史阁部也。"被执至南门，和硕豫亲王以"先生"呼之[5]，劝之降，忠烈大骂而死。初忠烈遗言："我死，当葬梅花岭上。"至是德威求公之骨不可得，乃以衣冠葬之。

或曰："城之破也，有亲见忠烈青衣乌帽，乘白马出天宁门投江死者，未尝殒于城中也。"自有是言，大江南北，遂谓忠烈未死。已而英霍山师大起[6]，皆托忠烈之名，仿佛陈涉之称项燕。吴中孙公兆奎以起兵不克，执至白下[7]，经略洪承畴与之有旧[8]，问曰："先生在兵间，审知故扬州阁部史公果死耶？抑未死耶？"孙公答曰："经略从北来，审知故松山殉难督师洪公果死耶？抑未死耶？"承畴大恚[9]，急呼麾下驱出斩之。呜呼！神仙诡诞之说，谓颜太师以兵解[10]，文少保亦以悟大光明法蝉脱[11]，实未尝死；不知忠义者，圣贤家法，其气浩然，长留天地之间。何必出世入世之面目，神仙之说，所谓为蛇画足。即如忠烈遗骸，不可问矣！百年而后，予登岭上，与客述忠烈遗言，无不泪下如雨，想见当日围城光景，此即忠烈之面目，宛然可遇，是不必问其果解脱否也，而况冒其未死之名者哉？

墓旁有丹徒钱烈女之冢，亦以乙酉在扬，凡五死而得绝[12]，时告其父母火之，无留骨秽地，扬人葬之于此。江右王猷定、关中黄遵岩、粤东屈大均为作《传》《铭》《哀词》[13]。顾尚有未尽表章者：予闻忠烈兄弟自翰林可程下[14]，尚有数人，其后皆来江都省墓。适英霍山师败，捕得冒称忠烈者，大将发至江都，令史氏男女来认之，忠烈之第八弟已亡[15]，其夫人年少有色，守节，亦出视之，大将艳其色，欲强娶之，夫人自裁而死。时以其出于大将之所逼也，莫敢为之表章者。呜呼！忠烈尝恨可程在北，当易姓之间[16]，不能仗节出疏纠之[17]。岂知身后乃有弟妇以女子而踵兄公之余烈乎[18]？梅花如雪，芳香不染。异日有作忠烈祠者，副使诸公谅在从祀之烈，当另为别室以祀夫人，附以烈女一辈也。

选自《鲒埼亭文集选注》，黄云眉选注，齐鲁书社1982年版

题解

明崇祯十七年（1644），清兵大举入关。当时任兵部尚书、武英殿大学士的史可法奉命督师扬州。次年四月，清和硕豫亲王多铎亲自率兵攻打扬州城，史可法于城陷后被俘，宁死不屈，为国捐躯，死后其衣冠葬在梅花岭上。明亡百年以后，全祖望登上梅花岭，怀着崇敬的心情，用饱蘸感情的笔墨记叙了史可法以身殉国的悲壮事迹，歌颂了他舍生取义、视死如归的忠烈行为，用文字为这位大义凛然的英雄树立了一座不朽的丰碑。

全祖望（1705—1755），字绍衣，浙江鄞县（今宁波）人，清代浙东学派的重要代表人物。乾隆元年（1736）进士，选翰林院庶吉士，旋即辞归故乡，不复出仕，贫病而终。一生致力经史，著述颇丰，有《鲒埼亭集》等。

注释

[1] 乙酉：顺治二年（1645）的干支。

[2] 江都：今江苏扬州。

[3] 督相：史可法以武英殿大学士职位督师扬州，故称督相。忠烈：史可法谥号。

[4] 谱：用作动词，入家谱。

[5] 和硕豫亲王：努尔哈赤第十五子多铎。

[6] 已而英霍山师大起：侯应龙等人纷纷于英山（今属湖北）、霍山（今属安徽）起义，言史可法实未死，以其名义号召人民，聚众数千，后败

于清军。

［7］白下：今江苏南京。

［8］经略：官名。明朝廷派出总制一方军务的重臣。洪承畴：崇祯年间任蓟辽总督，后降清。

［9］恚：愤怒，怨恨。

［10］颜太师以兵解：颜真卿于唐德宗时官太子太师，建中三年（782）淮西节度使李希烈反叛，次年朝廷派颜真卿前往晓谕，被杀。兵解：学道者死于兵刃后成仙。传说颜真卿死后十余年，颜氏仆人曾于洛阳遇颜真卿，当时传说他兵解成仙。

［11］文少保：文天祥，宋末抗元领袖，官至右丞相。景炎三年（1278）兵败，为元军所俘，后被押至大都（今北京）遇害。大光明法：佛法，此处指死后成佛。时有传说文天祥在狱中被人授此佛法而出世成佛。蝉蜕：谓人遗下形骸仙去，像蝉蜕皮一样。

［12］凡五死而得绝：钱氏女尝试了五次最终死亡。

［13］江右：长江下游西部，今江西。王猷定：明遗民，隐居不出，工诗文。关中：今陕西。黄遵岩：不详。粤东：今广东。屈大均：明亡后，出家为僧，以诗文名于当时。

［14］可程：史可法弟。史可程为崇祯十六年（1643）进士，后归附李自成，旋又降清，不久南归。史可法曾上书朝廷，要求惩处其弟。

［15］八弟：史可刚，史可法弟。

［16］易姓：此处指改朝换代。

［17］仗节：保持气节。疏：奏章。纠之：弹劾他。

［18］踵：追随。兄公：旧时妻称夫之兄为“兄公”。余烈：遗志。

思考与练习

1. 简要概括本文所表现的史可法的性格特征。

2. 文章以梅花岭为题的深意是什么？

3. 结合本文谈谈你对人生、生死的看法。

囚绿记

陆 蠡

这是去年夏间的事情。

我住在北平的一家公寓里。我占据着高广不过一丈的小房间，砖铺的潮湿的地面，纸糊的墙壁和天花板，两扇木格子嵌玻璃的窗，窗上有很灵巧的纸卷帘，这在南方是少见的。

窗是朝东的。北方的夏季天亮得快，早晨五点钟左右太阳便照进我的小屋，把可畏的光线射个满室，直到十一点半才退出，令人感到炎热。这公寓里还有几间空房子，我原有选择的自由的，但我终于选定了这朝东房间，我怀着喜悦而满足的心情占有它，那是有一个小小理由。

这房间靠南的墙壁上，有一个小圆窗，直径一尺左右。窗是圆的，却嵌着一块六角形的玻璃，并且左下角是打碎了，留下一个大孔隙，手可以随意伸进伸出。圆窗外面长着常春藤。当太阳照过它繁密的枝叶，透到我房里来的时候，便有一片绿影，我便是欢喜这片绿影才选定这房间的。当公寓里的伙计替我提了随身小提箱，领我到这房间来的时候，我瞥见这绿影，感觉到一种喜悦，便毫不犹疑地决定了下来，这样了截爽直使公寓里伙计都惊奇了。

绿色是多宝贵啊！它是生命，它是希望，它是慰安，它是快乐。我怀念着绿色把我的心等焦了。我欢喜看水白，我欢喜看草绿。我疲累于灰暗的都市的天空，和黄漠的平原，我怀念着绿色，如同涸辙的鱼盼等着雨水！我急不暇择的心情即使一枝之绿也视同至宝。当我在这小房中安顿下来，我移徙小台子到圆窗下，让我的面朝墙壁和小窗。门虽是常开着，可没人来打扰我，因为在这古城中我是孤独而陌生。但我并不感到孤独。我忘记了困倦的旅程和已往的许多不快的记忆。我望着这小圆洞，绿叶和我对语。我了解自然无声的语言，正如它了解我的语言一样。

我快活地坐在我的窗前，度过了一个月，两个月，我留恋于这片绿色。我开始了解渡越沙漠者望见绿洲的欢喜，我开始了解航海的冒险家望见海面飘来花草的茎叶的欢喜。人是在自然中生长的，绿是自然的颜色。

我天天望着窗口常春藤的生长。看它怎样伸开柔软的卷须，攀住一根缘引它的绳索[1]，或一茎枯枝；看它怎样舒开折叠着的嫩叶，渐渐变青，渐渐变老。我细细观赏它纤细的脉络，嫩芽，我以揠苗助长的心情，巴不得它长得快，长得茂绿。下雨的时候，我爱它淅沥的声音，婆娑的摆舞。

忽然有一种自私的念头触动了我。我从破碎的窗口伸出手去，把两枝浆液丰富的柔条牵进我的屋子里来，教它伸长到我的书案上，让绿色和我更接近，更亲密。我拿绿色来装饰我这简陋的房间，装饰我过于抑郁的心情。我要借绿色来比喻葱茏的爱和幸福，我要借绿色来比喻猗郁的年华[2]。我囚住这绿色如同幽囚一只小鸟，要它为我作无声的歌唱。

绿的枝条悬垂在我的案前了。它依旧伸长，依旧攀缘，依旧舒放，并且比在外边长得更快。我好像发现了一种"生的欢喜"，超过了任何种的喜悦。从前我有个时候，住在乡间的一所草屋里，地面是新铺的泥土，未除净的草根在我的床下茁出嫩绿的芽苗，蕈菌在地角上生长[3]，我不忍加以剪除。后来一个友人一边说一边笑，替我拨去这些野草，我心里还引为可惜，倒怪他多事似的。

可是每天早晨，我起来观看这被幽囚的"绿友"时，它的尖端总朝着窗外的方向。甚至于一枚细叶，一茎卷须，都朝原来的方向。植物是多固执啊！它不了解我对它的爱抚，我对它的善意。我为了这永远向着阳光生长的植物不快，因为它损害了我的自尊心。可是我囚系住它，仍旧让柔弱的枝叶垂在我的案前。

它渐渐失去了青苍的颜色，变成柔绿，变成嫩黄；枝条变成细瘦，变成娇弱，好像病了的孩子。我渐渐不能原谅我自己的过失，把天空底下的植物移锁到暗黑的室内；我渐渐为这病损的枝叶可怜，虽则我恼怒它的固执，无亲热，我仍旧不放走它。魔念在我心中生长了。

我原是打算七月尾就回南去的。我计算着我的归期，计算这"绿囚"出牢的日子。在我离开的时候，即是它恢复自由的时候。

卢沟桥事件发生了。担心我的朋友电催我赶速南归。我不得不变更我的计划，在七月中旬，不能再留连于烽烟四逼中的旧都，火车已经断了数天，我每日须得留心开车的消息。终于在一天早晨候到了。临行时我珍重地开释了不屈服于黑暗的囚人。我把瘦黄的枝叶放在原来的位置上，向它致诚意的祝福，愿它繁茂苍绿。

离开北平一年了。我怀念着我的圆窗和绿友。有一天，得重和它们见面的时候，会和我面生么？

选自《囚绿记》，中国文联出版公司1998年版

题解

《囚绿记》写于1938年上海沦陷以后，作者回忆一年前在北京的孤旅生活，抒写那时在阴暗潮湿的房间和抑郁的心情中，窗外一棵常春藤给予他的种种感悟。“绿”是无法永远被“囚”住的，一如心向光明的作者和永不屈服于黑暗的中华民族。作品以“绿”为线索，由“见”而“观”，因“观”生爱而至于“囚”，但终“放”其自由生长。散文结构跌宕，情感起伏，虚实相生，语言优美生动，真切感人。

陆蠡（1908—1942），现代散文家、翻译家，原名陆圣泉，浙江天台人。34岁时被日本侵略者杀害。有散文集《海星》《竹刀》《囚绿记》。

注释

［1］缘引：引导。

［2］猗郁：茂盛的样子。

［3］蕈（xùn）菌：可以采摘的大型真菌。

思考与练习

1. 作者为什么说常春藤“固执”？这表现了常春藤何种精神品质？
2. 联系文中交代的历史背景，谈谈课文表达了“我”怎样的思想感情。
3. 在困苦乃至绝望中寻找希望并付出努力，谈谈你类似的经历和感悟。

把栏杆拍遍

梁　衡

中国历史上由行伍出身，以武起事，而最终以文为业，成为大诗词作家的只有一人，这就是辛弃疾。这也注定了他的词及他这个人在文人中的惟一

性和在历史上的独特地位。

在我看到的资料里，辛弃疾至少是快刀利剑地杀过几次人的。他天生孔武高大，从小苦修剑法。他又生于金宋乱世，不满金人的侵略蹂躏，二十二岁时他就拉起了一支数千人的义军，后又与耿京为首的义军合并，并兼任书记长，掌管印信。一次义军中出了叛徒，将印信偷走，准备投金。辛弃疾手提利剑单人独马追贼两日，第三天提回一颗人头。为了光复大业，他又说服耿京南归，南下临安亲自联络。不想就这几天之内又变生肘腋，当他完成任务返回时，部将叛变，耿京被杀。辛大怒，跃马横刀，只率数骑突入敌营生擒叛将，又奔突千里，将其押解至临安正法，并率万人南下归宋。说来，他干这场壮举时还只是一个二十几岁的英雄少年。正血气方刚，欲为朝廷痛杀贼寇，收复失地。

但世上的事并不能心想事成。南归之后，他手里立即失去了钢刀利剑，就只剩下一支羊毫软笔，他也再没有机会奔走沙场，血溅战袍，而只能笔走龙蛇，泪洒宣纸，为历史留下一声声悲壮的呼喊、遗憾的叹息和无奈的自嘲。

应该说，辛弃疾的词不是用笔写成，而是用刀和剑刻成的。他是以一个沙场英雄和爱国将军的形象留存在历史上和自己的诗词中。时隔千年，当今天我们重读他的作品时，仍感到一种凛然杀气和磅礴之势。比如这首著名的《破阵子》：

醉里挑灯看剑，梦回吹角连营。八百里分麾下炙，五十弦翻塞外声。沙场秋点兵。　　马作的卢飞快，弓如霹雳弦惊。了却君王天下事，赢得生前身后名。可怜白发生。

我敢大胆说一句，这首词除了武圣岳飞的《满江红》可与之媲美外，在中国上下五千年的文人堆里，再难找出第二首这样有金戈之声的力作。虽然杜甫也写过“射人先射马，擒贼先擒王”，军旅诗人卢纶也写过“欲将轻骑逐，大雪满弓刀”，但这些都是旁观式的想象、抒发和描述。哪一个诗人曾有他这样亲身在刀刃剑尖上滚过来的经历？“列舰层楼”“投鞭飞渡”“剑指三秦”“西风塞马”，他的诗词简直是一部军事辞典。他本来是以身许国，准备血洒大漠，马革裹尸的。但是南渡后他被迫脱离战场，再无用武之地。像屈原那样仰问苍天，像共工那样怒撞不周。他临江水，望长安，登危楼，拍栏杆，只能热泪横流。

楚天千里清秋，水随天去秋无际。遥岑远目，献愁供恨，玉簪螺髻。　落日楼头，断鸿声里，江南游子。把吴钩看了，栏杆拍遍，无人会、登临意。

（《水龙吟》）

谁能懂得他这个游子，实际上有着亡国浪子的悲愤之心呢？这是他登临建康城赏心亭时所作。此亭遥对古秦淮河，是历代文人墨客赏心雅兴之所，但辛弃疾在这里发出的却是一声声悲怆的呼喊。他痛拍栏杆时一定想起过当年的拍刀催马，驰骋沙场，但今天空有一身力，一腔志，又能向何处使呢？我曾专门到南京寻找过这个辛公拍栏杆处，但人去楼毁，早已了无痕迹，唯有江水悠悠，似词人的长叹，东流不息。

辛词比其他文人更深一层的不同，是他的词不是用墨来写，而是蘸着血和泪涂抹而成的。我们今天读其词，总是清清楚楚地听到一个爱国臣子，一遍一遍地哭诉，一次一次地表白。总忘不了他那在夕阳中扶栏远眺、望眼欲穿的形象。

辛弃疾南归后为什么这样不为朝廷喜欢呢？他在一首《戒酒》的戏作中说："怨无大小，生于所爱；物无美恶，过则成灾。"这首小品正好刻画出他的政治苦闷。他因爱国而生怨，因尽职而招灾。他太爱国家，爱百姓，爱朝廷了。但是朝廷怕他，烦他，忌用他。他作为南宋臣民共生活了四十年，倒有近二十年的时间被闲置一旁，而在断断续续被使用的二十多年间又有三十七次频繁调动。但是，每当他得到一次效力的机会，就特别认真，特别执着地去工作。本来他有碗饭吃便不该再多事，可是那颗炽热的爱国心烧得他浑身发热。四十年间无论在何地何时任何职，甚至赋闲期间，他都不停地上书，不停地唠叨，一有机会还要真抓实干，练兵、筹款、整饬政务，时刻摆出一副要冲上前线的样子。你想这怎能不让主和苟安的朝廷心烦？他任湖南安抚使，这本是一个地方行政长官，他却在任上创办了一支2500人的"飞虎军"，铁甲烈马，威风凛凛，雄镇江南。建军之初，造营房，恰逢连日阴雨，无法烧制屋瓦。他就令长沙市民，每户送瓦二十片，立付现银，两日内便全部筹足。其施政的干练作风可见一斑。后来他到福建任地方官，又在那里招兵买马。闽南与漠北相隔遥远，但还是隔不断他的忧民情、复国志。他这个书生、这个工作狂，实在太过了，"过则成灾"，终于惹来了许多的诽谤，甚至说他独裁、犯上。皇帝对他也就时用时弃。国有危难时招来用几天，朝有谤言，又弃而闲几年，这就是他的基本生活节奏，也是他一生最大的悲剧。别看他饱读诗书，在词中到处用典，甚至被后人讥为“掉书袋”。但他至死，也没有弄懂南宋小朝廷为什么只图苟安而不愿去收复失地。

辛弃疾名弃疾，但他那从小使枪舞剑、壮如铁塔的五尺身躯，何尝有什么疾病？他只有一块心病，金瓯缺，月未圆，山河碎，心不安。

郁孤台下清江水，中间多少行人泪。西北望长安，可怜无数山。　青山遮不住，毕竟东流去。江晚正愁余，山深闻鹧鸪。

这是我们在中学课本里就读过的那首著名的《菩萨蛮》，他得的是心郁之病啊。他甚至自嘲自己的姓氏：

烈日秋霜，忠肝义胆，千载家谱。得姓何年，细参辛字，一笑君听取。艰辛做就，悲辛滋味，总是酸辛苦。更十分、向人辛辣，椒桂捣残堪吐。　世间应有，芳甘浓美，不到吾家门户。（《永遇乐》）

你看“艰辛”“辛酸”“悲辛”“辛辣”，真是五内俱焚。世上许多甜美之事，顺达之志，怎么总轮不到他呢？他要不就是被闲置，要不就是走马灯似的被调动。1179年，他从湖北调湖南，同僚为他送行时他心情难平，终于以极委婉的口气叹出了自己政治的失意。这便是那首著名的《摸鱼儿》：

更能消几番风雨，匆匆春又归去。惜春长，怕花开早，何况落红无数。春且住。见说道，天涯芳草无归路。怨春不语。算只有殷勤，画檐蛛网，尽日惹飞絮。　长门事，准拟佳期又误。蛾眉曾有人妒。千金纵买相如赋，脉脉此情谁诉？君莫舞，君不见，玉环飞燕皆尘土。闲愁最苦。休去倚危楼，斜阳正在，烟柳断肠处。

据说宋孝宗看到这首词后很不高兴。梁启超评曰：“回肠荡气，至于此极，前无古人，后无来者。”“长门事”，是指汉武帝的陈皇后遭忌被打入长门宫里。辛以此典相比，一片忠心、痴情和着那许多辛酸、辛苦、辛辣，真是打翻了五味坛子。今天我们读时，每一个字都让人一惊，直让你觉得就是一滴血，或者是一行泪。确实，古来文人的惜春之作，多得可以堆成一座纸山。但有哪一首，能这样委婉而又悲愤地将春色化入政治、诠释政治呢？美人相思也是旧文人写滥了的题材，有哪一首能这样深刻贴切地寓意国事，评论正邪，抒发忧愤呢？

但是南宋朝廷毕竟是将他闲置了二十年。二十年的时间让他脱离政界，只许旁观，不得插手，也不得插嘴。辛在他的词中自我解嘲道："君恩重，且教种芙蓉！"这有点像宋仁宗说柳永："且去浅斟低唱，何要浮名？"柳永倒是真的去浅斟低唱了，结果唱出一个纯粹的词人艺术家。辛与柳不同，你想，他是一个大碗喝酒，大块吃肉，痛拍栏杆，大声议政的人。报国无门，他便到赣东北修了一座带湖别墅，咀嚼自己的寂寞。

带湖吾甚爱，千丈翠奁开。先生杖屦无事，一日走千回。凡我同盟鸥鹭，今日既盟之后，来往莫相猜。白鹤在何处，尝试与偕来。　破青萍，排翠藻，立苍苔。窥鱼笑汝痴计，不解举吾杯。废沼荒丘畴昔，明月清风此夜，人世几欢哀。东岸绿阴少，杨柳更须栽。　　（《水调歌头》）

这回可真的应了他的号："稼轩"，要回乡种地了。一个正当壮年又阅历丰富、胸怀大志的政治家，却每天在山坡和水边踱步，与百姓聊一聊农桑收成之类的闲话，再对着飞鸟游鱼自言自语一番，真是"闲愁最苦"，"脉脉此情谁诉"。

说到辛弃疾的笔力多深，是刀刻也罢，血写也罢，其实他的追求从来不是要做一个词人。郭沫若说陈毅："将军本色是诗人。"辛弃疾这个人，词人本色是武人，武人本色是政人。他的词是在政治的大磨盘间磨出来的豆浆汁液。他由武而文，又由文而政，始终在出世与入世间矛盾，在被用或被弃中受煎熬。作为封建知识分子，对待政治，他不像陶渊明那样浅尝辄止，便再不染政；也不像白居易那样长期在任，亦政亦文。对国家民族他有一颗放不下、关不住、比天大、比火热的心；他有一身早练就、憋不住、使不完的劲。他不计较"五斗米折腰"，也不怕谗言倾盆。所以随时局起伏，他就大忙大闲，大起大落，大进大退。稍有政绩，便招谤而被弃；国有危难，便又被招而任用。他亲自组练过军队，上书过《美芹十论》这样著名的治国方略。他是贾谊、诸葛亮、范仲淹一类的时刻忧心如焚的政治家。他像一块铁，时而被烧红锤打，时而又被扔到冷水中淬火。有人说他是豪放派，继承了苏东坡，但苏的豪放仅止于"大江东去"，山水之阔。苏正当北宋太平盛世，还没有民族仇、复国志来炼其词魂，也没有胡尘飞、金戈鸣来壮其词威。真正的诗人只有被政治大事（包括社会、民族、军事等矛盾）所挤压、扭曲、拧绞、烧炼、锤打时才可能得到合乎历史潮流的感悟，才可能成为正义的化身。诗歌，也只有在政治之风的鼓荡下，才可能飞翔，才能燃烧，才能炸响，才能振聋发聩。学诗功夫在诗外，诗歌之效更在诗外。我们承认艺术本身的魅力，更承认艺术加上思想的爆发力。

有人说辛词其实也是婉约派，多情细腻处不亚于柳永、李清照。

近来愁似天来大，谁解相怜？谁解相怜？又把愁来做个天。　将今古无穷事，放在愁边。放在愁边，却自移家向酒泉。（《丑奴儿》）

少年不识愁滋味，爱上层楼。爱上层楼，为赋新词强说愁。　而今识尽愁滋味，欲说还休。欲说还休，却道天凉好个秋。（《丑奴儿》）

柳李的多情多愁仅止于“执手相看泪眼”“梧桐更兼细雨”，而辛词中的婉约言愁之笔，于淡淡的艺术美感中，却含有深沉的政治与生活哲理。真正的诗人，最善以常人之心言大情大理，能于无声处炸响惊雷。

我常想，要是为辛弃疾造像，最贴切的题目就是“把栏杆拍遍”。他一生大都是在被抛弃的感叹与无奈中度过的。当权者不使为官，却为他准备了锤炼思想和艺术的反面环境。他被九蒸九晒，水煮油炸，千锤百炼。历史的风云，民族的仇恨，正与邪的搏击，爱与恨的纠缠，知识的积累，感情的浇铸，艺术的升华，文字的锤打，这一切都在他的胸中、他的脑海，翻腾、激荡，如地壳内岩浆的滚动鼓胀，冲击积聚。既然这股能量一不能化作刀枪之力，二不能化作施政之策，便只有一股脑地注入诗词，化作诗词。他并不想当词人，但武途政路不通，历史歪打正着地把他逼向了词人之道。终于他被修炼得连叹一口气，也是一首好词了。

说到底，才能和思想是一个人的立身之本。像石缝里的一棵小树，虽然被扭曲、挤压，成不了旗杆，却也可成一条遒劲的龙头拐杖，别是一种价值。但这前提，你必须是一棵树，而不是一棵草。从“沙场秋点兵”到“天凉好个秋”；从决心为国弃疾去病，到最后掰开嚼碎，识得辛字含义，再到自号“稼轩”，同盟鸥鹭，辛弃疾走过了一个爱国志士、爱国诗人的成熟过程。诗，是随便什么人都可以写的吗？诗人，能在历史上留下名的诗人，是随便什么人都可以当的吗？“一将功成万骨枯”，一员武将的故事，要多少持刀舞剑者的鲜血才能写成。那么，有思想光芒又有艺术魅力的诗人呢？他的成名，要有时代的运动，像地球大板块的冲撞那样，他时而被夹其间感受折磨，时而又被甩在一旁被迫冷静思考。所以积三百年北宋南宋之动荡，才产生了一个辛弃疾。

选自《把栏杆拍遍》，北京联合出版公司2015年版

题解

这是一篇人物评传散文，作者以八首辛词串起了辛弃疾传奇又坎坷的一生，塑造出一位叱咤风云而又命运多舛的爱国词人形象，是解读辛弃疾的散文名篇。本文突出文学与政治纠葛的背景，将理性分析和形象表现手法融为一体，视野宏阔，气势磅礴，具有强烈的现实感和时代气息，同时也赋予作品以极高的艺术审美价值。

梁衡（1946— ），新闻理论家、作家，山西霍州人。毕业于中国人民大学。历任《内蒙古日报》记者、《光明日报》记者、国家新闻出版署副署长、《人民日报》副总编辑。曾荣获全国青年文学奖、赵树理文学奖、全国优秀科普作品奖和中宣部“五个一工程”奖等多种荣誉称号。2018年12月，荣获第六届范敬宜新闻教育奖。代表作有《大无大有周恩来》《晋祠》《跨越百年的美丽》《壶口瀑布》《夏感》《青山不老》《把栏杆拍遍》等。季羡林认为梁衡“无论谈历史、谈现实，最后都离不开对国家、民族的忧心”，“在并世散文家中，能追求、肯追求这样一种境界的人，除梁衡以外，尚无第二人”。

思考与练习

1. 作者笔下的辛弃疾与你了解的辛弃疾相吻合吗？哪些方面是你以前不曾了解的？

2. 作者极力推崇的是辛弃疾的哪些精神特点？

3. 你认为辛弃疾的精神及作品在今天有何现实意义？

乡土情结

柯　灵

君自故乡来，应知故乡事。来日绮窗前，寒梅着花未？——王维

每个人的心里，都有一方魂牵梦萦的土地。得意时想到它，失意时想到

它。逢年逢节，触景生情，随时随地想到它。海天茫茫，风尘碌碌，酒阑灯灺人散后[1]，良辰美景奈何天，洛阳秋风，巴山夜雨，都会情不自禁地惦念它。离得远了久了，使人愁肠百结：“客舍并州数十霜，归心日夜忆咸阳。无端又渡桑乾水，却望并州是故乡。”好不容易能回家了，偏又忐忑不安：“岭外音书断，经冬复历春。近乡情更怯，不敢问来人。”异乡人这三个字，听起来音色苍凉；“他乡遇故知”，则是人生一快。一个怯生生的船家女，偶尔在江上听到乡音，就不觉喜上眉梢，顾不得娇羞，和隔船的陌生男子搭讪：“君家何处住？妾住在横塘。停船暂借问，或恐是同乡。”辽阔的空间，悠邈的时间，都不会使这种感情褪色：这就是乡土情结。

人生旅途崎岖修远，起点站是童年。人第一眼看见的世界——几乎是世界的全部，就是生我育我的乡土。他开始感觉饥饱寒暖，发为悲啼笑乐。他从母亲的怀抱，父亲的眼神，亲族的逗弄中开始体会爱。但懂得爱的另一面——憎和恨，却须在稍稍接触人事以后。乡土的一山一水，一虫一鸟，一草一木，一星一月，一寒一暑，一时一俗，一丝一缕，一饮一啜，都溶化为童年生活的血肉，不可分割。而且可能祖祖辈辈都植根在这片土地上，有一部悲欢离合的家史。在听祖母讲故事的同时，就种在小小的心坎里。邻里乡亲，早晚在街头巷尾、桥上井边、田塍篱角相见，音容笑貌，闭眼塞耳也彼此了然，横竖呼吸着同一的空气，濡染着同一的风习，千丝万缕沾着边。一个人为自己的一生定音定调定向定位，要经过千磨百折的摸索，前途充满未知数，但童年的烙印，却像春蚕作茧，紧紧地包着自己，又像文身的花纹，一辈子附在身上。

“金窝银窝，不如家里的草窝。”但人是不安分的动物，多少人仗着年少气盛，横一横心，咬一咬牙，扬一扬手，向恋恋不舍的家乡告别，万里投荒，去寻找理想，追求荣誉，开创事业，富有浪漫气息。有的只是一首朦胧诗，——为了闯世界。多数却完全是沉重的现实主义格调：许多稚弱的童男童女，为了维持最低限度的生存要求，被父母含着眼泪打发出门，去串演各种悲剧。人一离开乡土，就成了失根的兰花，逐浪的浮萍，飞舞的秋蓬，因风四散的蒲公英，但乡土的梦，却永远追随着他们。“慈母手中线，游子身上衣”，这根线的长度，足够绕地球三匝，随卫星上天。

浪荡乾坤的结果，多数是少年子弟江湖老，黄金、美人、虚名、实惠，都成了竹篮打水一场空。有的侘傺无聊[2]，铩羽而归。有的春花秋月，流连光景，“未老莫还乡，还乡须断肠”。有的倦于奔竞，跳出名利场，远离是非地，“只应守寂寞，还掩故园扉”。有的素性恬淡、误触尘网，不愿为五斗米折腰，归去来兮，种菊东篱，怡然自得。——但要达到这境界，至少得有几亩薄田，三间茅舍作退步，否则就只好寄人篱下，终老他乡。只有少数中的少数、个别中的个别，在亿万分之一的机会里冒险成功，春风得意，衣锦还乡，——“富贵不归故乡，如衣绣夜行，谁知之者！”这句名言的创作者是楚霸王项羽，但他自己功败垂成，并没有做到。他带着江东八千子弟出来造反，结果无一生还，自觉无颜再见江东父老，毅然在乌江慷慨自刎。项羽不愧为盖世英雄，论力量对比，他比他的对手刘邦强得多，但在政治策略上棋输一着：他自恃无敌，所过大肆杀戮，乘胜火烧咸阳；而刘邦虽然酒色财货无所不好，入关以后，却和百姓约法三章，秋毫无犯，终于天下归心，奠定了汉室江山，当了皇上。回到家乡，大摆筵席，宴请故人父老兄弟，狂歌酣舞，足足闹了十几天。“大风起兮云飞扬，威加海内兮归故乡，安得猛士兮守四方！”这就是刘邦当时的得意之作，载在诗史，流传至今。

灾难使成批的人流离失所，尤其是战争，不但造成田园寥落，骨肉分离，还不免导致道德崩坏，人性扭曲。刘邦同项羽交战败北，狼狈逃窜，为了顾自己轻车脱险，三次把未成年的亲生子女狠心从车上推下来。项羽抓了刘邦的父亲当人质，威胁要烹了他，刘邦却说：咱哥儿们，我爹就是你爹，你要是烹了他，别忘记“分我杯羹”。为了争天下，竟可以丧心病狂到这种地步！当然，战争有正义与非正义之分，“国家兴亡，匹夫有责”；“匈奴未灭，何以家为”；“四方丈夫事，平心铁石心”；“男儿何不带吴钩，收取关山五十州”，都是千古美谈。但正义战争的终极目的，正在于以战止战，缔造和平，而不是以战养战、以暴易暴。比灾难、战争更使人难以为怀的，是放逐：有家难归，有国难奔。屈原、贾谊、张俭、韩愈、柳宗元、苏东坡，直至康有为、梁启超，真可以说无代无之。——也许还该特别提一提林则徐，这位揭开中国近代史开宗明义第一章的伟大爱国前贤，为了严禁鸦片，结果获罪革职，遣戍伊犁。他在赴戍登程的悲凉时刻，口占一诗，告别家人：“苟利国家生死以，岂因祸福避趋之。谪居正是君恩厚，养拙刚于戍卒宜。”百年后重读此诗，还令人寸心如割，百脉沸涌，两眼发酸，低徊欷歔不已。

安土重迁是中华民族的传统，我们祖先有个根深蒂固的观念，以为一切有生之伦，都有返本归元的倾向：鸟恋旧林，鱼思故渊，胡马依北风，狐死必首丘，树高千丈，落叶归根。有一种聊以慰情的迷信，还以为人在百年之后，阴间有个望乡台，好让死者的幽灵在月明之夜，登台望一望阳世的亲人。但这种缠绵的情致，并不能改变冷酷的现实，百余年来，许多人依然不得不离乡别井，乃至飘洋过海，谋生异域。有清一代，出国的华工不下一千万，足迹遍于世界，新兴资本主义国家的金矿、铁路、种植园里，渗透了他们的血汗。美国南北战争以后，黑奴解放了，我们这些黄皮肤的同胞，恰恰以刻苦、耐劳、廉价的特质，成了奴隶劳动的后续部队，他们当然做梦也没有想到什么叫人权。为了改变祖国的命运，孙中山领导的革命运动发轫于美国檀香山，第一代中国共产党人，很多曾在法国勤工俭学。改革开放后掀起的出国潮，汹涌澎湃，方兴未艾。还有一种颇似难料而其实易解的矛盾现象：鸦片战争期间被清王朝割弃的香港，经过一百五十年的沧桑世变，终于回到了祖国的怀抱，这是何等的盛事！而不少生于斯、食于斯、惨淡经营于斯的香港人，却看作“头上一片云”，宁愿抛弃家业，纷纷作移民计。这一代又一代炎黄子孙浮海远游的潮流，各有其截然不同的背景、色彩和内涵，不可一概而论，却都是时代浮沉的倒影，历史浩荡前进中飞溅的浪花。民族向心力的凝聚，并不取决于地理距离的远近。我们第一代的华侨，含辛茹苦，寄籍外洋，生儿育女，却世代翘首神州，不忘桑梓之情，当祖国需要的时候，他们都作了慷慨的奉献。香港蕞尔一岛[3]，从普通居民到各业之王、绅士爵士、翰苑名流，对大陆踊跃输将[4]，表示休戚相关、风雨同舟的情谊，是近在眼前的动人事例。“美不美，故乡水，亲不亲，故乡人”，此中情味，离故土越远，就体会越深。

科学进步使天涯比邻，东西文化的融会交流使心灵相通，地球会变得越来越小，但乡土之恋不会因此消失。株守乡井，到老没见过轮船火车；或者魂丧域外，飘泊无归的现象，早该化为陈迹。我们应该有鹏举鸿飞的豪情，鱼游濠水的自在；同时拥有温暖安稳的家园，还有足以自豪的祖国，屹立于现代世界文明之林。

一九九一年十二月二十三日

选自《柯灵散文选集》，唐金海、张晓云编，百花文艺出版社2009年版

题解

这是一篇歌颂故乡、歌颂祖国的散文。作者站在历史和时代的高度，讴歌生于斯、长于斯的故乡和祖国。深沉的爱，满溢在字里行间。文章以故园之思为线索，结合香港回归的时代背景和作者早年辗转离乱的人生经历，将乡土情结的分析从“小家”到“大家”、从“离家”到“归家”逐层升华，最终凝结为爱国主义的思想感情。语言真挚，旁征博引，抒情性强。

柯灵（1909—2000），作家、评论家，原名高隆任，字季琳，原籍浙江绍兴，生于广州。

注释

[1] 灺（xiè）：（灯烛）熄灭。

[2] 侘傺（chàchì）：失意的样子。

[3] 蕞（zuì）尔：很小的（地区）。

[4] 输将：捐献，缴纳。

思考与练习

1. 请谈谈历史和故乡有着怎样的关系。

2. 翻译并解释林则徐的诗：“苟利国家生死以，岂因祸福避趋之。谪居正是君恩厚，养拙刚于戍卒宜。”

3. 本篇文章的结构特点是什么？

今生今世的证据

刘亮程

我走的时候，我还不懂得怜惜曾经拥有的事物，我们随便把一堵院墙推倒，砍掉那些树，拆毁圈棚和炉灶，我们想它没用处了。我们搬去的地方会有许多新东西。一切都会再有的，随着日子一天天好转。

我走的时候还不知道向那些熟悉的东西去告别，不知道回过头说一句：

草，你要一年年地长下去啊。土墙，你站稳了，千万不能倒啊。房子，你能撑到哪年就强撑到哪一年，万一你塌了，可千万把破墙圈留下，把朝南的门洞和窗口留下，把墙角的烟道和锅头留下，把破瓦片留下，最好留下一小块泥皮，即使墙皮全脱落光，也在不经意的、风雨冲刷不到的那个墙角上，留下巴掌大的一小块吧，留下泥皮上的烟垢和灰，留下划痕、朽在墙中的木镢和铁钉，这些都是我今生今世的证据啊。

我走的时候，我还不知道曾经的生活有一天，会需要证明。

有一天会再没有人能够相信过去。我也会对以往的一切产生怀疑。那是我曾有过的生活吗。我真看见过地深处的大风？更黑，更猛，朝着相反的方向，刮动万物的骨骸和根须。我真听见过一只大鸟在夜晚的叫声？整个村子静静的，只有那只鸟在叫。我真的沿那条黑寂的村巷仓皇奔逃？背后是紧追不舍的瘸腿男人，他的那条好腿一下一下地捣着地。我真的有过一棵自己的大榆树？真的有一根拴牛的榆木桩，它的横杈直端端指着我们家院门，找到它我便找到了回家的路。还有，我真沐浴过那样恒久明亮的月光？它一夜一夜地已经照透墙、树木和道路，把银白的月辉渗浸到事物的背面。在那时候，那些东西不转身便正面背面都领受到月光，我不回头就看见了以往。

现在，谁还能说出一棵草、一根木头的全部真实。谁会看见一场一场的风吹旧墙、刮破院门，穿过一个人慢慢松开的骨缝，把所有所有的风声留在他的一生中。

这一切，难道不是一场一场的梦。如果没有那些旧房子和路，没有扬起又落下的尘土，没有与我一同长大仍旧活在村里的人、牲畜，没有还在吹刮着的那一场一场的风，谁会证实以往的生活——即使有它们，一个人内心的生存谁又能见证。

我回到曾经是我的现在已成别人的村庄。只几十年功夫，它变成另一个样子。尽管我早知道它会变成这样——许多年前他们往这些墙上抹泥巴、刷白灰时，我便知道这些白灰和泥皮迟早会脱落得一干二净。他们打那些土墙时我便清楚这些墙最终会回到土里——他们挖墙边的土，一截一截往上打墙，还喊着打夯的号子，让远远近近的人都知道这个地方在打墙盖房子了。墙打好后每堵墙边都留下一个坑，墙打得越高坑便越大越深。他们也不填它，顶多在坑里栽几棵树，那些坑便一直在墙边等着，一年又一年，那时我就知道一个土坑漫长等待的是什么。

但我却不知道这一切面目全非、行将消失时，一只早年间日日以清脆嘹亮的鸣叫唤醒人们的大红公鸡、一条老死窝中的黑狗、每个午后都照在（已经消失的）门框上的那一缕夕阳……是否也与一粒土一样归于沉寂。还有，在它们中间悄无声息度过童年、少年、青年时光的我，他的快乐、孤独、无人感知的惊恐与激动……对于今天的生活，它们是否变得毫无意义。

当家园废失，我知道所有回家的脚步都已踏踏实实地迈上了虚无之途。

选自《一个人的村庄》，春风文艺出版社2013年版

题解

从“证据”入手，这篇散文一方面从外在的角度探索着人的成长与故乡的变化，一方面从内在的角度思考着人生的意义和“内心的生存”。文字感性而缜密，忧伤而克制。

刘亮程（1962— ），作家，出生在新疆。著有诗集《晒晒黄沙梁的太阳》，散文集《一个人的村庄》《在新疆》《一片叶子下生活》。2014年获第六届鲁迅文学奖散文杂文奖，2015年获第十六届百花文学奖散文奖，被誉为“20世纪中国最后一位散文家”和“乡村哲学家”。

思考与练习

1. 作者为什么要寻找“今生今世的证据”？
2. 怎样理解文章的最后一句话？
3. 文章的语言风格是怎样的？从哪些地方体现出哲学意味？

绣满羊角图案的地方

李　娟

我在夏牧场上，走进一家又一家的哈萨克毡房。这样的小白屋一经敞开，便是在迎接我的睡眠。我弯腰从彩漆小木门进去，径直踏上花毡躺下。梦境便在这房间里每一处每一个角落里层层叠叠的羊角图案花纹中展开……

女主人为我盖上一件大衣。

也许我并没有睡着，我躺下不久后还起来过一次。拎了门边的小桶出去，和卡达努儿一起挤了羊奶；回来还装好脱脂器把羊奶脱脂，看着淡黄的稀奶油像金子一样细细流出……也许我还和所有的人一起压了毡子……后来，有客人来了，我蹲在炉子边看柴利克烧茶，又看着她把空茶碗在餐布上一一摆开，并作一排。然后我又靠在花毡角落里，和孩子们一起望着高谈阔论的大人们，偷偷打量客人中那个最漂亮的年轻人。后来他递过来一块包儿沙克……等所有的人走了以后，我同女主人一起把残宴收拾利索了，才又躺了回去。女主人为我盖上一件大衣……直到醒来。

满房的羊角图案和重重色彩一层层堆积着，挤压在距我的呼吸不到一尺的地方，从四面八方紧盯着我，急促地喘息，相互推搡着，纷纷向我伸出手臂……又突然一下子把手全收了回去，突然发现了什么似的，一步步后退着……然后转身就走！走到绣枕上、花毡上，崩在房间上空的花带子上、芨芨草席上、食橱上、墙上挂着的马鞍皮具上、老母亲的白头巾上、男孩割礼时穿的黑色对襟礼服上、摇篮上、床栏杆上、木箱上、捶酸奶的帆布袋上……等它们一一走到地方后，才回头看我一眼——我醒来了。我翻个身又想睡，但女主人掀起我身上的大衣，笑着推搡我，开着玩笑。大家都笑了起来。女孩子们在我面前铺开了餐布，蜡烛点起来了，奶茶倒上了，馕一块块切开，有人递过来一片，男主人往我茶碗里搁了一大块黄油……晚餐开始了。

我什么也没有做过，我只是一个客人。只有在梦中，才能深入这个家庭，安守这种飘泊迁徙的生活。我把我身边那件不知是谁的大衣披上，紧裹着跪在衣箱旁，听着他们说话，用我不懂的语言。烛光在摇曳，满房子人影憧憧晃动，明明暗暗。我猜想他们的话语中哪一句在说草原和牛羊，哪一句在说星空和河流，哪一句是爱情，哪一句是告别，还有哪一句，是我……困意再一次袭来。那件大衣温暖着我，我裹着大衣悄悄靠着衣箱躺下，又扒开衣缝朝外看了一眼。这一次我看到了晚宴上的一切都黯淡隐没了，沉寂了，没了，只剩烛光自闪烁——只有餐布上的那三支烛火，只有乱纷纷的一片瞳孔中的烛火……暗处拥挤着沉默……突然，贴着我脸颊的那只衣箱一角明亮了一下，只那么一下，就教我一下看清那儿的一只羊角图案。其线角浑圆流畅地向暗处舒展。在箱子另一侧，必然也有一只对称的图案，于黑暗中沉默着与它遥望。我想取来一支蜡烛把整面箱子上的花纹照亮，便把手伸了出去。却再也忍不住困意，阖上了眼睛……于是那只手便先我探进我的梦境……

我走遍山野，远远去向一个又一个毡房大声喊着“有没有人？”我推门走进一顶毡房，看到房中央的铁炉上，茶水已烧开，嘶啦作响。没有人。我只身出来，绕着毡房走一圈，还是没有人。我看到房后的半山坡上，编织彩色带子的木架正崩着长长的彩线，梦一样支在那里。上面的带子刚编了一半，各种鲜艳明亮的毛线从架子这头牵到那头，笔直纤细。带子上的图案在未完成处拥挤、挣扎、推推搡搡，似乎想要冲开别在那儿的木梭子，一泻千里，漫野遍山……或者那儿平放着刚刚开始编织缠绕的一块芨芨草席，毛线在地上四处零散放置，中间搁放着一本书，正翻开的那页插图就是作临摹的样本。上面的图案除了家乡的山水牛羊，还有遥远的、未可知的情景。熊猫、大象、长城、大海、岛屿、椰子树……要不就铺着一块花毡，还未进行缝合、绣制，旁边一团一团的羊毛线正在红红绿绿、黄黄紫紫的染料中浸渍、熬煮……没有人。我便远远离开，走向另一个毡房。艺术就是这样创造出来的，寂寞就是这样表达出来的，还有什么呢？

倘我能——倘我能用我的手，采集扎破我心的每一种尖锐明亮的颜色，拼出我劳动中看过的，让我突然泪流不止的情景，再把它日日夜夜放在我生活的地方，让这道闪电，在我平庸的日子中逐渐简拙、钝化，终于有一天不再梗硌我的眼睛和心——那么，我便完成了表达。我便将我想说的一切都说出了，我便会心甘情愿于我这样的一生——可我不能！

语言在心中翻腾，灵感在叩击声带，渴求在撕扯着嗓音！我竭尽全力嘶声挣扎出声的却只有哭泣。我多么、多么想有一块巨大平净的毡子，用随手拈来的种种色彩，再用金线银线，血一样的红线，森林一样的蓝线……用最锐利的针，在上面飞针走线，告诉你一切，告诉你一切……我多想，在有爱情的地方绣上一只又一只的眼睛；在表示大地的那个角落描出我母亲的形象；在天空的部分画上一个死去的灵魂的微笑；这里是丰收，绣上坟墓吧！这里是春天，就绣一个背影……在鸟儿飞过后的地方绣上它的翅膀；在牛啊羊啊的身上绣满星空和河流……我多么想！我多么想……

我走进一家又一家的毡房，抚摸别的幸福女人的作品，接受主人珍贵的馈赠——只有给未出嫁的女孩才准备的花毡。然后在那些毡房里，那图案的天堂里，睡去，醒来。我抚摸着心中激动异常的那些，又想起自己永远也不会有一面空白的毡子，未曾着色的一张草席，一个房子，一段生活，一种爱情，一个家，甚至是一张纸——去让我表达。而我却有那么多的铅笔、水彩、口红、指甲油、新衣服，青春，以及那么多话语，那么多的憧憬……像永远沉默的火种……

我日日夜夜在山野里游荡，忍不住一次又一次跟着暮归的羊群回家。赶羊的人高高骑在马上，不时回头看我。若我停下了脚步，欲要离开，他便勒了马，与他的羊群在那一处徘徊。马不安地转身、踱步。那人看着我时的神情似乎是要决定目送我，直到我消失在他的视线尽头为止。我多么想说一句爱他的话，问他是我的父亲吗？还是我的丈夫，还是我的兄弟？我多么想骑在他马鞍后面，让马潮湿滚烫的体温把我所有的语言一句句擦拭、烘烤、让它们轻飘飘地，从心底浮起，上升，一声一声涌到嗓子眼……我唱起了歌。

有人弹起了冬不拉，所有人打着拍子合唱起来。我悄悄在歌声中移向暗处，躺下睡去。梦见了旅途中那些一个又一个的不眠之夜……

羊角的图案从星空降临。那么多的羊挤在一起，越挤越密，越挤越紧……到最后，挤得羊都没有了，只剩下羊角，密密麻麻的、优美地，排列到天边……

我若也为我的家庭绘下那么多的羊角，那么我空空荡荡的毡房一定也会拥挤不已。羊角和羊角之间的空隙，栖满了温顺谦和的灵魂。它们不言不语，它们的眼睛在羊角下看着我，它们的呼吸让房子里的空气如海一样静谧、沉定，并从毡房的每一处缝隙源源不断地逸出，缭绕在广阔、深远、水草丰美的夏牧场上。只有这样的家才能让人安然入睡。

有人把蜡烛拿了过来，问我睡着没有。我终于看清了我脸庞旁边那个羊角图案的全形——一只盘曲的、四面分叉的精美尤物。我闭上眼睛什么也没说，那人把我母亲的手伸过来，为我掖了掖身上盖着的大衣。

我还是什么也没有说出来。心中澎湃的激流渐渐退潮，冉冉浮起羊角的图案，我擦干眼泪继续睡去……

选自《我的阿勒泰》，云南人民出版社2010年版

题解

作品以“在场”的方式和纪实手法，描述新疆伊犁哈萨克自治州的真实生活状态、哈萨克族牧民的生存方式，表达作者对阿勒泰牧民生活的真实感受与多元理解，体现出独特的阿勒泰地域文化特色。其文对那里的自然与人充满了本位意识，叙事真诚真实。作者不但是个讲述者，更是牧民主要生活的参与者，双重身份的书写使作品呈现出一种天然的现场感。李娟的散文有一种乐观豁达的游牧精神。鲁迅文学奖授奖词评价云：“她的文字独具性灵，透明而慧黠，边疆生活在她的笔下充满跳荡的生机和诗意。”

李娟（1979— ），作家，出生于新疆生产建设兵团，籍贯四川乐至。1999年开始写作，著有散文集《九篇雪》《阿勒泰的角落》《遥远的向日葵地》、长篇散文《冬牧场》与《羊道》系列散文。2011年，获得茅盾人民文学奖“非虚构奖”。2018年获第七届鲁迅文学奖散文奖。

思考与练习

1. 本文中描述梦境的方式和梦幻的笔法对于抒情有什么样特殊的作用？
2. 谈谈本文的写作特色。
3. 试着模仿作者的表达方式谈谈你的故乡的美好。

第二章 生命哲思

“文学即人学”，“学问”本身所体现的乃是人之“学”与“问”的思索，是人类个体生命在世界万物感召下激发的感受之思、体悟之思与生命哲思。无论是距今遥远的庄子《秋水》，还是现代作家学者的随笔散文或学术体悟，所体现的均为浓郁、鲜活、饱满的生命气息，体现了人之思的可贵、可能与可爱。这些作品中沉潜着作者对天地宇宙、自然人文、时空变化、现实人生、职业爱好、诗化思维等诸多立足于“人”本身的延绵之思，或博大、或深沉、或务实、或真切、或热情、或冷峻……行文风格形态各异，但总能使读者强烈感受到其间充盈着、激荡着生命之气，引人入胜。

秋水（节选）

〔战国〕庄　子

秋水时至，百川灌河，泾流之大[1]，两涘渚崖之间[2]，不辩牛马[3]。于是焉河伯欣然自喜[4]，以天下之美为尽在己。顺流而东行，至于北海，东面而视，不见水端，于是焉河伯始旋其面目[5]，望洋向若而叹，曰[6]：“野语有之曰[7]‘闻道百[8]，以为莫己若’者[9]，我之谓也。且夫我尝闻少仲尼之闻而轻伯夷之义者，始吾弗信，今我睹子之难穷也，吾非至于子之门则殆矣，吾长见笑于大方之家[10]。”

北海若曰：“井鼃不可以语于海者[11]，拘于虚也[12]；夏虫不可以语于冰者，笃于时也[13]；曲士不可以语于道者[14]，束于教也。今尔出于崖涘，观于大海，乃知尔丑，尔将可与语大理矣。天下之水，莫大于海，万川归之，不知何时止而不盈；尾闾泄之[15]，不知何时已而不虚[16]；春秋不变，水旱不知。此其过江河之流[17]，不可为量数[18]。而吾未尝以此自多者，自以比形于天地而受气于阴阳[19]，吾在于天地之间，犹小石小木之在大山也。方存乎见少，又奚以自多！计四海之在天地之间也，不似礨空之在大泽乎[20]？计中国之在海内，不似稊米之在大仓乎[21]？号物之数谓之万，人处一焉；人卒九州[22]，谷食之所生，舟车之所通，人处一焉[23]。此其比万物也，不似豪末之在于马体乎？五帝之所连[24]，三王之所争[25]，仁人之所忧，任士之所劳，尽此矣。伯夷辞之以为名，仲尼语之以为博，此其自多也；不似尔向之自多于水乎[26]？”

河伯曰：“然则吾大天地而小毫末[27]，可乎？”

北海若曰：“否。夫物，量无穷[28]，时无止[29]，分无常[30]，终始无故[31]。是故大知观于远近，故小而不寡，大而不多，知量无穷，证向今故[32]，故遥而不闷[33]，掇而不跂[34]，知时无止；察乎盈虚，故得而不喜，失而不忧，知分之无常也；明乎坦涂[35]，故生而不说，死而不祸[36]，知终始之不可故也。计人之所知，不若其所不知；其生之时，不若未生之时；以其至小，求穷其至大之域[37]，是故迷乱而不能自得也。由此观之，又何以知毫末之足以定至细之倪[38]！又何以知天地之足以穷至大之域！”

河伯曰：“世之议者皆曰：‘至精无形，至大不可围[39]。’是信情乎[40]？”

北海若曰：“夫自细视大者不尽，自大视细者不明。夫精，小之微也，垺[41]，大之殷也，故异便[42]。此势之有也[43]。夫精粗者，期于有形者也[44]；无形者，数之所不能分也；不可围者，数之所不能穷也。可以言论者，物之粗也；可以意致者，物之精也。言之所不能论，意之所不能察致者，不期精粗焉。”

选自《庄子集解》，〔清〕王先谦，沈啸寰点校，中华书局1987年版

题解

《秋水》篇，是《庄子》“外篇”中的经典名篇之一，通过寓言的方式展现的哲思意蕴丰富，传诵极其广泛。通篇紧紧围绕“小大之辩”主题及其相互转化而展开，包括从“同类”向“跨类”比较的提升、从“空间”向“时间”比较的转向、从“绝对”向“相对”的转化以及“比较”自身的消解等内容。

关于庄子的历史记载颇少，其人生前默默无闻，死后一段时间也少有人问津，以致家世渊源、师承关系均不甚明了。在战国时期，除了荀子在《解

蔽》中有“庄子蔽于天而不知人”一句批评的话，几乎没有其他的评论留传下来，甚至同时期的孟子对他也只字未提。后世了解庄子，主要是通过《史记·老子韩非列传》及《庄子》。《史记》对庄子仅有二百多字的记载，所云“蒙人也，名周。周尝为蒙漆园吏”等，这是现存史书中对庄子的最早的较详细记录，可将其作为了解庄子其人的基本线索。而关于庄子思想的详细情况，则大部分来源于《庄子》一书。

注释

[1] 泾流：水流。泾：水脉。

[2] 涘：岸。渚：水中的小块陆地。崖：高的河岸。

[3] 辩：通“辨”。

[4] 河伯：河神，相传姓冯（píng），名夷。

[5] 旋：改变。

[6] 望洋：仰视的样子。若：海神。

[7] 野语：俗语。

[8] 百：泛指多。

[9] 莫己若：莫若己，宾语前置。若：像，比得上。

[10] 大方：大道。

[11] 鼃（wā）：同“蛙”。

[12] 拘于虚：受空间的限制。虚：同“墟”，所居之处。

[13] 笃于时：受时间的限制。笃：局限。

[14] 曲士：乡曲之士。引申为孤陋寡闻的人。

[15] 尾闾：传说中海水排水处。尾闾泄之：海水从尾闾泄漏出去。

[16] 已：停止。虚：空，指水尽。

[17] 过：超过。

[18] 量数：计数，计算。

[19] 比：借为“庇”，寄托。

[20] 礨（lěi）空：石块的小孔穴。

[21] 稊（tí）米：小米。

[22] 卒：借为“萃”，会聚，聚集。

[23] 人处一焉：这里是以人类对万物而说的。

[24] 五帝之所连：五帝所续连的帝位。五帝指黄帝、颛顼、帝喾、尧、舜。

[25] 三王：泛指夏、商、周三代的帝王。

[26] 向之：过去，先前。

[27] 大、小：意动用法。以……为大，以……为小。

[28] 量无穷：物量没有穷尽。量：局量之大小。

[29] 时无止：时序没有止期。

[30] 分无常：得失没有一定的。

[31] 故：同“固”，固定。

[32] 证向今故：证验并明察古往今来的各种情况。向：明。

[33] 遥而不闷：对于遥远的过去并不感到苦闷。

[34] 掇：拾取，形容近。跂：求。

[35] 涂：同“途”。

[36]“生而不说”二句：《庄子·大宗师》作“不知说生，不知恶死”。说：通“悦”。

[37] 以其至小求穷其至大之域：以有限之小智，求无穷之大境。

[38] 倪：端倪，限度。

[39]“至精无形”二句：最细小的物体没有形状，最大的物体无法限定范围。

[40] 信情：信实。

[41] 垺（póu）：大中之大，极大之意。

[42] 故异便：所以各物体大小不同却有着自己的相宜之处。

[43] 此势之有也：这是态势不同的必然现象。

[44] 期：限于。

思考与练习

1. 文章主要反映了何种辩证思想？并分析之。

2. 如何理解“可以言论者，物之粗也；可以意致者，物之精也。言之所不能论，意之所不能察致者，不期精粗焉。”

3. “大小之辩”对于现实生活具有何种启发意义？

敬业与乐业

梁启超

我这题目，是把《礼记》里头“敬业乐群”和《老子》里头“安其居，乐其业”那两句话，断章取义造出来的。我所说的是否与《礼记》《老子》原意相合，不必深求，但我确信“敬业乐业”四个字，是人类生活的不二法门。

本题主眼，自然是在“敬”字、“乐”字。但必先有业，才有可敬可乐的主体，理至易明。所以在讲演正文以前，先要说说有业之必要。

孔子说：“饱食终日，无所用心，难矣哉！”又说：“群居终日，言不及义，好行小慧，难矣哉！”孔子是一位教育大家，他心目中没有什么人不可教诲，独独对于这两种人便摇头叹气说道：“难、难”。可见人生一切毛病都有药可医，惟有无业游民，虽大圣人碰着他，也没有办法。

唐朝有一位名僧百丈禅师，他常常用两句格言教训弟子，说道：“一日不做事，一日不吃饭。”他每日除上堂说法之外，还要自己扫地、擦桌子、洗衣服，直到八十岁，日日如此。有一回，他的门生想替他服务，把他这天应做的工悄悄地都做了，这位言行相顾的老禅师，老实不客气，那一天便绝对的不肯吃饭。

我征引儒门、佛门这两段话，不外证明人人都要有正当职业，人人都要不断的劳作。倘若有人问我，百行什么为先？万恶什么为首？我便一点不迟疑答道：“百行业为先，万恶懒为首。”没有职业的懒人，简直是社会上的蛀米虫，简直是“掠夺别人勤劳结果”的盗贼。我们对于这种人，是要彻底讨伐，万不能容赦的。有人说：我并不是不想找职业，无奈找不出来。我说：职业难找，原是现代全世界普通现象，我也承认。这种现象应该如何救济，别是一个问题，今日不必讨论。但以中国现在情形论，找职业的机会依然比别国多得多；一个精力充满的壮年人，倘若不是安心躲懒，我敢相信他一定能得相当职业。今日所讲，专为现在有职业及现在正在做职业上预备的人——学生——说法，告诉他们对于自己现有的职业应采何种态度。

第一要敬业。“敬”字为古圣贤教人做人最简易直捷的法门，可惜被后来有些人说得太精微，倒变了不适实用了。惟有朱子解得最好，他说：“主一无适便是敬。”用现代的话讲，凡做一件事，便忠于一件事，将全副精力集中到这事上头，一点不旁骛，便是敬。业有什么可敬呢？为什么该敬呢？人类一面为生活而劳动，一面也是为劳动而生活。人类既不是上帝特地制来充当消化面包的机器，自然该各人因自己的地位和才力，认定一件事去做。凡可以名为一件事的，其性质都是可敬。当大总统是一件事，拉黄包车也是一件事。事的名称，从俗人眼里看来，有高下；事的性质，从学理上解剖起来并没有高下。只要当大总统的人信得过我可以当大总统才去当，实实在在把总统当作一件正经事来做；拉黄包车的人信得过我可以拉黄包车才去拉，实实在在把拉车当作一件正经事来做，便是人生合理的生活。这叫做职业的神圣。凡职业没有不是神圣的，所以凡职业没有不是可敬的。惟其如此，所以我们对于各种职业，没有什么分别拣择。总之，人生在世，是要天天劳作的。劳作便是功德，不劳作便是罪恶。至于我该做哪一种劳作呢？全看我的才能何如、境地何如，因自己的才能境地做一种劳作，做到圆满，便是天地间第一等人。

怎样才能把一种劳作做到圆满呢？惟一的秘诀，就是忠实，忠实从心理上发出来的，便是敬。《庄子》记痀瘘丈人承蜩的故事，说道：“虽天地之大，万物之多，而惟吾蜩翼之知。”凡做一件事，便把这件事看作我的生命，无论别的什么好处，到底不肯牺牲我现做的事，来和他交换。我信得过我当木匠的，做成一张好桌子，和你们当政治家的，建设成一个共和国家同一价值；我信得过我当挑粪的，把马桶收拾得干净，和你们当军人的，打胜一支压境的敌军同一价值。大家同是替社会做事，你不必羡慕我，我不必羡慕你，怕的是我这件事做得不妥当，便对不起这一天里头所吃的饭。所以我做这事的时候，丝毫不肯分心到事外。曾文正说：“坐这山，望那山，一事无成。”我从前看见一位法国学者著的书，比较英法两国国民性质，他说：“到英国人公事房里头，只看见他们埋头执笔做他们的事；到法国人公事房里头，只看见他们衔着烟卷，像在那里出神。英国人走路，眼注地上，像用全副精神注在走路上；法国人走路，总是东张西望，像不把走路当一回事。”

这些话比较得是否确切，姑且不论，但很可以为“敬业”两个字下注脚。若果如他所说，英国人便是敬，法国人便是不敬。一个人对于自己的职业不敬，从学理方面说，便亵渎职业之神圣；从事实方面说，一定把事情做糟了，结果自己害自己。所以敬业主义于人生最为必要，又于人生最为有利。庄子说：“用志不分，乃凝于神。”孔子说：“素其位而行，不愿乎其外。”所说的敬业，不外这些道理。

第二要乐业。“做工好苦呀！”这种叹气的声音，无论何人都会常在口边流露出来。但我要问他：“做工苦，难道不做工就不苦吗？”今日大热天气，我在这里喊破喉咙来讲，诸君扯直耳朵来听，有些人看着我们好苦。翻过来，倘若我们去赌钱，去吃酒，还不是一样的淘神费力，难道又不苦？须知苦乐全在主观的心，不在客观的事。人生从出胎的那一秒钟起到绝气的那一秒钟止，除了睡觉以外，总不能把四肢五官都搁起不用。只要一用，不是淘神，便是费力，劳苦总是免不掉的。会打算盘的人，只有从劳苦中找出快乐来。我想天下第一等苦人，莫过于无业游民，终日闲游浪荡，不知把自己的身子和心子摆在那里才好，他们的日子真难过。第二等苦人，便是厌恶自己本业的人，这件事分明不能不做，却满肚子里不愿意做。不愿意做，逃得了吗？到底不能，结果还是皱着眉头，哭丧着脸去做。这不是专门自己替自己开顽笑吗？我老实告诉你一句话：凡职业都是有趣味的，只要你肯继续做下去，趣味自然会发生。为什么呢？第一，因为凡一件职业，总有许多层累曲折，倘能身入其中，看它变化进展的状态，最为亲切有味。第二，因为每一职业之成就，离不了奋斗，一步一步的奋斗前去，从刻苦中得快乐，快乐的分量加增。第三，职业的性质常常要和同业的人比较骈进，好像赛球一般，因竞胜而得快乐。第四，专心做一职业时，把许多游思妄想杜绝了，省却无限闲烦闷。孔子说：“知之者不如好之者，好之者不如乐之者。”人生能从自己职业中领略出趣味，生活才有价值。孔子自述生平，说道：“其为人也，发愤忘食，乐以忘忧，不知老之将至云尔。”这种生活，真算得人类理想的生活了。

我生平最受用的有两句话：一是“责任心”，二是“趣味”。我自己常常力求这两句话之实现与调和，又常常把这两句话向我的朋友强聒不舍。今天所讲，敬业即是责任心，乐业即是趣味，我深信人类合理的生活应该如此，我盼望诸君和我同一受用。

选自《致“新新青年”的三十场讲演》，彭树欣选评，上海古籍出版社2021年版

题解

《敬业与乐业》是梁启超于1922年8月在上海中华职业学校所作演讲的整理稿。全文主旨鲜明，层次清晰，语言通俗，文短意长，对于今日“躺平”“内卷”等现象均有启发性意义。

思考与练习

1.“敬业”与“乐业”精神对当代大学生的自我职业生涯规划有何种启示意义？

2. 试讨论“敬业”与“乐业”之间的辩证关系。

3. 请谈谈你对学者梁启超的认识。

大自然的礼赞

李长之

世界不是荒凉的。我们感觉没有人的时候，另外却另有别的令我们向往的东西，而且这种东西却一定存在。仿佛一个堂皇伟大，神秘而崇高的剧场吧，观众是愚妄的，这不要紧，因为他们可以散去，戏曲是鄙俗的，这不要紧，因为可以改，角色平凡，这也仍然能令人忍耐下去，因为可以希望有更不平凡的来代替。所有这些失望的痛苦，和不甘于失望，又追求新的幻影的疲劳，我们都为一点补偿了，也就是多多少少是一种慰藉了。因为剧场总是好的，一切靠不住，剧场靠得住，剧场却比较悠久些。

这剧场就是大自然。一切变，大自然不变，这剧场永远是堂皇，伟大，神秘，崇高的。观众，戏曲，脚色，都渺小吧，这剧场却越发庄严。戏散了，这剧场也依然巍峨地矗立着。

所以，只要没忘掉这剧场的人，他是可以心平气和下去的，并且也不会寂寞。

有谁感到没有归宿的么？到大自然里去。

最不自量，而又最不安分的动物，恐怕只有人类吧。人类企求一切，而超越了实际的能力。大自然在这地方却恰是人类的母亲，她不会打消孩子们的梦的，虽然早知道那是梦，她却只用种种暗示，种种比喻，种种曲折而委婉的辞令，让人们自己去觉悟。在人们的能力限度以内，她却又鼓舞人们，完成人们，务在把人们所仅有的一点能力，去作一些最善的发挥。

大自然有种种律则，是剧场吧，有剧场的规矩，作母亲呢，也有母亲的教导之方。不过人们不容易知道。熟悉剧场的人，自然会熟悉剧场的规矩。一个母亲的爱恶，也常是不能明白地说出来的，但是一个骄儿会恰恰符合了母亲的意向。

大自然的骄儿就是天才。人自然永远爱护天才，她有种种设计，是让天才完成自己，虽然不必事先告诉。歌德、屈原、李白、康德、悲多汶、曹雪芹、高尔基、达文西，这都是在大自然的爱护之下，而完成了自己的。

大自然往往给她的骄儿一种伟大课题，以课题为重，大自然便不惜给她的骄儿以种种的或甘或苦的经历，几乎不能胜任。她不溺爱，可是她对于她的子孙并不平等。

愚妄的人们，对她是可以怨尤的，然而她不管，她呈现给愚妄的人们的，就是驳杂，混乱，她不求愚妄的人们的了解，也因为他们不能了解。

大自然在天才们的跟前，却是和悦的，她那条理和秩序，完全启示于天才。

天才没有不了解大自然的，大自然对天才，也永不会不爱护。

大自然，有情感，也有意志。她不盲目，也不麻木。她不是没有智慧，她的智慧乃是溶化于情感、意志之中。情感最可靠，大自然是任情感的，一如她所爱护的天才然。

她不但任情感，而且喜欢表现出来，你就看浓绿如油的春水吧，这是她的情感的表现，高空淡远的秋云呢，也是她情感的表现。她处处在流露，她处处似乎情不自禁。

大自然是感官的，是色相的。她忘不掉美、丑的出现，只是在人们对于美的破坏之际。她要点缀一切，她要种种色调，而且那色调要纯粹，要单一，你瞧吧，雪，红叶，云，秋霁的文岚，夏木的浓荫，……

大自然就是艺术家。音乐和绘画，她天天在创造。人间一切艺术，不过是大自然的艺术的副本。在人们忘掉，或者忽视了大自然的艺术的时候，往往是人间艺术堕落的时候，一旦携手，那才可以抬头。

艺术家必有意匠，大自然的意志就表现在她创造的艺术品的意匠里。大自然的意志是生，所以所有大自然的艺术，是生的表现的艺术。和这不相连的，只有人间的天才。

大自然，天才，艺术，是宇宙间最永恒的，最伟大的，最庄严的。然而这一切源于大自然，因作大自然礼赞。

选自《李长之文集》第八卷，河北教育出版社2006年版

题解

在某种程度上，《大自然的礼赞》可视为作者基于中国自然之道得出的“生态观”，体现出人与自然之间的和谐共生关系。

李长之（1910—1978），作家、文学评论家，文学史家。原名李长治、李长植，笔名有何逢、方棱、棱振、张芝、梁直等，山东利津人。生于书香门第，曾求学于清华大学，师从哲学家张东荪、金岳霖和冯友兰。著有《道教徒的诗人李白及其痛苦》《司马迁之人格与风格》《迎中国的文艺复兴》《苦雾集》《梦雨集》等。

思考与练习

1. 请思考作者对“大自然”的态度，谈谈对自己的启发。
2. 自然如何才能成为人类的审美对象？

三种人生态度

梁漱溟

“人生态度”是指人日常生活的倾向而言，向深里讲，即入了哲学范围；向粗浅里说，也不难明白。依中国分法，将人生态度分为“出世”与“入世”两种，但我嫌其笼统，不如三分法较为详尽适中。我们仔细分析：人生

态度之深浅、曲折、偏正……各式各种都有，而各时代、各民族、各社会，亦皆有其各种不同之精神，故欲求不笼统，而究难免于笼统。我们现在所用之三分法，亦不过是比较适中的办法而已。

按三分法，第一种人生态度，可用“逐求”二字以表示之。此意即谓人于现实生活中逐求不已，如饮食、宴安、名誉、声、色、货、利等，一面受趣味引诱，一面受问题刺激，颠倒迷离于苦乐中与其他生物亦无所异；此第一种人生态度（逐求），能够彻底做到家，发挥至最高点者，即为近代之西洋人。他们纯为向外用力，两眼直向前看，逐求于物质享受，其征服自然之威力实甚伟大，最值得令人拍掌称赞。他们并且能将此第一种人生态度理智化，使之成为一套理论——哲学。其可为代表者，是美国杜威之实验主义，他很能细密地寻求出学理的基础来。

第二种人生态度为“厌离”的人生态度。第一种人生态度为人对于物的问题，第三种人生态度为人对于人的问题，此则为人对于自己本身的问题。人与其他动物不同，其他动物全走本能道路，而人则走理智道路，其理智作用特别发达。其最特殊之点，即在回转头来反看自己，此为一切生物之所不及于人者。当人转回头来冷静地观察其生活时，即感觉得人生太苦，一方面自己为饮食男女及一切欲望所纠缠，不能不有许多痛苦；而在另一方面，社会上又充满了无限的偏私、嫉忌、仇怨、计较，以及生离死别种种现象，更足使人感觉得人生太无意思。如是，乃产生一种厌离人世的人生态度，此态度为人人所同有。世俗之愚夫愚妇皆有此想，因愚夫愚妇亦能回头想，回头想时，便欲厌离。但此种人生态度虽为人人所同具，而所分别者即在程度上深浅之差，只看彻底不彻底，到家不到家而已。此种厌离的人生态度，为许多宗教之所由生。最能发挥到家者，厥为印度人；印度人最奇怪，其整个生活，完全为宗教生活。他们最彻底，最完全；其中最通透者为佛家。

第三种人生态度，可以用“郑重”二字以表示之。郑重态度，又可分为两层来说：其一，为不反观自己时——向外用力；其二，为回头看自家时——向内用力。在未曾回头看而自然有的郑重态度，即儿童之天真烂漫的生活。儿童对其生活，有天然之郑重，与天然之不忽略，故谓之天真；真者真切，天者天然，即顺从其生命之自然流行也。于此处我特别提出儿童来说者，因我在此所用之“郑重”一词似太严重。其实并不严重。我之所谓“郑重”，实即自觉地听其生命之自然流行，求其自然合理耳。“郑重”即是将全副精神照顾当下，如儿童之能将其生活放在当下，无前无后，一心一意，绝不知道回头反看，一味听从于生命之自然的发挥，几与向前逐求差不多少，但确有分别。此系言浅一层。

更深而言之，从反回头来看生活而郑重生活，这才是真正的发挥郑重。这条路发挥得最到家的，即为中国之儒家。此种人生态度亦甚简单，主要意义即是教人自觉地尽力量去生活。此话虽平常，但一切儒家之道理尽包含在内；如后来儒家之“寡欲”“节欲”“窒欲”等说，都是要人清楚地自觉地尽力于当下的生活。儒家最反对仰赖于外力之催逼，与外边趣味之引诱往前度生活。引诱向前生活，为被动的、逐求的，而非为自觉自主的；儒家之所以排斥欲望，即以欲望为逐求的、非自觉的，不是尽力量去生活。此话可以包含一切道理。如“正心诚意”“慎独”“仁义”“忠恕”等，都是以自己自觉的力量去生活。再如普通所谓“仁至义尽”“心情俱到”等，亦皆此意。

此三种人生态度，每种态度皆有浅深。浅的厌离不能与深的逐求相比。逐求是世俗的路，郑重是道德的路，而厌离则为宗教的路。将此三者排列而为比较，当以逐求态度为较浅；以郑重与厌离二种态度相较，则郑重较难；从逐求态度进步转变到郑重态度自然也可能，但我觉得很不容易。普通都是由逐求态度折到厌离态度，从厌离态度再转入郑重态度，宋明之理学家大多如此，所谓出入儒释，都是经过厌离生活，然后重又归来尽力于当下之生活。即以我言，亦恰如此。在我十几岁时，极接近于实利主义，后转入于佛家，最后方归于儒家。厌离之情殊为深刻，由是转过来才能尽力于生活；否则便会落于逐求，落于假的尽力。故非心里极干净，无纤毫贪求之念，不能尽力生活。而真的尽力生活，又每在经过厌离之后。

选自《人生的三路向》，当代中国出版社2010年版

题解

在《三种人生态度》一文中，梁漱溟将人生态度划分为三种，逐求是世俗的路，郑重是道德的路，而厌离则为宗教的路。在作者看来，这三种态度并无高低之分，亦能相互转化，文章哲思绵延，影响广泛。

梁漱溟（1893—1988），哲学家、教育家。原名焕鼎，字寿铭，二十岁后取字漱溟，后以漱溟行世。现代新儒家的早期代表人物之一，有“中国最后一位儒家”之称。著有《东西文化及其哲学》《乡村建设理论》《中国文化要义》《人心与人生》等。

思考与练习

1. 谈谈三种人生态度的现实意义。
2. 作者所论三种人生态度与王国维的“三境界”说有何异同？

渐

丰子恺

使人生圆滑进行的微妙的要素，莫如“渐”；造物主骗人的手段，也莫如“渐”。在不知不觉之中，天真烂漫的孩子“渐渐”变成野心勃勃的青年；慷慨豪侠的青年“渐渐”变成冷酷的成人；血气旺盛的成人“渐渐”变成顽固的老头子。因为其变更是渐进的，一年一年地、一月一月地、一日一日地、一时一时地、一分一分地、一秒一秒地渐进，犹如从斜度极缓的长远的山坡上走下来，使人不察其递降的痕迹，不见其各阶段的境界，而似乎觉得常在同样的地位，恒久不变，又无时不有生的意趣与价值，于是人生就被确实肯定，而圆滑进行了。假使人生的进行不象山陂而象风琴的键板，由do忽然移到re，即如昨夜的孩子今朝忽然变成青年；或者象旋律的“接离进行”地由do忽然跳到mi，即如朝为青年而夕暮忽成老人，人一定要惊讶、感慨、悲伤，或痛感人生的无常，而不乐为人了。故可知人生是由“渐”维持的。这在女人恐怕尤为必要：歌剧中，舞台上的如花的少女，就是将来火炉旁边的老婆子，这句话，骤听使人不能相信，少女也不肯承认，实则现在的老婆子都是由如花的少女“渐渐”变成的。

人之能堪受境遇的变衰，也全靠这“渐”的助力。巨富的纨袴子弟因屡次破产而“渐渐”荡尽其家产，变为贫者；贫者只得做佣工，佣工往往变为奴隶，奴隶容易变为无赖，无赖与乞丐相去甚近，乞丐不妨做偷儿……这样的例，在小说中，在实际上，均多得很。因为其变衰是延长为十年二十年而一步一步地“渐渐”地达到的，在本人不感到甚么强烈的刺激。故虽到了饥寒病苦刑笞交迫的地步，仍是熙熙然贪恋着目前的生的欢喜。假如一位千金之子忽然变了乞丐或偷儿，这人一定愤不欲生了。

这真是大自然的神秘的原则，造物主的微妙的工夫！阴阳潜移，春秋代序，以及物类的衰荣生杀，无不暗合于这法则。由萌芽的春“渐渐”变成绿荫的夏，由凋零的秋“渐渐”变成枯寂的冬。我们虽已经历数十寒暑，但在围炉拥衾的冬夜仍是难于想象饮冰挥扇的夏日的心情；反之亦然。然而由冬一天一天地、一时一时地、一分一分地、一秒一秒地移向夏，由夏一天一天地、一时一时地、一分一分地、一秒一秒地移向冬，其间实在没有显著的痕迹可寻。昼夜也是如此：傍晚坐在窗下看书，书页上“渐渐”地黑起来，倘不断地看下去（目力能因了光的渐弱而渐渐加强），几乎永远可以认识书页上的字迹，即不觉昼之已变为夜。黎明凭窗，不瞬目地注视东天，也不辨自夜向昼的推移的痕迹。儿女渐渐长大起来，在朝夕相见的父母全不觉得，难得见面的远亲就相见不相识了。往年除夕，我们曾在红蜡烛底下守候水仙花的开放，真是痴态！倘水仙花果真当面开放给我们看，便是大自然的原则的破坏，宇宙的根本的摇动，世界人类的末日临到了！

“渐”的作用，就是用每步相差极微极缓的方法来隐蔽时间的过去与事物的变迁的痕迹，使人误认其为恒久不变。这真是造物主骗人的一大诡计！这有一件比喻的故事：某农夫每天朝晨抱了犊而跳过一沟，到田里去工作，夕暮又抱了它跳过沟回家。每日如此，未尝间断。过了一年，犊已渐大，渐重，差不多变成大牛，但农夫全不觉得，仍是抱了它跳沟。有一天他因事停止工作，次日再就不能抱了这牛而跳沟了。造物的骗人，使人留连于其每日每时的生的欢喜而不觉其变迁与辛苦，就是用这个方法的。人们每日在抱了日重一日的牛而跳沟，不准停止。自己误以为是不变的，其实每日在增加其苦劳！

我觉得时辰钟是人生的最好的象征了。时辰钟的针，平常一看总觉得是“不动”的；其实人造物中最常动的无过于时辰钟的针了。日常生活中的人生也如此，刻刻觉得我是我，似乎这“我”永远不变，实则与时辰钟的针一样的无常！一息尚存，总觉得我仍是我，我没有变，还是留连着我的生，可怜受尽“渐”的欺骗！

“渐”的本质是“时间”。时间我觉得比空间更为不可思议，犹之时间艺术的音乐比空间艺术的绘画更为神秘。因为空间姑且不追究它如何广大或无限，我们总可以把握其一端，认定其一点。时间则全然无从把握，不可挽留，只有过去与未来在渺茫之中不绝地相追逐而已。性质上既已渺茫不可思议，分量上在人生也似乎太多。因为一般人对于时间的悟性，似乎只够支配搭船乘车的短时间；对于百年的长期间的寿命，他们不能胜任，往往迷于局部而不能顾及全体。试看乘火车的旅客中，常有明达的人，有的宁牺牲暂时的安乐而让其坐位于老弱者，以求心的太平（或博暂时的美誉）；有的见众人争先下车，而退在后面，或高呼“勿要轧，总有得下去的！”“大家都要下去的！”然而在乘“社会”或“世界”的大火车的“人生”的长期的旅客中，就少有这样的明达之人。所以我觉得百年的寿命，定得太长。象现在的世界上的人，倘定他们搭船乘车的期间的寿命，也许在人类社会上可减少许多凶险残惨的争斗，而与火车中一样的谦让，和平，也未可知。

然人类中也有几个能胜任百年的或千古的寿命的人。那是“大人格”，“大人生”。他们能不为“渐”所迷，不为造物所欺，而收缩无限的时间并空间于方寸的心中。故佛家能纳须弥于芥子。中国古诗人（白居易）说：“蜗牛角上争何事？石火光中寄此身。”英国诗人（Blake）也说：“一粒沙里见世界，一朵花里见天国；手掌里盛住无限，一刹那便是永劫。”

选自《静观人生》，湖南文艺出版社2002年版

题解

丰子恺以画闻名，其实他也是散文家，文如其画，清晰自然、幽默风趣、情感充沛、极富思想性而耐人寻味。文章《渐》所集中体现的是人之境遇、格局与时间之“渐”的内在关系。

丰子恺（1898—1975），画家、文学家、美术和音乐教育家。师从弘一法师，学贯中西。朱自清、郁达夫、巴金、叶圣陶等对其文章和漫画赞誉有加。他的散文兼有平易纯朴之风、宽仁隽永之意和童真天然之趣，是现代文学中备受推崇的佳品，多次被选入教材，作语文教育典范。漫画幽默风趣，

流传广泛，深受人们的喜爱。

思考与练习

1. 本文围绕“渐”阐发感悟，请梳理概括全文的思路。

2. 如何理解文章结尾引用两处诗句的含义和作用？请结合文本简要分析。

3. 你了解丰子恺的漫画作品吗？请尝试举例分享其艺术特点。

年

季羡林

年，像淡烟，又像远山的晴岚。我们握不着，也看不到。当它走来的时候，只在我们的心头轻轻地一拂，我们就知道：年来了。但是究竟什么是年呢？却没有人能说得清了。

当我们沿着一条大路走着的时候，遥望前路茫茫，花样似乎很多。但是，及至走上前去，身临切近，却正如向水里扑自己的影子，捉到的只有空虚。更遥望前路，仍然渺茫得很。这时，我们往往要回头看看的。其实，回头看，随时都可以。但是我们却不。最常引起我们回头看的，是当我们走到一个路上的界石的时候。说界石，实在没有什么石。只不过在我们心上有那么一点痕。痕迹自然很虚缥。所以不易说。但倘若不管易说不易说，说了出来的话，就是年。

说出来了，这年，仍然很虚缥。也许因为这一说，变得更虚缥。但这却是没有办法的事了。我前面不是说我们要回头看吗？就先说我们回头看到的罢。——我们究竟看到些什么呢？灰蒙的一片，仿佛白云，又仿佛轻雾，朦胧成一团。里面浮动着种种的面影，各样的彩色。这似乎真有花样了。但仔细看来，却又不然。仍然是平板单调。就譬如从最近的界石看回去罢。先看到白皑皑的雪凝结在丫杈着刺着灰的天空的树枝上。再往前，又看到澄碧的长天下流泛着的萧瑟冷寂的黄雾。再往前，苍郁欲滴的浓碧铺在雨后的林里，铺在山头。烈阳闪着金光。更往前，到处闪动着火焰般的花的红影。中间点缀着亮的白天，暗的黑夜。在白天里，我们拼命填满了肚皮。在黑夜里，我们挺在床上咧开大嘴打呼。就这样，白天接着黑夜，黑夜接着白天；一明一暗地滚下去，像玉盘上的珍珠。

……

于是越过一个界石。看上去，仍然看到白皑皑的雪，看到萧瑟冷寂的黄雾，看到苍郁欲滴的浓碧，看到火焰般的红影。仍然是连续的亮的白天，暗的黑夜——于是又越过了一个界石。于是又——一个界石，一个界石，界石接着界石，没有完。亮的白天，暗的黑夜交织着。白雪，黄雾，浓碧，红影，混成一团。影子却渐渐地淡了下来。我们的记忆也被拖到辽远又辽远的雾蒙蒙的暗陬里去了。我们再看到什么呢？更茫茫。然而，不新奇。

不新奇吗？却终究又有些新的花样了。仿佛是跨过第一个界石的时候——实在还早，仿佛是才踏上了世界的时候，我们眼前便障上了幕。我们看不清眼前的东西；只是摸索着走上去。随了白天的消失，暗夜的消失，这幕渐渐地一点一点地撤下去。但我们不觉得。我们觉得的时候，往往是在踏上了一个界石回头看的一刹那。一觉得，我们又慌了："会有这样的事情发生到我身上吗？"其实，当这事情正在发生的时候，我们还热烈地参加着，或表演着。现在一觉得，便大惊小怪起来。我们又肯定地信，不会有这样的事情发生到我们身上的。我们想，自己以前仿佛没曾打算有这样的事情发生。实在，打算又有什么用呢？事情早已给我们安排在幕后。只是幕不撤，我们看不到而已。而且又真没曾打算过。以后我们又证明给自己：的确发生过这样的事情了。于是，因了这惊，这怪，我们也似乎变得比以前更聪明些。"以后我要这样了，"我们想。真的，以后我们要这样了。然而，又走到一个界石，回头一看，我们又惊疑："怎么又会有这样的事情发生到我身上呢？"是的，真有过。"以后我要这样了，"我们又想。——虽然一点一点地撤开，我们眼前仍是幕。于是，一个界石，一个界石，就在这随时发现的新奇中过下去，一直到现在，我们眼前仍然是幕。这幕什么时候才撤净呢？我们苦恼着。

但也因而得到了安慰了。一切事情，虽然都已经安排在幕后，有时我们也会蓦地想到几件。其中也不缺少一想到就使我们流汗战栗喘息的事情。我们知道它们一定会发生，只是不知道什么时候而已。但现在回头看来，许多这样的事情，只在这幕的微启之下，便悠然地露了出来，我们也不知怎样竟闯了过来。回顾当时的流汗，的战栗，的喘息，早成残象，只在我们心的深处留下一点痕迹。不禁微笑浮上心头了。回首绵绵无尽的灰雾中，竟还有自己踏过的微白的足迹在，蜿蜒一条长长的路，一直通到现在的脚跟下。再一想踏这路时的心情，看这眼前的幕一点一点撤开时的或惊，或惧，或喜的心情，微笑更要浮上嘴角了。

这样，这条微白的长长的路就一直蜿蜒到脚跟。现在脚下踏着的又是一块新的界石了。不容我们迟疑，这条路又把我们引上前去。我们不能停下来，也不愿意停下来的。倘若抬头向前看的时候——又是一条微白的长长的路，伸展开去。又是一片灰蒙蒙的雾，这路就蜿蜒到雾里去。到哪里止呢？谁知道，我们只是走上前去。过去的，混沌迷茫，不知其所以然了。未来的，混沌迷茫，更不知其所以然了。但是我们时时刻刻都在向前走着。时时刻刻这条蜿蜒的长长的路向后缩了回去，又时时刻刻向前伸了出去，摆在我们面前。仍然再缩了回去，离我们渐远，渐远，窄了，更窄了。埋在茫茫的雾里。刚才看见的东西，一转眼，便随了这条路缩了回去，渐渐地不清楚，成云，成烟，埋在记忆里，又在记忆里消失了。只有在我们眼前的这一点短短的时间——一分钟，不，还短；一秒钟，不，还短；短到说不出来，就算有那么一点时间吧；我们眼前有点亮：一抬眼，便可以看到桌子上摆着的花的蔓长的枝条在风里袅动，看到架上排着的书，看到玻璃杯在静默里反射着清光，看到窗外枯树寒鸦的淡影，看到电灯罩的丝穗在轻微地散布着波纹，看到眼前的一切，都发亮。然后一转眼，这一切又缩了回去，渐渐地不清楚，成云，成烟，埋在记忆里，也在记忆里消失吧。等到第二次抬眼的时候，看到的一切已经同前次看到的不同了。我说，我们就只有那样短短的时间的一点亮。这条蜿蜒的长长的路伸展出去，这一点亮也跟着走。一直到我们不愿意，或者不能走了，我们眼前仍然只有那一点亮，带大糊涂走开。

当我们还在沿着这条路走的时候，虽然眼前只有那样一点亮，我们也只好跟着它走上去了。脚踏上一块新的界石的时候，固然常常引起我们回头去看；但是，我们仍要时时提醒自己：前面仍然有路。我前面不是说，我们又看到一条微白的长长的路引到雾里去吗？渺茫，自然；但不必气馁。譬如游山，走过了一段路之后，乘喘息未定的时候，回望来路，白云四合，当然很有意思的。倘再翘首前路，更有青霭流泛，不也增加游兴不少吗？而且，正因为渺茫，却更有味。当我翘首前望的时候，只看到雾海，茫茫一片，不辨山水云树。我们可以任意把想象加到上面。我们可以自己涂上粉红色，彩红色；任意制成各种的梦，各种的幻影，各种的蜃楼。制成以后，随便按上，无不适合。较之回头看时，只见残迹，只见过去的面影，趣味自然不同。这时，我们大概也要充满了欣慰与生力，怡然走上前去。倘若了如指掌，毫发都现，一眼便看到自己的坟墓，无所用其涂色；更无所用其蜃楼，只懒懒地抬起了沉重的腿脚，无可奈何地踱上去，不也大煞风景，生趣全丢吗？

然而，话又要说了回来。——虽然我们可以把未来涂上了彩色，制成了梦，幻影，和蜃楼；一想到，蜿蜒到灰雾里去的长长的路，仍然不过是长长的路，同从雾里蜿蜒出来的并不会有多大差别；我们不禁又惘然了。我们知道，虽然说不定也有点变化，仍要看到同样的那一套。真的，我们也只有看到同样的那一套。微微有点不同的，就是次序倒了过来。——我们将先看到到处闪动着的花的红影；以后，再看到苍郁欲滴的浓碧；以后，又看到萧瑟冷寂的黄雾；以后，再看到白皑皑的雪凝在丫杈着刺着灰的天空的树枝上。中间点缀着的仍然是亮的白天，暗的黑夜。在白天里，我们填满了肚皮。在夜里，我们咧开大嘴打呼。照样地，白天接着黑夜，黑夜接着白天。于是到了一个界石，我们眼前仍然只有那短短的时间的一点亮。脚踏上这个界石的时候，说不定还要回过头来看到现在。现在早笼在灰雾里，埋在记忆里了。我们的心情大概不会同踏在现在的这块界石上回望以前有什么差别吧。看了微白的足迹从现在的脚下通到那时的脚下，微笑浮上心头呢？浮上嘴角呢？惘然呢？漠然呢？看了眼前的幕一点一点地撤去，惊呢？惧呢？喜呢？那就都不得而知了。

于是，通过了一块界石，又看上去，仍然是红影，浓碧，黄雾，白雪。亮的白天，暗的黑夜，一个推着一个，滚成一团，滚上去，像玉盘上的珍珠。终于我们看到些什么呢？灰蒙蒙；然而不新奇。但却又使我们战栗了。——在这微白的长长的路的终点，在雾的深处，谁也说不清是什么地方，有一个充满了威吓的黑洞，在向我们狞笑，那就是我们的归宿。障在我们眼前的幕，到底也不会撤去。我们眼前仍然只有当前一刹那的亮，带了一个大混沌，走进这个黑洞去。

走进这个黑洞去，其实也倒不坏，因为我们可以得到静息。但又不这样简单。中间经过几多花样，经过多长的路才能达到呢？谁知道。当我们还没达到以前，脚下又正在踏着一块界石的时候，我们命定的只能向前看，或向后看。向后看，灰蒙蒙，不新奇了。向前看，灰蒙蒙，更不新奇了，然而，我们可以做梦。再要问：我们要做什么样的梦呢？谁知道。——一切都交给命运去安排吧。

选自《季羡林全集》第一卷，外语教学与研究出版社2009年版

题解

季羡林曾言，散文的精髓在于“真情”二字，这二字亦可分开来讲。诚如钟敬文对季羡林散文的评价：“浮花浪蕊岂真芳，语朴情醇是正行；我爱先生文品好，如同野老话家常。”对此，选文《年》可作充分体现。在作者笔下，“年”不再是客观、均质、冰冷而矢量呈现的时间，而是变得如此日常化、生活化、情绪化。作者带领我们一道与时间漫步，在时间中探索人生、了解自己，趣味盎然又意味深长。

季羡林（1911—2009），语言学家、作家。山东清平康庄（今属临清）人。1930年入清华大学西洋文学系专修德文。1935年入德国格丁根大学主修印度学，先后掌握了梵文、巴利文、梵文、吐火罗文等。1946年被胡适聘为北京大学教授，主持创办东方语言文学系。1956年当选为中国科学院哲学社会科学部委员。1978年后曾任北京大学副校长、北京大学南亚研究所所长等职务。学术研究领域广泛，包括印度古代语言、佛教史、比较文学、文艺理论、东方文化、敦煌学等。学贯中西的季羡林也是散文大家，散文文风淳朴、隽永、平易、深邃，蕴含着深刻的人生哲理。

思考与练习

1. 如何理解本文的“年”？
2. 最后一段折射出作者何种价值观？
3. 有人说季羡林先生是中国最后一位“大师级”人物，你怎么看？

幽默的境界

余光中

据说秦始皇有一次想把他的苑囿扩大，大得东到函谷关，西到今天的凤翔和宝鸡。宫中的弄臣优旃说："妙极了！多放些动物在里面吧。要是敌人从东边打过来，只要教麋鹿用角去抵抗，就够了。"秦始皇听了，就把这计划搁了下来。

这么看来，幽默实在是荒谬的解药。委婉的幽默，往往顺着荒谬的逻辑夸张下去，使人领悟荒谬的后果。优旃是这样，淳于髡、优孟是这样，包可华也是这样。西方有一句谚语，大意是说：解释是幽默的致命伤，正如幽默是浪漫的致命伤。虚张声势，故作姿态的浪漫，也是荒谬的一种。凡事过分不合情理，或是过分违背自然，都构成荒谬。荒谬的解药有二：第一是坦白指摘，第二是委婉讽喻，幽默属于后者。什么时候该用前者，什么时候该用后者，要看施者的心情和受者的悟性。心情好，婉说，心情坏，直说。对聪明人，婉说，对笨人只有直说。用幽默感来评人的等级，有三等。第一等有幽默的天赋，能在荒谬里觑见幽默。第二等虽不能创造幽默，却多少能领略别人的幽默。第三等连领略也无能力。第一等是先知先觉，第二等是后知后觉，第三等是不知不觉。如果幽默感是磁性，第一等便是吸铁石，第二等是铁，第三等便是一块木头了。这么看来，秦始皇还勉强可以归入第二等，至少他领略了优旃的幽默感。

第三等人虽然没有幽默感，对于幽默仍然很有贡献，因为他们虽然不能创造幽默，却能创造荒谬。这世界，如果没有妄人的荒谬表演，智者的幽默岂不失去依据？晋惠帝的一句"何不食肉糜？"惹中国人嗤笑了一千多年。晋惠帝的荒谬引发了我们的幽默感：妄人往往在不自知的情况下，牺牲自己，成全别人，成全别人的幽默。

虚妄往往是一种膨胀作用，相当于螳臂当车，蛇欲吞象。幽默则是一种反膨胀（deflationary）作用，好像一帖泻药，把一个胖子泻成一个瘦子那样。可是幽默并不等于尖刻，因为幽默针对的不是荒谬的人，而是荒谬本身。高度的幽默往往源自高度的严肃，不能和杀气、怨气混为一谈。不少人误认尖酸刻薄为幽默，事实上，刀光血影中只有恨，并无幽默。幽默是一个心热手冷的开刀医生，他要杀的是病，不是病人。

把英文humour译成幽默，是神来之笔。幽默而太露骨太嚣张，就失去了“幽”和“默”。高度的幽默是一种讲究含蓄的艺术，暗示性愈强，艺术性也就愈高。不过暗示性强了，对于听者或读者的悟性，要求也自然增高。幽默也是一种天才，说幽默的人灵光一闪，绣口一开，听幽默的人反应也要敏捷，才能接个正着。这种场合，听者的悟性接近禅的“顿悟”；高度的幽默里面，应该隐隐含有禅机一类的东西。如果说者语妙天下，听者一脸茫然，竟要说者加以解释或者再说一遍，岂不是天下最扫兴的事情？所以说，“解释是幽默的致命伤。”世界上有两种话必须一听就懂，因为它们不堪重复：第一是幽默的话，第二是恭维的话。最理想也是最过瘾的配合，是前述“幽默境界”的第二等人围听第一等人的幽默：说的人说得精彩，听的人也听得尽兴，双方都很满足。其他的配合，效果就大不相同。换了第一等人面对第三等人，一定形成冷场，且令说者懊悔自己“枉抛珍珠付群猪”。不然便是第二等人面对第一等人而竟想语娱四座，结果因为自己的“幽默境界”欠高，只赢得几张生硬的笑容。要是说者和听者都是第一等人呢？“顿悟”当然不成问题，只是语锋相对，机心竞起，很容易导致“幽默比赛”的紧张局面。万一自己舌翻谐趣，刚刚赢来一阵非常过瘾的笑声，忽然邻座的一语境界更高，利用你刚才效果的余势，飞腾直上，竟获得更加热烈的反应，和更为由衷的赞叹，则留给你的，岂不是一种“第二名”的苦涩之感？

幽默，可以说是一个敏锐的心灵，在精神饱满生趣洋溢时的自然流露。这种境界好像行云流水，不能作假，也不能苦心经营，事先筹备。世界上有的是荒谬的事，虚妄的人；诙谐天成的心灵，自然左右逢源，取用不尽。幽默最忌的便是公式化，譬如说到丈夫便怕太太，说到教授便缺乏常识，提起官吏，就一定要刮地皮。公式化的幽默很容易流入低级趣味，就像公式化的小说中那些人物一样，全是欠缺想象力和观察力的产品。我有一个远房的姨夫，远房的姨夫有几则公式化的笑话，那几则笑话有一个忠实的听众，他的太太。丈夫几十年来翻来覆去说的，总是那几则笑话，包括李鸿章吐痰、韩复榘训话等等，可是太太每次听了，都像初听时那样好笑，令丈夫的发表欲得到充分的满足。夫妻两人显然都很健忘，也很快乐。

一个真正幽默的心灵，必定是富足，宽厚，开放，而且圆通的。反过来说，一个真正幽默的心灵，绝对不会固执成见，一味钻牛角尖，或是强词夺理，厉色疾言。幽默，恒在俯仰指顾之间，从从容容，潇潇洒洒，浑不自觉地完成：在一切艺术之中，幽默是距离宣传最远的一种。“舍我其谁？”的英雄气概，和幽默是绝缘的。宁曳尾于涂中，不留骨于堂上；非梧桐之不止，岂腐鼠之必争？庄子的幽默是最清远最高洁的一种境界，和一般弄臣笑匠不能并提。真正幽默的心灵，绝不抱定一个角度去看人或看自己，他不但会幽默人，也会幽默自己，不但嘲笑人，也会释然自嘲，泰然自贬，甚至会在人我不分物我交融的忘我境界中，像钱默存所说的那样，欣然独笑。真具幽默感的高士，往往能损己娱人，参加别人来反躬自笑。创造幽默的人，竟能自备荒谬，岂不可爱？吴炳钟先生的语锋曾经伤人无算。有一次他对我表示，身后当嘱家人在自己的骨灰坛上刻“原谅我的骨灰”（Excuse my dust.）一行小字，抱去所有朋友的面前谢罪。这是吴先生二十年前的狂想，不知道他现在还要不要那样做？这种狂想，虽然有资格列入《世说新语》的任诞篇，可是在幽默的境界上，比起那些扬言愿捐骨灰做肥料的利他主义信徒来，毕竟要高一些吧。

其他的东西往往有竞争性，至少幽默是“水流心不竞”的。幽默而要竞争，岂不令人啼笑皆非？幽默不是一门三学分的学问，不能力学，只可自通，所以“幽默专家”或“幽默博士”是荒谬的。幽默不堪公式化，更不堪职业化，所以笑匠是悲哀的。一心一意要逗人发笑，别人的娱乐成了自己的责任，那有多么紧张？自生自发无为而为的一点谐趣，竟像一座发电厂那样日夜供电，天机沦为人工，有多乏味？就算姿势升高，幽默而为大师，也未免太不够幽默了吧。文坛常有论争，唯“谐坛”不可论争。如果有一个“幽默协会”，如果会员为了竞选“幽默理事”而打起架来，那将是世界上最大的荒唐，不，最大的幽默。

选自《听听那冷雨》，中国友谊出版公司 2019年版

题解

余光中诗文俱佳，其散文感性与理性并重，具有浓厚的学者气。作者认为，一个真正幽默的心灵，必定是富足，宽厚，开放，而且圆通的。反过来说，一个真正幽默的心灵，绝对不会固执成见，一味钻牛角尖，或是强词夺

理，厉色疾言。其言说方式与英国哲学家弗朗西斯·培根颇有相通之处。

思考与练习

1. 谈谈你对“幽默”的看法。

2. 林语堂也主张幽默、闲适和性灵的文学风格，本文作者的“幽默”与林语堂有何异同？

3. 请简要概括作者所认为的幽默应该具有哪些特点。

都 江 堰

余秋雨

我以为，中国历史上最激动人心的工程不是长城，而是都江堰。

长城当然也非常伟大，不管孟姜女们如何痛哭流涕，站远了看，这个苦难的民族竟用人力在野山荒漠间修了一条万里屏障，为我们生存的星球留下了一种人类意志力的骄傲。长城到了八达岭一带已经没有什么味道，而在甘肃、陕西、山西、内蒙一带，劲厉的寒风在时断时续的颓壁残垣间呼啸，淡淡的夕照、荒凉的旷野溶成一气，让人全身心地投入对历史、对岁月、对民族的巨大惊悸，感觉就深厚得多了。

但是，就在秦始皇下令修长城的数十年前，四川平原上已经完成了一个了不起的工程。它的规模从表面上看远不如长城宏大，却注定要稳稳当当地造福千年。如果说，长城占据了辽阔的空间，那么，它却实实在在地占据了邈远的时间。长城的社会功用早已废弛，而它至今还在为无数民众输送汩汩清流。有了它，旱涝无常的四川平原成了天府之国，每当我们民族有了重大灾难，天府之国总是沉着地提供庇护和濡养。因此，可以毫不夸张地说，它永久性地灌溉了中华民族。

有了它，才有诸葛亮、刘备的雄才大略，才有李白、杜甫、陆游的川行华章。说得近一点，有了它，抗日战争中的中国才有了一个比较安定的后方。

它的水流不像万里长城那样突兀在外，而是细细浸润、节节延伸，延伸的距离并不比长城短。长城的文明是一种僵硬的雕塑，它的文明是一种灵动的生活。长城摆出一副老资格等待人们的修缮，它却卑处一隅，像一位绝不炫耀、毫无所求的乡间母亲，只知贡献。一查履历，长城还只是它的后辈。

它，是都江堰。

我去都江堰之前，以为它只是一个水利工程罢了，不会有太大的旅游价值。连葛洲坝都看过了，它还能怎么样？只是要去青城山玩，得路过灌县县城，它就在近旁，就乘便看一眼吧。因此，在灌县下车，心绪懒懒的，脚步散散的，在街上胡逛，一心只想看青城山。

七转八弯，从简朴的街市走进了一个草木茂盛的所在。脸面渐觉滋润，眼前愈显清朗，也没有谁指路，只向更滋润、更清朗的去处走。忽然，天地间开始有些异常，一种隐隐然的骚动，一种还不太响却一定是非常响的声音，充斥周际。如地震前兆，如海啸将临，如山崩即至，浑身起一种莫名的紧张，又紧张得急于趋附。不知是自己走去的还是被它吸去的，终于陡然一惊，我已站在伏龙馆前，眼前，急流浩荡，大地震颤。

即使是站在海边礁石上，也没有像这里这样强烈地领受到水的魅力。海水是雍容大度的聚会，聚会得太多太深，茫茫一片，让人忘记它是切切实实的水，可掬可捧的水。这里的水却不同，要说多也不算太多，但股股叠叠都精神焕发，合在一起比赛着飞奔的力量，踊跃着喧嚣的生命。这种比赛又极有规则，奔着奔着，遇到江心的分水堤，刷地一下裁割为二，直窜出去，两股水分别撞到了一道坚坝，立即乖乖地转身改向，再在另一道坚坝上撞一下，于是又根据筑坝者的指令来一番调整……也许水流对自己的驯顺有点恼怒了，突然撒起野来，猛地翻卷咆哮，但越是这样越是显现出一种更壮丽的驯顺。已经咆哮到让人心魄俱夺，也没有一滴水溅错了方位。阴气森林间，延续着一场千年的收伏战。水在这里，吃够了苦头也出尽了风头，就像一大拨翻越各种障碍的马拉松健儿，把最强悍的生命付之于规整，付之于企盼，付之于众目睽睽。看云看雾看日出各有胜地，要看水，万不可忘了都江堰。

这一切，首先要归功于遥远得看不出面影的李冰。

四川有幸，中国有幸，公元前251年出现过一项毫不惹人注目的任命：李冰任蜀郡守。

此后中国千年官场的惯例，是把一批批有所执持的学者遴选为无所专攻的官僚，而李冰，却因官位而成了一名实践科学家。这里明显地出现了两种截然不同的政治走向。在李冰看来，政治的含义是说理，是消灾，是滋润，是濡养，它要实施的事儿，既具体又质朴。他领受了一个连孩童都能领悟的简单道理：既然四川最大的困扰是旱涝，那么四川的统治者必须成为水利学家。

前不久我曾接到一位极有作为的市长的名片，上面的头衔只印了“土木工程师”，我立即追想到了李冰。

没有证据可以说明李冰的政治才能，但因有过他，中国也就有过了一种冰清玉洁的政治纲领。

他是郡守，手握一把长锸，站在滔滔的江边，完成了一个“守”字的原始造型。那把长锸，千年来始终与金杖玉玺、铁戟钢锤反复辩论。他失败了，终究又胜利了。

他开始叫人绘制水系图谱。这图谱，可与今天的裁军数据、登月线路遥相呼应。

他当然没有在哪里学过水利。但是，以使命为学校，死钻几载，他总结出治水三字经（“深淘滩，低作堰”）、八字真言（“遇湾截角，逢正抽心”），直到20世纪仍是水利工程的圭臬。他的这点学问，永远水气淋漓，而后于他不知多少年的厚厚典籍，却早已风干，松脆得无法翻阅。

他没有料到，他治水的韬略很快就被替代成治人的计谋；他没有料到，他想灌溉的沃土将会时时成为战场，沃土上的稻谷将有大半充作军粮。他只知道，这个人种想要不灭绝，就必须要有清泉和米粮。

他大愚，又大智。他大拙，又大巧。他以田间老农的思维，进入了最真切的人类学的思考。

他未曾留下什么生平资料，只留下硬扎扎的水坝一座，让人们去猜详。人们到这儿一次次纳闷：这是谁呢？死于两千年前，却明明还在指挥水流。站在江心的岗亭前，“你走这边，他走那边”的吆喝声、劝谕声、慰抚声，声声入耳。没有一个人能活得这样长寿。

秦始皇筑长城的指令，雄壮、蛮吓、残忍；他筑堰的指令，智慧、仁慈、透明。

有什么样的起点就会有什么样的延续。长城半是壮胆半是排场，世世代代，大体是这样。直到今天，长城还常常成为排场。

都江堰一开始就清朗可鉴，结果，它的历史也总显出超乎寻常的格调。李冰在世时已考虑事业的承续，命令自己的儿子作3个石人，镇于江间，测量水位。李冰逝世400年后，也许3个石人已经损缺，汉代水官重造高及3米的“三神石人”测量水位。这“三神石人”其中一尊即是李冰雕像。这位汉代水官一定是承接了李冰的伟大精魂，竟敢于把自己尊敬的祖师，放在江中镇水测量。他懂得李冰的心意，唯有那里才是他最合适的岗位。这个设计竟然没有遭到反对而顺利实施，只能说都江堰为自己流泻出了一个独特的精神世界。

石像终于被岁月的淤泥掩埋，本世纪70年代出土时，有一尊石像头部已经残缺，手上还紧握着长锸。有人说，这是李冰的儿子。即使不是，我仍然把他看成是李冰的儿子。一位现代作家见到这尊塑像怦然心动，“没淤泥而蔼然含笑，断颈项而长锸在握”，作家由此而向现代官场衮衮诸公诘问：活着或死了应该站在哪里？

出土的石像现正在伏龙馆里展览。人们在轰鸣如雷的水声中向他们默默祭奠。在这里，我突然产生了对中国历史的某种乐观。只要都江堰不坍，李冰的精魂就不会消散，李冰的儿子会代代繁衍。轰鸣的江水便是至圣至善的遗言。

继续往前走，看到了一条横江索桥。桥很高，桥索由麻绳、竹篾编成。跨上去，桥身就猛烈摆动，越犹豫进退，摆动就越大。在这样高的地方偷看桥下会神志慌乱，但这是索桥，到处漏空，由不得你不看。一看之下，先是惊吓，后是惊叹。脚下的江流，从那么遥远的地方奔来，一派义无反顾的决绝势头，挟着寒风，吐着白沫，凌厉锐进。我站得这么高还感觉到了它的砭肤冷气，估计它是从雪山赶来的罢。但是，再看桥的另一边，它硬是化作许多亮闪闪的河渠，改恶从善。人对自然力的驯服，干得多么爽利。如果人类干什么事都这么爽利，地球早已是另一副模样。

但是，人类总是缺乏自信，进进退退，走走停停，不停地自我损耗，又不断地为损耗而再损耗。结果，仅仅多了一点自信的李冰，倒成了人们心中的神。离索桥东端不远的玉垒山麓，建有一座二王庙，祭祀李冰父子。人们在虔诚膜拜，膜拜自己同类中更像一点人的人。钟鼓钹罄，朝朝暮暮，重一声，轻一声，伴和着江涛轰鸣。

李冰这样的人，是应该找个安静的地方好好纪念一下的，造个二王庙，也合民众心意。

实实在在为民造福的人升格为神，神的世界也就会变得通情达理、平适可亲。中国宗教颇多世俗气息，因此，世俗人情也会染上宗教式的光斑。一来二去，都江堰倒成了连接两界的桥墩。

我到边远地区看傩戏，对许多内容不感兴趣，特别使我愉快的是：傩戏中的水神河伯，换成了灌县李冰。傩戏中的水神李冰比二王庙中的李冰活跃得多，民众围着他狂舞呐喊，祈求有无数个都江堰带来全国的风调雨顺，水土滋润。傩戏本来都以神话开头的，有了一个李冰，神话走向实际，幽深的精神天国一下子贴近了大地，贴近了苍生。

选自《文化苦旅》，长江文艺出版社2017年版

题解

《都江堰》一文表达了作者对人文景观的独特思考。文章认为，都江堰低调沉着、一味奉献，占据了邈远的时间，至今仍在发挥不可替代的功能；以此推物及人，真情歌颂了都江堰工程的建造者李冰，并寄托了作者的现实关怀。

余秋雨（1946— ），作家，文化学者，浙江余姚人。曾任上海戏剧学院院长、上海市写作学会会长。著有《文化苦旅》《山居笔记》《千年一叹》《何谓文化》《中国文脉》《山河之书》《霜冷长河》等。

思考与练习

1. 为什么作者认为都江堰比长城还伟大？
2. 请思考作者的“文化散文”风格及其美学意义。

一滴水可以活多久

迟子建

这滴水诞生于凌晨的一场大雾中。人们称它为露珠，而她只把它当作一滴水来看待，它的的确确就是一滴水。最初发现它的人是一个七八岁的小女

孩，她不是在玫瑰园中发现它的，而是为了放一只羊去草地在一片青草的叶脉上发现的。那时雾已散去，阳光在透明的空气中飞舞。她低头的一瞬发现了那滴水。它饱满充盈，比珠子还要圆润，阳光将它照得肌肤浏亮。她在敛声屏气盯着这滴水看的时候不由得发现了一只黑黑的眼睛，她的眼睛被水珠吸走了，这使她很惊讶。我有三只眼睛，两只在脸上，一只在草叶上，她这样对自己说。然而就在这时，她突然打了一个喷嚏，那柔软的叶脉随之一抖，那滴水骨碌一下便滑落了。她的第三只眼睛也随之消失了。她便蹲下身子寻找那滴水，她太难过了，因为在此之前她从未发现过如此美的事物。然而，那滴水却是难以寻觅了。它去了哪里？它死了吗？

后来她发现那滴水去了泥土里，从此她便对泥土怀着深深的敬意。人们在那片草地上开了荒，种上了稻谷，当沉甸甸的粮食蜕去了糠皮在她的指间矜持地散发出成熟的微笑时，她确信她看见了那滴水。是那滴水滋养了金灿灿的稻谷，她在吃它们时意识里便不停地闪现出凌晨叶脉上的那滴水，它莹莹欲动，晶莹剔透。她吃着一滴水培育出来的稻谷一天天地长大了。有一个夏日的黄昏她在蚊蚋的歌唱声中发现自己成了一个女人，她看见体内流出的第一滴血时确信那是几年以前那滴水在她体内作怪的结果。她开始长高，发丝变得越来越光泽柔顺，胸脯也越来越丰满，后来她嫁给了一个种地的男人。她喜欢他的力气，而他则依恋她的柔情。她怎么会有这么浓的柔情呢？她俯在男人的肩头老是有说也说不尽的话，女子在夜晚时被男人搂在怀里就总也不想再出来，后来她明白是那滴水给予她的柔情。不久她生下了一个孩子，她的奶水真旺啊，如果不是吃那滴水孕育出的稻米，她怎么会有这么鲜浓的奶水呢？后来她又接二连三地生孩子。渐渐地她老了，她在下田时常常眼花，即使阴雨绵绵的天气也觉得眼前阳光飞舞。她的子孙们却像椴树林一样茁壮地成长起来。

她开始抱怨那滴水，你为什么不再给予我青春、力量和柔情了呢？难道你真的死去了吗？她步履蹒跚地走向童年时去过的那片草地，如今那里已经是一片良田，入夜时田边的水洼里蛙声阵阵。再也不见碧绿的叶脉上那滴纯美至极的水滴了，她伤感地落泪了。她的一滴泪水滑落到手上，她又看见了那滴水，莹白圆润，经久不衰。你还活着，活在我的心头！她惊喜地对着那滴水说。

她的牙齿渐渐老化，咀嚼稻米时显得吃力了。儿孙们跟她说话时要贴着她耳朵大声地叫，即使这样，她也只是听个一知半解。她老眼昏花，再也没有激情俯在她男人的肩头咕哝不休了。而她的男人看上去也畏畏缩缩，终日垂头坐在门槛前的太阳底下，漠然平静地看着脚下的泥土。有一年的秋季她的老伴终于死了，她嫌他比自己死得早，把她给丢下了，一滴眼泪也不肯给予他。然而埋葬他后的一个深秋的月夜，她不知怎的格外想念他，想念他们的青春时光。她一个人拄着拐杖哆哆嗦嗦地来到河边，对着河水哭她的伴侣。泪水落到河里，河水仿佛被激荡得上涨了。她确信那滴水仍然持久地发挥着它的作用，如今那滴水幻化成泪水融入了大河。而她每天又都喝着河水，那滴水在她的周身循环着。

直到她衰老不堪即将辞世的时候，她的意识里只有一滴水的存在。当她处于弥留之际，儿孙们手忙脚乱地为她穿寿衣，用河水为她洗脸时，她的头脑里也只有一滴水。那滴水湿润地滚动在她的脸颊为她敲响丧钟。她仿佛听到了叮当叮当的声音。后来她打了一个微弱的喷嚏，安详地合上眼帘。那滴水随之滑落在地，渗透到她辛劳一世的泥土里。她不在了，而那滴水却仍然活着。

她在过世后又变成了一个七八岁的小女孩，有一天凌晨大雾消散后她来到一片草地，她在碧绿的青草叶脉上发现了一颗露珠，确切地说是一滴水，她还看见了一只黑亮的眼睛在水滴里闪闪烁烁，她相信她与一生中所感受的最美的事物相逢了。

选自《我的世界下雪了》，浙江文艺出版社2016年版

题解

文章通过小女孩的成长、婚嫁、生育、衰老、走完人生之旅的过程来追问“一滴水可以活多久”，以水滴的循环来显现人与自然的伴随关系，象征着自然母性生生不息的生命特征。文章既感伤动人，又处处透露着坚忍与暖意，是对生命的真挚歌唱。

迟子建（1964— ），作家。黑龙江漠河人。1983年开始写作，以小说为主。著有长篇小说《树下》《晨钟响彻黄昏》《伪满洲国》《越过云层的晴朗》《额尔古纳河右岸》，中篇小说《北极村童话》《向着白夜旅行》《白银那》

《世界上所有的夜晚》，短篇小说《清水洗尘》《雾月牛栏》，散文随笔集《伤怀之美》《听时光飞舞》《我的世界下雪了》等。曾获得第一、第二、第四届鲁迅文学奖，第七届茅盾文学奖等多种奖项。作品有英、法、日、意大利文等海外译本。

思考与练习

1. 请思考作品的深层含义。
2. 如何处理个体与社会之间的关系？
3. 说说你最喜欢的当代女作家，并尝试与本文作者进行比较分析。

精神的三间小屋

毕淑敏

面对那句——人的心灵，应该比大地、海洋和天空都更为博大的名言，自惭形秽。我们难以拥有那样雄浑的襟怀，不知积累至那种广袤，需如何积攒每一粒泥土，每一朵浪花，每一朵云霓。

甚至那句恨不能人人皆知的中国古话——宰相肚里能撑船，也让我们在敬仰之余，不知所措。也许因为我们不过是小小的草民，即便怀有效仿的渴望，也终是可望而不可即，便以位卑宽宥了自己。

两句关于人的心灵的描述，不约而同地使用了空间的概念。人的肢体活动，需要空间。人的心灵活动，也需要空间。那容心之所，该有怎样的面积和布置？

人们常常说，安居才能乐业。如今的城里人一见面，就问，你是住两居室还是住三居室啊？……喔，两居室窄巴点，三居室虽说也不富余，也算小康了。

身体活动的空间是可以计量的，心灵活动的疆域，是否也可有个基本达标的数值？

有一颗大心，才盛得下喜怒，输得出力量。于是，宜选月冷风清竹木萧萧之处，为自己的精神修建三间小屋。

第一间，盛着我们的爱和恨。对父母的尊爱，对伴侣的情爱，对子女的疼爱，对朋友的关爱，对万物的慈爱，对生命的珍爱……对丑恶的仇恨，对污浊的厌烦，对虚伪的憎恶，对卑劣的蔑视……这些复杂而对立的情感，林林总总，会将这间小屋挤得满满，间不容发。你的一生，经历过的所有悲欢离合喜怒哀乐，仿佛以木石制作的古老乐器，铺陈在精神小屋的几案上，一任岁月飘逝。在某一个金戈铁马之夜，它们会无师自通，与天地呼应，铮铮作响。假若爱比恨多，小屋就光明温暖，像一座金色池塘，有红色的鲤鱼游弋，那是你的大福气。假如恨比爱多，小屋就阴风惨惨，厉鬼出没，你的精神悲戚压抑，形销骨立。如果想重温祥和，就得净手焚香，洒扫庭除。销毁你的精神垃圾，重塑你的精神天花板，让一束圣洁的阳光，从天窗洒入。

无论一生遭受多少困厄欺诈，请依然相信人类的光明大于暗影。哪怕是只多一个百分点呢，也是希望永恒在前。所以，在布置我们的精神空间时，给爱留下足够的容量。

第二间小屋，盛放我们的事业。

一个人从25岁开始做工，直到60岁退休，他要在工作岗位上度过整整35年的时光。按一日工作8小时，一周工作5天，每年就要为你的职业付出2 000个小时。倘若一直干到退休，那就是70 000个小时。在这个庞大的数字面前，相信大多数人都会始于惊骇终于沉思。假如你所从事的工作，是你的爱好，这7万个小时，将是怎样快活和充满创意的时光！假如你不喜欢它，漫长的7万个小时，足以让花容磨损日月无光，每一天都如同穿着淋湿的衬衣，如芒在身。

我不晓得一下子就找对了行业的人，能占多大比例？从大多数人谈到工作时乏味麻木的表情推算，估计这样的幸运儿不多。不要小觑了事业对精神的濡养或反之的腐蚀作用，它以深远的力度和广度，挟持着我们的精神，以成为它麾下持久的人质。

适合你的事业，不靠天赐，主要靠自我寻找。这不但是因为相宜的事业，并非像雨后白桦林的菌子一样，俯拾即是，而且因为我们对自身的认识，也是抽丝剥茧，需要水落石出的流程。你很难预知，将在18岁还是40岁甚至更沧桑的时分，才真正触摸到倾心的爱好。当我们太年轻的时候，因为尚无法真正独立，受种种条件的制约，那附着在事业外壳上的金钱地位，或是其他显赫的光环，也许会灼晃了我们的眼睛。当我们有了足够的定力，将事业之外的赘生物一一剥除，露出它单纯可爱的本质时，可能已耗费半生。然费时弥久，精神的小屋，也定需住进你所爱好的事业。否则，鸠占鹊巢，李代桃僵，那屋内必是鸡飞狗跳，不得安宁。

我们的事业，是我们的田野。我们背负着它，播种着，耕耘着，收获着，欣喜地走向生命的远方。规划自己的事业生涯，使事业和人生，呈现缤纷和谐相得益彰的局面，是第二间精神小屋坚固优雅的要诀。

第三间，安放我们自身。

这好像是一个怪异的说法。我们自己的精神住所，不住着自己，又住着谁呢?

可它又确是我们常常犯下的重大失误——在我们的小屋里，住着所有我们认识的人，唯独没有我们自己。我们把自己的头脑，变成他人思想汽车驰骋的高速公路，却不给自己的思维，留下一条细细羊肠小道。我们把自己的头脑，变成搜罗最新信息网络八面来风的集装箱，却不给自己的发现，留下一个小小的储藏盒。我们说出的话，无论声音多么嘹亮，都是别的喉咙嘟囔过的。我们发表的意见，无论多么周全，都是别的手指圈画过的。我们把世界万物保管得好好，偏偏弄丢了开启自己的钥匙。在自己独居的房屋里，找不到自己曾经生存的证据。

如果真是那样，我们的精神小屋，不必等到地震和潮汐，在微风中就悄无声息地坍塌了。它纸糊的墙壁化为灰烬，白雪的顶棚变作泥泞，露水的地面成了沼泽，江米纸的窗棂破裂，露出惨淡而真实的世界。你的精神，孤独地在风雨中飘零。

三间小屋，说大不大，说小不小。非常世界，建立精神的栖息地，是智慧生灵的义务，每人都有如此的权利。我们可以不美丽，但我们健康。我们可以不伟大，但我们庄严。我们可以不完满，但我们努力。我们可以不永恒，但我们真诚。

当我们把自己的精神小屋建筑得美观结实、储物丰富之后，不妨扩大疆域，增修新舍。矗立我们的精神大厦，开拓我们的精神旷野。因为，精神的宇宙，是如此的辽阔啊。

选自《精神的三间小屋》，漓江出版社2017年版

题解

文章认为，精神有三间小屋。第一间，盛放我们的爱和恨；第二间，盛放我们的事业；第三间，安放我们自身。以此可以分别体现为敢爱敢恨的精神、积极热爱的精神、全心接纳自己的精神。如建此三屋，人心有寄焉。

毕淑敏（1952— ），国家一级作家、内科主治医师，生于新疆伊宁。著有长篇小说《红处方》《血玲珑》《拯救乳房》《女心理师》《鲜花手术》等。曾获第四、第五、第六届百花奖，北京市文学艺术奖，昆仑文学奖等各种奖项。

思考与练习

1. 如何构建精神的“小屋”？
2. 结合文章思考如何才能“诗意地栖居”？
3. 结合作者其他作品，如何看待作者的“生命意识”？

记住回家的路

周国平

生活在今日的世界上，心灵的宁静不易得。这个世界既充满着机会，也充满着压力。机会诱惑人去尝试，压力逼迫人去奋斗，都使人静不下心来。我不主张年轻人拒绝任何机会，逃避一切压力，以闭关自守的姿态面对世界。年轻的心灵本不该静如止水，波澜不起。世界是属于年轻人的，趁着年轻到广阔的世界上去闯荡一番，原是人生必要的经历。所须防止的只是，把自己完全交给了机会和压力去支配，在世界上风风火火或浑浑噩噩，迷失了回家的路途。

每到一个陌生的城市，我的习惯是随便走走，好奇心驱使我去探寻这里的热闹的街巷和冷僻的角落。在这途中，难免暂时地迷路，但心中一定要有把握，自信能记起回住处的路线，否则便会感觉不踏实。我想，人生也是如此。你不妨在世界上闯荡，去建功创业，去探险猎奇，去求情觅爱，可是，你一定不要忘记了回家的路。这个家，就是你的自我，你自己的心灵世界。

寻求心灵的宁静，前提是首先要有一个心灵。在理论上，人人都有一个心灵，但事实上却不尽然。有一些人，他们永远被外界的力量左右着，永远生活在喧闹的外部世界里，未尝有真正的内心生活。对于这样的人，心灵的宁静就无从谈起。一个人唯有关注心灵，才会因为心灵被扰乱而不安，才会有寻求心灵的宁静之需要。所以，具有过内心生活的禀赋，或者养成这样的习惯，这是最重要的。有此禀赋或习惯的人都知道，其实内心生活与外部生活并非互相排斥的，同一个人完全可能在两方面都十分丰富。区别在于，注重内心生活的人善于把外部生活的收获变成心灵的财富，缺乏此种禀赋或习惯的人则往往会迷失在外部生活中，人整个儿是散的。自我是一个中心点，一个人有了坚实的自我，他在这个世界上便有了精神的坐标，无论走多远都能够找到回家的路。换一个比方，我们不妨说，一个有着坚实的自我的人便仿佛有了一个精神的密友，他无论走到哪里都带着这个密友，这个密友将忠实地分享他的一切遭遇，倾听他的一切心语。

如果一个人有自己的心灵追求，又在世界上闯荡了一番，有了相当的人生阅历，那么，他就会逐渐认识到自己在这个世界上的位置。世界无限广阔，诱惑永无止境，然而，属于每一个人的现实可能性终究是有限的。你不妨对一切可能性保持着开放的心态，因为那是人生魅力的源泉，但同时你也要早一些在世界之海上抛下自己的锚，找到最适合自己的领域。一个人不论伟大还是平凡，只要他顺应自己的天性，找到了自己真正喜欢做的事，并且一心把自己喜欢做的事做得尽善尽美，他在这世界上就有了牢不可破的家园。于是，他不但会有足够的勇气去承受外界的压力，而且会有足够的清醒来面对形形色色的机会的诱惑。我们当然没有理由怀疑，这样的一个人必能获得生活的充实和心灵的宁静。

选自《记住回家的路》，百花文艺出版社1999年版

题解

记住回家的路，是对现代人的最真情嘱托和内心呼喊。文章认为，自我是一个中心点，一个人有了坚实的自我，他在这个世界上便有了精神的坐标，无论走多远都能够找到回家的路。这对于当代人“迷失”“无家”等状态具有启发性。

周国平（1945— ），作家。1945年生于上海。1967年毕业于北京大学哲学系，1981年毕业于中国社会科学院研究生院哲学系，后受聘为中国社会科学院哲学研究所研究员。著有学术专著《尼采：在世纪的转折点上》《尼采与形而上学》，散文集《守望的距离》《各自的朝圣路》《安静》《善良丰富高贵》，纪实作品《妞妞：一个父亲的札记》《岁月与性情——我的心灵自传》《偶尔远行》，以及《人生哲思录》《周国平人文讲演录》等。译有《尼采美学文选》《尼采诗集》《偶像的黄昏》等。周国平的作品充满了人生智慧和哲学魅力，融理性激情于一体，笔调清新自然，内涵睿智深刻，给人启迪反思。

思考与练习

1. 结合作品，请你谈谈“家”的内涵。
2. 对于现代人而言，“家”的概念发生了何种改变？
3. 请谈谈你对作者其他文学作品的了解和体会。

观沙砾记

贾平凹

正是中午，我在岸边的柳荫下乘凉，一抬头，看见河滩的沙地里，腾腾的有着一层雾气，一丝一缕的，曲线儿的模样。看得久了，又似若有若无，灿灿的却在那雾气之中，有了什么闪光，有的如火苗，那么一小朵，里圈是红的，外圈是白的，飘忽不可捉摸；有的如珍珠，跳跃着无数光环，目不能细辨，似乎其中有红、黄、绿、紫的色彩；有的如星星，三角形的，五角形的，光芒乍长乍短。我一时不知这是什么东西，叫小女儿去寻看，只是一片河滩，满地沙砾，漠漠视而不识，而升腾的雾气灼灼，使人不能久站。回到柳荫下又看，那光亮亮又在那里闪耀。女儿照着一点光走去，双手捡起，捂在掌内走过来，看时，乃是一块小小的沙石片儿。

石片极平凡，三角形状，边角已成光滑，上边隐隐有几道石纹，并不算美；放在手中，不见有彩，拿近眼前，黯然无光。女儿很纳闷，问：它在沙滩灿烂，在这里失色，这是怎么回事？

是怎么回事，我也不得其解。反复揣摩石片，想起“橘生淮南则为橘，生于淮北则为枳”的古语，猜这是地方不同所致，这石片或是从山上来的，风吹雨打，裂成碎片，随水走川过峡，万里浪淘，停在这河滩里了；这水，这气，这日，才使其显了本色，互相辉映，有了灿灿之光。如今拿在手中，没了那些就得不到其天然色泽了。由此看来，天上的星星也是这样：它在天上，便有光亮，成其为星，落在地上了，纯乎是一块陨石，有人幻想上天摘星，以此炫耀，恐怕摘下来，也是一块冰冷顽石吧！再去推想，我们居住的地球，我们看来，是土，是石，可从别的星球看去，也一定会有光有色。那么，鱼在水里，有动有神，来来去去，可谓悠然，若捞上岸来，便会翅不如毛，尾亦无力了。鸟在云际，有容有声，高高低低，可谓自若，若坠入水去，便要有翅不能飞，有爪不能划了。世上什么东西生存，只有到了它生存的自然之中，才见其活力，见其本色，见其生命，见其价值。人往往有其好心，忽视自然规律，欲以己之意，加于他物，结果往往适得其反。

沙砾本是无情，也有如此属性，而万千世界，人为第一,百人百貌，百貌百性，不能定然，不可固一。应是让其充分发挥自己的条件下，不拘一格，各呈其才。那么，人便更是活的，就有生气，就有创造，这个人世就有了最伟大的，最光辉的色彩。

女儿还在哀叹沙砾，说是死了，是不是还能再活？我让女儿把那石片儿抛到河滩去，站在柳荫下静观，便见又灿灿然，烁烁然了。女儿笑了，我亦笑了，沙砾似乎也在笑，一闪一闪的，绽闪着金色的微笑。

选自《贾平凹散文精选》，人民文学出版社 2018 年版

题解

在贾平凹的众多散文中，本文影响广泛。文章叙事悟理，自然天成；语言平实，如叙家常；鲜明地表达了物尽其用，人尽其才的观点。

贾平凹（1952— ），作家，陕西丹凤人。1975年毕业于西北大学中文系。曾任第九届中国作家协会副主席，陕西省作家协会主席。著有长篇小说《商州》《浮躁》《废都》《白夜》《土门》《怀念狼》《病相报告》《高老庄》《秦腔》《高兴》等。作品被译为英、法、德、俄、日、韩、越等语言，出版了

二十余种版本。曾多次获全国多项文学奖、美国美孚飞马文学奖、法国费米娜文学奖。

思考与练习

1. 结合文章，思考作者秉承的散文风格。
2. 文章蕴含着何种哲学意蕴？
3. 阅读比较作者其他作品，体会作者散文的特色。

诗 化 人 生

王兆胜

常言道，人生不如意事十有八九。即是说，在本质的意义上，上天对每个人都是平等的，他们都要面对悲伤、怨恨、疾病、绝望和死亡等人生的苦难。然而，为什么在这个世界上又有着不同的人生呢？比如有的人忧思百结，总是闷闷不乐，而有的人却笑口常开，充满欢歌。在我看来，这主要是由于不同的人，有着不同的性情、心灵世界和生活态度。

对那些没有参透人生的人来说，生活的每次不顺都是一次苦痛，都会令他生出几许伤怀与哀婉；而对于那些读懂了人生的人来说，生活的不满足是正常的，自然而然的，他会如平日一样欢快地生活和谈笑。

殊不知，天上的月亮每月也不过只有几日的圆满，天空和大地也不是总充满白昼而无黑暗，一年四季除了春夏也还有严冬……自然天地尚且如此，那么，作为它的派生物——人生——也是一样。可以说，没有一个人的人生能够完满无缺。

理解这一点，也就理解了天地人生的根本的悲剧性，理解了这个世界与人生的先验“缺失”。从此意义上说，佛家认为“人来到这个世界就是为了承受苦难”是有几分道理的。如果有了一颗正确对待人生“缺憾”的心灵，以一种审美的态度对待这个世界，我想，这个人的人生将是轻松快乐的。

我们常看到这样的现象：有的人一生辛苦，做着没完没了的工作，然而他们却身体健康，精神旺盛，生活幸福；而有的人一生锦衣玉食，清闲无事，甚至过着寄生的生活，但他们却身心疲累，一脸愁容。这是为什么呢？我认为，最根本的原因在于：前者“心”轻，后者“心”累。

同样，一个人的一生是否快乐幸福，有时主要不是取决于外在的劳累和不顺，而主要看他能否有一颗快乐之心，一颗“诗”心。如果能用一颗审美的心灵看取这个世界，面对他所遇到的困难，他的人生将会如枝头上小鸟不停地歌唱，似不冻的河水汩汩地流淌。

其实，人之所需无多，庄子《逍遥游》里说：“鹪鹩巢于深林，不过一枝；偃鼠饮河，不过满腹。”孔子《论语》也说：“饭蔬食饮水，曲肱而枕之，乐亦在其中矣。”孔子的学生颜回之理想即是“一箪食，一瓢饮”足矣。看来，关键的并不是物质的多少，而是“精神”与“心灵”的高度与境界。当然，甘于贫困和甘于寂寞有个前提，即在物质生活上要达到最基本的满足，如果食不果腹，有家难养，居无定所，甚至身无立锥之地，那就很难快乐了。

有了诗心，就可以与挫折对抗。比如，苏东坡一生坎坷，但总是乐不可支。最典型的是他被放逐荒僻的海南时之情怀。当时的海南，夏天极其潮湿气闷；秋天雾气很重，秋雨连绵不断，所有的东西都会发霉。苏轼的床柱上还长了许多白蚁。另外，这个岛上要什么没什么。这对苏东坡这个六十岁的老人来说如何承受？更何况，这种放逐并无止期，很可能是他最后的死地。离开京城的繁华与奢华，来到海南这个僻远之地（林语堂称之为“域外”），尽管吃得粗劣，水土不服，无朋无友，寂寞无聊，但苏东坡却没有悲观厌世，更没有失去生活的乐趣与美好的理想，而是很快安定下来。他自己制墨、采药、盖房，同时，抄录了《唐书》《汉书》，注释《尚书》，编定《东坡志林》，考定药书，赋诗作词等等，取得了令人刮目相看的成就。最有意思的是，苏东坡在杂记《辟谷之法》中提到“食阳光充饥”的办法。在这个世界上，似乎没有什么能让苏东坡不快乐，更难以将他打倒，因为他总有一颗“诗心”。

当有了诗心，人们才能够体悟大自然的规律与心情。天地一年四季：春天繁华；夏天挥霍；当树叶变黄、干脆，并纷纷向大地飘落，生命就进入了晚秋；而严寒到来，万物将激情收敛珍藏，这就是冬天了。其实，这种更替与人生何异？实际上，生命在自然和人生这一点上具有一样的节奏。自然生命和人生就如同一首诗，一首有着成长和死亡韵律的和谐的诗。通过“诗心”，在发现天地、人生蕴含的诗意后，我们就会进入一种新境界：人生就是一个进程，天地尚且还有其生死、离别与悲欢，而渺小的人还有什么困惑和滞碍？所以，心里通亮的庄子在妻子死后竟能“举盆而歌”。在诗心的烛照下，自然这首生命之歌还会启示人类：既然大自然到了秋冬已不像春夏那样张扬挥霍，而是积蓄收敛起来，那么，人生也该如此，在创造、付出和张扬时，切不可忘了保存、宁静和虚怀。

通过诗心，人们还可以感受到大自然的生命力，并将这种生命与自身的生命贯通起来，那么，个体就会感到自己生命的强大。比如，看到一树绿叶，我们不要对其熟视无睹，而应用诗心去体悟它。当你的诗心与绿叶的生命接通，在你的意念中一股生命的泉水就会顺着树叶的脉络汩汩流出，直流入你的身心。此时的人就好像一个气球，正在接受大自然的“充电”。可以设想，在与大自然接通时，人不仅进行了生命充电，也在进行精神充电。

诗心就如同和煦的阳光，它不仅能消融冰雪，还可驱尽黑暗，如此人生必然其乐融融，幸福之河长流不息。

选自《天地人心》，山东文艺出版社2006年版

题解

文章认为，有了诗心，就可以与挫折对抗；就可以体悟大自然的规律与心情；就可以感受到大自然的生命力，并将这种生命与自身的生命贯通起来，感到自己生命的强大。这体现了作者心怀天地、诗意栖居的追求。

王兆胜（1963— ），山东蓬莱人。1989年毕业于山东师范大学中文系，获硕士学位。1996年毕业于中国社会科学院研究生院，获文学博士学位，中国社会科学杂志社原副总编辑。著有《林语堂的文化情怀》《闲话林语堂》等。曾获首届冰心散文理论奖。

思考与练习

1. 作者如何说明人生要有一颗“诗心”？

2. 作者说：“当有了诗心，人们才能够体悟大自然的规律与心情。”请谈谈你从大自然得到的体悟。

3. 请分析本文的语言特色。

第三章　闲情雅趣

中国古代士大夫追求精神性和个体性的休闲方式，并将此种闲情雅致体现在“玩”之中。如叶朗《美在意象》所言，“玩”的自由性和无功利性即包含着审美的状态。闲暇，不仅仅是时间的宽裕与空闲，更是心灵的解放与升华。在休闲中，玩乐往往能自然而然地升华至审美的境界。因此，休闲文化常常蕴含着审美意象的创造与欣赏，其审美意象是社会美、自然美、艺术美的交织与融合，为人们提供了一个丰富多彩、充满艺术气息的精神世界。柳宗元、苏轼、张岱、钟惺等文人的游记，即在游山玩水中传递各自的审美心境。同时，散文还彰显着文人日常生活的诗意境界，比如柳宗元游西山的乐趣、袁枚葺园的随性、沈复与芸娘生活的闲适，等等。

始得西山宴游记[1]

〔唐〕柳宗元

自余为僇人[2]，居是州，恒惴栗[3]。其隙也[4]，则施施而行[5]，漫漫而游[6]。日与其徒上高山[7]，入深林，穷回溪[8]，幽泉怪石，无远不到。到则披草而坐[9]，倾壶而醉。醉则更相枕以卧[10]。卧而梦，意有所极，梦亦同趣[11]。觉而起[12]，起而归。以为凡是州之山水有异态者[13]，皆我有也，而未始知西山之怪特[14]。

今年九月二十八日，因坐法华西亭[15]，望西山，始指异之[16]。遂命仆人过湘江，缘染溪[17]，斫榛莽[18]，焚茅茷[19]，穷山之高而止[20]。攀援而登，箕踞而遨[21]，则凡数州之土壤，皆在衽席之下[22]。其高下之势，岈然洼然[23]，若垤若穴[24]，尺寸千里[25]。攒蹙累积[26]，莫得遁隐[27]。萦青缭白[28]，外与天际[29]，四望如一。然后知是山之特立[30]，不与培塿为类。悠悠乎与颢气俱[31]，而莫得其涯，洋洋乎与造物者游[32]，而不知其所穷。引觞满酌[33]，颓然就醉，不知日之入。苍然暮色[34]，自远而至，至无所见，而犹不欲归[35]。心凝形释[36]，与万化冥合[37]。然后知吾向之未始游[38]，游于是乎始，故为之文以志[39]。是岁，元和四年也[40]。

选自《柳宗元选集》，高文、曲光选注，上海古籍出版社2016年版

题解

本文选自一组山水游记名篇“永州八记”。“永州八记”作于柳宗元被贬为永州司马时，包括《始得西山宴游记》《钴鉧潭记》《钴鉧潭西小丘记》《至小丘西小石潭记》《袁家渴记》《石渠记》《石涧记》《小石城山记》。作者通过寄情于山水之间以缓和其抑郁的情绪。

柳宗元（773—819），唐代文学家、哲学家，字子厚，河东解县（今山西运城西南）人。刘禹锡为之编《河东先生集》。柳宗元不仅创作了一百四十余首寓言诗和山水诗，他还是一位散文大家，与韩愈共同倡导古文运动，世称“韩柳”。其散文创作遵循自己提出的“辞令褒贬”，“高壮广厚，词正而理备”的准则。他的山水游记不完全是对自然的客观描写，其中浸透着理想不得实现的惆怅和被压抑的悲愤情绪。

注释

[1] 始得：刚发现。西山：在永州城西，今属湖南。宴游：游览并宴饮。

[2] 僇人：受辱之人，罪人。

[3] 恒：始终。惴栗：恐惧发抖。

[4] 隙：指闲时。

[5] 施施：缓行的样子。

[6] 漫漫：放任的样子。

[7] 徒：朋辈。

[8] 穷：走到尽头。回溪：迂回曲折的溪流。

[9] 披：分开。

[10] 更相：交相，互相。

[11] “意有所极”二句：心里有向往的好境界，梦里也就有相同的乐趣。所极：所向往的境界。极：至。

[12] 觉（jué）：睡醒。

[13] 异态：奇景。

[14] 未始：未曾。怪特：奇异特别。

[15] 法华：法华寺，在永州零陵城内。西亭：在法华寺内，柳宗元所建。

[16] 始指异之：开始指着西山，觉得它奇特。

[17] 缘：沿着。染溪：又名“冉溪”，柳宗元筑室于此，改名为“愚溪”。

[18] 斫：砍伐。榛莽：杂乱丛生的荆棘灌木。

[19] 茅茷：茅草。茷：草叶茂盛。

[20] 穷山之高而止：登到山的最高处才停止。

[21] 箕踞（jījù）：两腿叉开，席地而坐。

[22] 衽席：宴席，座席。

[23] 岈（xiā）然：山深貌。《广韵》：“岈，蛤岈，山深之状。”洼然：深陷貌。《说文·水部》：“洼，深池也。”

[24] 若垤若穴：指高的如蚁封，低的如蚁穴。垤：蚁封，即蚂蚁洞口的小土堆。

[25] 尺寸千里：眼见仅有尺寸之远，实际上有千里之遥。

[26] 攒：聚集。蹙：紧缩。

[27] 莫得遁隐：谓山川城邑尽收眼底。莫：代词，没有什么。得：能。

[28] 萦青缭白：绿树白水错杂缠绕。

[29] 外与天际：延伸开去与天相连。际：接近。

[30] 特立：特别出众。

[31] 悠悠：辽阔浩渺。颢气：天地间的大气。

[32] 洋洋：广大。造物者：创造万物的天地，指大自然。

[33] 引觞：拿起酒杯。满酌：斟满酒。

[34] 苍然：深暗貌。

[35] 犹：还，仍然。

[36] 心凝：精神与自然凝合，泯忘物我。形释：形体消散。

[37] 万化：万物。冥合：融合。

[38] 未始游：指不曾真正游赏过。

[39] 志：记。

[40] 元和：唐宪宗李纯年号。元和四年即809年。

思考与练习

1.《唐宋诗醇》说："谢灵运游山诗、柳宗元山水记素称奇构。"结合柳宗元其他山水文，谈谈"奇"在哪里呢？

2. 结合本文谈谈柳宗元散文写作的艺术特色。

3. 结合柳宗元的生活背景，谈谈你对这篇文章的感受。

李氏山房藏书记[1]

〔宋〕苏　轼

象犀珠玉怪珍之物[2]，有悦于人之耳目，而不适于用。金石草木丝麻五谷六材[3]，有适于用，而用之则弊[4]，取之则竭[5]。悦于人之耳目而适于用，用之而不弊，取之而不竭，贤不肖之所得[6]，各因其才[7]，仁智之所见，各随其分[8]，才分不同，而求无不获者，惟书乎！

自孔子圣人，其学必始于观书[9]。当是时，惟周之柱下史老聃为多书[10]。韩宣子适鲁，然后见《易象》与《鲁春秋》[11]。季札聘于上国，然后得闻《诗》之风、雅、颂[12]。而楚独有左史倚相，能读《三坟》《五典》《八索》《九丘》[13]。士之生于是时，得见《六经》者盖无几[14]，其学可谓难矣。而皆习于礼乐，深于道德，非后世君子所及。自秦、汉以来，作者益众，纸与字画日趋于简便[15]，而书益多，士莫不有，然学者益以苟简[16]，何哉？余犹及见老儒先生，自言其少时，欲求《史记》《汉书》而不可得，幸而得之，皆手自书，日夜诵读，惟恐不及。近岁市人转相摹刻诸子百家之书，日传万纸，学者之于书，多且易致如此，其文词学术，当倍蓰于昔人[17]，而后生科举之士，皆束书不观，游谈无根[18]，此又何也？

余友李公择，少时读书于庐山五老峰下白石庵之僧舍。公择既去，而山中之人思之，指其所居为李氏山房。藏书凡九千余卷[19]。公择既已涉其流，探其源[20]，采剥其华实，而咀嚼其膏味，以为己有，发于文词，见于行事[21]，以闻名于当世矣。而书固自如也，未尝少损。将以遗来者，供其无穷之求，而各足其才分之所当得。是以不藏于家，而藏于其故所居之僧舍，此仁者之心也。

余既衰且病，无所用于世，惟得数年之间，尽读其所未见之书，而庐山固所愿游而不得者，盖将老焉。尽发公择之藏，拾其余弃以自补，庶有益乎？而公择求余文以为记，乃为一言，使来者知昔之君子见书之难，而今之学者有书而不读为可惜也。

选自《苏轼文集》，〔明〕茅维编，孔凡礼点校，中华书局1986年版

题解

《李氏山房藏书记》记述了苏轼好友李公择年轻时勤学苦读，并将书藏于庐山寺庙以供后来者学习的事迹。明代文学家茅坤《唐宋八大家文钞》之中评价此文：“题本小，而文旨特放而远之。”

注释

［1］李氏：指李常，字公择，曾为齐州（今山东济南）知州，乃黄庭坚的舅父。

［2］象：象牙。犀：犀牛角。怪珍：奇珍异宝。

［3］金石：金属和石料。五谷：古代有多种不同说法，通常指稻、黍、稷、麦、豆，后泛指谷物。六材：指制弓之六材，即干、角、筋、胶、丝、漆。

［4］弊：破败。

［5］竭：尽。

［6］贤不肖：贤能的人和不贤能的人。

［7］才：才华。

［8］分：天分，天资。

［9］“自孔子圣人”二句：像孔子这样的圣人，学习也是从读书开始的。

［10］柱下史：官名。一说即御史。老聃：老子。

［11］“韩宣子适鲁”二句：韩宣子：春秋时晋国大夫。适：到……去。

据《左传·昭公二年》记载："二年春，晋侯使韩宣子来聘，且告为政而来见，礼也。观书于大史氏，见《易》《象》与《鲁春秋》，曰：'周礼尽在鲁矣，吾乃今知周公之德与周之所以王也。'"

［12］"季札聘于上国"二句：季札：春秋时吴国公子。聘：访问。上国：春秋时对齐、晋等中原诸侯国的称呼，相对于吴、楚诸国而言，这里指鲁国。据《左传·襄公二十九年》记载，吴国公子季札出访鲁国，对《周南》《召南》《象箾》《南籥》等诗乐舞一一点评。

［13］倚相：春秋时楚国的左史。据《左传·昭公十二年》记载，楚灵王赞扬倚相："是良史也，子善视之，是能读《三坟》《五典》《八索》《九丘》。"

［14］《六经》：六部儒家经典，即《诗》《书》《礼》《易》《乐》《春秋》。

［15］纸与字画日趋于简便：秦汉时书籍一般著录于竹简木牍，北宋时纸张普及，印刷术发明，文字也更为简易。

［16］学者：学习的人。益：更加。苟简：草率。

［17］倍蓰：谓数倍。蓰：五倍。

［18］游谈：空谈。

［19］凡：总共。

［20］"涉其流"二句：追问知识的源流和演变。

［21］行事：为人处世。

思考与练习

1. 结合相关诗歌和散文，谈谈苏轼对于藏书的观点是怎样的。
2. 在数字媒体时代，你认为纸质书籍的阅读和收藏有何意义？

浮槎山水记

〔宋〕欧阳修

浮槎山在慎县南三十五里，或曰浮阇山，或曰浮巢山。其事出于浮图、老子之徒荒怪诞幻之说。其上有泉，自前世论水者皆弗道[1]。余尝读《茶经》，爱陆羽善言水[2]。后得张又新《水记》[3]，载刘伯刍、李季卿所列水次第，以为得之于羽，然以《茶经》考之，皆不合。又新，妄狂险谲之士[4]，其言难信，颇疑非羽之说。及得浮槎山水，然后益以羽为知水者。浮槎与龙池山，皆在庐州界中，较其水味，不及浮槎远甚。而又新所记以龙池为第十，浮槎之水弃而不录，以此知其所失多矣。羽则不然，其论曰："山水上，江次之，井为下。山水：乳泉、石池漫流者上。"其言虽简，而于论水尽矣。

浮槎之水，发自李侯。嘉祐二年，李侯以镇东军留后出守庐州，因游金陵，登蒋山，饮其水。既又登浮槎，至其山，上有石池，涓涓可爱[5]，盖羽所谓乳泉漫流者也。饮之而甘，乃考图记，问于故老，得其事迹。因以其水遗余于京师。予报之曰："李侯可谓贤矣。"

夫穷天下之物无不得其欲者，富贵者之乐也。至于荫长松[6]，藉丰草[7]，听山溜之潺湲，饮石泉之滴沥[8]，此山林者之乐也。而山林之士视天下之乐，不一动其心。或有欲于心，顾力不可得而止者，乃能退而获乐于斯。彼富贵者之能致物矣，而其不可兼者，惟山林之乐尔。惟富贵者而不得兼，然后贫贱之士有以自足而高世。其不能两得，亦其理与势之然欤。今李侯生长富贵，厌于耳目，又知山林之为乐，至于攀缘上下，幽隐穷绝，人所不及者皆能得之，其兼取于物者可谓多矣。

李侯折节好学，喜交贤士，敏于为政，所至有能名。

凡物不能自见而待人以彰者有矣，其物未必可贵而因人以重者亦有矣。故予为志其事，俾世知斯泉发自李侯始也。三年二月二十有四日，庐陵欧阳修记。

选自《欧阳修诗文集校笺》，李逸安点校，中华书局2001年版

题解

浮槎山位于慎县（今属安徽肥东）南三十五里，也被称为"浮阇山""浮巢山"。《浮槎山水记》是欧阳修收到李端愿所送的浮槎山泉水后所写的文章。文章平易流畅、生动丰满、纡徐婉转，句式灵活多变，文势顿挫跌宕。

注释

[1] 弗：不。道：说；讲述。

[2] 陆羽：唐代复州竟陵（今湖北天门）人，隐居苕溪（在今浙江湖州），以著书为事。嗜饮茶，著《茶经》三卷。

[3] 张又新：唐代深州陆泽（今河北深州）人，著有《煎茶水记》。

[4] 险谲：阴险诡诈。

[5] 涓涓：细水慢流。

[6] 荫长松：荫蔽在松荫下。

[7] 藉：垫。丰草：茂密的草。

[8] 滴沥：拟声词，水往下滴的声音，此处指水滴。

思考与练习

1. 除了本文，欧阳修还有哪些散文也谈及茶？如何看待欧阳修从“醉翁”到“茶人”身份的转换？

2. 文中陆羽关于“水”的区分，折射出怎样的世界观？对今天的我们有何启示？

西湖七月半[1]

〔明〕张　岱

西湖七月半，一无可看，止可看看七月半之人。看七月半之人，以五类看之。其一，楼船箫鼓[2]，峨冠盛筵[3]，灯火优傒[4]，声光相乱，名为看月而实不见月者，看之。其一，亦船亦楼，名娃闺秀[5]，携及童娈[6]，笑啼杂之，环坐露台[7]，左右盼望，身在月下而实不看月者，看之。其一，亦船亦声歌，名妓闲僧，浅斟低唱[8]，弱管轻丝[9]，竹肉相发[10]，亦在月下，亦看月，而欲人看其看月者，看之。其一，不舟不车，不衫不帻[11]，酒醉饭饱，呼群三五，跻入人丛[12]，昭庆、断桥[13]，嘄呼嘈杂，装假醉，唱无腔曲[14]，月亦看，看月者亦看，不看月者亦看，而实无一看者，看之。

其一，小船轻幌[15]，净几暖炉，茶铛旋煮[16]，素瓷静递[17]，好友佳人，邀月同坐，或匿影树下，或逃嚣里湖[18]，看月而人不见其看月之态，亦不作意看月者，看之。

杭人游湖，巳出酉归[19]，避月如仇，是夕好名，逐队争出，多犒门军酒钱[20]，轿夫擎燎[21]，列俟岸上[22]。一入舟，速舟子急放断桥[23]，赶入胜会。以故二鼓以前[24]，人声鼓吹，如沸如撼，如魇如呓[25]，如聋如哑，大船小船，一齐凑岸，一无所见，止见篙击篙，舟触舟，肩摩肩，面看面而已。少刻兴尽，官府席散，皂隶喝道去[26]，轿夫叫船上人，怖以关门，灯笼火把如列星，一一簇拥而去。岸上人亦逐队赶门，渐稀渐薄，顷刻散尽矣。

吾辈始舣舟近岸[27]，断桥石磴始凉[28]，席其上[29]，呼客纵饮。此时，月如镜新磨[30]，山复整妆，湖复颒面[31]。向之浅斟低唱者出，匿影树下者亦出，吾辈往通声气[32]，拉与同坐。韵友来[33]，名妓至，杯箸安[34]，竹肉发。月色苍凉，东方将白，客方散去。吾辈纵舟，酣睡于十里荷花之中，香气拍人，清梦甚惬[35]。

选自《陶庵梦忆》，苗怀明译注，中华书局2020年版

题解

《西湖七月半》描绘的是中元节当日游赏杭州西湖的众生之相。作者开篇就描写了达官贵人、名娃闺秀、名妓闲僧、慵懒之徒四类人看月之态，而后又描写了市井百姓凑热闹的心态，其目的是要彰显好友与佳人的清高和风雅之趣。散文语言长短相间、灵活自如，所状之人极为传神真实。

张岱（1597—1689），字宗子、石公，号陶庵、蝶庵，山阴（今浙江绍兴）人，祖籍四川绵竹，故又自称“蜀人”。著有《陶庵梦忆》《西湖梦寻》《三不朽图赞》《夜航船》等。

注释

[1] 七月半：农历七月十五为中元节，又称鬼节。

[2] 楼船：有叠层的大船。

[3] 峨冠：头戴高冠，指士大夫。

[4] 优傒：优伶和仆役。

[5] 名娃：泛指美女。闺秀：名门望族的女儿。

[6] 童娈：容貌姣好的少年。

[7] 露台：楼船上露天的平台。

[8] 浅斟：慢慢地喝酒。

[9] 弱管轻丝：谓轻柔的管弦音乐。

[10] 竹肉相发：箫笛声伴着歌唱声。竹：指管乐。肉：指歌喉。

[11] “不舟”二句：不坐船，不乘车；不穿长衫，不戴头巾；形容放荡随便。帻：头巾。

[12] 跻：同“挤”。

[13] 断桥：西湖的一座桥，位于里湖和外湖的分界上。

[14] 无腔曲：没有腔调、随便吟唱的歌曲。

[15] 轻幌：轻柔细薄的幔帐。

[16] 铛：煮茶的器具。旋：随时，随即。

[17] 素瓷静递：雅洁的瓷杯无声地传递。

[18] 逃嚣：逃避喧嚣。里湖：苏堤以内的西湖。

[19] 巳：巳时，上午9点至11点。酉：酉时，下午5点至7点。

[20] 犒：用酒食或财物慰劳。门军：守城门的军士。

[21] 擎：举。燎：火把。

[22] 列俟：排队等候。

[23] 速：催促。舟子：船夫。放：开船。

[24] 二鼓：二更，夜里9点至11点。

[25] 魇：噩梦惊叫。呓：说梦话。

[26] 皂隶：衙门的差役。

[27] 舣：使船停靠岸边。

[28] 石磴：石头台阶。

[29] 席其上：在石磴上摆设酒席。

[30] 镜新磨：刚磨成的镜面。

[31] 颒（huì）面：洗脸。

[32] 往通声气：过去打招呼。

［33］韵友：诗友，唱曲的朋友。

［34］箸：筷子。安：放好。

［35］惬：快意，满足。

思考与练习

1.《西湖七月半》体现出了作者怎样的人生境界？

2. 晚明文艺思潮和社会风尚对张岱散文创作有什么影响？

3. 张岱的游玩态度对于你对旅游本质的思考有何启发？

浣花溪记

〔明〕钟 惺

出成都南门，左为万里桥[1]。西折，纤秀长曲，所见如连环，如玦如带[2]，如规如钩[3]，色如鉴[4]，如琅玕[5]，如绿沈瓜，窈然深碧[6]，潆回城下者[7]，皆浣花溪委也[8]。然必至草堂后浣花有专名[9]，则以少陵浣花居在焉耳[10]。

行三四里，为青羊宫[11]。溪时远时近，竹柏苍然[12]，隔岸阴森者尽溪，平望如荠[13]，水木清华[14]，神肤洞达。自宫以西，流汇而桥者三[15]，相距各不半里。舁夫云[16]，通灌县[17]，或所云"江从灌口来"是也[18]。人家住溪左，则溪蔽不时见。稍断，则复见溪。如是者数处。缚柴编竹[19]。颇有次第。

桥尽，一亭树道左，署曰"缘江路"。过此则武侯祠。祠前跨溪为板桥一，覆以水槛[20]，乃睹"浣花溪"题榜。过桥，一小洲横斜插水间如梭。溪周之，非桥不通。置亭其上，题曰"百花潭水"。由此亭还，度桥，过梵安寺，始为杜工部祠。像颇清古，不必求肖，想当尔尔[21]。石刻像一，附以本传，何仁仲别驾署华阳时所为也[22]。碑皆不堪读。

钟子曰：杜老二居，浣花清远，东屯险奥，各不相袭。严公不死[23]，浣溪可老。患难之于友朋大矣哉！然天遣此翁增夔门一段奇耳。穷愁奔走，犹能择胜；胸中暇整[24]，可以应世。如孔子微服主司城贞子时也。

时万历辛亥十月十七日。出城欲雨，顷之霁[25]。使客游者[26]，多由监司郡邑招饮，冠盖稠浊，磬折喧溢[27]，迫暮趣归[28]。是日清晨，偶然独往。楚人钟惺记[29]。

选自《隐秀轩集》，李先耕，崔重庆标校，上海古籍出版社2017年版

题解

《浣花溪记》是明代文士钟惺在成都游览浣花溪、武侯祠、青羊宫、杜工部祠后所撰游记。文章生动描写了浣花溪的自然风景和杜工部祠的人文古迹；融情于景，怀古思今，对诗圣杜甫泰然面对穷愁，临盛境而居的心态胸怀表达赞赏和向往。文章体现了竟陵派散文模仿秦汉唐宋古文的风格。

钟惺（1574—1625），字伯敬，号退谷，竟陵（今湖北天门）人。钟惺和友人谭元春都是竟陵人，故其文学流派被称为“竟陵派”。竟陵派追求作家个性的流露，标榜“孤行”“孤怀”和“孤诣”，主张诗人应该“求古人真诗所在。真诗者，精神所为也”(《诗归序》)。

注释

［1］万里桥：即今成都南门大桥。相传三国时，蜀汉丞相诸葛亮曾在此设宴送费祎出使东吴，费祎叹曰：“万里之路，始于此桥。”该桥由此而得名。

［2］玦：环形有缺口的玉器。

［3］规：画圆形的工具。这里指圆弧形。

［4］鉴：镜子。

［5］琅玕：美丽的石头。

［6］窈然：幽深的样子。

［7］潆回：水流回旋。

［8］委：水流汇聚的地方，水的下游。

［9］草堂：杜甫草堂。

［10］少陵：杜甫自号少陵野老。浣花居：即位于浣花溪的草堂。

［11］青羊宫：原名青羊肆。唐朝黄巢起义，唐僖宗避难于蜀，将此作为行宫，诏改为青羊宫。

［12］苍然：幽深碧绿的样子。

[13] 平望：平视。荠：荠菜。

[14] 水木清华：指景色清朗秀丽。语出谢混《游西池》诗：“景晨鸣禽集，水木湛清华。”

[15] 流汇而桥者三：溪水所流经的地方有三座桥。

[16] 舁（yú）夫：轿夫。舁：抬。

[17] 灌县：今四川都江堰。

[18] 江从灌口来：杜甫《野望因过常少仙》中的诗句。

[19] 缚柴编竹：用柴、竹做门、墙。

[20] 水槛：临水的栏杆。

[21] 想当尔尔：想象中的杜甫大概如此。尔尔：如此。

[22] 何仁仲：何宇度，字仁仲，万历时为夔州通判。别驾：即通判。

[23] 严公：指严武，曾任剑南节度使，对杜甫多加照顾。

[24] 暇整：从容不迫。

[25] 霁：天放晴。

[26] 使客：朝廷的使臣。

[27] 磬折：弯折身体如磬，表示谦恭。

[28] 趣：通“促”，急速。

[29] 楚人：战国时竟陵为楚地，因此钟惺自称楚人。

思考与练习

1. 钟惺散文具有什么样的特点？

2. 历代文人对竟陵派散文有怎样的评价？

3. 请以古代诗词、游记、方志等材料和近现代地图资料为基础，梳理浣花溪风景的变化。

随园记

〔清〕袁　枚

金陵自北门桥西行二里，得小仓山。山自清凉胚胎[1]，分两岭而下，尽桥而止。蜿蜒狭长，中有清池水田，俗号干河沿。河未干时，清凉山为南唐避暑所，盛可想也。凡称金陵之胜者，南曰雨花台[2]，西南曰莫愁湖[3]，北曰钟山，东曰冶城[4]，东北曰孝陵[5]，曰鸡鸣寺[6]。登小仓山，诸景隆然上浮。凡江湖之大，云烟之变，非山之所有者，皆山之所有也。

康熙时，织造隋公当山之北巅，构堂皇[7]，缭垣牖[8]，树之萩千章[9]，桂千畦，都人游者，翕然盛一时[10]，号曰隋园，因其姓也。后三十年，余宰江宁，园倾且颓弛，其室为酒肆，舆台嚾呶[11]，禽鸟厌之不肯妪伏[12]，百卉芜谢，春风不能花。余恻然而悲，问其值，曰三百金，购以月俸。茨墙剪阖，易檐改涂。随其高，为置江楼；随其下，为置溪亭；随其夹涧，为之桥；随其湍流，为之舟；随其地之隆中而欹侧也，为缀峰岫[13]；随其蓊郁而旷也，为设宧窔[14]。或扶而起之，或挤而止之，皆随其丰杀繁瘠[15]，就势取景，而莫之夭阏者[16]，故仍名曰随园，同其音，易其义。

落成叹曰："使吾官于此，则月一至焉；使吾居于此，则日日至焉。二者不可得兼，舍官而取园者也。"遂乞病，率弟香亭、甥湄君移书史居随园[17]。闻之苏子曰[18]：君子不必仕，不必不仕。然则余之仕与不仕，与居兹园之久与不久，亦随之而已。夫两物之能相易者[19]，其一物之足以胜之也。余竟以一官易此园，园之奇，可以见矣。

己巳三月记[20]。

选自《小仓山房诗文集》，周本淳标校，上海古籍出版社1988年版

题解

《随园记》作于乾隆十四年（1749），全文紧扣"随"字来讲述随园的建造，写作过程也处处体现着作者随顺自然、随时之宜的气质和洒脱放任的处世情怀。

袁枚（1716—1798），清朝文学家。字子才，号简斋，晚年又号随园，浙江钱塘（今杭州）人。著有《小仓山房集》《随园诗话》《子不语》等。

注释

[1] 清凉：山名，在今南京西。又名石头山。胚胎：这里指小仓山是清凉山的余脉。

［2］雨花台：位于今南京中华门外。相传梁武帝时期，高僧云光法师讲经于此，感动上苍，天降雨花，落地为石，称为雨花石，雨花台因而得名。

［3］莫愁湖：位于今南京水西门外，相传为南齐时莫愁女居处而得名。

［4］冶城：故址位于今南京朝天宫一带，相传吴王夫差于此冶炼金属和铸造兵器。

［5］孝陵：明太祖朱元璋陵墓。

［6］鸡鸣寺：位于今南京鸡笼山东麓。

［7］堂皇：宏大的堂厦。

［8］牖：窗户。

［9］萩：通“楸”。树名。

［10］翕然：一致貌。

［11］舆台：奴仆。嚾呶：叫喊吵闹。

［12］妪伏：原指鸟类孵卵，引申为栖息。

［13］峰岫：峰峦。

［14］宧窔（yíyǎo）：此处泛指房舍。宧：房舍的东北角。窔：房舍的东南角。

［15］繁瘠：繁多与贫瘠。

［16］夭阏（è）：阻遏，这里指没有改变山原来的形势。

［17］香亭：袁枚弟袁树。湄君：袁枚外甥陆建。

［18］苏子：苏轼。

［19］相易：互换。

［20］己巳：此处指乾隆十四年（1749）。

思考与练习

1.《随园记》体现了作者怎样的人生志趣？

2. 袁枚创作主张“遒峭”“顿挫”，反对“平衍”；主张“剪裁”“提挈”“烹炼”，反对“冗杂”“琐碎”。这些观念在《随园记》的写作中有无体现？如有，如何体现的？如无，在袁枚的哪些散文之中有所体现？

3.《随园记》对于当代园林文化有何启示？

闲情记趣

〔清〕沈　复

余忆童稚时，能张目对日，明察秋毫。见藐小微物[1]，必细察其纹理[2]，故时有物外之趣。

夏蚊成雷，私拟作群鹤舞空，心之所向，则或千或百果然鹤也。昂首观之，项为之强[3]。又留蚊于素帐中，徐喷以烟，使其冲烟飞鸣，作青云白鹤观，果如鹤唳云端，怡然称快。

于土墙凹凸处、花台小草丛杂处，常蹲其身，使与台齐，定神细视，以丛草为林，以虫蚁为兽，以土砾凸者为丘，凹者为壑，神游其中，怡然自得。

一日，见二虫斗草间，观之正浓，忽有庞然大物拔山倒树而来，盖一癞虾蟆也。舌一吐而二虫尽为所吞。余年幼，方出神，不觉呀然惊恐[4]，神定，捉虾蟆，鞭数十，驱之别院。年长思之，二虫之斗，盖图奸不从也。古语云“奸近杀”[5]，虫亦然耶？贪此生涯，卵为蚯蚓所哈（吴俗称阳曰“卵”），肿不能便。捉鸭开口哈之，婢妪偶释手，鸭颠其颈作吞噬状，惊而大哭，传为话柄。此皆幼时闲情也。

及长，爱花成癖，喜剪盆树。识张兰坡[6]，始精剪枝养节之法，继悟接花叠石之法。花以兰为最，取其幽香韵致也，而瓣品之稍堪入谱者不可多得[7]。兰坡临终时，赠余荷瓣素心春兰一盆[8]，皆肩平心阔，茎细瓣净，可以入谱者，余珍如拱璧[9]。值余幕游于外，芸能亲为灌溉，花叶颇茂。不二年，一旦忽萎死，起根视之，皆白如玉，且兰芽勃然[10]。初不可解，以为无福消受，浩叹而已。事后始悉有人欲分不允，故用滚汤灌杀也[11]。从此誓不植兰。

次取杜鹃，虽无香而色可久玩，且易剪裁。以芸惜枝怜叶，不忍畅剪，故难成树。其他盆玩皆然[12]。

惟每年篱东菊绽，秋兴成癖[13]。喜摘插瓶，不爱盆玩。非盆玩不足观，以家无园圃，不能自植。货于市者，俱丛杂无致[14]，故不取耳。

其插花朵，数宜单，不宜双。每瓶取一种，不取二色。瓶口取阔大，不取窄小，阔大者舒展不拘。自五七花至三四十花，必于瓶口中一丛怒起，以不散漫、不挤轧、不靠瓶口为妙[15]，所谓“起把宜紧”也。或亭亭玉立，或飞舞横斜。花取参差，间以花架，以免飞钹耍盘之病；叶取不乱，梗取不强，用针宜藏，针长宁断之，毋令针针露梗，所谓“瓶口宜清”也。视桌之大小，一桌三瓶至七瓶而止，多则眉目不分，即同市井之菊屏矣。几之高低，自三四寸至二尺五六寸而止，必须参差高下，互相照应，以气势联络为上。若中高两低，后高前低，成排对列，又犯俗所谓“锦灰堆”矣[16]。或密或疏，或进或出，全在会心者得画意乃可。

若盆、碗、盘、洗[17]，用漂青、松香、榆皮、面和油[18]，先熬以稻灰，收成胶。以铜片按钉向上，将膏火化，粘铜片于盘、碗、盆、洗中。俟冷，将花用铁丝扎把，插于钉上。宜偏斜取势，不可居中，更宜枝疏瘦清[19]，不可拥挤。然后加水，用碗沙少许掩铜片，使观者疑丛花生于碗底方妙。

若以木本花果插瓶，剪裁之法（不能色色自觅[20]，倩人攀折者，每不合意），必先执在手中，横斜以观其势，反侧以取其态。相定之后，剪去杂枝，以疏瘦古怪为佳。再思其梗如何入瓶。或折或曲，插入瓶口，方免背叶侧花之患。若一枝到手，先拘定其梗之直者插瓶中，势必枝乱梗强，花侧叶背，既难取态，更无韵致矣。

折梗打曲之法，锯其梗之半而嵌以砖石，则直者曲矣。如患梗倒，敲一二钉以筦之[21]。即枫叶竹枝，乱草荆棘，均堪入选。或绿竹一竿，配以枸杞数粒，几茎细草，伴以荆棘两枝，苟位置得宜，另有世外之趣。若新栽花木，不妨歪斜取势，听其盆侧，一年后枝叶自能向上。如树树直栽，即难取势矣。

至剪裁叶树，先取根露鸡爪者[22]，左右剪成三节，然后起枝。一枝一节，七枝到顶，或九枝到顶。枝忌对节如肩臂，节忌臃肿如鹤膝。须盘旋出枝，不可光留左右，以避赤胸露背之病，又不可前后直出。有名“双起”“三起”者，一根而起两三树也。如根无爪形，便成插树，故不取。然一树剪成，至少得三四十年。余生平仅见吾乡万翁名彩章者，一生剪成数树。又在扬州商家见有虞山游客携送黄杨、翠柏各一盆[23]，惜乎明珠暗投，余未见其可也。若留枝盘如宝塔，扎枝曲如蚯蚓者，便成匠气矣。

点缀盆中花石，小景可以入画，大景可以入神。一瓯清茗[24]，神能趋入其中，方可供幽斋之玩[25]。

种水仙无灵璧石，余尝以炭之有石意者代之。黄芽菜心，其白如玉，取大小五七枝，用沙土植长方盆内，以炭代石，黑白分明，颇有意思。以此类推，幽趣无穷，难以枚举。如石菖蒲结子，用冷米汤同嚼，喷炭上，置阴湿地，能长细菖蒲，随意移养盆碗中，茸茸可爱。以老莲子磨薄两头，入蛋壳，使鸡翼之。俟雏成取出，用久年燕巢泥加天门冬十分之二，捣烂拌匀，植于小器中，灌以河水，晒以朝阳。花发大如酒杯，叶缩如碗口，亭亭可爱。

若夫园亭楼阁，套室回廊，叠石成山，栽花取势，又在大中见小，小中见大，虚中有实，实中有虚，或藏或露，或浅或深。不仅在“周回曲折”四字[26]，又不在地广石多，徒烦工费。或掘地堆土成山，间以块石，杂以花草，篱用梅编，墙以藤引，则无山而成山矣。大中见小者，散漫处植易长之竹，编易茂之梅以屏之。小中见大者，窄院之墙宜凹凸其形，饰以绿色，引以藤蔓，嵌大石，凿字作碑记形。推窗如临石壁，便觉峻峭无穷。虚中有实者，或山穷水尽处，一折而豁然开朗；或轩阁设厨处，一开而通别院。实中有虚者，开门于不通之院，映以竹石，如有实无也；设矮栏于墙头，如上有月台而实虚也。

贫士屋少人多，当仿吾乡太平船后梢之位置[27]，再加转移。其间台级为床，前后借凑，可作三塌，间以板而裱以纸，则前后上下皆越绝[28]，譬之如行长路，即不觉其窄矣。余夫妇乔寓扬州时，曾仿此法。屋仅两椽[29]，上下卧室、厨灶、客座皆越绝而绰然有余[30]。芸曾笑曰：“位置虽精，终非富贵家气象也。”是诚然欤？

余扫墓山中，检有峦纹可观之石[31]。归与芸商曰：“用油灰叠宣州石于白石盆，取色匀也。本山黄石虽古朴，亦用油灰，则黄白相阅，凿痕毕露，将奈何？”芸曰：“择石之顽劣者[32]，捣末于灰痕处，乘湿糁之[33]，干或色同也。”乃如其言，用宜兴窑长方盆叠起一峰，偏于左而凸于右，背作横方纹，如云林石法[34]，巉岩凹凸[35]，若临江石矶状[36]；虚一角，用河泥种千瓣白萍；石上植茑萝，俗呼“云松”。经营数日乃成。至深秋，茑萝蔓延满山，如藤萝之悬石壁，花开正红色，白萍亦透水大放，红白相间。神游其中，如登蓬岛。置之檐下，与芸品题：此处宜设水阁，此处宜立茅亭，此处宜凿六字曰“落花流水之间”，此可以居，此可以钓，此可以眺。胸中丘壑，若将移居者然。一夕，猫奴争食，自檐而堕，连盆与架，顷刻碎之。余叹曰：“即此小经营，尚干造物忌耶！[37]”两人不禁泪落。

静室焚香，闲中雅趣。芸尝以沉速等香[38]，于饭镬蒸透[39]，在炉上设一铜丝架，离火半寸许，徐徐烘之，其香幽韵而无烟[40]。佛手忌醉鼻嗅，嗅则易烂；木瓜忌出汗，汗出，用水洗之；惟香橼无忌[41]。佛手、木瓜亦有供法，不能笔宣[42]。每有人将供妥者随手取嗅，随手置之，即不知供法者也。

余闲居，案头瓶花不绝。芸曰：“子之插花，能备风晴雨露，可谓精妙入神。而画中有草虫一法，盍仿而效之。”余曰：“虫踯躅不受制，焉能仿效？”芸曰：“有一法，恐作俑罪过耳。[43]”余曰：“试言之。”曰：“虫死色不变，觅螳螂、蝉、蝶之属，以针刺死，用细丝扣虫项，系花草间，整其足，或抱梗，或踏叶，宛然如生[44]，不亦善乎？”余喜，如其法行之，见者无不称绝。求之闺中，今恐未必有此会心者矣。

余与芸寄居锡山华氏，时华夫人以两女从芸识字。乡居院旷，夏日逼人，芸教其家作活花屏法甚妙。每屏一扇，用木梢二枝，约长四五寸，作矮条凳式，虚其中。横四挡，宽一尺许，四角凿圆眼，插竹编方眼。屏约高六七尺，用砂盆种扁豆置屏中，盘延屏上，两人可移动。多编数屏，随意遮拦，恍如绿阴满窗，透风蔽日，纡回曲折，随时可更，故曰“活花屏”。有此一法，即一切藤本香草随地可用。此真乡居之良法也。

友人鲁半舫名璋，字春山，善写松柏及梅菊，工隶书，兼工铁笔[45]。余寄居其家之萧爽楼一年有半。楼共五椽，东向，余居其三，晦明风雨[46]，可以远眺。庭中木犀一株[47]，清香撩人。有廊有厢，地极幽静。

移居时，有一仆一妪，并挈其小女来。仆能成衣[48]，妪能纺绩[49]，于是芸绣、妪绩、仆则成衣，以供薪水。余素爱客，小酌必行令。芸善不费之烹庖[50]，瓜蔬鱼虾，一经芸手，便有意外味。

同人知余贫，每出杖头钱[51]，作竟日叙[52]。余又好洁，地无纤尘，且无拘束，不嫌放纵。

时有杨补凡，名昌绪，善人物写真；袁少迂，名沛，工山水；王星澜，名岩，工花卉翎毛[53]。爱萧爽楼幽雅，皆携画具来。余则从之学画，写草篆，镌图章，加以润笔[54]，交芸备茶酒供客，终日品诗论画而已。

更有夏淡安、揖山两昆季[55]，并缪山音、知白两昆季，及蒋韵香、陆橘香、周啸霞、郭小愚，华杏帆、张闲酣诸君子，如梁上之燕，自去自来。芸则拔钗沽酒[56]，不动声色，良辰美景，不放轻过。今则天各一方，风流云散，兼之玉碎香埋[57]，不堪回首矣！

萧爽楼有四忌：谈官宦升迁、公廨时事、八股时文、看牌掷色。有犯必罚酒五斤。有四取：慷慨豪爽、风流蕴藉、落拓不羁、澄静缄默。长夏无事，考对为会。每会八人，每人各携青蚨二百[58]。先拈阄，得第一者为主者，关防别座[59]；第二者为誊录，亦就座；余作举子，各于誊录处取纸一条，盖用印章。主考出五、七言各一句，刻香为限，行立构思[60]，不准交头私语。对就后，投入一匣，方许就座。各人交卷毕，誊录启匣，并录一册，转呈主考，以杜徇私。十六对中取七言三联，五言三联。六联中取第一者，即为后任主考，第二者为誊录。每人有两联不取者，罚钱二十文；取一联者，免罚十文；过限者[61]，倍罚。一场，主考得香钱百文。一日可十场，积钱千文，酒资大畅矣。惟芸议为官卷，准坐而构思。

杨补凡为余夫妇写载花小影[62]，神情确肖[63]。是夜月色颇佳，兰影上粉墙[64]，别有幽致。星澜醉后兴发曰：“补凡能为君写真，我能为花图影。”余笑曰：“花影能如人影否？”星澜取素纸铺于墙[65]，即就兰影，用墨浓淡图之。日间取视，虽不成画，而花叶萧疏[66]，自有月下之趣。芸甚宝之，各有题咏。

苏城有南园、北园二处，菜花黄时[67]，苦无酒家小饮。携盒而往，对花冷饮，殊无意味。或议就近觅饮者，或议看花归饮者，终不如对花热饮为快。众议未定。芸笑曰：“明日但各出杖头钱，我自担炉火来。”众笑曰：“诺。”

众去，余问曰：“卿果自往乎？”芸曰：“非也。妾见市中卖馄饨者，其担、锅、灶无不备，盍雇之而往？妾先烹调端整[68]，到彼处再一下锅，茶酒两便。”余曰：“酒菜固便矣，茶乏烹具。”芸曰：“携一砂罐去。以铁叉串罐柄，去其锅，悬于行灶中[69]，加柴火煎茶，不亦便乎？”余鼓掌称善。

街头有鲍姓者，卖馄饨为业。以百钱雇其担，约以明日午后。鲍欣然允议。

明日，看花者至，余告以故，众咸叹服。饭后同往，并带席垫[70]，至南园，择柳阴下团坐。先烹茗，饮毕，然后暖酒烹肴。是时，风和日丽，遍地黄金，青衫红袖，越阡度陌[71]，蝶蜂乱飞，令人不饮自醉。既而酒肴俱熟，坐地大嚼。担者颇不俗，拉与同饮。游人见之，莫不羡为奇想。杯盘狼籍，各已陶然[72]，或坐或卧，或歌或啸。红日将颓，余思粥，担者即为买米煮之，果腹而归[73]。芸问曰："今日之游乐乎？"众曰："非夫人之力不及此。"大笑而散。

贫士起居服食以及器皿、房舍，宜省俭而雅洁，省俭之法曰"就事论事"。余爱小饮，不喜多菜。芸为置一梅花盒：用二寸白磁深碟六只，中置一只，外置五只。用灰漆就，其形如梅花。底盖均起凹楞，盖之上有柄如花蒂。置之案头，如一朵墨梅覆桌。启盖视之，如菜装于花瓣中。一盒六色，二三知己可以随意取食，食完再添。另做矮边圆盘一只，以便放杯箸酒壶之类，随处可摆，移掇亦便[74]。即食物省俭之一端也。余之小帽领袜，皆芸自做，衣之破者，移东补西，必整必洁，色取暗淡，以免垢迹。既可出客[75]，又可家常。此又服饰省俭之一端也。

初至萧爽楼中，嫌其暗，以白纸糊壁，遂亮。夏月[76]，楼下去窗，无阑干，觉空洞无遮拦。芸曰："有旧竹帘在，何不以帘代栏？"余曰："如何？"芸曰："用竹数根，黝黑色，一竖一横，留出走路。截半帘搭在横竹上，垂至地，高与桌齐。中竖短竹四根，用麻线扎定。然后于横竹搭帘处，寻旧黑布条，连横竹裹缝之。既可遮拦饰观，又不费钱。"此"就事论事"之一法也。以此推之，古人所谓竹头、木屑皆有用，良有以也。

夏月，荷花初开时，晚含而晓放。芸用小纱囊撮茶叶少许[77]，置花心，明早取出，烹天泉水泡之[78]，香韵尤绝[79]。

选自《浮生六记》，苗怀明译注，中华书局2018年版

题解

《浮生六记》是沈复作于嘉庆年间的一部回忆录，坦诚而真实地记录了自己和妻子陈芸的真实生活。虽然生活常陷入困顿，但他和妻子互相扶持，以乐观旷达的人生态度来面对清贫的生活。语言恬淡而素雅，简洁又生动。"浮生"语出李白《春夜宴从弟桃花园序》："夫天地者，万物之逆旅也；光

阴者，百代之过客也。而浮生若梦，为欢几何？”

沈复（1763—约1838），清代作家。字三白，号梅逸，江苏长洲（今苏州）人。著有《浮生六记》。

注释

［1］藐小：微小。

［2］细察：仔细观察。

［3］项：脖子。强：通“僵”，僵硬。

［4］呀然：因惊恐而嘴大张的样子。

［5］奸近杀：奸邪之行容易招来杀身之祸。

［6］张兰坡：扬州（今属江苏）人。清代文学家。三朝阁老阮元的幕僚。

［7］瓣品：花的品种。

［8］荷瓣素心春兰：兰花名品。花期在早春二三月。瓣为宽阔莲花瓣状，铺舌纯白。

［9］拱璧：喻指极其珍贵之物。古代祭祀所用的一种大玉璧，因需双手拱抱得名。

［10］勃然：充满生机貌。

［11］滚汤：滚水，开水。

［12］盆玩：盆景。

［13］秋兴：秋日的兴致。

［14］丛杂：繁多而杂乱。

［15］轧：拥挤。

［16］锦灰堆：又名“拾破画”，是中国传统绘画艺术，以残破的文房物品构成画面，或似烬余，或如揉皱，风格独特。

［17］洗：一种盛水洗笔的器皿。

［18］漂青：一种绘画用的颜料。松香：从松树的含油树脂中提取的透明固体物质，硬而脆，呈黄色或棕色。榆皮：榆树皮。

［19］瘦清：清瘦疏朗。

［20］色色：每一种，每一样。

［21］笎：支撑，固定。

[22] 鸡爪：这里指形状像鸡爪的树根。

[23] 虞山：今江苏常熟。黄杨：万年青。

[24] 瓯：杯。

[25] 幽斋：幽静雅致的房间。

[26] 周回：环绕，回环。

[27] 太平船：一种游船。位置：处置，安排。

[28] 越绝：隔绝，隔断。

[29] 椽：指房屋的间数。

[30] 绰然有余：宽敞，宽裕。

[31] 峦纹：具有山形的纹理。

[32] 顽劣：坚硬。

[33] 糁：涂抹。

[34] 云林：倪瓒，字元镇，号云林子，无锡（今属江苏）人，元末明初画家、诗人。

[35] 巉岩：险峻的山石。

[36] 石矶：水边突出的巨大岩石。

[37] 造物：即造物主。

[38] 沉速：檀香。

[39] 镬：锅。

[40] 幽韵：幽深的韵味。

[41] 香橼：一种灌木的果实，果皮淡黄色，果肉无色，味酸甜，有香气。

[42] 笔宣：不能用文字表达，这里指不再一一介绍。

[43] 作俑：最先做某件事。这里指首开不好的先例。

[44] 宛然：仿佛，好似。

[45] 铁笔：刻印。镌刻印章，以刀代笔，是以得名。

[46] 晦明：黑夜、白天。

[47] 木犀：同“木樨”，指桂花。

[48] 成衣：做衣服。

[49] 纺绩：纺纱织布。

[50] 不费：花销不多。

［51］杖头钱：指买酒钱。语出《世说新语·任诞》："阮宣子常步行，以百钱挂杖头，至酒店，便独酣畅。"后世因以"杖头钱"称买酒钱。

［52］竟日：从早到晚，整天。

［53］翎毛：以鸟兽为题材的画。

［54］润笔：请人作诗文书画的酬劳。

［55］昆季：兄弟。

［56］拔钗沽酒：卖掉金钗为丈夫买酒。语出元稹《遣悲怀》："顾我无衣搜荩箧，泥他沽酒拔金钗。"

［57］玉碎香埋：比喻美女亡故。此处指作者妻子去世。

［58］青蚨（fú）：传说中的虫名。传说青蚨生子，母与子分离后必会聚回一处。人用青蚨母子血各涂于钱上，钱用出后必会飞回，即"青蚨还钱"，"青蚨"后遂成为钱的代称。

［59］关防：监视，防范。

［60］行立：行走，站立。

［61］过限：超过时间。

［62］小影：小幅画像。

［63］确肖：非常逼真。

［64］粉墙：白色的墙。

［65］素纸：白纸。

［66］萧疏：错落有致。

［67］菜花：油菜花。

［68］端整：整齐，齐备。

［69］行灶：可以移动的炉灶。

［70］席垫：坐席垫子。

［71］越阡度陌：在田野间纵横行走。阡陌：田间小路。

［72］陶然：陶醉的样子。

［73］果腹：吃饱。

［74］移掇：移动，收拾。

［75］出客：外出做客。

［76］夏月：夏天。

[77] 纱囊：纱制的袋子。

[78] 天泉水：雨水。

[79] 香韵：香味。

思考与练习

1.《浮生六记》表达了一种怎样的人生态度？

2.《浮生六记》与清代的其他散文家作品相比有何独特性？

3. 沈复在《浮生六记》中创造了自适的小世界，这对我们的生活有何启示？

桨声灯影里的秦淮河

朱自清

一九二三年八月的一晚，我和平伯同游秦淮河；平伯是初泛，我是重来了。我们雇了一只“七板子”，在夕阳已去，皎月方来的时候，便下了船。于是桨声汩——汩，我们开始领略那晃荡着蔷薇色的历史的秦淮河的滋味了。

秦淮河里的船，比北京万甡园，颐和园的船好，比西湖的船好，比扬州瘦西湖的船也好。这几处的船不是觉着笨，就是觉着简陋、局促；都不能引起乘客们的情韵，如秦淮河的船一样。秦淮河的船约略可分为两种：一是大船；一是小船，就是所谓“七板子”。大船舱口阔大，可容二三十人。里面陈设着字画和光洁的红木家具，桌上一律嵌着冰凉的大理石面。窗格雕镂颇细，使人起柔腻之感。窗格里映着红色蓝色的玻璃；玻璃上有精致的花纹，也颇悦人目。“七板子”规模虽不及大船，但那淡蓝色的栏杆，空敞的舱，也足系人情思。而最出色处却在它的舱前。舱前是甲板上的一部。上面有弧形的顶，两边用疏疏的栏杆支着。里面通常放着两张藤的躺椅。躺下，可以谈天，可以望远，可以顾盼两岸的河房。大船上也有这个，便在小船上更觉清隽罢了。舱前的顶下，一律悬着灯彩；灯的多少，明暗，彩苏的精粗，艳晦，是不一的。但好歹总还你一个灯彩。这灯彩实在是最能钩人的东西。夜幕垂垂地下来时，大小船上都点起灯火。从两重玻璃里映出那辐射着的黄黄的散光，反晕出一片朦胧的烟霭；透过这烟霭，在黯黯的水波里，又逗起缕缕的明漪。在这薄霭和微漪里，听着那悠然的间歇的桨声，谁能不被引入他的美梦去呢？只愁梦太多了，这些大小船儿如何载得起呀？我们这时模模糊糊的谈着明末的秦淮河的艳迹，如《桃花扇》及《板桥杂记》里所载的。我们真神往了。我们仿佛亲见那时华灯映水，画舫凌波的光景了。于是我们的船便成了历史的重载了。我们终于恍然秦淮河的船所以雅丽过于他处，而又有奇异的吸引力的，实在是许多历史的影像使然了。

秦淮河的水是碧阴阴的；看起来厚而不腻，或者是六朝金粉所凝么？我们初上船的时候，天色还未断黑，那漾漾的柔波是这样的恬静，委婉，使我们一面有水阔天空之想，一面又憧憬着纸醉金迷之境了。等到灯火明时，阴阴的变为沉沉了：黯淡的水光，像梦一般；那偶然闪烁着的光芒，就是梦的眼睛了。我们坐在舱前，因了那隆起的顶棚，仿佛总是昂着首向前走着似的；于是飘飘然如御风而行的我们，看着那些自在的湾泊着的船，船里走马灯般的人物，便像是下界一般，迢迢的远了，又像在雾里看花，尽朦朦胧胧的。这时我们已过了利涉桥，望见东关头了。沿路听见断续的歌声：有从沿河的妓楼飘来的，有从河上船里渡来的。我们明知那些歌声，只是些因袭的言词，从生涩的歌喉里机械的发出来的；但它们经了夏夜的微风的吹漾和水波的摇拂，袅娜着到我们耳边的时候，已经不单是她们的歌声，而混着微风和河水的密语了。于是我们不得不被牵惹着，震撼着，相与浮沉于这歌声里了。从东关头转湾，不久就到大中桥。大中桥共有三个桥拱，都很阔大，俨然是三座门儿；使我们觉得我们的船和船里的我们，在桥下过去时，真是太无颜色了。桥砖是深褐色，表明它的历史的长久；但都完好无缺，令人太息于古昔工程的坚美。桥上两旁都是木壁的房子，中间应该有街路？这些房子都破旧了，多年烟熏的迹，遮没了当年的美丽。我想象秦淮河的极盛时，在这样宏阔的桥上，特地盖了房子，必然是髹漆得富富丽丽的；晚间必然是灯火通明的。现在却只剩下一片黑沉沉！但是桥上造着房子，毕竟使我们多少可以想见往日的繁华；这也慰情聊胜无了。过了大中桥，便到了灯月交辉，笙歌彻夜的秦淮河；这才是秦淮河的真面目哩。

大中桥外，顿然空阔，和桥内两岸排着密密的人家的大异了。一眼望去，疏疏的林，淡淡的月，衬着蓝蔚的天，颇像荒江野渡光景；那边呢，郁葱葱的，阴森森的，又似乎藏着无边的黑暗：令人几乎不信那是繁华的秦淮河了。但是河中眩晕着的灯光，纵横着的画舫，悠扬着的笛韵，夹着那吱吱的胡琴声，终于使我们认识绿如茵陈酒的秦淮水了。此地天裸露着的多些，故觉夜来的独迟些；从清清的水影里，我们感到的只是薄薄的夜——这正是秦淮河的夜。大中桥外，本来还有一座复成桥，是船夫口中的我们的游踪尽处，或也是秦淮河繁华的尽处了。我的脚曾踏过复成桥的脊，在十三四岁的时候。但是两次游秦淮河，却都不曾见着复成桥的面；明知总在前途的，却常觉得有些虚无缥缈似的。我想，不见倒也好。这时正是盛夏。我们下船后，借着新生的晚凉和河上的微风，暑气已渐渐消散；到了此地，豁然开朗，身子顿然轻了——习习的清风荏苒在面上，手上，衣上，这便又感到了一缕新凉了。南京的日光，大概没有杭州猛烈；西湖的夏夜老是热蓬蓬的，水像沸着一般，秦淮河的水却尽是这样冷冷地绿着。任你人影的憧憧，歌声的扰扰，总像隔着一层薄薄的绿纱面幂似的；它尽是这样静静的，冷冷的绿着。我们出了大中桥，走不上半里路，船夫便将船划到一旁，停了桨由它宕着。他以为那里正是繁华的极点，再过去就是荒凉了；所以让我们多多赏鉴一会儿。他自己却静静的蹲着。他是看惯这光景的了，大约只是一个无可无不可。这无可无不可，无论是升的沉的，总之，都比我们高了。

那时河里闹热极了；船大半泊着，小半在水上穿梭似的来往。停泊着的都在近市的那一边，我们的船自然也夹在其中。因为这边略略的挤，便觉得那边十分的疏了。在每一只船从那边过去时，我们能画出它的轻轻的影和曲曲的波，在我们的心上；这显着是空，且显着是静了。那时处处都是歌声和凄厉的胡琴声，圆润的喉咙，确乎是很少的。但那生涩的，尖脆的调子能使人有少年的，粗率不拘的感觉，也正可快我们的意。况且多少隔开些儿听着，因为想象与渴慕的做美，总觉更有滋味；而竞发的喧嚣，抑扬的不齐，远近的杂沓，和乐器的嘈嘈切切，合成另一意味的谐音，也使我们无所适从，如随着大风而走。这实在因为我们的心枯涩久了，变为脆弱；故偶然润泽一下，便疯狂似的不能自主了。但秦淮河确也腻人。即如船里的人面，无论是和我们一堆儿泊着的，无论是从我们眼前过去的，总是模模糊糊的，甚至渺渺茫茫的；任你张圆了眼睛，揩净了眦垢，也是枉然。这真够人想呢。在我们停泊的地方，灯光原是纷然的；不过这些灯光都是黄而有晕的。黄已经不能明了，再加上了晕，便更不成了。灯愈多，晕就愈甚；在繁星般的黄的交错里，秦淮河仿佛笼上了一团光雾。光芒与雾气腾腾的晕着，什么都只剩了轮廓了；所以人面的详细的曲线，便消失于我们的眼底了。但灯光究竟夺不了那边的月色；灯光是浑的，月色是清的，在浑沌的灯光里，渗入了一派清辉，却真是奇迹！那晚月儿已瘦削了两三分。她晚妆才罢，盈盈的上了柳梢头。天是蓝得可爱，仿佛一汪水似的；月儿便更出落得精神了。岸上原有三株两株的垂杨树，淡淡的影子，在水里摇曳着。它们那柔细的枝条浴着月光，就像一只只美人的臂膊，交互的缠着，挽着；又像是月儿披着的发。而月儿偶然也从它们的交叉处偷偷窥看我们，大有小姑娘怕羞的样子。岸上另有几株不知名的老树，光光的立着；在月光里照起来。却又俨然是精神矍铄的老人。远处——快到天际线了，才有一两片白云，亮得现出异彩，像美丽的贝壳一般。白云下便是黑黑的一带轮廓；是一条随意画的不规则的曲线。这一段光景，和河中的风味大异了。但灯与月竟能并存着，交融着，使月成了缠绵的月，灯射着渺渺的灵辉；这正是天之所以厚秦淮河，也正是天之所以厚我们了。

这时却遇着了难解的纠纷。秦淮河上原有一种歌妓，是以歌为业的。从前都在茶舫上，唱些大曲之类。每日午后一时起；什么时候止，却忘记了。晚上照样也有一回。也在黄晕的灯光里。我从前过南京时，曾随着朋友去听过两次。因为茶舫里的人脸太多了，觉得不大适意，终于听不出所以然。前年听说歌妓被取缔了，不知怎的，颇设想了几次——却想不出什么。这次到南京，先到茶舫上去看看。觉得颇是寂寥，令我无端的怅怅了。不料她们却仍在秦淮河里挣扎着，不料她们竟会纠缠到我们，我于是很张皇了。她们也乘着“七板子”，她们总是坐在舱前的。舱前点着石油汽灯，光亮眩人眼目：坐在下面的，自然是纤毫毕见了——引诱客人们的力量，也便在此了。舱里躲着乐工等人，映着汽灯的余辉蠕动着；他们是永远不被注意的。每船的歌妓大约都是二人；天色一黑。她们的船就在大中桥外往来不息的兜生意。无论行着的船，泊着的船，都要来兜揽的。这都是我后来推想出来的。那晚不知怎样，忽然轮着我们的船了。我们的船好好的停着，一只歌舫划向我们来的；渐渐和我们的船并着了。铄铄的灯光逼得我们皱起了眉头；我们的风尘色全给它托出来了，这使我踧踖不安了。那时一个伙计跨过船来，拿着摊开的歌折，就近塞向我的手里，说，“点几出吧！”他跨过来的时候，我们船上似乎有许多眼光跟着。同时相近的别的船上也似乎有许多眼睛炯炯的向我们船上看着。我真窘了！我也装出大方的样子，向歌妓们瞥了一眼，但究竟是不成的！我勉强将那歌折翻了一翻，却不曾看清了几个字；便赶紧递还那伙计，一面不好意思地说，“不要，我们……不要。”他便塞给平伯。平伯掉转头去，摇手说，“不要！”那人还腻着不走。平伯又回过脸来，摇着头道，“不要！”于是那人重到我处。我窘着再拒绝了他。他这才有所不屑似的走了。我的心立刻放下，如释了重负一般。我们就开始自白了。

我说我受了道德律的压迫，拒绝了她们；心里似乎很抱歉的。这所谓抱歉，一面对于她们，一面对于我自己。她们于我们虽然没有很奢的希望；但总有些希望的。我们拒绝了她们，无论理由如何充足，却使她们的希望受了伤；这总有几分不做美了。这是我觉得很怅怅的。至于我自己，更有一种不足之感。我这时被四面的歌声诱惑了，降服了；但是远远的，远远的歌声总仿佛隔着重衣搔痒似的，越搔越搔不着痒处。我于是憧憬着贴耳的妙音了。在歌舫划来时，我的憧憬，变为盼望；我固执的盼望着，有如饥渴。虽然从浅薄的经验里，也能够推知，那贴耳的歌声，将剥去了一切的美妙；但一个平常的人像我的，谁愿凭了理性之力去丑化未来呢？我宁愿自己骗着了。不过我的社会感性是很敏锐的；我的思力能拆穿道德律的西洋镜，而我的感情却终于被它压服着，我于是有所顾忌了，尤其是在众目昭彰的时候。道德律的力，本来是民众赋予的；在民众的面前，自然更显出它的威严了。我这时一面盼望，一面却感到了两重的禁制：一，在通俗的意义上，接近妓者总算一种不正当的行为；二，妓是一种不健全的职业，我们对于她们，应有哀矜勿喜之心，不应赏玩的去听她们的歌。在众目睽睽之下，这两种思想在我心里最为旺盛。她们暂时压倒了我的听歌的盼望，这便成就了我的灰色的拒绝。那时的心实在异常状态中，觉得颇是昏乱。歌舫去了，暂时宁靖之后，我的思绪又如潮涌了。两个相反的意思在我心头往复：卖歌和卖淫不同，听歌和狎妓不同，又干道德甚事？——

但是，但是，她们既被逼的以歌为业，她们的歌必无艺术味的；况她们的身世，我们究竟该同情的。所以拒绝倒也是正办。但这些意思终于不曾撇开我的听歌的盼望。它力量异常坚强；它总想将别的思绪踏在脚下。从这重重的争斗里，我感到了浓厚的不足之感。这不足之感使我的心盘旋不安，起坐都不安宁了。唉！我承认我是一个自私的人！平伯呢，却与我不同。他引周启明先生的诗，“因为我有妻子，所以我爱一切的女人，因为我有子女，所以我爱一切的孩子。”他的意思可以见了。他因为推及的同情，爱着那些歌妓，并且尊重着她们，所以拒绝了她们。在这种情形下，他自然以为听歌是对于她们的一种侮辱。但他也是想听歌的，虽然不和我一样，所以在他的心中，当然也有一番小小的争斗；争斗的结果，是同情胜了。至于道德律，在他是没有什么的；因为他很有蔑视一切的倾向，民众的力量在他是不大觉着的。这时他的心意的活动比较简单，又比较松弱，故事后还怡然自若；我却不能了。这里平伯又比我高了。

在我们谈话中间，又来了两只歌舫。伙计照前一样的请我们点戏，我们照前一样的拒绝了。我受了三次窘，心里的不安更甚了。清艳的夜景也为之减色。船夫大约因为要赶第二趟生意，催着我们回去；我们无可无不可的答应了。我们渐渐和那些晕黄的灯光远了，只有些月色冷清清的随着我们的归舟。我们的船竟没个伴儿，秦淮河的夜正长哩！到大中桥近处，才遇着一只来船。这是一只载妓的板船，黑漆漆的没有一点光。船头上坐着一个妓女；暗里看出，白地小花的衫子，黑的下衣。她手里拉着胡琴，口里唱着青衫的调子。她唱得响亮而圆转；当她的船箭一般驶过去时，余音还袅袅的在我们耳际，使我们倾听而向往。想不到在弩末的游踪里，还能领略到这样的清歌！这时船过大中桥了，森森的水影，如黑暗张着巨口，要将我们的船吞了下去。我们回顾那渺渺的黄光，不胜依恋之情；我们感到了寂寞了！这一段地方夜色甚浓，又有两头的灯火招邀着；桥外的灯火不用说了，过了桥另有东关头疏疏的灯火。我们忽然仰头看见依人的素月，不觉深悔归来之早了！走过东关头，有一两只大船湾泊着，又有几只船向我们来着。嚣嚣的一阵歌声人语，仿佛笑我们无伴的孤舟哩。东关头转湾，河上的夜色更浓了；临水的妓楼上，时时从帘缝里射出一线一线的灯光；仿佛黑暗从酣睡里眨了一眨眼。我们默然的对着，静听那汩——汩的桨声，几乎要入睡了；朦胧里却温寻着适才的繁华的余味。我那不安的心在静里愈显活跃了！这时我们都有了不足之感，而我的更其浓厚。我们却又不愿回去，于是只能由懊悔而怅惘了。船里便满载着怅惘了。直到利涉桥下，微微嘈杂的人声，才使我豁然一惊；那光景却又不同。右岸的河房里，都大开了窗户，里面亮着晃晃的电灯，电灯的光射到水上，蜿蜒曲折，闪闪不息，正如跳舞着的仙女的臂膊。我们的船已在她的臂膊里了；如睡在摇篮里一样，倦了的我们便又入梦了。那电灯下的人物，只觉得像蚂蚁一般，更不去萦念。这是最后的梦；可惜是最短的梦！黑暗重复落在我们面前，我们看见傍岸的空船上一星两星的，枯燥无力又摇摇不定的灯光。我们的梦醒了，我们知道就要上岸了；我们心里充满了幻灭的情思。

1923年10月11日作完，于温州。

选自《朱自清散文》，人民文学出版社2014年版

题解

这篇文章是朱自清与好友俞平伯同游秦淮河时所写的一篇散文。当时正值五四运动后文化领域的落寞期，两位文人相邀游览秦淮河以慰藉自我的心灵世界。文章将自然、历史和情感融汇到细腻的文字之中，不仅展现出桨声灯影里的秦淮河的独特韵味，还在字里行间流露出对当时社会和文化现状的深深思考。王统照对这部作品赞誉有加，他认为其文笔别致、细腻，字句讲究、妥帖。浦江清同样给予高度评价，将其誉为“白话美术文的模范”。

朱自清（1898—1948），散文家，诗人，学者。原名自华，字佩弦，号实秋。“文学研究会”的早期成员，曾任清华大学教授，抗日战争爆发后转西南联合大学任教。

思考与练习

1. 这篇散文在描摹景物时采用了哪些修辞手法？
2.《桨声灯影里的秦淮河》是怎样体现朱自清散文的“中和之美”的？
3. 结合朱自清的生活背景，谈谈你对这篇散文的理解。

西湖的六月十八夜

俞平伯

我写我的“中夏夜梦”罢。有些踪迹是事后追寻，恍如梦寐，这是习见不鲜的；有些，简直当前就是不多不少的一个梦，那更不用提什么忆了。这儿所写的正是佳例之一。

在杭州住着的，都该记得阴历六月十八这一个节日罢。它比什么寒食，上巳，重九……都强，在西湖上可以看见。

杭州人士向来是那么寒乞相的；（不要见气，我不算例外。）惟有当六月十八的晚上，他们的发狂倒很像有点彻底的。（这是鲁迅君赞美蚊子的说法。）这真是佛力庇护——虽然那时班禅还没有去。

说杭州是佛地，如其是有佛的话，我不否认它配有这称号。即此地所说的六月十八，其实也是个佛节日。观世音菩萨的生日听说在六月十九，这句话从来远矣，是千真万确的了，而十八正是它的前夜。

三天竺和灵隐本来是江南的圣地，何况又恭逢这位“大慈大悲救苦救难观世音菩萨”的芳诞，——又用靓丽的字样了，死罪，死罪！——自然在进香者的心中，香烧得早，便越恭敬，得福越多，这所谓“烧头香”。他们默认以下的方式：得福的多少以烧香的早晚为正比例，得福不嫌多，故烧香不怕早。一来二去，越提越早，反而晚了。（您说这多们费解。）于是便宜了六月十八的一夜。

不知是谁的诗我忘怀了，只记得一句，可以想象从前西子湖的光景，这是“三面云山一面城”。现在打桨于湖上的，却永无缘拜识了。云山是依然，但濒湖女墙的影子那里去了？我们凝视东方，在白日只是成列的市廛，在黄昏只是星星的灯火，虽亦不见得丑劣；但没出息的我总会时常去默想曾有这么一带森严曲折颓败的雉堞，倒印于湖水的纹奁里。

从前既有城，即不能没有城门。滨湖之门自南而北凡三：曰清波，曰涌金，曰钱塘，到了夜深，都要下锁的。烧香客人们既要赶得早，且要越早越好，则不得不设法飞跨这三座门。他们的妙法不是爬城，不是学鸡叫，（这多们下作而且险！）只是隔夜赶出城。那时城外荒荒凉凉的，没有湖滨聚英，更别提西湖饭店新新旅馆之流了，于是只好作不夜之游，强颜与湖山结伴了。好在天气既大热，又是好月亮，不会得受罪的。至于放放荷灯这种把戏，都因为惯住城中的不甘清寂，才想出来的花头，未必真有什么雅趣。杭州人有了西湖，乃老躲在城里，必要被官府（关城门）佛菩萨（做生日）两重逼迫着方始出来晃荡这一夜；这真是寒乞相之至了。拆了城依旧如此，我看还是惰性难除罢，不见得是彻底发泄狂气呢。

我在杭州一住五年，却只过了一个六月十八夜；暑中往往他去，不是在美国就是在北京。记得有一年上，正当六月十八的早晨我动身北去的，莹环他们却在那晚上讨了一支疲惫的划子，在湖中飘泛了半晌。据说那晚的船很破烂，游得也不畅快；但她既告我以游踪，毕竟使我愕然。

去年住在俞楼，真是躬逢其盛。是时和H君一家还同住着。H君平日兴致是极好的，他的儿女们更渴望着这佳节。年年住居城中，与湖山究不免隔膜，现在却移家湖上了。上一天先忙着到岳坟去定船。在平时泛月一度，约费杖头资四五角，现在非三元不办了。到十八下午，我们商量着去到城市买些零食，备嬉游时的咬嚼。我俩和Y.L.两小姐，背着夕阳，打桨悠悠然去。

归途车上白沙堤，则流水般的车儿马儿或先或后和我们同走。其时已黄昏了。呀，湖楼附近竟成一小小的市集。楼外楼高悬着炫目的石油灯，酒人已如蚁聚。小楼上下及楼前路畔，填溢着喧哗和繁热。夹道树下的小摊儿们，啾啾唧唧在那边做买卖。如是直接于公园，行人来往，曾无闲歇。偏西一望，从岳坟的灯火，瞥见人气的浮涌，与此地一般无二。这和平素萧萧的绿杨，寂寂的明湖大相径庭了。我不自觉的动了孩子的兴奋。

饭很不得味的匆匆吃了，马上就想坐船。——但是不巧，来了一群女客，须得尽先让她们要子儿；我们惟有落后了。H君是好静的，主张在西泠桥畔露坐憩息着，到月上了再去荡桨。我们只得答应着；而且我们也没有船，大家感着轻微的失意。

西泠桥畔依然冷冷清清的。我们坐了一会儿，听远处的箫鼓声，人的语笑都迷蒙疏阔得很，顿遭逢一种凄寂，迥异我们先前所期待的了。偶然有两三盏浮漾在湖面的荷灯飘近我们，弟弟妹妹们便说灯来了。我瞅着那伶俜摇摆的神气，也实在可怜得很呢。后来有日本仁丹的广告船，一队一队，带着成列的红灯笼，沉填的空大鼓，火龙般的在里湖外湖间穿走着，似乎抖散了一堆寂寞。但不久映入水心的红意越宕越远越淡，我们以没有船赶它们不上，更添许多无聊。——淡黄月已在东方涌起，天和水都微明了。我们的船尚在渺茫中。

月儿渐高了，大家终于坐不住，一个一个的陆续溜回俞楼去。H君因此不高兴，也走回家。那边倒还是热闹的。看见许多灯，许多人影子，竟有归来之感，我一身尽是俗骨罢？嚼着方才亲自买来的火腿，咸得很，乏味乏味！幸而客人们不久散尽了，船儿重系于柳下，时候虽不早，我们还得下湖去。我鼓舞起孩子的兴致来："我们去。我们快去罢！"

红明的莲花飘流于银碧的夜波上，我们的划子追随着它们去。其实那时的荷灯已零零落落，无复方才的盛。放的灯真不少，无奈抢灯的更多。他们把灯都从波心里攫起来，摆在船上明晃晃地，方始踌躇满志而去。到烛烬灯昏时，依然是条怪蹩脚的划子，而湖面上却非常寥落；这真是杀风景。"摇摆，上三潭印月。"

西湖的画舫不如秦淮河的美丽；只今宵一律妆点以温明的灯饰，嘹亮的歌声，在群山互拥，孤月中天，上下莹澈，四顾空灵的湖上，这样的穿梭走动，也觉别具丰致，决不弱于她的姊妹们。用老旧的比况，西湖的夏是"林下之风"，秦淮河的是"闺房之秀"。何况秦淮是夜夜如斯的；在西湖只是一年一度的美景良辰，风雨来时还不免虚度了。

公园码头上大船小船挨挤着。岸上石油灯的苍白芒角，把其他的灯姿和月色都逼得很黯淡了，我们不如别处去。我们甫下船时，远远听得那边船上正缓歌《南吕懒画眉》，等到我们船拢近来，早已歌阑人静了，这也很觉怅然。我们不如别处去。船渐渐的向三潭印月划动了。

中宵月华的皎洁，是难于言说的。湖心悄且冷；四岸浮动着的歌声人语，灯火的微芒，合拢来却晕成一个繁热的光圈儿围裹着它。我们的心因此也不落于全寂，如平时夜泛的光景；只是伴着少一半的兴奋，多一半的怅惘，软软地跳动着。灯影的历乱，波痕的皴皱，云气的奔驰，船身的动荡……一切都和心象相溶合。柔滑是入梦的惟一象征，故在当时已是不多不少的一个梦。

及至到了三潭印月，灯歌又烂漫起来，人反而倦了。停泊了一歇，绕这小洲而游，渐入荒寒境界；上面欹侧的树根，旁边披离的宿草，三个圆尖石潭，一支秃笔样的雷峰塔，尚同立于月明中。湖南没有什么灯，愈显出波寒月白；我们的眼渐渐饧涩得抬不起来了，终于摇了回去。另一划船上奏着最流行的三六，柔曼的和音依依地送我们的归船。记得从前H君有一断句是“遥灯出树明如柿”，我对了一句“倦桨投波密过饧”；虽不是今宵的眼前事，移用却也正好。我们转船，望灯火的丛中归去。

梦中行走般的上了岸，H君夫妇回湖楼去，我们还恋恋于白沙堤上尽徘徊着。楼外楼仍然上下通明，酒人尚未散尽。路上行人三三五五，络绎不绝。我们回头再往公园方面走，泊着的灯船少了一些，但也还有五六条。其中有一船挂着招帘，灯亦特别亮，是卖凉饮及吃食的，我们上去喝了些汽水。中舱端坐着一个华妆的女郎，虽然不见得美，我们乍见，误认她也是客人，后来不知从那儿领悟出是船上的活招牌，才恍然失笑，走了。

不论如何的疲惫无聊，总得拚到东方发白才返高楼寻梦去；我们谁都是这般期待的。奈事不从人愿，H君夫妇不放心儿女们在湖上深更浪荡，毕竟来叫他们回去。顶小的一位L君临去时只咕噜着：“今儿顽得真不畅快！”但仍旧垂着头踱回去了。只剩下我们，踽踽凉凉如何是了？环又是不耐夜凉的。“我们一淘走罢！”

他们都上重楼高卧去了。我俩同凭着疏朗的水泥栏，一桁楼廊满载着月色，见方才卖凉饮的灯船复向湖心动了。活招牌式的女人必定还支撑着倦眼端坐着呢，我俩同时作此想。叮叮当，叮叮冬，那船在西倾的圆月下响着。远了，渐渐听不真，一阵夜风过来，又是叮……当，叮……冬。

一切都和我疏阔，连自己在明月中的影子看起来也朦胧得甚于烟雾。才想转身去睡；不知怎的脚下踌躇了一步，于是箭逝的残梦俄然一顿，虽然马上又脱镞般飞驶了。这场怪短的“中夏夜梦”，我事后至今不省得如何对它。它究竟回过头瞟了我一眼才走的，我那能怪它。喜欢它吗？不，一点不！

一九二五，四，十三，作于北京。

选自《俞平伯散文选集》，孙玉蓉编，百花文艺出版社2004年版

题解

《西湖的六月十八夜》发表于《现代评论》1925年第1卷第24期。文章描写了杭州西湖六月十八夜的一幅风俗画。正如论者所指出的，这篇散文细腻、婉转、绵密，文思郁勃，令人回味无穷。

俞平伯（1900—1990），古典文学研究家，作家。原名铭衡，浙江德清人。先后在燕京大学、北京大学、清华大学任教。参加北京大学的新潮社、文学研究会、语丝社等文学团体，提倡“诗的平民化”。他与鲁迅、叶圣陶、朱自清、谢婉莹（冰心）等都是“五四”时期异军突起的第一代新文学家。著有《红楼梦辨》《读词偶得》《清真词释》《燕郊集》等。

思考与练习

1. 与其他写西湖的散文相比，俞平伯写作的风格独特在何处？

2. 有研究者将朱自清的散文称为“日常生活的诗”，而将俞平伯的散文称为“隐逸的诗”，谈谈你对此评价的看法。

3. 结合本文对西湖游历的记录和不同时代的西湖地图，谈谈“西湖十景”文化景观的历史演进过程。

第五编
致知致用与述写之道

概　　述

文字本为应用而产生。当口头交际不能满足人类社会发展和日常生活需要时，记录语言的文字便应运而生，此种文字一经连缀表意，便成了最早的应用文。

应用文历史久远，但“应用文”却是一个较为年轻的词语。魏曹丕《典论·论文》将文章分为“奏议”“书论”“铭诔”“诗赋”四科八种文体，前三科为偏于应用之文。南朝梁刘勰《文心雕龙》辟专章阐述“颂赞”“铭箴”“哀吊”“诏策”“檄移”“章表”“奏启”等应用文体。但上述名称都只是用来指称具体文种，关于政制、日常应用文类的统一称谓则尚未出现。有一种说法认为正式提出“应用文”一词的，是清代学者刘熙载。他在《艺概·文概》中指出：“辞命体，推之即可为一切应用之文。应用文有上行、有平行、有下行。重其辞乃所以重其实也。”

应用文体，一般指的是个人或群体用于工作、学习、生活等方面，直接为现实服务，具有实用价值，有一定规范或惯用格式的一类文章的总称。我们平时比较熟悉的，如国家机关、企事业单位和社会团体用来处理公务的决议、决定、通告、通知、报告、请示、计划、总结、广告、合同、招标投标书等，又如日常生活中进行社交活动的书信、请柬、唁电等，都属应用文。

今人往往以为应用文体与文学创作、学术论说无涉，几近于“公文写作”。1918年1月，刘半农在《新青年》发表《应用文之教授——商榷于教育界诸君及文学革命诸同志》一文，批评“学实业的，往往不能译书；学法政的，往往不能草公事，批案件；学商业的，往往不能订合同，写书信”，并提出将应用文列入作文教学计划。可见，五四新文化运动的先驱，不仅倡导白话文学之文，也关注白话应用之文，但又认为文学之文与应用之文是具有本质差异的不同文类。

其实，所谓文类之分，既有历史传承，亦是现实建构。执着于文学之文与应用之文的本质区分，以“纯文学”标准考察各类写作——这种“纯粹”的观念很大程度上是近代中国取法西方的知识系统才发展起来的。综观古代中国，应用文与纯文学之间并非泾渭分明，所谓“文”，不论是散文或骈文，其中很大一部分实际上属于应用文；而一些应用文名篇，立意高远、辞采飞扬，早已成为我国文学宝库中的珍品。1918年，谢无量的《中国大文学史》一书即对“文学”做广义阐述，以“大”名之，意将一切文本囊括在内。

基于文学之文与应用之文不分家的传统，尤其基于大人文、大语文的“大”视野，本编的“应用文”并不局限于通常所谓公文范畴，而是大胆将容纳丰富的社会历史诉求、涵盖种种生活日用需要、具备致知致用性的文本，统统纳入考察、遴选的范围，并希望能借此助力莘莘学子体会中华人文的述写之道。总而言之，本编标举“大应用文”或“人文应用文”的选文宗旨，首先要求宽广的选文范围，一切具有自我表达、人际沟通、知识生产、传承和创新等功能的文本都具备“应用”功能，皆有入选资格，但偏好经典语言文本，看重其运用语言文字进行知识实践、情思交流的效率和深度。其次，考虑到大学人文通识课程应当具备的人文性、公共性、日常性以及一定的学术性，我们明确认为选文应同时具备完整的、健全的人文精神品质和准确的、隽永的语言品质，因此普通公文中的决定、决议、报告、请示、纪要、函件等文体不入选。再次，将若干优秀篇章分别纳入艺术品鉴、述学求是、公域宏声、赤诚私语等四个范畴。最后，本篇选文时段集中于现代中国，古代应用文不入选。

第一章　艺术品鉴

大学生应该培养自身对于艺术的感受、理解和评判的能力。艺术品鉴能力的提升一方面与对艺术作品的直观式欣赏有关，另一方面又与鉴赏者的理论素养有关。我们可以透过文化大家之眼看艺术，以艺术家的批评理论作为提升鉴赏能力的“捷径”。本章选择了宗白华《中国书法里的美学思想》，丰子恺《艺术三昧》，梁思成、林徽因《平郊建筑杂录》，张爱玲《谈音乐》和李泽厚《宋元山水意境》等文，试图让读者能更为深切地体验到艺术大家眼中的书法、绘画、建筑和音乐等艺术。不同的艺术门类之间既有共性，又有特性。艺术品鉴让我们理解艺术所遵循的美学规律和情感特性，同时又能让我们感受不同介质的艺术给予感官的差异性享受。

中国书法里的美学思想（节选）

宗白华

唐代孙过庭书谱里说：“羲之写《乐毅》则情多怫郁，书画赞则意涉瑰奇，《黄庭经》则怡怿虚无，《太师箴》则纵横争折，暨乎《兰亭》兴集，思逸神超，私门诫誓，情拘志惨，所谓涉乐方笑，言哀已叹。”

人愉快时，面呈笑容，哀痛时放出悲声，这种内心情感也能在中国书法里表现出来，像在诗歌音乐里那样。别的民族写字还没有能达到这种境地的。中国的书法何以会有这种特点？

唐代韩愈在他的《送高闲上人序》里说：“张旭善草书，不治他技，喜怒窘穷，忧悲愉佚，怨恨思慕，酣醉，无聊，不平，有动于心，必于草书焉发之。观于物，见山水崖谷，鸟兽虫鱼，草木之花实，日月列星，风雨水火，雷霆霹雳，歌舞战斗，天地事物之变，可喜可愕，一寓于书，故旭之书变动犹鬼神，不可端倪，以此终其身而名后世。”张旭的书法不但抒写自己的情感，也表出自然界各种变动的形象。但这些形象是通过他的情感所体会的，是“可喜可愕”的；他在表达自己的情感中同时反映出或暗示着自然界的各种形象。或借着这些形象的概括来暗示着他自己对这些形象的情感。这些形象在他的书法里不是事物的刻画，而是情景交融的“意境”，像中国画，更像音乐，像舞蹈，像优美的建筑。

……

这个生气勃勃的自然界的形象，它的本来的形体和生命，是由什么构成的呢？常识告诉我们：一个有生命的躯体是由骨、肉、筋、血构成的。“骨”是生物体最基本的间架，由于骨，一个生物体才能站立起来和行动。附在骨上的筋是一切动作的主持者，筋是我们运动感的源泉。敷在骨筋外面的肉，包裹着它们而使一个生命体有了形象。流贯在筋肉中的血液营养着、滋润着全部形体。有了骨、筋、肉、血，一个生命体诞生了。中国古代的书家要想使“字”也表现生命，成为反映生命的艺术，就须用他所具有的方法和工具在字里表现出一个生命体的骨、筋、肉、血的感觉来。但在这里不是完全像绘画，直接模示客观形体，而是通过较抽象的点、线、笔画，使我们从情感和想象里体会到客体形象里的骨、筋、肉、血，就像音乐和建筑也能通过诉之于我们情感及身体直感的形象来启示人类的生活内容和意义。

……

中国人写的字，能够成为艺术品，有两个主要因素：一是由于中国字的起始是象形的，二是中国人用的笔。许慎《说文》序解释文字的定义说：仓颉之初作书，盖依类象形，故谓之文，其后形声相益，即谓之字，字者，言孳乳而浸多也（此依徐铉本，段玉裁据左传正义，补“文者物象之本”句），文和字是对待的。单体的字，像水木，是“文”，复体的字，像江河杞柳，是“字”，是由“形声相益，孳乳而浸多”来的。写字在古代正确的称呼是“书”。书者如也，书的任务是如，写出来的字要“如”我们心中对于物象的把握和理解。用抽象的点画表出“物象之本”，这也就是说物象中的“文”，就是交织在一个物象里或物象和物象的相互关系里的条理：长短、大小、疏密、朝揖、应接、向背、穿插等等的规律和结构。而这个被把握到的“文”，同时又反映着人对它们的情感反应。这种“因情生文，因文见情”的字就升华到艺术境界，具有艺术价值而成为美学的对象了。

第二个主要因素是笔。书字从聿（yú），聿就是笔，篆文肀，像手把笔，笔杆下扎了毛。殷朝人就有了笔，这个特殊的工具才使中国人的书法有可能成为一种世界独特的艺术，也使中国画有了独特的风格。中国人的笔是把兽毛（主要用兔毛）捆缚起做成的。它铺毫抽锋，极富弹性，所以巨细收纵，变化无穷。这是欧洲人用管笔、钢笔、铅笔以及油画笔所不能比的。从殷朝发明了和运用了这支笔，创造了书法艺术，历代不断有伟大的发展，到唐代各门艺术，都发展到极盛的时候，唐太宗李世民独独宝爱晋人王羲之所写的《兰亭序》，临死时不能割舍，恳求他的儿子让他带进棺去。可以想见在中国艺术最高峰时期中国书法艺术所占的地位了。这是怎样可能的呢？

我们前面已说过是基于两个主要因素，一是中国字在起始的时候是象形的，这种形象化的意境在后来“孳乳浸多”的“字体”里仍然潜存着、暗示着。在字的笔画里、结构里、章法里，显示着形象里面的骨、筋、肉、血，以至于动作的关联。后来从象形到谐声，形声相益，更丰富了“字”的形象意境，像江字、河字，令人仿佛目睹水流，耳闻汩汩的水声。所以唐人的一首绝句若用优美的书法写了出来，不但是使我们领略诗情，也同时如睹画境。诗句写成对联或条幅挂在壁上，美的享受不亚于画，而且也是一种综合艺术，像中国其他许多艺术那样。

……

我们现在谈谈中国书艺里的用笔、结体、章法所表现的美学思想。我们在此不能多谈到书法用笔的技术性方面的问题。这方面，古人已讲得极多了。我只谈谈用笔里的美学思想。中国文字的发展，由模写形象里的“文”，到孳乳浸多的“字”，象形字在量的方面减少了，代替它的是抽象的点线笔画所构成的字体。通过结构的疏密，点画的轻重、行笔的缓急，表现作者对形象的情感，发抒自己的意境，就像音乐艺术从自然界的群声里抽出纯洁的“乐音”来，发展这乐音间相互结合的规律。用强弱、高低、节奏、旋律等有规则的变化来表现自然界、社会界的形象和自心的情感。近代法国大雕刻家罗丹曾经对德国女画家萝斯蒂兹说：“一个规定的线（文）通贯着大宇宙，赋予了一切被创造物。如果他们在这线里面运行着，而自觉着自由自在，那是不会产生出任何丑陋的东西来的。希腊人因此深入地研究了自然，他们的完美是从这里来的，不是从一个抽象的‘理念’来的。人的身体是一座庙宇，具有神样的诸形式。”又说：“表现在一胸像造形里的要务，是寻找那特征的线纹。低能的艺术家很少具有这胆量单独地强调出那要紧的线，这需要一种决断力，像仅有少数人才能具有的那样。”（海伦·萝斯蒂兹著《罗丹在谈话和书信中》一书）

我们古代伟大的先民就属于罗丹所说的少数人。古人传述仓颉造字时的情形说：“颉首四目，通于神明，仰观奎星圆曲之势，俯察龟文鸟迹之象，博采众美，合而为字。”仓颉并不是真的有四只眼睛，而是说他象征着人类从猿进化到人，两手解放了，全身直立，因而双眼能仰观天文、俯察地理，好像增加了两个眼睛，他能够全面地、综合地把握世界，透视那通贯着大宇宙赋予了万物的规定的线，因而能在脑筋里构造概念，又用“文”“字”来表示这些概念。“人”诞生了，文明诞生了，中国的书法也诞生了。中国最早的文字就具有美的性质。邓以蛰先生在《书法之欣赏》里说得好：“甲骨文字，其为书法抑纯为符号，今固难言，然就书之全体而论，一方面固纯为横竖转折之笔画所组成，若后之施于真书之‘永字八法’，当然无此繁杂之笔调。他方面横竖转折却有其结构之意，行次有其左行右行之分，又以上下字连贯之关系，俨然有其笔画之可增可减，如后之行草书然者。至其悬针垂韭之笔致，横直转折，安排紧凑，四方三角等之配合，空白疏密之调和，诸如此类，竟能给一段文字以全篇之美观，此美莫非来自意境而为当时书家之精心结撰可知也。至于钟鼎彝器之款识铭词，其书法之圆转委婉，结体行次之疏密，虽有优劣，其优者使人见之如仰观满天星斗，精神四射。古人言仓颉造字之初云：‘颉首四目，通于神明，仰观奎星圆曲之势，俯察龟文鸟迹之象，博采众美，合而为字’，今以此语形容吾人观看长篇钟鼎铭词如毛公鼎、散氏盘之感觉，最为恰当。石鼓以下，又加以停匀整齐之美。至始皇诸刻石，笔致虽仍为篆体，而结体行次，整齐之外，并见端庄，不仅直行之空白如一，横行亦如之，此种整齐端庄之美至汉碑八分而至其极，凡此皆字之于形式之外，所以致乎美之意境也。”

邓先生这段话说出了中国书法在创造伊始，就在实用之外，同时走上艺术美的方向，使中国书法不像其他民族的文字，停留在作为符号的阶段，而成为表达民族美感的工具。

选自《美学散步》，上海人民出版社2015年版

题解

书法是中华民族的文化瑰宝。在本文中，宗白华从美学原理及中国书法的实际情况出发，提出书法是“反映生命的艺术”。当今社会广泛开展书法教育，对于弘扬中华优秀传统文化，培养青少年书写能力，提高文化修养和审美能力具有十分重要的作用。

宗白华（1897—1986），哲学家、美学家、诗人，江苏常熟人。曾任中华全国美学学会顾问和中国哲学学会理事。宗白华是中国现代美学的先行者和开拓者，被誉为“融贯中西艺术理论的一代美学大师”。著有美学论文集《美学散步》《艺境》等。

思考与练习

1. 宗白华说书法家“通过结构的疏密，点画的轻重、行笔的缓急，表现作者对形象的情感，发抒自己的意境”。请说说你的理解。

2. 结合宗白华《美学散步》中的其他文章，谈谈艺术之中的“虚”和“实”的关系。

3. 本文认为“中国书法在创造伊始，就在实用之外，同时走上艺术美的方向”。在键盘输入文字普及的今天，有人提出“书法无用论”，认为字写得丑不影响生活。你如何看待这一观点？

艺术三昧

丰子恺

有一次我看到吴昌硕写的一方字，觉得单看各笔划，并不好。单看各个字，各行字，也并不好。然而看这方字的全体，就觉得有一种说不出的好处。单看时觉得不好的地方，全体看时都变好，非此反不美了。

原来艺术品的这幅字，不是笔笔，字字，行行的集合，而是一个融合不可分解的全体。各笔各字各行，对于全体都是有机的，即为全体的一员。字的或大或小，或偏或正，或肥或瘦，或浓或淡，或刚或柔，都是全体构成上的必要，决不是偶然的。即都是为全体而然，不是为个体自己而然的。于是我想象：假如有绝对完善的艺术品的字，必在任何一字或一笔里已经表出全体的倾向。如果把任何一字或一笔改变一个样子，全体也非统统改变不可；又如把任何一字或一笔除去，全体就不成立。换言之，在一笔中已经表出全体，在一笔中可以看出全体，而全体只是一个个体。

所以单看一笔一字或一行，自然不行。这是伟大的艺术的特点。在绘画也是如此。中国画论中所谓“气韵生动”，就是这个意思。西洋印象画派的持论：“以前的西洋画都只是集许多幅小画而成一幅大画，毫无生气。艺术的绘画，非画面浑然融合不可。”在这点上想来，印象派的创生确是西洋绘画的进步。

这是一个不可思议的艺术的三昧境。在一点里可以窥见全体，而在全体中只见一个体。所谓“一有多种，二无两般。”（《碧岩录》）就是这个意思吧！这道理看似矛盾又玄妙，其实是艺术的一般的特色，美学上的所谓“多样的统一”，很可明了地解释，其意义：譬如有三只苹果，水果摊上的人把它们规则地并列起来，就是“统一”。只有统一是板滞的，是死的。小孩子把它们触乱，东西滚开，就是“多样”。只有多样是散漫的，是乱的。最后来了一个画家，要写生它们，给它们安排成一个可以入画的美的位置，——两个靠拢在后方一边，余一个稍离开在前方，——望去恰好的时候，就是所谓“多样的统一”，是美的。要统一，又要多样；要规则，又要不规则；要不规则的规则，规则的不规则；要一中有多，多中有一。这是艺术的三昧境！

宇宙是一大艺术。人何以只知鉴赏书画的小艺术，而不知鉴赏宇宙的大艺术呢？人何以不拿看书画的眼来看宇宙呢？如果拿看书画的眼来看宇宙，必可发见更大的三昧境。宇宙是一个浑然融合的全体，万象都是这全体的多样而统一的诸相。在万象的一点中，必可窥见宇宙的全体；而森罗的万象，只是一个个体。勃雷克〔布莱克〕的“一粒沙里见世界”，孟子的“万物皆备于我”，就是当作一大艺术而看宇宙的吧！艺术的字画中，没有可以独立存在的一笔。即宇宙间没有可以独立存在的事物。倘不为全体，各个体尽是虚幻而无意义了。那末这个“我”怎样呢？自然不是独立存在的小我，应该融入于宇宙全体的大我中，以造成这一大艺术。

选自《丰子恺散文》，人民文学出版社2013年版

题解

《艺术三昧》原载于1927年8月10日《小说月报》第18卷第8号，文中丰子恺谈到艺术创作中需要秉持统一与多样、规则与跨规则、一和多之间的张力。

丰子恺（1898—1975），画家、文学家、美术和音乐教育家。原名丰润，浙江桐乡人，被誉为“现代中国最艺术的艺术家”“中国现代漫画鼻祖”。丰子恺师从李叔同、夏丏尊，画作多以儿童作为题材，简洁而有韵味，充满童趣和温情。

思考与练习

1. 本文所谓艺术的“三昧境”指的是什么？

2. 如何理解文章所提出的用“看书画的眼”看宇宙？

3. 丰子恺在《认识绘画》中说：“人生不一定要画苹果、香蕉、花瓶、茶壶。原不过要借这种研究来训练人的眼睛，使眼睛正确而又敏感，真而又美。然后拿这真和美来应用在人的物质生活上，使衣食住行都美化起来；应用在人的精神生活上，使人生的趣味丰富起来。这就是所谓‘艺术的陶冶’。”谈谈你曾受艺术陶冶的某次经验。

平郊建筑杂录

梁思成　林徽因

北平四郊近二三百年间建筑遗物极多，偶尔郊游，触目都是饶有趣味的古建。其中辽、金、元古物虽然也有，但是大部分还是明清的遗构；有的是显赫的“名胜”，有的是消沉的“痕迹”；有的按期受成群的世界游历团的赞扬，有的只偶尔受诗人们的凭吊，或画家的欣赏。

这些美的存在，在建筑审美者的眼里，都能引起特异的感觉，在“诗意”和“画意”之外，还使他感到一种“建筑意”的愉快。这也许是个狂妄的说法——但是，什么叫做“建筑意”？我们很可以找出一个比较近理的含义或解释来。

顽石会不会点头，我们不敢有所争辩，那问题怕要牵涉到物理学家，但经过大匠之手泽，年代之磋磨，有一些石头的确是会蕴含生气的。天然的材料经人的聪明建造，再受时间的洗礼，成美术与历史地理之和，使它不能不引起赏鉴者一种特殊的性灵的融会，神志的感触，这话或者可以算是说得通。

无论哪一个巍峨的古城楼，或一角倾颓的殿基的灵魂里，无形中都在诉说，乃至于歌唱，时间上漫不可信的变迁；由温雅的儿女佳话，到流血成渠的杀戮。他们所给的“意”的确是“诗”与“画”的。但是建筑师要郑重的声明，那里面还有超出这“诗”“画”以外的“意”存在。眼睛在接触人的智力和生活所产生的一个结构，在光影恰恰可人中，和谐的轮廓，披着风露所赐与的层层生动的色彩；潜意识里更有“眼看他起高楼，眼看他楼塌了”凭吊兴衰的感慨；偶然更发现一片，只要一片，极精致的雕纹，一位不知名匠师的手笔，请问那时锐感，即不叫他做“建筑意”，我们也得要临时给他制造个同样狂妄的名词，是不?

建筑审美可不能势利的。大名显赫，尤其是有乾隆御笔碑石来赞扬的，并不一定便是宝贝；不见经传，湮没在人迹罕到的乱草中间的，更不一定是一位无名英雄。以貌取人或者不可，“以貌取建”却是个好态度。北平近郊可经人以貌取舍的古建筑实不在少数。摄影图录之后，或考证它的来历，或由村老传说中推测他的过往——可以成一个建筑师为古物打抱不平的事业，和比较有意思的夏假消遣。而他的报酬便是那无穷的建筑意的收获。

一、卧佛寺的平面

说起受帝国主义的压迫，再没有比卧佛寺委屈的了。卧佛寺的住持智宽和尚，前年偶同我们谈天，用“叹息痛恨于桓灵”的口气告诉我，他的先师老和尚，如何如何的与青年会订了合同，以每年一百元的租金，把寺的大部分租借了二十年，如同胶州湾、辽东半岛的条约一样。

其实这都怪那佛一觉睡几百年不醒，到了这危难的关点，还不起来给老和尚当头棒喝，使他早早觉悟，组织个佛教青年会西山消夏团。虽未必可使佛法感化了摩登青年，至少可借以繁荣了寿安山……不错，那山叫寿安山……又何至等到今年五台山些少的补助，才能修葺开始残破的庙宇呢!

我们也不必怪老和尚，也不必怪青年会，其实还应该感谢青年会。要是没有青年会，今天有几个人会知道卧佛寺那样一个山窝子里的去处。在北方——尤其是北平——上学的人，大半都到过卧佛寺。一到夏天，各地学生们，男的，女的，谁不愿意来消消夏，爬山，游水，骑驴，多么优哉游哉。据说每年夏令会总成全了许多爱人儿们的心愿，想不到睡觉的释迦牟尼，还能在梦中代行月下老人的职务，也真是佛法无边了。

从玉泉山到香山的马路，快近北辛村的地方，有条岔路忽然转北上坡的，正是引导你到卧佛寺的大道。寺是向南，一带山屏障似的围住寺的北面，所以寺后有一部分渐高，一直上了山脚。在最前面，迎着来人的，是寺的第一道牌楼，那还在一条柏荫夹道的前头。当初这牌楼是什么模样，我们大概还能想象，前人做的事虽不一定都比我们强，却是关于这牌楼大概无论如何他们要比我们大方得多。现在的这座只说他不顺眼已算十分客气，不知哪一位和尚化来的酸缘，在破碎的基上，竖了四根小柱子，上面横钉了几块板，就叫它做牌楼。这算是经济萎衰的直接表现，还是宗教力渐弱的间接表现？一时我还不能答复。

顺着两行古柏的马道上去，骤然间到了上边，才看见另外的鲜明的一座琉璃牌楼在眼前。汉白玉的须弥座，三个汉白玉的圆门洞，黄绿琉璃的柱子，横额，斗栱，檐瓦。如果你相信一个建筑师的自言自语，“那是乾嘉间的作法”。至于《日下旧闻考》所记寺前为门的如来宝塔，却已不知去向了。

琉璃牌楼之内，有一道白石桥，由半月形的小池上过去。池的北面和桥的旁边，都有精致的石栏杆，现在只余北面一半，南面的已改成洋灰抹砖栏杆。这池据说是“放生池”，里面的鱼，都是“放”的。佛寺前的池，本是佛寺的一部分，用不着我们小题大作地讲。但是池上有桥，现在虽处处可见，但它的来由却不见得十分古远。在许多寺池上，没有桥的却较占多数。至于池的半月形，也是个较近的做法，古代的池大半都是方的。池的用途多是放生，养鱼。但是刘士能先生告诉我们说南京附近有一处律宗的寺，利用山中溪水为月牙池，和尚们每斋都跪在池边吃，风雪无阻，吃完在池中洗碗。幸而卧佛寺的和尚们并不如律宗的苦行，不然放生池不唯不能放生，怕还要变成脏水坑了。

与桥正相对的是山门。山门之外，左右两旁，是钟鼓楼，从前已很破烂，今年忽然大大地修整起来。连角梁下失去的铜铎，也用二十一号的白铅铁焊上，油上红绿颜色，如同东安市场的国货玩具一样的鲜明。

山门平时是不开的，走路的人都从山门旁边的门道出入。入门之后，迎面是一座天王殿，里面供的是四天王——就是四大金刚——东西梢间各两位对面侍立，明间面南的是光肚笑嘻嘻的阿弥陀佛，面北合十站着的是韦驮。

再进去是正殿，前面是月台，月台上（在秋收的时候）铺着金黄色的老玉米，像是专替旧殿着色。正殿五间，供三位喇嘛式的佛像。据说正殿本来也有卧佛一躯，雍正还看见过，是旃檀佛像，唐太宗贞观年间的东西。却是到了乾隆年间，这位佛大概睡醒了，不知何时上哪儿去了。只剩了后殿那一位，一直睡到如今，还没有醒。

从前面牌楼一直到后殿，都是建立在一条中线上的。这个在寺的平面上并不算稀奇，罕异的却是由山门之左右，有游廊向东西，再折而向北，其间虽有方丈客室和正殿的东西配殿，但是一气连接，直到最后面又折而东西，回到后殿左右。这一周的廊，东西（连山门或后殿算上）十九间，南北（连方丈配殿算上）四十间，成一个大长方形。中间虽立着天王殿和正殿，却不像普通的庙殿，将全寺用“四合头”式前后分成几进。这是少有的。在这点上，本刊上期刘士能先生在智化寺调查记中说：“唐宋以来有伽蓝七堂之称。惟各宗略有异同，而同在一宗，复因地域环境，互相增省……”现在卧佛寺中院，除去最后的后殿外，前面各堂为数适七，虽不敢说这是七堂之例，但可借此略窥制度耳。

这种平面布置，在唐宋时代很是平常，敦煌画壁里的伽蓝都是如此布置，在日本各地也有飞鸟平安时代这种的遗例。在北平一带（别处如何未得详究），却只剩这一处唐式平面了。所以人人熟识的卧佛寺，经过许多人用帆布床“卧”过的卧佛寺游廊，是还有一点新的理由，值得游人将来重加注意的。

卧佛寺各部殿宇的立面（外观）和断面（内部结构）却都是清式中极规矩的结构，用不着细讲。至于殿前伟丽的婆罗宝树，和树下消夏的青年们所给与你的是什么复杂的感觉，那是各人的人生观问题，建筑师可以不必参加意见。事实极明显的，如东院几进宜于消夏乘凉；西院的观音堂总有人租住；堂前的方池——旧籍中无数记录的方池——现在已成了游泳池，更不必赘述或加任何的注解。

“凝神映性”的池水，用来做锻炼身体之用，在青年会道德观之下，自成道理——没有康健的身体，焉能有康健的精神？——或许！或许！但怕池中的微生物杂菌不甚懂事。

池的四周原有精美的白石栏杆，已拆下叠成台阶，做游人下池的路。不知趣的，容易伤感的建筑师，看了又一阵心酸。其实这不算稀奇，中世纪的教皇们不是把古罗马时代的庙宇当石矿用，采取那石头去修“上帝的房子”吗？这台阶——栏杆——或也不过是将原来离经叛道“崇拜偶像者”的迷信废物，拿去为上帝人道尽义务。“保存古物”，在许多人听去当是一句迂腐的废话。“这年头！这年头！”每个时代都有些人在没奈何时，喊着这句话出出气。

二、法海寺门与原先的居庸关

法海寺在香山之南，香山通八大处马路的西边不远。一个很小的山寺，谁也不会上那里去游览的。寺的本身在山坡上，寺门却在寺前一里多远山坡底下。坐汽车走过那一带的人，怕绝对不会看见法海寺门一类无系轻重的东西的。骑驴或走路的人，也很难得注意到在山谷碎石堆那一点小建筑物。尤其是由远处看，它的颜色和背景非常相似。因此看见过法海寺门的人我敢相信一定不多。

特别留意到这寺门的人，却必定有。因为这寺门的形式是与寻常的极不相同：有圆栱门洞的城楼模样，上边却顶着一座喇嘛式的塔——一个缩小的北海白塔。这奇特的形式，不是中国建筑里所常见。

这圆栱门洞是石砌的。东面门额上题着“敕赐法海禅寺”，旁边陪着一行“顺治十七年夏月吉日”的小字。西面额上题着三种文字，其中看得懂的中文是“唵巴得摩乌室尼渴华麻列吽登吒”，其他两种或是满蒙各占其一个。走路到这门下，疲乏之余，读完这一行题字也就觉得轻松许多！

门洞里还有隐约的画壁，顶上一部分居然还勉强剩出一点颜色来。由门洞西望，不远便是一座石桥，微栱的架过一道山沟，接着一条山道直通到山坡上寺的本身。

门上那座塔的平面略似十字形而较复杂。立面分多层，中间束腰石色较白，刻着生猛的浮雕狮子。在束腰上枋以上，各层重叠像阶级，每级每面有三尊佛像。每尊佛像带着背光，成一浮雕薄片，周围有极精致的琉璃边框。像脸不带色釉，眉目口鼻均伶俐秀美，全脸大不及寸余。座上便是塔的圆肚，塔肚四面四个浅龛，中间坐着浮雕造像，刻工甚俊。龛边亦有细刻。更上是相轮（或称刹），刹座刻做莲瓣，外廓微作盆形，底下还有小方十字座。最顶尖上有仰月的教徽。仰月徽去夏还完好，今秋已掉下。据乡人说是八月间大风雨吹掉的，这塔的破坏于是又进了一步。

这座小小带塔的寺门，除门洞上面一围砖栏杆外，完全是石造的。这在中国又是个少有的例。现在塔座上斜长着一棵古劲的柏树，为塔门增了不少的苍姿，更像是做他的年代的保证。为塔门保存计，这种古树似要移去的。怜惜古建的人到了这里真是彷徨不知所措；好在在古物保存如许不周到的中国，这忧虑未免神经过敏！

法海寺门特点却并不在上述诸点，石造及其年代等等，主要的却是他的式样与原先的居庸关相类似。从前居庸关上本有一座塔的，但因倾颓已久，无从考其形状。不想在平郊竟有这样一个发现。虽然在《日下旧闻考》里法海寺只占了两行不重要的位置；一句轻淡的“门上有小塔”，在研究居庸关原状的立脚点看来，却要算个重要的材料了。

三、杏子口的三个石佛龛

由八大处向香山走，出来不过三四里，马路便由一处山口里开过。在山口路转第一个大弯，向下直趋的地方，马路旁边，微偻的山坡上，有两座小小的石亭。其实也无所谓石亭，简直就是两座小石佛龛。两座石龛的大小稍稍不同，而它们的背面却同是不客气的向着马路。因为它们的前面全是向南，朝着另一个山口——那原来的杏子口。

在没有马路的时代，这地方才不愧称做山口。在深入三四十尺的山沟中，一道唯一的蜿蜒险狭的出路；两旁对峙着两堆山，一出口则豁然开朗一片平原田壤，海似的平铺着，远处浮出同孤岛一般的玉泉山，托住山塔。这杏子口的确有小规模的“一夫当关，万夫莫敌”的特异形势。两石佛龛既据住北坡的顶上，对面南坡上也立着一座北向的，相似的石龛，朝着这山口。由石峡底下的杏子口往上看，这三座石龛分峙两崖，虽然很小，却顶着一种超然的庄严，镶在碧澄澄的天空里，给辛苦的行人一种神异的快感和美感。

现时的马路是在北坡两龛背后绕着过去，直趋下山。因其逼近两龛，所以驰车过此地的人，绝对要看到这两个特别的石亭子的。但是同时因为这山路危趋的形势，无论是由香山西行，还是从八大处东去，谁都不愿冒险停住快驶的汽车去细看这么几个石佛龛子。于是多数的过路车客，全都遏制住好奇爱古的心，冲过去便算了。

假若作者是个细看过这石龛的人，那是因为他是例外，遏止不住他的好奇爱古的心，在冲过便算了不知多少次以后发誓要停下来看一次的。那一次也就不算过路，却是带着照相机去专程拜谒；且将车驶过那危险的山路停下，又步行到龛前后去瞻仰丰采的。

在龛前，高高地往下望着那刻着几百年车辙的杏子口石路，看一个小泥人大小的农人挑着担过去，又一个带朵鬓花的老婆子，夹着黄色包袱，弯着背慢慢地踱过来，才能明白这三座石龛本来的使命。如果这石龛能够说话，他们或不能告诉得完他们所看过经过杏子口底下的图画——那时一串骆驼正在一个跟着一个的，穿出杏子口转下一个斜坡。

北坡上这两座佛龛是并立在一个小台基上，它们的结构都是由几片青石片合成——（每面墙是一整片，南面有门洞，屋顶每层檐一片）。西边那座龛较大，平面约一米余见方，高约二米。重檐，上层檐四角微微翘起，值得注意。东面墙上有历代的刻字，跑着的马，人脸的正面等等。其中有几个年月人名，较古的有“承安五年四月廿三日到此”，和“至元九年六月十五日□□□贾智记”。承安是金章宗年号，五年是公元一二〇〇年。至元九年是元世祖的年号，元顺帝的至元到六年就改元了，所以是公元一二七二年。这小小的佛龛，至迟也是金代遗物，居然在杏子口受了七百多年以上的风雨，依然存在。当时巍然顶在杏子口北崖上的神气，现在被煞风景的马路贬到盘坐路旁的谦抑；但它们的老资格却并不因此减损，那种倚老卖老的倔强，差不多是傲慢冥顽了。西面墙上有古拙的画——佛像和马——那佛像的样子，骤看竟像美洲土人的Totain-Pole。

龛内有一尊无头趺坐的佛像，虽像身已裂，但是流丽的衣褶纹，还有“南宋期”的遗风。

台基上东边的一座较小，只有单檐，墙上也没字画。龛内有小小无头像一躯，大概是清代补作的。这两座都有苍绿的颜色。

台基前面有宽二米长四米余的月台，上面的面积勉强可以叩拜佛像。

南崖上只有一座佛龛，大小与北崖上小的那座一样。三面做墙的石片，已成纯厚的深黄色，像纯美的烟叶，西面刻着双钩的“南”字，南面“无”字，东面“佛”字，都是径约八分米。北面开门，里面的佛像已经失了。

这三座小龛，虽不能说是真正的建筑遗物，也可以说是与建筑有关的小品。不止诗意画意都很充足，“建筑意”更是丰富，实在值得停车一览。至于走下山坡到原来的杏子口里往上真真瞻仰这三龛本来庄严峻立的形势，更是值得。

关于北平掌故的书里，还未曾发现有关于这三座石佛龛的记载。好在对于他们年代的审定，因有墙上的刻字，已没有什么难题。所可惜的是他们渺茫的历史无从参考出来，为我们的研究增些趣味。

选自《中国建筑常识》，北京理工大学出版社2017年版

题解

1932年10月，梁思成、林徽因夫妇着手对北平郊区古建筑进行考察。两人合作完成了本篇考察报告。文章中他们提出概念“建筑意”，即建筑者往往赋予建筑以一种超越“诗意”“画意”之外的、不可言传的情志共鸣。

梁思成（1901—1972），建筑史学家、建筑教育家和建筑学家，广东新会人，被誉为中国近代建筑之父，著有《我们所知道的唐代佛寺与宫殿》《蓟县独乐寺观音阁山门考》《宝坻县广济寺三大士殿》等。林徽因（1904—1955），建筑学家、作家，福建福州人，中国第一位女性建筑学家，著有《林徽因诗集》《林徽因文集》。

思考与练习

1. 本文是一篇关于古建筑的考察报告，行文通俗晓畅，试举例说明其特点。

2. 结合“诗意”和“画意”，谈谈什么是“建筑意”。

3. 现代建筑在发挥居住使用功能的同时，也应接续中华文化根脉，给人们以亲切的文化认同感和精神归属感。请以优秀的现代建筑为例，谈谈它们怎样实现了现代与传统、东方与西方、实用与审美等方面的融合。

谈 音 乐

张爱玲

我不大喜欢音乐。不知为什么，颜色与气味常常使我快乐，而一切的音乐都是悲哀的。即使是所谓“轻性音乐”，那跳跃也像是浮面上的，有点假。譬如说颜色：夏天房里下着帘子，龙须草席上堆着一叠旧睡衣，摺得很齐整，翠蓝夏布衫，青绸袴，那翠蓝与青在一起有一种森森细细的美，并不一定使人发生什么联想，只是在房间的薄暗里挖空了一块，悄没声地留出这块地方来给喜悦。我坐在一边，无心中看到了，也高兴了好一会。

还有一次，沿室里的灯新加了防空罩，青黑的灯光照在浴缸面盆上，一切都冷冷地，白里发青发黑，镀上一层新的润滑，而且变得简单了，从门外望进去，完全像一张现代派的图画，有一种新的立体。我觉得是绝对不能够走进去的，然而真的走进去了。仿佛做到了不可能的事，高兴而又害怕，触了电似地微微发麻，马上就得出来。

总之，颜色这样东西，只有没颜落色的时候是凄惨的；但凡让人注意到，总是可喜的，使这世界显得更真实。

气味也是这样的。别人不喜欢的有许多气味我都喜欢，雾的轻微的霉气，雨打湿的灰尘，葱蒜，廉价的香水。像汽油，有人闻见了要头昏，我却特意要坐在汽车夫旁边，或是走到汽车后面，等它开动的时候“布布布”放气。每年用汽油擦洗衣服，满房都是那清刚明亮的气息；我母亲从来不要我帮忙，因为我故意把手脚放慢了，尽着汽油大量蒸发。

牛奶烧糊了，火柴烧黑了，那焦香我闻见了就觉得饿。油漆的气味，因为簇崭新，所以是积极奋发的，仿佛在新房子里过新年，清冷，干净，兴旺。火腿咸肉花生油搁得日子久，变了味，有一种“油哈”气，那个我也喜欢，使油更油得厉害，烂熟，丰盈，如同古时候的“米烂陈仓”。香港打仗的时候我们吃的菜都是椰子油烧的，有强烈的肥皂味，起初吃不惯要呕，后来发现肥皂也有一种寒香。战争期间没有牙膏，用洗衣服的粗肥皂擦牙齿我也不介意。

气味总是暂时，偶尔的；长久嗅着，即使可能，也受不了。所以气味到底是小趣味。而颜色，有了个颜色就有在那里了，使人安心。颜色和气味的愉快性也许和这有关系。不像音乐，音乐永远是离开了它自己到别处去的，到哪里，似乎谁都不能确定，而且才到就已经过去了，跟着又是寻寻觅觅，冷冷清清。

我最怕的是凡哑林，水一般地流着，将人生紧紧把握贴恋着的一切东西都流了去了。胡琴就好得多，虽然也苍凉，到临了总像着北方人的“话又说回来了”，远兜远转，依然回到人间。

凡哑林上拉出的永远是“绝调”，回肠九转，太显明地赚人眼泪，是乐器中的悲旦。我认为戏里只能有正旦贴旦小旦之分而不应当有“悲旦”“风骚泼旦”“言论老生”。（民国初年的文明戏里有专门发表政治性演说的“言论老生”。）

凡哑林与钢琴合奏，或是三四人的小乐队，以钢琴与凡哑林为主，我也讨厌，零零落落，历碌不安，很难打成一片，结果就像中国人合作的画，画一个美人，由另一个人补上花卉，又一个人补上背景的亭台楼阁，往往没有情调可言。

大规模的交响乐自然又不同，那是浩浩荡荡五四运动一般地冲了来，把每一个人的声音都变了它的声音，前后左右呼啸嘁嚓的都是自己的声音，人一开口就震惊于自己的声音的深宏远大；又像在初睡醒的时候听见人向你说话，不大知道是自己说的还是人家说的，感到模糊的恐怖。

然而交响乐，因为编起来太复杂，作曲者必须经过艰苦的训练，以后往往就沉溺于训练之中，不能自拔。所以交响乐常有这个毛病：格律的成分过多。为什么隔一阵子就要来这么一套？乐队突然紧张起来，埋头咬牙，进入决战最后阶段，一鼓作气，再鼓三鼓，立志要把全场听众扫数肃清铲除消灭。而观众只是默默抵抗着，都是上等人，有高级的音乐修养，在无数的音乐会里坐过的；根据以往的经验，他们知道这音乐是会完的。

我是中国人，喜欢喧哗吵闹，中国的锣鼓是不问情由，劈头劈脑打下来的，再吵些我也能够忍受，但是交响乐的攻势是慢慢来的，需要不少的时间把大喇叭钢琴小喇叭凡哑林一一安排布置，四下里埋伏起来，此起彼应，这样有计画的阴谋我害怕。

我第一次和音乐接触，是八九岁时候，母亲和姑姑刚回中国来，姑姑每天练习钢琴，伸出很小的手，手腕紧匝着绒线衫的窄袖子，大红绒线里绞着细银丝。琴上的玻璃瓶里常常有花开着。琴弹出来的，另有一个世界，可是并不是另一个世界，不过是墙上挂着一面大镜子，使这房间看上去更大一点，然而还是同样的斯文雅致的，装着热水汀的一个房间。

有时候我母亲也立在姑姑背后，手按在她肩上，“拉拉拉拉”吊嗓子。我母亲学唱，纯粹因为肺弱，医生告诉她唱歌于肺有益。无论什么调子，由她唱出来都有点像吟诗（她常常用拖长了的湖南腔背诵唐诗），而且她的发音一来就比钢琴低半个音阶，但是她总是抱歉地笑起来，有许多娇媚的解释。她的衣服是秋天的落叶的淡赭，肩上垂着淡赭的花球，永远有飘堕的姿势。

我总站在旁边听，其实我喜欢的并不是钢琴而是那种空气。我非常感动地说：“真羡慕呀！我要弹得这么好就好了！”于是大人们以为我是罕有的懂得音乐的小孩，不能埋没了我的天才，立即送我去学琴。母亲说：“既然是一生一世的事，第一要知道怎样爱惜你的琴。”琴键一个个雪白，没洗过手不能碰。每天用一块鹦哥绿绒布亲自揩去上面的灰尘。

我被带到音乐会里，预先我母亲再三告诫：“绝对不可以出声说话，不要让人家骂中国人不守秩序。”果然我始终沉默着，坐在位子上动也不动，也没有睡着。休息十分钟的时候，母亲和姑姑窃窃议论一个红头发的女人：“红头发真是使人为难的事呀！穿衣服很受限制了，一切的红色黄色都犯了冲，只有绿，红头发穿绿，那的确……”在那灯光黄暗的广厅里，我找来找去看不见那红头发的女人，后来在汽车上一路想着，头发难道真有大红的么？很为困惑。

以后我从来没有自动去听过音乐会，就连在夏夜的公园里，远远坐着不买票，享受露天音乐厅的交响乐，我都不肯。

教我琴的先生是俄国女人，宽大的面颊上生着茸茸的金汗毛，时常夸奖我，容易激动的蓝色大眼睛里充满了眼泪，抱着我的头吻我。我客气地微笑着，记着她吻在什么地方，隔了一会才用手绢子去擦擦。到她家去总是我那老女佣领着我，我还不会说英文，不知怎样地和她话说得很多，连老女佣也常常参加谈话。有一个星期尾她到高桥游泳了回来，骄傲快乐地把衣领解开给我们看，粉红的背上晒塌了皮，虽然已经隔了一天，还有兴兴轰轰的汗味太阳味。客室的墙壁上挂满了暗沉沉的棕色旧地毯，安着绿漆纱门，每次出进都是她丈夫极有礼貌地替我们开门，我很矜持地，从来不向他看，因此几年来始终不知道他长得是什么样子，似乎是不见天日的阴白的脸，他太太教琴养家，他不做什么事。

后来我进了学校，学校里的琴先生时常生气，把琴谱往地上一掼，一掌打在手背上，把我的手横扫到钢琴盖上去，砸得骨节震痛。越打我越偷懒，对于钢琴完全失去了兴趣，应当练琴的时候坐在琴背后的地板上看小说。琴先生结婚之后脾气好了许多。她搽的粉不是浮在脸上——离着脸总有一寸远。松松的包着一层白粉，她竟向我笑了，说："早！"但是我还是害怕，每次上课之前立在琴间门口等着铃响，总是浑身发抖，想到浴室里去一趟。

因为已经下了几年的工夫，仿佛投资开店，拿不出来了，弃之可惜，所以一直学了下去，然而后来到底不得不停止了。可是一方面继续在学校里住读，常常要走过那座音乐馆，许多小房间，许多人叮叮咚咚弹琴，纷纷的琴字有摇落，寥落的感觉，仿佛是黎明，下着雨，天永远亮不起来了，空空的雨点打在洋铁棚上，空得人心里难受。弹琴的偶尔踩动下面的踏板，琴字连在一起和成一片，也不过是大风把雨吹成了烟，风过处，又是滴滴搭搭稀稀朗朗的了。

弹着琴，又像在几十层楼的大厦里，急急走上仆人苦力推销员所用的后楼梯，灰色水泥楼梯，黑铁阑干，两旁夹着灰色水泥墙壁，转角处堆着红洋铁桶与冬天的没有气味的灰寒的垃圾。一路走上去，没遇见一个人；在那阴风惨惨的高房子里，只是往上走。

后来离钢琴的苦难渐渐远了，也还听了一些交响乐（大都是留声机上的，因为比较短），总嫌里面慷慨激昂的演说腔太重。倒是比较喜欢十八世纪的宫廷音乐，那些精致的Minuet，尖手尖脚怕碰坏了什么似的——的确那时候的欧洲人迷上了中国的磁器，连房间家具都用磁器来做，白地描金，非常细巧的椅子。我最喜欢的古典音乐家不是浪漫派的贝多芬或萧邦，却是较早的巴哈，巴哈的曲子并没有宫样的纤巧，没有庙堂气也没有英雄气，那里面的世界是笨重的，却又得心应手；小木屋里，墙上的挂钟滴答摇摆；从木碗里喝羊奶；女人牵着裙子请安；绿草原上有思想的牛羊与没有思想的白云彩；沉甸甸的喜悦大声敲动像金色的结婚的钟。如同勃郎宁的诗里所说的：

上帝在他的天庭里，

世间一切都好了。

这歌剧样东西是贵重的，也止于贵重。歌剧的故事大都很幼稚，譬如像妒忌这样的原始的感情，在歌剧里也就是最简单的妒忌，一方面却用最复杂最文明的音乐把它放大一千倍来奢侈地表现着，因为不调和，更显得吃力。“大”不一定是伟大。而且那样的隆重的热情，那样的捶胸脯打手势的英雄，也讨厌。可是也有它伟大的时候——歌者的金嗓子在高压的音乐下从容上升，各种各样的乐器一个个惴惴慑伏了；人在人生的风浪里突然站直了身子，原来他是很高很高的，眼色与歌声便在星群里也放光。不看他站起来，不知道他平常是在地上爬的。

外国的通俗音乐，我最不喜欢半新旧的，例如《一百零一支最好的歌》，带有十九世纪会客室的气息，黯淡，温雅，透不过气来——大约因为那时候时行束腰，而且大家都吃得太多。所以有一种饱闷的感觉。那里的悲哀不是悲哀而是惨沮不舒。《在黄昏》是一支情歌：

在黄昏，想起我的时候，不要记恨，亲爱的……

听口气是端方的女人，多年前拒绝了男人，为了他的好，也为了她的好。以后什么事都没有发生，她一个人住着，一个人老了。虽然到现在还是理直气壮，同时却又抱歉着。这原是温柔可爱的，只是当中隔了多少年的慢慢的死与腐烂，使我们对于她那些过了时的逻辑起了反感。

苏格兰的民歌就没有那些逻辑，例如《萝门湖》，这支古老的歌前两年曾经被美国流行乐队拿去爵士化了，大红过一阵：

你走高的路罢，
我走低的路……
我与我真心爱的永远不会再相逢，
在萝门湖美丽，美丽的湖边。

可以想象多山多雾的苏格兰，遍山坡的heather，长长地像蓬蒿，淡紫的小花浮在上面像一层紫色的雾。空气清扬寒冷。那种干净，只有我们的《诗经》里有。

一般的爵士乐，听多了使人觉得昏昏沉沉，像是起来得太晚了，太阳黄黄的，也不知是什么时候，没有气力，也没有胃口，没头没脑。那显著的摇摆的节拍，像给人捶腿似的，却是非常舒服的。我最喜欢的一支歌是《本埠新闻里的姑娘》，在中国不甚流行，大约因为立意新颖了一点，没有通常的“六月”，“月亮”，“蓝天”，“你”：——

因为我想她，想那
本埠新闻里的姑娘
想那粉红纸张的
本埠新闻里的
年轻美丽的黑头发女人。

完全是大城市的小市民。

南美洲的曲子，如火如荼，是烂漫的春天的吵嚷。夏威夷音乐很单调，永远是“吉他”的琮琤。仿佛在夏末初秋，席子要收起来了，挂在竹竿上晒着，花格子的台湾席，黄草席，风卷起的边缘上有一条金黄的日色。人坐在地下，把草帽合在脸上打瞌睡。不是一个人——靠在肩上的爱人的鼻息咻咻地像理发店的吹风。极单纯的沉湎，如果不是非常非常爱着的话，恐怕要嫌烦，因为耗费时间的感觉太分明，使人发急。头上是不知道倦怠的深蓝的天，上下几千年的风吹日照，而人生是不久长的，以此为永生的一切所激恼了。

中国的通俗音乐里，大鼓书我嫌它太像赌气，名手一口气贯串奇长的句子，脸不红，筋不爆，听众就专门要看他的脸红不红，筋爆不爆。《大西厢》费了大气力描写莺莺的思春，总觉得是京油子的耍贫嘴。

弹词我只听见过一次，一个瘦长脸的年轻人唱《描金凤》，每隔两句，句尾就加上极其肯定的“嗯，嗯，嗯”，每“嗯”一下，把头摇一摇，像是咬着人的肉不放似的。对于有些听众这大约是软性刺激。

比较还是申曲最为老实恳切。申曲里表现“急急忙忙向前奔”，有一种特殊的音乐，的确像是慌慌张张，脚不点地，耳际风生。最奇怪的是，表现死亡，也用类似的调子，气氛却不同了。唱的是：“三魂渺渺，三魂渺渺，七魄悠悠，七魄悠悠；阎王叫人三更死，并不留人，并不留人到五更！”忒愣愣急雨样的，平平的，重复又重复，仓皇，嘈杂，仿佛大事临头，旁边的人都很紧张，自己反倒不知道心里有什么感觉——那样的小户人家的死，至死也还是有人间味的。

中国的流行歌曲，从前因为大家有“小妹妹”狂，歌星都把喉咙逼得尖而扁，无线电扩音机里的《桃花江》听上去只是“价啊价，叽价价叽家啊价……”外国人常常骇异地问中国女人的声音怎么是这样的。现在好多了。然而中国的流行歌到底还是没有底子，仿佛是决定了新时代应当有新的歌，硬给凑了出来的。所以听到一两个悦耳的调子像《蔷薇处处开》，我就忍不住要疑心是从西洋或日本抄了来的。有一天深夜，远处飘来跳舞厅的音乐，女人尖细的喉咙唱着：“蔷薇蔷薇处处开！”偌大的上海，没有几家人家点着灯，更显得夜的空旷。我房间里倒还没熄灯，一长排窗户，拉上了暗蓝的旧丝绒帘子，像文艺滥调里的“沉沉夜幕”。丝绒败了色的边缘被灯光喷上了灰扑扑的淡金色，帘子在大风里蓬飘。街上急急驶过一辆奇异的车，不知是不是捉强盗，“哗！哗！”锐叫，像轮船的汽笛，凄长地，“哗！哗！……哗！哗！”大海就在窗外，海船上的别离，命运性的决裂，冷到人心里去。“哗！哗！”渐渐远了。在这样凶残的，大而破的夜晚，给它到处开起蔷薇花来，是不能想像的事，然而这女人还是细声细气很乐观地说是开着的。即使不过是绸绢的蔷薇，缀在帐顶，灯罩，帽沿，袖口，鞋尖，阳伞上，那幼小的圆满也有它的可爱可亲。

选自《流言》，北京十月文艺出版社2012年版

题解

《谈音乐》将音乐与颜色、气味进行比较，回忆了自己的学琴经历，评点了中国西方音乐的差异。张爱玲的散文语言率直、精巧、机智，着意描绘别致的生活细节，语气略带调侃，传达了独特的生命体验。

张爱玲（1920—1995），原名张煐，笔名梁京，生于上海。代表作品有《倾城之恋》《半生缘》《红玫瑰与白玫瑰》《金锁记》《烬余录》等。张爱玲深受中国古典文学影响，又接受了良好的西式教育，从而形成中西兼备的文学视野。她的小说多着眼于普通人的命运，能洞察人性的幽微，有一种苍凉的文学风格。

思考与练习

1. 举例谈谈你对20世纪上半叶中国流行音乐的聆听感受。

2.《中国现代文学三十年》一书认为张爱玲“能在叙述中运用联想，使

人物周围的色彩、音响、动势都不约而同地富有照映心理的功用”。结合张爱玲的作品，谈谈你对此评价的理解。

3. 近年来，一种带有中国传统文化元素、被称为“中国风”的音乐风格进入大众视野，有人认为这是中国文化自信的表现。举例谈谈你的理解。

宋元山水意境（节选）

李泽厚

随着时代的发展变化，诗、画中的美学趣味也在发展变化。从北宋前期经后期过渡到南宋，“无我之境”逐渐在向“有我之境”推移。

这种迁移变异的行程，应该说，与占画坛统治地位的院体画派的作风有重要关系。以愉悦帝王为目的，甚至皇帝也亲自参加创作的北宋宫廷画院，在享有极度闲暇和优越条件之下，把追求细节的逼真写实，发展到了顶峰。所谓“孔雀升高必先举左”以及论月季四时朝暮、花蕊叶不同等故事，说明在皇帝本人倡导下，这种细节真实的追求成了宫廷画院的重要审美标准。于是，柔细纤纤的工笔花鸟很自然地成了这一标准的最好体现和独步一时的艺坛冠冕。这自然也影响到山水画。尽管已开始有与此相对抗的所谓文人墨戏（以苏轼为代表），但整个说来，上行下效，社会统治阶级的意识经常是统治社会的意识，从院内到院外，这种追求细节真实日益成为画坛的重要趋向和趣味。

与细节真实并行而更值得重视的画院的另一审美趣味，是对诗意的极力提倡。虽然以诗情入画并非由此开始，传说王维就已是“画中有诗”，但作为一种高级审美理想和艺术趣味的自觉提倡，并日益成为占据统治地位的美学标准，却要从这里算起。与上述的孔雀升高等故事同时也同样著名的，是画院用诗句作题目进行考试的种种故事。如“嫩绿枝头红一点，动人春色不须多”，“蝴蝶梦中家万里”，“踏花归去马蹄香”等等（参见陈善：《扪虱新语》、邓椿：《画继》等书）。总之，是要求画面表达诗意。中国诗素以含蓄为特征，所谓“含不尽之意见于言外”，从而山水景物画面如何能既含蓄又准确即恰到好处地达到这一点，便成了中心课题，为画师们所不断追求、揣摩。画面的诗意追求开始成了中国山水画的自觉的重要要求。“所试之题如野水无人渡，孤舟尽日横，自第二人以下，多系空舟岸侧，或拳鹭于舷间，或栖鸦于蓬背；独魁则不然，画一舟人卧于舟尾，横一孤笛，其意以为非无舟人，止无行人耳”(《画继》)。没有行人，画面可能产生某种荒凉感，“非无舟人，只无行人”，才能准确而又含蓄地表达出一幅闲散、缓慢、宁静、安逸，恰称诗题的抒情气氛和牧歌图画。又如“尝试‘竹锁桥边卖酒家’，人皆可以形容无不向酒家上着工夫，惟一善画但于桥头竹外挂一酒帘，书‘酒’字而已，便见酒家在竹内也”(俞成:《萤雪丛说》)。这当然是一幅恰符诗意，既含蓄又优美的山水画。

宋代是以“郁郁乎文哉”著称的，它大概是中国古代历史上文化最发达的时期，上自皇帝本人、官僚巨宦，下到各级官吏和地主士绅，构成一个比唐代远为庞大也更有文化教养的阶级或阶层。绘画艺术上，细节的真实和诗意的追求是基本符合这个阶级在“太平盛世”中发展起来的审美趣味的。但这不是从现实生活中而主要是从书面诗词中去寻求诗意，这是一种虽优雅却纤细的趣味。

这种审美趣味在北宋后期即已形成，到南宋院体中达到最高水平和最佳状态。创造了与北宋前期山水画很不相同的另一种类型的艺术意境。

如果看一下马远、夏珪以及南宋那许许多多的小品：深堂琴趣、柳溪归牧、寒江独钓、风雨归舟、秋江暝泊、雪江卖鱼、云关雪栈、春江帆饱……这一特色便极明显。它们大都是在颇为工致精细的、极有选择的有限场景、对象、题材和布局中，传达出抒情性非常浓厚的某一特定的诗情画意来。细节真实和诗意追求正是它们的美学特色，与北宋前期那种整体而多义，丰满而不细致的情况很不一样了。这里不再是北宋那种气势雄浑邈远的客观山水，不再是那种异常繁复杂多的整体面貌；相反，更经常出现的是颇有选择取舍地从某个角度、某一局部、某些对象甚或某个对象的某一部分出发的着意经营，安排位置，苦心孤诣，在对这些远为有限的对象的细节忠实描绘里，表达出某种较为确定的诗趣、情调、思绪、感受。它不再像前一时期那样宽泛多义，不再是一般的“春山烟云连绵人欣欣，夏山嘉木繁阴人坦坦……”，而是要求得更具体和更分化了。尽管标题可以基本相同，由画面展示出来的情调诗意却并不完全一样。被称为“剩水残山”的马、夏，便是典型代表。应该说，比起北宋那种意境来，题材、对象、场景、画面是小多了，一角山岩、半截树枝，都成了重要内容，占据很大画面；但刻画却精巧细致多了，自觉的抒情诗意也更为浓厚、鲜明了。像被称为“马一角”的马远的山水小幅里，空间感非常突出，画面大部分是空白或远水平野，只一角有一点点画，令人看来辽阔无限而心旷神怡。谁能不在马、夏的“剩水残山”和南宋那些小品前荡漾出各种轻柔优美的愉快感受呢？南宋山水画把人们审美感受中的想象、情感、理解诸因素引向更为确定的方向，导向更为明确的意念或主题，这就是宋元山水画发展历程中的第二种艺术意境。

这是不是“有我之境”呢？是，又不是。相对于第一种意境，可以说是：艺术家的主观情感、观念在这里有更多的直接表露。但相对于下一阶段来说，它又不是：因为无论在对对象的忠实描写上，或抒发主观情感观念上，它仍然保持了比较客观的态度。诗意的追求和情感的抒发，尽管比北宋山水已远为自觉和突出，但基本仍从属于对自然景色的真实再现的前提之下。所以，它处在“无我之境”到“有我之境”的过渡行程之中，是厚重的院体画而非意气的文人画。它基本仍应属“无我之境”。

宋画中这第二种艺术意境是一种重要的开拓。无论从内容，到形式，都大大丰富发展了中国民族的美学传统，作出了重要贡献。诗意追求和细节真实的同时并举，使后者没有流于庸俗和呆板（“匠气”），使前者没有流于空疏和抽象（“书卷气”）。相反，从形似中求神似，由有限（画面）中出无限（诗情），与诗文发展趋势相同，日益成为整个中国艺术的基本美学准则和特色。对称走向均衡，空间更具意义，以少胜多，以虚代实，计白当黑，以一当十，日益成为艺术高度发展的形式、技巧和手法。讲究的是“虚实相生，无画处均成妙境”（笪重光：《画筌》），这与“意在言外”、“此时无声胜有声”完全一致。并且，由于这种山水是选择颇有局限的自然景色的某个部分某些对象，北宋画那种地域性的不同特色便明显消退。哪里没有一角山水、半截树枝呢？哪里没有小桥流水、孤舟独钓呢？哪里没有春江秋月、风雨归舟呢？描绘的具体景物尽管小一些，普遍性反而更大了。抒发的情感观念尽管更确定一些，却更鲜明浓厚了。它们确乎做到了“状难言之景列于目前，含不尽之意溢出画面”，创造了中国山水画另一极高成就。北宋浑厚的、整体的、全景的山水，变而为南宋精巧的、诗意的、特写的山水，前者以雄浑、辽阔、崇高胜，后者以秀丽、工致、优美胜。两美并峙，各领千秋。

选自《美的历程》，生活·读书·新知三联书店2017年版

题解

本文论述从北宋到南宋的诗、画中美学趣味的发展变化。《宋元山水意境》最初以《宋元山水画的三种意境》为题发表于《学术月刊》1980年第2期，而后整理修改作为《美的历程》的第九部分。

李泽厚（1930—2021），哲学家、美学家，湖南宁乡人，代表著作有《美的历程》《中国古代思想史论》《中国现代思想史论》《批判哲学的批判》等。

思考与练习

1. 文中“宋元山水画发展历程中的第二种艺术意境”指的是什么？

2. 学者易中天认为《美的历程》：“写得英姿勃发，才气逼人。单是标题，便气度不凡：龙飞凤舞、青铜饕餮、魏晋风度、盛唐之音，更不用说每过几页就有一段华彩乐章了。实际上，《美的历程》是可以当作艺术品来看待的。”谈谈你的理解。

3. 意境美是中国美学的显著标识，请以近年来知名国产影视作品或动漫作品为例，谈谈它们怎样表现中华传统文化的意境美。

第二章 述学求是

除了日常生活、文学创作，学术研究也讲究表述之道。所谓“述学求是”，不仅高度要求学术文章具备学术上的独创性，也强调文章撰写应有构思之妙和细节之美。孔子谦抑自谓“述而不作”，却是名副其实的大学问家，“述”本身蕴含着“表述”“言说”之义。如何恰如其分地“表达”自己的学养及思考，是当代中国学者和青年学子都亟需锤炼的基本功。本章所选取的文章均出自现代中国学术名家之手，其中有历史学家借点评他人著作以呈现自我的学术宗旨；有美学家从理论逻辑入手亲身示范如何进行书评写作；有数学家向青年学子传授读书之道；有社会学家从自我治学经验出发，与青年学者探讨如何做好学问；还有文学史家引导我们如何细致品鉴文学文本。他们将带领大家徜徉于学海中体学悟道。

冯友兰《中国哲学史》上册审查报告

陈寅恪

窃查此书，取材谨严，持论精确，允宜列入清华丛书，以贡献于学界。兹将其优点概括言之，凡著中国古代哲学史者，其对于古人之学说，应具了解之同情，方可下笔。盖古人著书立说，皆有所为而发。故其所处之环境，所受之背景，非完全明了，则其学说不易评论，而古代哲学家去今数千年，其时代之真相，极难推知。

吾人今日可依据之材料，仅为当时所遗存最小之一部，欲藉此残余断片，以窥测其全部结构，必须备艺术家欣赏古代绘画雕刻之眼光及精神，然后古人立说之用意与对象，始可以真了解。所谓真了解者，必神游冥想，与立说之古人，处于同一境界，而对于其持论所以不得不如是之苦心孤诣，表一种之同情，始能批评其学说之是非得失，而无隔阂肤廓之论。否则数千年前之陈言旧说，与今日之情势迥殊，何一不可以可笑可怪目之乎？但此种同情之态度，最易流于穿凿傅会之恶习。因今日所得见之古代材料，或散佚而仅存，或晦涩而难解，非经过解释及排比之程序，绝无哲学史之可言。

然若加以联贯综合之搜集及统系条理之整理，则著者有意无意之间，往往依其自身所遭际之时代，所居处之环境，所薰染之学说，以推测解释古人之意志。由此之故，今日之谈中国古代哲学者，大抵即谈其今日自身之哲学者也。所著之中国哲学史者，即其今日自身之哲学史者也。其言论愈有条理统系，则去古人学说之真相愈远。此弊至今日之谈墨学而极矣。今日之墨学者，任何古书古字，绝无依据，亦可随其一时偶然兴会，而为之改移，几若善博者能呼卢成卢，喝雉成雉之比。此近日中国号称整理国故之普通状况，诚可为长叹息者也。今欲求一中国古代哲学史，能矫傅会之恶习，而具了解之同情者，则冯君此作庶几近之。所以宜加以表扬，为之流布者[1]，其理由实在于是。

至于冯君之书，其取用材料，亦具通识，请略言之。以中国今日之考据学，已足辨别古书之真伪。然真伪者，不过相对问题，而最要在能审定伪材料之时代及作者，而利用之。盖伪材料亦有时与真材料同一可贵。如某种伪材料，若径认为其所依托之时代及作者之真产物，固不可也。但能考出其作伪时代及作者，即据以说明此时代及作者之思想，则变为一真材料矣。中国古代史之材料，如儒家及诸子等经典，皆非一时代一作者之产物。昔人笼统认为一人一时之作，其误固不俟论。今人能知其非一人一时之所作，而不知以纵贯之眼光，视为一种学术之丛书，或一宗传灯之语录[2]，而断断[3]致辩于其横切方面，此亦缺乏史学之通识所致。而冯君之书，独能于此别具特识，利用材料，此亦应为表章者也。若推此意而及于中国之史学，则史论者，治史者皆认为无关史学，而且有害者也。然史论之作者，或有意，或无意，其发为言论之时，即已印入作者及其时代之环境背景，实无异于今日新闻纸之社论时评。若善用之，皆有助于考史。故苏子瞻之史论，北宋之政论也。胡致堂[4]之史论，南宋之政论也。王船山之史论，明末之政论也。今日取诸人论史之文，与旧史互证，当日政治社会情势，益可藉此增加了解，此所谓废物利用，盖不仅能供习文者之摹拟练习而已也。若更推论及于文艺批评，如纪晓岚之批评古人诗集，辄加涂抹，诋为不通。初怪其何以狂妄至是，后读清高宗御制诗集，颇疑其有所为而发。此事固难证明，或亦间接与时代性有关，斯又利用材料之别一例也。

寅恪承命审查冯君之作，谨具报告书，并附着推论之余义于后，以求教正焉。

选自《金明馆丛稿二编》，生活·读书·新知三联书店2015年版

题解

《冯友兰〈中国哲学史〉上册审查报告》虽寥寥千余字，但内容却极为精要，涉及中国思想史、文化史和中国历史研究的许多重大问题，是其多年来治理中国学问的思想纲要和心得总结。

陈寅恪（1890—1969），历史学家，江西义宁（今修水）人。早年游学日本、德国、瑞士、法国、美国，1925年回国，先后任职于清华大学、西南联合大学、广西大学、成都燕京大学、中山大学等。陈寅恪坚守“独立之精神，自由之思想”的学术精神，为中国史学研究的发展作出了重要贡献。著有《隋唐制度渊源略论稿》《唐代政治史述论稿》《元白诗笺证稿》《柳如是别传》《金明馆丛稿》《寒柳堂集》等。

注释

［1］流布：流传，宣传。

［2］传灯：佛家指传法，师徒以佛法相传授，此处泛指以学问、方法相传授。

［3］龂龂（yínyín）：露齿貌，指争辩的样子。

［4］胡致堂：胡寅，宋代建宁崇安（今福建武夷山）人，著有《读史管见》。

思考与练习

1. 结合文章思考“了解之同情”与“傅会”之间的差异。

2. 根据陈寅恪先生的论述，冯友兰的《中国哲学史》有哪些基本特点？

3. 文章称：“所谓真了解者，必神游冥想，与立说之古人，处于同一境界。”又有史学家认为“一切历史都是当代史”。你如何理解这些对于历史和历史研究的不同观点？

谈　书　评

朱光潜

谈到究竟，文艺方面最重要的东西还是作品。一个人在文艺方面最重要的修养不是记得一些干枯的史实和空洞的理论，而是对于好作品能热烈的爱好，对于低劣作品能彻底地厌恶。能够教学生们懂得什么才是一首好诗或是一篇好小说，能够使他们培养成对于文学的兴趣和热情，那才是一位好的文学教师；能够使一般读者懂得什么才是一首好诗或是一篇好小说，能够使他们培养成对于文学的兴趣和热情，那才是一位好的批评家。真正的批评对象永远是作品，真正的好的批评家永远是书评家，真正的批评的成就永远是对于作品的兴趣和热情的养成。

书评家的职务是很卑恭的。他好比游览名胜风景的向导，引游人注意到一些有趣的林园泉石寨堡。不过这种比拟究竟有些不恰当。一个旅行向导对于他所指点的风景不一定是他自己发现出来的，尤其不一定自己感觉到它们有趣。他可以读一部旅行指南，记好一套刻板的解释，遇到有钱的顾主就把话匣子打开，把放过几千次的唱片再放一遍。书评家的职务却没有这么简单。他没有理由向旁人说话，除非他所指点的是他自己的发现而且是他自己的爱或憎的对象。书评艺术不发达即由于此。在事实上，一个人如果不以书评为职业，就很难有工夫去天天写书评；而书评却不如旅行向导可以成为一种职业，书评所需要的公平，自由，新鲜，超脱诸美德都是与职业不相容的。

常见的书评不外两种，一种是宣传，一种是反宣传。所谓“宣传”者有书店稿费或私人交谊做背景，作品本身价值是第二层事，头一层要推广它的销路，在这种书籍的生存战争中，它不能不有人替它“吹”一下。所谓“反宣传”者有仇恨妒忌种种心理做背景，甲与乙如不同派，凡甲有所作，乙必须闭着眼睛乱骂一顿，以为不把对方打倒，自己就不易抬头“称霸”。书评失去它的信用，就因为有这两种不肖之徒如劣马害群。书评变成贩夫叫卖或是泼妇闹街，这不但是书评末运，也是文艺的末运。

书是读不尽的，自然也评不尽。一个批评家应该是一个探险家，为着发见肥沃的新陆，不惜备尝艰辛险阻，穿过一些荒原沙漠冰海；为着发见好书，他不能不读数量超过好书千百倍的坏书。每个人都应该读些坏书，不然，他不能真正地懂得好书的好处。不过在每个时代，每个国家里坏书都“俯拾即是”，用不着一个专门家去把它指点出来。与其浪耗精力去攻击一千部坏书，不如多介绍一部好书。没有看见过小山的人固然不知道大山的伟大；但是你如果引人看过喜马拉雅山，他决不会再相信泰山是天下最高峰。好书有被埋没的可能，而坏书却无永远存在之理，把好书指点出来，读者自然能见出坏书的坏。

攻击唾骂在批评上固然有它的破坏的功用，它究竟是容易流于意气之争，酿成创作与批评中不应有的仇恨，给读者一场空热闹，而且一个作品的最有意义的批评往往不是一篇说是说非的论文，而是题材相仿佛的另一个作品。如果你不满意一部书或是一篇文章，且别费气力去唾骂它，自己去写一部比它较好的作品出来，至少，指点出一部比它较好的作品出来！一部书在没有比它再好的书出来以前，尽管是不圆满，仍旧有它的功用，有它的生存权。

批评的态度要公平，这是老生常谈，不过也容易引起误解。一个人只能在他的学识修养范围之内说公平话。对于甲是公平话，对于乙往往是偏见。孔夫子只见过泰山，便说“登泰山而小天下”，不能算是不公平，至少是就他的学识范围而言。凡是有意义的话都应该是诚实的话，凡是诚实话都是站在说话者自己特殊立场扪心自问所说的话。人人都说荷马或莎士比亚伟大而我们扪心自问，并不能见出他们的伟大。我跟人说他们伟大么？这是一般人所谓“公平”。我说我并不觉得他们伟大么？这是我个人学识修养范围之内的“公平”，而一般人所谓“偏见”。批评家所要的“公平”究竟是哪一种呢？“司法式”批评家说是前一种，印象派批评家说是后一种。前一派人永远是朝“稳路”走，可是也永远是自封在旧窠臼里，很难发见打破传统的新作品。后一派人永远是流露“偏见”，可是也永远是说良心话，永远能宽容别人和我自己异趣。这两条路都任人随便走，而我觉得最有趣的是第二条路，虽然我知道它不是一条“稳路”。

法朗士说得好：“每个人都摆脱不开他自己，这是我们最大的厄运”。这种厄运是不可免的，所以一般人所嚷的“客观的标准”，“普遍的价值”等等终不免是欺人之谈。你提笔来写一篇书评时，你的唯一的理由是你对于那部书有你的特殊的见解。这种见解只要是由你心坎里流露出来的，只要是诚实，虽然是偏，甚至于是离奇，对于作者与读者总是新鲜有趣的。书评是一种艺术，像一切其它艺术一样，它的作者不但有权力，而且有义务，把自己摆进里面去；它应该是主观的；这就是说，它应该有独到见解。叶公超先生在本刊所发表的《论书评》一文里仿佛说过，书评是读者与作者的见解和趣味的较量。这是一句有见地的话。见解和趣味有不同，才有较量的可能，而这种较量才有意义，有价值。

天赋不同，修养不同，文艺的趣味也因而不同。心理学家所研究的“个别的差异”是创作家批评家和读者所应该同样地认清而牢记的。文艺界有许多无谓的论战和顽固的成见都起于根本不了解人性中有所谓“个别的差异”。我自己这样感觉，旁人如果不是这样感觉，那就是他们荒谬，活该打倒！这是许多固执成见者的逻辑。如果要建立书评艺术，这种逻辑必须放弃。

欣赏一首诗就是再造一首诗；欣赏一部书，如果那部书有文艺的价值，也应该是在心里再造一部书。一篇好的书评也理应是这种“再造”的结果。我特别着重这一点，因为它有关于书评的接受。无论是作者或是读者，对于一篇有价值的书评都只能当作一篇诚实的主观的印象记看待，容许它有个性，有特见，甚至于有偏见。一个书评家如果想把自己的话当作“权威”去压服别人，去范围别人的趣味；一个读者如果把一篇书评当作“权威”恭顺地任它范围自己的趣味；或是一个创作家如果希望别人对于自己的著作的见解一定和自己的意见相同；那末，他们都是一丘之貉：都应该冠上一个公同的形容词——愚蠢！

如果莎士比亚再活在世间，如果他肯费工夫把所有讨论、解释和批评他的作品文章仔细读一遍，他一定会惊讶失笑，发见许多读者比他自己聪明，能在他的作品中发见许多他自己所梦想不到的哲学，艺术技巧的意识以及许多美点和丑点。但是他也一定会觉得这些文章有趣，一律地加以大度宽容。懂得这个道理，我们就应该明了：刘西渭先生有权力用他的特殊的看法去看《鱼目集》，刘西渭先生没有了解他的心事；而我们一般读者哩，尽管各人都自信能了解《鱼目集》，爱好它或是嫌恶它，但是终于是第二个以至于第几个的刘西渭先生，彼此各不相谋。世界有这许多分歧差异，所以它无限，所以它有趣；每篇书评和每部文艺作品一样，都是这“无限”的某一片面的摄影。

选自《朱光潜全集》第八卷，安徽教育出版社1993年版

题解

优秀的书评，可以使得一本书保持较高的信誉，拥有更多的读者。朱光潜认为书评应当遵循认真阅读原著、诚实表达个人感悟、视书评为重要学术工作等原则。

朱光潜（1897—1986），美学家、翻译家，笔名孟实，安徽桐城人，我国现代美学的开拓者和奠基者之一。1925年出国留学，先后求学于英国爱丁堡大学、伦敦大学，法国巴黎大学、斯特拉斯堡大学。1933年回国，先后任教于北京大学、四川大学、武汉大学。主要著作有《文艺心理学》《悲剧心理学》《克罗齐哲学述评》《西方美学史》等，另有译著《歌德谈话录》、柏拉图《文艺对话集》、G.E.莱辛《拉奥孔》等。其中《文艺心理学》是我国第一部比较系统地从心理学观点研究文艺的理论著作，《西方美学史》是我国研究西方美学史的重大开拓性成果。

思考与练习

1. 如何理解“一个作品的最有意义的批评往往不是一篇说是说非的论文，而是题材相仿佛的另一个作品”？

2. 谈谈你如何理解“书评是一种艺术，像一切其它艺术一样，它的作者不但有权力，而且有义务，把自己摆进里面去；它应该是主观的；这就是说，它应该有独到见解”。

3. 请用本文提供的观念和方法，写一篇简短的书评。

学·思·锲而不舍（节选）

华罗庚

要学会自学

青年同学们从小学而中学而大学，读书都读了十多年了，而我现在还是

首先提出“要学会读书”，这岂不奇怪？其实，并不奇怪。学会读书，并不简单。而我个人在这方面也还是处于不断摸索不断改进的过程之中。切不要以为“会背会默，滚瓜烂熟”，便是读懂书了。如果不逐步提高，不深入领会，那又与和尚念经有何差异呢！我认为，同学们在校学习期间，学会读书与学得必要的专业知识是同等重要的。学会读书不但保证我们在校学习好，而且保证我们将来能够永远不断地提高。我们的一生从事工作的时间总是比在校学习时间长些，而且长得多。一个青年即使他没有大学毕业或中学毕业，但如果他有了自学的习惯，他将来在工作上的成就就不会比大学毕业的人差。与此相反，如果一个青年即使读到了大学毕业，甚至出过洋，拜过名师，得过博士，如果他没有学会自己学习，自己钻研，则一定还是在老师所划定的圈子里团团转，知识领域不能扩大，更不要说科学研究上有所创造发明了。

应该怎样学会读书呢？我觉得，在学习书本上的每一个问题、每一章节的时候，首先应当不只看到书面上，而且还要看到书背后的东西。这就是说，对书本的某些原理、定律、公式，我们在学习的时候，不仅应该记住它的结论，懂得它的道理，而且还应该设想一下人家是怎样想出来的，经过多少曲折，攻破多少关键，才得出这个结论的。而且还不妨进一步设想一下，如果书本上还没有作出结论，我自己设身处地，应该怎样去得出这个结论？恩格斯曾经说过：“我们所需要的，与其说是赤裸裸的结果，不如说是研究；如果离开引向这个结果的发展来把握结果，那就等于没有结果。”我们只有了解结论是怎样得来的，才能真正懂得结论。只有不仅知其然，而且还知其所以然，才能够对问题有透彻的了解。而要做到这点，就要求我们对书本中的每一个问题，一天没有学懂，就要再研习一天，一章没懂，就不要轻易去学第二章。这样学虽然慢些，但却能收到实效。我在年轻时，看书就犯过急躁的毛病，手拿一本书几下就看完了。最初看来似乎有成绩，而一旦应用时，却是一锅夹生饭，不能运用自如了。好在我当时仅有很少的几本书，我接受了教训，又将原书不断深入地学习（注意，并不是“简单地重复”），才真正有所进益。

如果说前一步的工作可以叫做“支解”的工作，那么，第二步我们就需要做“综合”的工作。这就是说，在对书中每一个问题都经过细嚼慢咽，真正懂得之后，就需要进一步把全书各部分内容连串起来理解，加以融会贯通，从而弄清楚什么是书中的主要问题，以及各个问题之间的关联。这样我们就能抓住统帅全书的基本线索、贯串全书的精神实质。我常常把这种读书过程，叫做“从厚到薄”的过程。大家也许都有过这样的感觉：一本书，当未读之前，你会感到，书是那么厚，在读的过程中，如果你对各章各节又作深入的探讨，在每页上加添注解，补充参考材料，那就会觉得更厚了。但是，当我们对书的内容真正有了透彻的了解，抓住了全书的要点，掌握了全书的精神实质以后，就会感到书本变薄了。愈是懂得透彻，就愈有薄的感觉。这是每个科学家都要经历的过程。这样，并不是学得的知识变少了，而是把知识消化了。青年同学读书要学会消化。我常见有些同学在考试前要求老师指出重点，这就反映了他们读书还没有抓住重点，还没有消化。靠老师指出重点不是好办法，主要的应当是自己抓重点。

我们在读一本书时，还要把它和我们过去学到的知识去作比较，想一想这一本书给我添了些什么新的东西。每当看一本新书时，对自己原来已懂的部分，就可以比较快地看过去；要紧的，是对重点的钻研；对自己来说是新的东西用的力量也应当更大些。在看完一本书后，并不是说要把整本书都装进脑子里去，而仅仅是添上几点前所不知的新方法、新内容。这样做印象反而深刻，记忆反而牢固。并且，学得越多，懂得的东西越多，知识基础越厚，读书进度也就可以大大加快。

选自《大哉数学之为用》，上海教育出版社2018年版

题解

华罗庚是当代自学成才的科学巨匠，《学·思·锲而不舍》所谈即是他学习的经验之谈和方法总结，对指导青年学子如何读书很有助益。本文是华罗庚在中国科技大学开学典礼上的讲话，原载《中国青年》1961年第21期。

华罗庚（1910—1985），数学家，江苏金坛（今常州金坛区）人。中国解析数论、典型群、矩阵几何学、自守函数论与多复变函数论等研究的创始人与开拓者。1938年任西南联合大学算学系教授，1946年应邀前往美国，先后任普林斯顿高等研究院研究员、伊利诺伊大学数学教授。新中国成立后，他响应祖国召唤，于1950年从美国回到清华大学数学系任教授。华罗庚致

力于把数学应用于生产实际，倾力推广“应用优选法”“统筹法”，被誉为“人民的数学家”。

思考与练习

1. 试用一句话概括作者提出的“自学的方法”。

2. “我常常把这种读书过程，叫做‘从厚到薄’的过程。”结合你的学习经历，谈谈对这句话的理解。

3. 近年来，国内高校开始“严把教学关”，面对“我该怎么学”这个难题，你会作什么样的回答？

和青年学者谈如何做学问（节选）

费孝通

一、青年学者做学问要有吃苦的准备，要拜师学“艺”

目前，我国学术界出现了一个断层。……

你们这些年轻的学者是应该有吃苦准备的。和你们现在相比，我们那时的学习条件就差得太多了。现在昆明还保存有当时西南联大的房子，你们可去参观。抗战时期，我们这些知识分子没有投降，顶住了难以想象的困难，坚持下来了。当时我们的工资只够吃半个月，闻一多也靠刻图章填肚子，我则靠写文章赚饭钱。就这样，我们仍坚持下来了。

……

说实在的，许多东西我也看不懂，只能大概地了解。电子计算机这个新东西我还没学会，所以我还得学，而且我相信也能学得会。搞科学，做学问，都是要下苦功的。天下学问哪有不下功夫就能做成的道理！

学习是艺术性、创造性的脑力劳动。你看某件艺术作品，但如果你不了解其制作过程，你不向艺术家学习，你就没法做出它来。做学问也是这个道理，是要拜师学“艺”的。实际上，我的学问既不是从课堂里学来的，也不是从书本里得来的，而是拜师学“艺”的结果。我留学英国前，师从了一位英国老师。当时他在清华教书，对我又凶又严格。我当时搞人体研究，他就给我出了一个题目“中国的人”，让我做论文。他交给我一把算盘、一把计算尺、一块手表，其他什么也没有了，有也不让用。老师说，你可能有一天什么也没有，但你还得做学问，这就叫从难做学问。他每天都检查我的论文进展，并在上面加批语。做错了的，就让我重新做；单改过来还不能算完，还得让你说出为什么会错、怎么算错的。他的考试方法也很独特，给我一张人体各部位的数据表，让我指出里面哪些数值有错，正确的应是多少。这可是考你的真本事啊！他教你做学问，但不是扶着你走，更不会帮助你过关，而是让你自己去摸索、闯荡，同时又适时地给予指导。

后来我到了英国，又跟了一位叫马纳斯基的老师。他可算是我们这个学科的鼻祖之一了。这个人做学问也很有意思。他交结的朋友多、外面的学生也多，凡到伦敦搞社会学的人都来找他，但他老先生平时不见，等到每个星期五就把大家都召集起来开讨论会，讨论的题目叫“今天的人类学”。由于讨论会汇集了各地、各国的学者，所以人类学的最新研究动态也在这里汇集。这些东西是从书本上看不到的，你要是去看书，那你看到的则是三四年前的研究成果，远落后于形势。这样的老师可谓学术带头人，因为他在所从事的领域真正做到了知彼知己。

马纳斯基从不指定你去读哪本书。在他看来，书在图书馆里摆着，碰到了问题，你完全可以自己去找。他把我们这些学生直接推到做学问的前沿去，每个学生写的文章他都让大家来讨论，如果你的文章读出来大家说能过关了，那么你研究的问题也就差不多行了。他还让学生念他自己写的东西，听到某个地方不对劲，他就叫停，然后说该怎么修改。我们都在旁边听。这也是学习，学习老师怎么写书，怎么思考问题，怎么解决问题。

现在我也是这样带学生的。我去搞调查，学生也跟我去，看我怎样调查，怎样解决问题。

二、做学问要深入实际，脚踏实地，最忌好高骛远，斤斤计较

改革开放提出了许多现实问题和理论问题，而解决实际问题的方法往往首先是群众在社会实践中创造出来的。社会科学工作者要善于观察，从变化多端的实践中进行总结，摆事实、讲道理，使新生事物不受抑制而得以发展。要承认人民群众的智慧和力量，家庭承包责任制就是农民首先创造出来的嘛！

知识是怎么来的呢？知识是从劳动实践中创造出来的，认为凭自己的聪

明能想象出来那是不对的，也是不符合人类科学发展规律的。现在有一股风很不好，一些年轻学者喜欢空谈，喜欢在名词堆里钻，文章写了不少，但解决不了什么实际问题。搞研究不能脱离实际，闭门造车是做不出学问来的。我劝年轻的学者们走出书斋，接触实际。实际社会每日都在发生变化，新的东西不断涌现，客观实际社会是丰富多彩的，会令你欲罢不能的。

有人对我说，你这么大年纪了，还整天在下面跑，这样下去会累垮的。可欲罢不能啊！问题一个个提出来了，你得去调查，找出解决的办法啊！几年前，农民刚分了地，积极性很高，一家人种三种田：口粮田、责任田、饲料田，既可保证吃饭，也可卖粮赚点钱。但以后情况发生了变化，农村劳动力太多，一部分年轻人外出找工作，赚的钱比他老子种田还多，人们也就不愿种田了。怎么解决这个问题呢？我看现在基本上已找出来了，就是扩大每个农民的种田面积，使一个农民的种田收入不低于工人做工的收入，这样就能保证有人种田了。一个农民种十亩二十亩田，加上经营规模扩大，顾不过来了，这就得有机器耕作了。买了机器，田里劳动时间减少了，剩余的时间可以做许多其他事情，收入自然就高了啦！这个办法是1987年上半年我通过调查想出来的。

年轻人做学问最怕好高骛远，志大才疏，不脚踏实地，不上不下“飘”起来，一“飘”则成不了大器。做学问要经得起时间的考验，一时的盛名不可靠。有人劝我赶快出书，我说我写书不是赶时髦，不是出畅销书，出的书要做到时间越长越有人看；我现在的东西还不完整，书也可以等我死了以后再出嘛！

年轻人做学问要拿出新一代新的精神风貌来，不要抱实用主义态度，不要只讲个人成绩，算个人账，闹职称。我们那时就不讲这一套。当时我从外国回来两个星期就到下面去了。别人进大学当教授，我则算是延安大学的名誉教授吧，工资不到大学教授的一半。人家说我亏了，但我不去计较。不要总去想人家怎么认为你，社会自会有公论的嘛！

三、做学问也要对外开放，但要结合本国实际，防止“中心外移”，知识分子要为人民服务，不能丧志

人类了解并改造自己所处的社会环境，不是靠习惯势力，也不是命令，而是靠自觉。中国要富强、要发展，就得拥有更多的掌握了知识的自觉的

人。做学问也要对外开放，但要防止“中心外移”。要了解外国，但立足点应在中国，中心应在中国。不能忘记我们是喝中国水、吃中国饭、生长在中国这块土地上的基本事实。我们的学术研究要为人民服务，要从土里生长出来。目前，洋货充斥，真伪莫辨。开放以来，许多外国学说被介绍进中国来，但真正消化一种外国学说却不是一两年能做到的。从外国学来的东西也要土化一下，看什么东西我们能用得上。在学术上，土货也要和洋货竞争，我们货比货，看谁的东西更能解决中国的实际问题。

青年社会科学工作者要清楚自己在历史中的地位，错过了时机就什么也来不及了。我们这一代人和你们这一代人共同努力，争取共同把历史造成的这个断层补上。

社会科学工作者学外语，我是主张实用的。学外语的作用就是要能把外国的东西变成中国实用的东西，以解决我国当前最紧急的实际问题，而不是去考托福，培养导游。不少日本人讲外语就不行，可这并没妨碍他们从别国学习先进的东西。要提高翻译的地位。翻译往往比创作还困难，因为不懂的东西你可以不写，而翻译就非得弄懂不可。要重视翻译，但翻译工作者也应自重，不能粗制滥造，遗害他人。

学者的态度应该是这样的：觉得有利于人民，有利于国家的事情，就得坚持去做，而不要去考虑别人怎么说。我这一辈子也有过波折，但我不在乎。只要人民支持我，我就替他们说话。我曾写过一句诗“毁誉在人口，成才靠志向”。知识分子不能被夺志，丧志是很悲的事情。要把我国的建设搞上去，崇拜人家是不行的，崇拜人家就等于丧志。

选自《学位与研究生教育》1988年第1期

题解

1987年下半年国家教委组织召开社会科学青年科研基金首批项目论证会，本文是费孝通在会上讲话的整理稿。费孝通认为中国要走现代化的道路，应结合本国实际而不是盲目照搬西方。他呼吁青年学者脚踏实地做学问，为人民和国家做学问。

费孝通（1910—2005），社会学家、人类学家、民族学家、社会活动家，江苏吴江（今苏州吴江区）人，先后出版《江村经济》《生育制度》《乡土中国》等著作。20世纪80年代初期他先后发表《小城镇大问题》《小城镇苏北初探》等文章，为乡镇企业的崛起呐喊。1988年，他发表《中华民族的多元一体格局》，从人类学、考古学、语言学、历史学等各方面对于中华民族形成的历史过程做了综合性研究，并将中华民族视为“一个自觉的民族实体”。

思考与练习

1. 本文认为做学问需要注意哪三个方面的内容？

2. 经验性的文章对于在某方面缺乏经验的人来说，是很有针对性的，也是很适用的。结合个人学习和研究的经验，谈谈本文对你的触动和帮助。

3. 2019年6月，中共中央办公厅、国务院办公厅下发《关于进一步弘扬科学家精神加强作风和学风建设的意见》。意见提倡“大力弘扬淡泊名利、潜心研究的奉献精神。静心笃志、心无旁骛、力戒浮躁，甘坐‘冷板凳’，肯下‘数十年磨一剑’的苦功夫。反对盲目追逐热点，不随意变换研究方向，坚决摒弃拜金主义”。结合本文谈谈你的看法。

文本细读的意义和方法（节选）

陈思和

细读文学作品的过程是心灵与心灵互相碰撞和交流的过程。我们阅读文学，是以自己的心灵为触角去探索另一个或熟悉或陌生的心灵世界。我这里所指的心灵世界，包括两个主体：一个是作家的主体，即作家在创作的背后应有一个完整的理想境界，是作家对作品应达到的境界的期待；另一个是读者的主体，即读者对阅读作品所期待的一种理想境界。但文学作品本身是自在的客体，它既不可能完全等同于作家的主体期待，也不可能完全重合读者的主体期待。文学阅读也正是这样三个元素的互相融合与冲突。

……

我在这里想介绍的只是我自己读文学作品的一点体会，是我的阅读方法，当然不适用于每一个人，也不适用于每一部作品。文本细读是一种能力，它帮助你阅读文学作品，帮助你透过文字或者文学意象，探寻其所隐蔽的精髓之处。通常来说，优秀的文学名著总是含有多层次的丰富内涵，其表层所承载的可能是社会上一般流行的观点，但其真正的精华部分则不限于此。前面已经说过，作家在创作的背后有一个完整的理想境界，这是他对自己的创作应达境界的期待。这种期待有时候作为一种无意识存在于作家的创作心理，可能连作家自己也不怎么清楚，但它恰恰是艺术创作最真实的部分。细读文本的任务是揭示出这些隐含在作品细节背后的艺术真实，也是艺术作品最有价值的部分。

（一）直面作品

直面作品也就是不带先入为主的偏见去阅读。这是文本细读最重要的途径。我们阅读的文学名著，都经过了前人的精心研究，各种不同的解说仿佛是一层层外衣，把文学名著装饰得五彩缤纷，但也可能把它的真身包裹得严严实实，让我们读不出它的本来面目。既然阅读是个人隐秘感情世界的发现，那我们必须强调直面文学作品，用心灵和情感进入文本，寻找一种线索，激起作家与读者心灵世界之间的应和。而其他外在的因素——研究和解说，只有在读者与文本之间有了心心相印的可能性以后，才能够发挥它的有益意义。如果读者在直接阅读作品之前就先读了大量的有关评论，很容易迷失自我，找不到自己的感觉。有一次，我在上课之前给学生布置阅读茅盾的《子夜》，课堂讨论的时候，许多学生迷茫地问道：为什么说吴荪甫体现了民族资产阶级的两重性？很显然，关于“民族资产阶级两重性”这个结论，不是学生从小说文本里读出来的，而是他们从相关的评论和研究著作中获得的概念，而他们的当代生活经验已经无法与这样的概念联系起来了。于是我不建议他们讨论“两重性”的问题，首先要他们谈谈心目中的吴荪甫是怎样一个人，是一个成功人士，还是一个失败的英雄？或者是一个魅力型男人？用最接近当下生活的观念去理解艺术形象，就不会觉得这部作品离我们太远。像吴荪甫这样的人，其实在我们今天的社会也可能存在，我们怎样来看今天生活中吴荪甫那样的老板、海归人士、民营企业家？阅读作品也要从实感的生活经验出发，而不是从教科书的理论教条出发，于是就有必要强调阅读时的“第一印象”。你是赞美这个人物还是感到讨厌？为什么？这样，“第一印象”就能慢慢地触动你内心的隐秘感情，促使你把自己放进文本里。

阅读文本时，还经常会遇到一种“通不过”的感觉，即阅读者读到某些描写、某些细节甚至是某些句子的时候，心里会不舒服，会产生“为什么会这样写”的疑问。如果我们假定所阅读的作品是一部公认的杰作，那么这样的“通不过”可能不是因为作家在某些地方写得不好，而是阅读者的心灵在阅读中遭遇了挑战的信号。——这也往往是文本细读的起点。所以，我建议阅读者不要轻轻放过自己感情上“通不过”的信号，而是要停下来，问一下：为什么会这样？也许你就会发现文本的破绽之处，其实也不是破绽，而是帮助你进入文本作进一步探究的线索。

这种内心发出的“通不过”的信号，有时候也会帮助你纠正前阅读时期造成的偏见。假如遇到这样一种情况：当你阅读一部作品之前，已经从别人的评论介绍中获知这部作品的某些内容，你也相信这些介绍是正确的，但是在阅读文本时，当你用自己的心灵直面文本并投入了隐秘感情，你就会慢慢觉得，文本告诉你的，其实并不是之前你所读到的有关评论介绍的内容。譬如，别人的评论告诉你作品中某个人物是个十恶不赦的坏蛋，可是你在阅读中发现并非如此，或者你对这个人物还充满了同情。这时候，“通不过”的信号表明了你在前阅读时期的印象与现时阅读中的情感反应之间发生了冲突。你必须相信自己的感情反应，纠正前阅读给你带来的偏见。——所谓的偏见不一定就是错误，但是对你来说，那种不是出于自己的感情反应而来自外部的影响只能是偏见。只有在你阅读的感情反应印证了外部影响以后，它才不是偏见。

（二）解读“经典”

……

好的文学作品少不了经典的帮助。因为经典所反映的是作家观察、思考和表述生活现象的思维依据。这是我们不能忽略的。我举个例子，张爱玲的《倾城之恋》，白流苏和范柳原住在香港浅水湾的一个殖民风格的旅店，那个晚上，范柳原说的话里引了《诗经》中的一句：“死生契阔，与子相悦。执子之手，与子偕老。”这首诗引自《邶风·击鼓》。原来的诗句是：“死生契阔，与子成说。执子之手，与子偕老。”可是张爱玲把第二句改成了“与子相悦”。我不知道她这是要显示范柳原引诗引错了呢，还是其他的什么原因。张爱玲应该是故意引错的，她后来写了一篇创作谈《自己的文章》，又把这首诗引用了一遍，而这次的引文是“与子成说”。这样的手法似乎只有张爱玲会用，她把她的小说的意思上升到经典意义去讨论，从古代的经典意象里找出一种跟小说相对应的因素。

这首诗是什么意思？就是打仗的时候，人们觉得生死茫茫，生死聚散就在一刹那之间，人是把握不了的；虽然生生死死把握不住，但是，“与子成说”：我与你相约、与你立过誓的，我们一定要生生死死在一起，一定要白头到老。这是闻一多的解释。还有陈子展教授的解释，他说这不是夫妻间的誓言，而是战士之间的友谊：我们在一起打仗，我们说过，我们生在一起，死在一起。这两种解释都是通的，“与子成说”，说明这是一首非常积极、非常肯定的民歌，在生死渺茫当中有一种肯定性的东西。张爱玲是知道这首诗里有肯定性的东西的，她本人也赞同这个东西。可是另一方面，张爱玲又是个虚无主义者，在她看来什么都是假的，爱情也没有真心的。为了强调范柳原和白流苏两个都是自私自利的人，她说，一个是自私的男人，一个是自私的女人，两个人都是精刮，整天为自己打算，玩弄小计谋，直到战争爆发，两个人才不得不在一起了。她为了表达这样一个庸俗的看法：世界上是没有爱情的，没有肯定性的；为了表现范柳原是个浪荡子，她就改了两个字——所谓“相悦”，就是说我们相互看看，很高兴，我看到你很高兴，你看到我也很高兴。这样一改，意思就变得很油滑，天地无情，生死无常，人都掌握不了自己的命运，因为掌握不了，大家相悦一下就可以了。这样一改，后两句诗就变得很轻浮。这就是修改经典，这一改就把小说里面人物的性格改掉了。

……

（三）寻找缝隙

读《倾城之恋》还会发现另外一个有趣现象：故事写的是白流苏和范柳原两人的“倾城之恋”，作家却漏掉了一个重要场景的描写，那就是两人的第一次见面。按照张爱玲婆婆妈妈的叙事习惯，这样重要的场景（决定了两人一见钟情的开端）本来是不应该疏漏的，只能说这是作家故意为之，因为只有这样才能使白范两人的恋爱变得不真实。我们在阅读文学作品的时候要学会寻找缝隙。文本不是笼统地讲故事，我们细读的时候要注意读出它的破绽，读出作家遗漏的或者错误的地方。我有一个信念，任何一部好的文学作品，背后一定有一个完整的世界。——只有诗歌不一样，因为诗歌是抒情的。小说的背后有一个完整的故事，有一个完整的理想的模型，但是作家没有能力把这个模型全部写出来。比如说，作家写一个爱情故事，他的意识里肯定存在着一个完美的爱情故事，但他不可能把心里感受到的爱情原原本本地表现出来，写出来的只是所要表达的一部分。很多作家在写完作品以后说，我的笔无力啊，我写不出这个伟大的故事。有的作家把作品改来改去，就是因为他在创作实际中达不到他想要的那么一个完美境界。这就有一个差距，所谓的“缝隙”就暗示了这种差距的存在。“缝隙”里隐藏了大量的密码，帮助你完善这个故事。

《雷雨》里也有一个遗漏的情节，周朴园在娶蘩漪之前还有一个妻子，就是取代梅侍萍的那个有钱人家的小姐。这个妻子在《雷雨》里面好像完全被遗忘了，什么痕迹都没留下。西方文学里不是有《阁楼上的疯女人》（*the Mad Woman in the Attic*）嘛，对女权主义来说，这是一个值得关注的缝隙。为什么曹禺在剧本里对这个连名字也没有的女人一点信息也不提供呢？相反，对于生育过两个孩子的梅侍萍（鲁妈），周家却保留了大量的信息，又是照片又是老家具，还以周萍生母的身份时时挂在周朴园的口头上。去后荣辱相差如此之大，不能不引起细读的深思。

……

如果从那些被遗漏的缝隙里找信息，《雷雨》说的就是一个完整的家庭伦理悲剧。周朴园和梅侍萍的悲剧不就是过去陆游和唐婉的故事吗？《钗头凤》为什么可以流传千古，而周朴园就要遗臭百年呢？我觉得，在《雷雨》中我读到了我能读通的东西。过去我们对文学名著的很多解释都是从教条出发的，我们不相信文本背后还有一个更加完美的世界，只相信显文本提供的东西。这就是我说的寻找缝隙，通过作家的遗漏和疏忽，慢慢读出很多我们从字面上读不出的东西。

（四）关注原型

原型与经典不一样，原型指的是作品里隐藏了一个隐型结构，通常隐型结构来自民间的文化资源，反映了民间对于现实生活的理解。我们听作家讲故事，好像是千变万化非常丰富，其实千变万化的故事背后是有一个原型的，这个原型结构就是文化模式，也是民间故事的基本模式。人的想象力是非常有限的。我再举个例子。1990年代初，王朔与人合伙创作了电视连续剧《渴望》，引起过许多争论。这个故事写的是某干部在“文革”中落难，不得不遗弃一个孩子，被普通市民刘慧芳收养。后来刘慧芳嫁给了干部子女王沪生，为了小芳受尽王家的白眼，最后导致离婚并放弃亲生儿子。然而终于真相大白，小芳正是王家当年所遗弃的孩子。这个故事让我想起传统剧目里《赵氏孤儿》的原型——

《赵氏孤儿》的模式：赵家蒙难——孤儿遗失在外——程婴为了保护孤儿牺牲亲生儿子——程婴含辛茹苦，遭受世人遗弃——孤儿长大，赵家昭雪——程婴含笑而死

《渴望》的故事模式：王家蒙难——小芳遗失在外——慧芳为抚养小芳不得不放弃儿子冬冬——慧芳含辛茹苦，遭到王家遗弃——小芳长大，王家团圆——慧芳却瘫痪在床

……

阅读文本，最直接最感性的层次就是直感，就是你直面文本时候的那种感觉；再深入下去是对技巧的分析，就应该寻找经典，发现缝隙；再深入分析的话，就能看出其故事原型。这在作家来说可能是无意识的，只是文化的教育和熏陶的结果，它在无形当中寄寓于人们的心灵。那么，这种文本细读使阅读变得有趣，我们通过阅读可以看到的东西比这个文本本身描写的东西要多得多。

选自《中国现当代文学名篇十五讲》，北京大学出版社2013年版

题解

陈思和认为文本批评不是读后感，也不是印象批评，而是一种专业技能。本文所指的“文本细读”，就是一种特殊的分析文本的方法，它希望通过细察作品的精微之处，发现更多文学阐释的可能性。

陈思和（1954— ），复旦大学中文系教授，曾任复旦大学中文系主任、中国现代文学学会副会长、中国文艺理论学会副会长，上海作协副主席等职。著有《巴金论稿》《中国新文学整体观》《中国当代文学史教程》《中国当代文学关键词十讲》等。

思考与练习

1. 如何理解“你必须相信自己的感情反应，纠正前阅读给你带来的偏见”？

2. 本文提到“这里想介绍的只是我自己读文学作品的一点体会，是我的阅读方法，当然不适用于每一个人，也不适用于每一部作品”。结合你的阅读体会，请具体谈一谈还有什么文本细读的方法。

3. 细读文本是开展评论工作的前提和基本功，但当下学术界有一些批评家更多地凭借掌握的理论概念进行文学评判。你怎么理解理论修养和文本细读功夫的关系？

第三章　公域宏声

书写有公私之别，既可以面向公共领域表明态度、阐述立场，也可以面向私人生活谛听心声、展示情趣。热爱祖国和人民，是人世间极为崇高、深厚的共有情感。无数优秀的中华儿女秉民族大义，存爱国之心，奏响了中华民族伟大复兴的洪钟大吕。在本章所选的篇章中，他们呼唤青年更新思想，勇担重任，与时代同行；宣誓不惧危局，弦歌不辍，建设现代大学，为国家培育英才；号召人民发挥愚公移山精神，排除万难，建设美好新中国；细致描绘长江两岸的风光历史，礼赞中华民族的博大与深沉；真诚倾吐面对世界的乐观心态，立志为读者写下高尚的作品。

敬告青年（一九一五年九月十五日）

陈独秀

窃以少年老成，中国称人之语也；年长而勿衰（Keep young while growing old），英美人相勖之辞也：此亦东西民族涉想不同现象趋异之一端欤？青年如初春，如朝日，如百卉之萌动，如利刃之新发于硎，人生最可宝贵之时期也。青年之于社会，犹新鲜活泼细胞之在人身。新陈代谢，陈腐朽败者无时不在天然淘汰之途，与新鲜活泼者以空间之位置及时间之生命。人身遵新陈代谢之道则健康，陈腐朽败之细胞充塞人身则人身死；社会遵新陈代谢之道则隆盛，陈腐朽败之分子充塞社会则社会亡。

准斯以谈，吾国之社会，其隆盛耶？抑将亡耶？非予之所忍言者。彼陈腐朽败之分子，一听其天然之淘汰，惟不愿以如流之岁月，与之说短道长，希冀其脱胎换骨也。予所欲涕泣陈词者，惟属望于新鲜活泼之青年，有以自觉而奋斗耳！

自觉者何？自觉其新鲜活泼之价值与责任，而自视不可卑也。奋斗者何？奋其智能，力排陈腐朽败者以去，视之若仇敌，若洪水猛兽，而不可与为邻，而不为其菌毒所传染也。

呜呼！吾国之青年，其果能语于此乎！吾见夫青年其年龄，而老年其身体者十之五焉；青年其年龄或身体，而老年其脑神经者十之九焉。华其发，泽其容，直其腰，广其膈，非不俨然青年也；及叩其头脑中所涉想所怀抱，无一不与彼陈腐朽败者为一丘之貉。其始也未尝不新鲜活泼，寖假而为陈腐朽败分子所同化者，有之；寖假而畏陈腐朽败分子势力之庞大，瞻顾依回，不敢明目张胆，作顽狠之抗斗者，有之。充塞社会之空气，无往而非陈腐朽败焉，求些少之新鲜活泼者，以慰吾人窒息之绝望，亦杳不可得。

循斯现象，于人身则必死，于社会则必亡。欲救此病，非太息咨嗟之所能济，是在一二敏于自觉勇于奋斗之青年，发挥人间固有之智能，抉择人间种种之思想，——孰为新鲜活泼而适于今世之争存，孰为陈腐朽败而不容留置于脑里——利刃断铁，快刀理麻，决不作牵就依违之想，自度度人，社会庶几其有清宁之日也。青年乎！其有以此自任者乎？若夫明其是非，以供抉择，谨陈六义，幸平心察之：

（一）自主的而非奴隶的

等一人也，各有自主之权，绝无奴隶他人之权利，亦绝无以奴自处之义务。奴隶云者，古之昏弱对于强暴之横夺，而失其自由权利者之称也。自人权平等之说兴，奴隶之名，非血气所忍受。世称近世欧洲历史为“解放历史”：破坏君权，求政治之解放也；否认教权，求宗教之解放也；均产说兴，求经济之解放也；女子参政运动，求男〔女〕权之解放也。

解放云者，脱离夫奴隶之羁绊，以完其自主自由之人格之谓也。我有手足，自谋温饱；我有口舌，自陈好恶；我有心思，自崇所信；绝不认他人之越俎，亦不应主我而奴他人：盖自认为独立自主之人格以上，一切操行，一切权利，一切信仰，唯有听命各自固有之智能，断无盲从隶属他人之理。非然者，忠孝节义，奴隶之道德也；德国大哲尼采（Nietzsche）别道德为二类：有独立心而勇敢者曰贵族道德（Morality of Noble），谦逊而服从者曰奴隶道德（Morality of Slave）；轻刑薄赋，奴隶之幸福也；称颂功德，奴隶之文章也；拜爵赐第，奴隶之光荣也；丰碑高墓，奴隶之纪念物也；以其是非荣辱，听命他人，不以自身为本位，则个人独立平等之人格，消灭无存，其一切善恶行为，势不能诉之自身意志而课以功过；谓之奴隶，谁曰不宜？立德立功，首当辨此。

（二）进步的而非保守的

人生如逆水行舟，不进则退，中国之恒言也。自宇宙之根本大法言之，森罗万象，无日不在演进之途，万无保守现状之理；特以俗见拘牵，谓有二境，此法兰西当代大哲柏格森（H. Bergson）之“创造进化论”（L’Evolution Creatrice）所以风靡一世也。以人事之进化言之：笃古不变之族，日就衰亡；日新求进之民，方兴未已；存亡之数，可以逆睹。矧在吾国，大梦未觉，故步自封，精之政教文章，粗之布帛水火，无一不相形丑拙，而可与当世争衡？

举凡残民害理之妖言，率能征之故训，而不可谓诬，谬种流传，岂自今始！固有之伦理，法律，学术，礼俗，无一非封建制度之遗，持较晰种之所为，以并世之人，而思想差迟，几及千载；尊重廿四朝之历史性，而不作改进之图；则驱吾民于二十世纪之世界以外，纳之奴隶牛马黑暗沟中而已，复何说哉！于此而言保守，诚不知为何项制度文物，可以适用生存于今世。吾宁忍过去国粹之消亡，而不忍现在及将来之民族，不适世界之生存而归削〔消〕灭也。

呜呼！巴比伦人往矣，其文明尚有何等之效用耶？“皮之不存，毛将焉傅？”世界进化，骎骎未有已焉。其不能善变而与之俱进者，将见其不适环境之争存，而退归天然淘汰已耳，保守云乎哉！

（三）进取的而非退隐的

当此恶流奔进之时，得一二自好之士，洁身引退，岂非希世懿德。然欲以化民成俗，请于百尺竿头，再进一步。夫生存竞争，势所不免，一息尚存，即无守退安隐之余地。排万难而前行，乃人生之天职。以善意解之，退隐为高人出世之行；以恶意解之，退隐为弱者不适竞争之现象。欧俗以横厉无前为上德，亚洲以闲逸恬淡为美风：东西民族强弱之原因，斯其一矣。此退隐主义之根本缺点也。

若夫吾国之俗，习为委靡：苟取利禄者，不在论列之数；自好之士，希声隐沦，食粟衣帛，无益于世，世以雅人名士目之，实与游惰无择也。人心秽浊，不以此辈而有所补救，而国民抗往之风，植产之习，于焉以斩。人之生也，应战胜恶社会，而不可为恶社会所征服；应超出恶社会，进冒险苦斗之兵，而不可逃循恶社会，作退避安闲之想。呜呼！欧罗巴铁骑，入汝室矣；将高卧白云何处也？吾愿青年之为孔墨，而不愿其为巢由；吾愿青年之为托尔斯泰与达噶尔（R. Tagore，印度隐遁诗人），不若其为哥伦布与安重根！

（四）世界的而非锁国的

并吾国而存立于大地者，大小凡四十余国，强半与吾有通商往来之谊。加之海陆交通，朝夕千里。古之所谓绝国，今视之若在户庭。举凡一国之经济政治状态有所变更，其影响率被于世界，不啻牵一发而动全身也。立国于今之世，其兴废存亡，视其国之内政者半，影响于国外者恒亦半焉。以吾国近事证之：日本勃兴，以促吾革命维新之局；欧洲战起，日本乃有对我之要求。此非其彰彰者耶？投一国于世界潮流之中，笃旧者固速其危亡，善变者反因以竞进。

吾国自通海以来，自悲观者言之，失地偿金，国力索矣；自乐观者言之，倘无甲午庚子两次之福音，至今犹在八股垂发时代。居今日而言锁国闭关之策，匪独力所不能，亦且势所不利。万邦并立，动辄相关，无论其国若何富强，亦不能漠视外情，自为风气。各国之制度文物，形式虽不必尽同，但不思驱其国于危亡者，其遵循共同原则之精神，渐趋一致，潮流所及，莫之能违。于此而执特别历史国情之说，以冀抗此潮流，是犹有锁国之精神，而无世界之智识。国民而无世界知识，其国将何以图存于世界之中？语云："闭户造车，出门未必合辙。"今之造车者，不但闭户，且欲以周礼考工之制，行之欧美康庄，其患将不止不合辙已也！

（五）实利的而非虚文的

自约翰弥尔（J. S. Mill）"实利主义"唱道于英，孔特（Comte）之"实证哲学"唱道于法，欧洲社会之制度，人心之思想为之一变。最近德意志科学大兴，物质文明，造乎其极，制度人心，为之再变。举凡政治之所营，教育之所期，文学技术之所风尚，万马奔驰，无不齐集于厚生利用之一途。一切虚文空想之无裨于现实生活者，吐弃殆尽。当代大哲，若德意志之倭根（R. Eucken），若法兰西之柏格森，虽不以现时物质文明为美备，咸揭橥生活（英文曰 Life，德文曰 Leben，法文曰 La vie）问题，为立言之的。生活神圣，正以此次战争，血染其鲜明之旗帜。欧人空想虚文之梦，势将觉悟无遗。

夫利用厚生，崇实际而薄虚玄，本吾国初民之俗；而今日之社会制度，人心思想，悉自周汉两代而来——周礼崇尚虚文，汉则罢黜百家而尊儒重道。——名教之所昭垂，人心之所祈向，无一不与社会现实生活背道而驰。倘不改弦而更张之，则国力将莫由昭苏，社会永无宁日。祀天神而拯水旱，诵孝经以退黄巾，人非童昏，知其妄也。物之不切于实用者，虽金玉圭璋，不布粟粪土？若事之无利于个人或社会现实生活者，皆虚文也，诳人之事也。诳人之事，虽祖宗之所遗留，圣贤之所垂教，政府之所提倡，社会之所崇尚，皆一文不值也！

（六）科学的而非想象的

科学者何？吾人对于事物之概念，综合客观之现象，诉之主观之理性而不矛盾之谓也。想象者何？既超脱客观之现象，复抛弃主观之理性，凭空构造，有假定而无实证，不可以人间已有之智灵，明其理由，道其法则者也。在昔蒙昧之世，当今浅化之民，有想象而无科学。宗教美文，皆想象时代之产物。近代欧洲之所以优越他族者，科学之兴，其功不在人权说下，若舟车之有两轮焉。今且日新月异，举凡一事之兴，一物之细，罔不诉之科学法则，以定其得失从违；其效将使人间之思想云为，一遵理性，而迷信斩焉，而无知妄作之风息焉。

国人而欲脱蒙昧时代，羞为浅化之民也，则急起直追，当以科学与人权并重。士不知科学，故袭阴阳家符瑞五行之说，惑世诬民；地气风水之谈，乞灵枯骨。农不知科学，故无择种去虫之术。工不知科学，故货弃于地，战斗生事之所需，一一仰给于异国。商不知科学，故惟识罔取近利，未来之胜算，无容心焉。医不知科学，既不解人身之构造，复不事药性之分析，菌毒传染，更无闻焉；惟知附会五行生克寒热阴阳之说，袭古方以投药饵，其术殆与矢人同科；其想象之最神奇者，莫如“气”之一说，其说且通于力士羽流之术；试遍索宇宙间，诚不知此“气”之果为何物也！

凡此无常识之思，惟无理由之信仰，欲根治之，厥维科学。夫以科学说明真理，事事求诸证实，较之想象武断之所为，其步度诚缓；然其步步皆踏实地，不若幻想突飞者之终无寸进也。宇宙间之事理无穷，科学领土内之膏腴待辟者，正自广阔。青年勉乎哉！

选自《陈独秀文集》第一卷，人民出版社2013年版

题解

《敬告青年》是《青年杂志》创刊号的发刊词。陈独秀在文中对青年提出了“自主的”“进步的”“进取的”“世界的”“实利的”“科学的”等殷切期待。

陈独秀（1879—1942），中国共产党的创始人和早期领导人，字仲甫，安徽怀宁（今安庆）人。新文化运动的倡导者之一，1915年9月，在上海创办并主编《青年杂志》(第二卷改名《新青年》)，积极提倡民主与科学，提倡文学革命，反对封建的旧思想、旧文化、旧礼教。

思考与练习

1. 如何理解陈独秀对中国青年提出的六点建议？

2. 1900年，梁启超在《少年中国说》中说：“故今日之责任，不在他人，而全在我少年。”请对比课文，谈谈它们同为报章文体的风格异同。

3. 习近平总书记在党的二十大报告中指出：“广大青年要坚定不移听党话、跟党走，怀抱梦想又脚踏实地，敢想敢为又善作善成，立志做有理想、敢担当、能吃苦、肯奋斗的新时代好青年，让青春在全面建设社会主义现代化国家的火热实践中绽放绚丽之花。”请你结合自身实际，谈谈关于青年理想担当和历史责任的看法。

就职演说：所谓大学者，有大师之谓也

梅贻琦

本人离开清华，已有三年多的时期。今天在场的诸位，恐怕只有很少数的人认识我罢。我今天看出诸位里面，有许多女同学，这是从前我在清华的时候所没有的。我还记得我从前在清华负责的时候，就有许多同学向我请求，开放女禁，招收女生。我当时的回复说，招收女生这件事，在原则上我是赞成的，不过在事实上，我认为尚需有待。因为男女的性别不同，有许多方面，必须有特别的准备，所以必须经过相当的筹备，方能举办。现在在我出国的三年内，当然准备齐全，所以今天有许多女同学在内，这是本人所深以为慰的。

本人能够回到清华，当然是极高兴、极快慰的事。可是想到责任之重大，诚恐不能胜任，所以一再请辞，无奈政府方面，不能邀准，而且本人与清华已有十余年的关系，又享受过清华留学的利益，则为清华服务，乃是应尽的义务，所以只得勉力去做，但求能够尽自己的心力，为清华谋相当的发展，将来可告无罪于清华足矣。

清华这些年来，在发展上可算已有了相当的规模。本人因为出国已逾三年，最近的情形不很熟悉，所以现在也没有什么具体的意见可说。现在姑且把我对于今后的清华，所抱的希望，略为说一说。

一、我先谈一谈清华的经济问题。清华的经济，在国内总算是特别的好，特别的幸运。如果拿外国大学的情形比起来，当然相差甚远，譬如哥伦比亚大学本年的预算，共有三千六百万美金，较之清华，相差不知多少。但比较国内的其他大学，清华的经济，总不能算少，而且比较稳定了。我们对于经济问题，有两个方针，就是基金的增加和保存。我们总希望清华的基金能够日渐增多，并且十分安全，不至动摇清华的前途。然而我们对于目前的必需，也不能因为求基金的增加而忽视，应当用的我们也还得要用，不过用的时候总要力图撙节与经济罢了。

二、我希望清华今后仍然保持它的特殊地位，不使堕落。我所谓特殊地位，并不是说清华要享受什么特殊的权利，我的意思是要清华在学术的研究上，应该有特殊的成就，我希望清华在学术研究方面应向高深专精的方面去做。办学校，特别是办大学，应有两种目的：一是研究学术；二是造就人材。清华的经济和环境，很可以实现这两种目的，所以我们要向这方面努力。有人往往拿量的发展，来估定教育费的经济与否，这是很有商量的余地的。因为学术的造诣，是不能以数量计较的。我们要向高深研究的方向去做，必须有两个必备的条件：其一是设备；其二是教授。设备这一层，比较容易办到，我们只要有钱，而且肯把钱用在这方面，就不难办到。可是教授就难了。一个大学之所以为大学，全在于有没有好教授。孟子说：“所谓故国者，非谓有乔木之谓也，有世臣之谓也。”我现在可以仿照说：“所谓大学者，非谓有大楼之谓也，有大师之谓也。”我们的智识，固有赖于教授的教导指点，就是我们的精神修养，亦全赖有教授的inspiration。但是这样的好教授，决不是一朝一夕所可罗致的。我们只有随时随地留意延揽而已。同时对于在校的教授，我们应该尊敬，这也是招致的一法。

三、我们固然要造就人材，但是我们同时也要注意到利用人材。就拿清华说罢，清华的旧同学，其中有很多人材，而且还有不少杰出的人材，但是回国之后，很少能够适当利用的。多半是用非所学，甚且有学而不用的，这是多么浪费——人材浪费——的一件事。我们今后对于本校的毕业生，应该在这方面多加注意。

四、清华向来有一种俭朴好学的风气，这种良好的校风，我希望今后仍然保持着。清华从前在外间有一个贵族学校的名声，但是这是外界不明真相的结果，实际的清华，是非常俭朴的。从前清华的学生，只有少数的学生是富家子弟，而大多数的学生，却是非常俭朴的。平日在校，多是布衣布服、棉布鞋，毫无纨绔习气。我希望清华今后仍然保持这种良好的校风。

五、最后我不能不谈一谈国事。中国现在的确是到了紧急关头，凡是国民一分子，不能不关心的。不过我们要知道救国的方法极多，救国又不是一天的事。我们只要看日本对于图谋中国的情形，就可以知道了。日本田中的奏策，诸位都看过了，你看他们那种处心积虑的处在，就该知道我们救国事业的困难了。我们现在，只要紧记住国家这种危急的情势，刻刻不忘了救国的重责，各人在自己的地位上，尽自己的力，则若干时期之后，自能达到救国的目的了。我们做教师做学生的，最好最切实的救国方法，就是致力学术，造成有用人材，将来为国家服务。

今天所说的，就只这几点，将来对于学校进行事项，日后再与诸君商榷。

选自《现代大学校长文丛·梅贻琦卷》，徐迅雷编，安徽教育出版社2015年版

题解

“所谓大学者，非谓有大楼之谓也，有大师之谓也。”这句在中国高等教育史上拥有重要地位的名言就出自梅贻琦任清华大学校长的就职演说。本文原刊于《国立清华大学校刊》341号。

梅贻琦（1889—1962），教育家，天津人。1909年考取首批“庚款”留美生，1910年赴美留学，1914年夏毕业于美国伍斯特理工学院，学成归国，1915年起执教清华大学，1931年10月就任清华大学校长。在梅贻琦任内，清华大学在制度建设、学科建设和硬件建设上均成就斐然。

思考与练习

1. 文中梅贻琦欲从哪几个方面入手，“为清华谋相当的发展”？

2. 总结梅贻琦就职演说的表达特点。

3. 常有人感叹，今日之学界再无往日之“大师”出现。你认为新时代的大学还有“大师”吗？如果有，应该具备哪些优秀品质？

致汉口《大公报》通电

张伯苓

南开被毁，精神未死，本月十七日为南开中学三十三周年，南大十八周年，南开女中十五周年，南开小学九周年，及南渝中学一周年纪念，均在重庆南渝中学盛大举行。南渝本年有学生七百余人，新建校舍有女生楼、科学馆及宿舍等，前途发展，甚有希望。

教育报国，苓之夙志。此身未死，此志未泯。敌人所能毁者，南开之物质，敌人所未能毁者，南开之精神。兹当南开学校周年纪念之日，极望全国南开校友纪念学校，本南开苦干之精神，为国家民族努力。现敌焰仍炽，国难严重，我全国民众均应有前方将士壮烈牺牲之精神，一致奋起，共同抗敌。矧正义人道自在人心。国际情势已呈好转，倘我能真诚团结，继续奋斗，任何牺牲在所不惜，则最后胜利，必属我国。中国之自由平等，必可得到，津校复兴，深信亦必能于最短期间内实现也。

苓新自湘归，精神甚兴奋，极欲借贵报之力，将此意传达全国校友，不胜拜祷。

选自《张伯苓全集》第七卷，周利成本卷主编，南开大学出版社2015年版

题解

1937年7月29—30日，日军连续轰炸南开大学、男中、女中等校舍后，张伯苓无惧艰难，立即着手南开大学的重建和复学。在南开大学校庆纪念日（10月17日）来临之际，张伯苓表达了物质能毁而“南开之精神”不能毁和“一致奋起”“为国家民族努力”的坚韧品质和爱国情怀。

张伯苓（1876—1951），教育家，原名寿春，字伯苓，天津人。张伯苓是南开大学创办人之一，1919年至1948年任南开大学校长。

思考与练习

1. 总结张伯苓电文的表达特点。

2. 张伯苓曾说：“被毁者为南开之物质，而南开之精神，将因此挫折而愈益奋励！”你怎么看这种坚韧品质？

3. “你是中国人吗？你爱中国吗？你愿意中国好吗？”这是张伯苓在1935年9月17日南开大学开学典礼上提出的“爱国三问”。习近平总书记认为它“是历史之问，更是时代之问、未来之问”。你会怎么回答这三个问题？

愚公移山

毛泽东

我们开了一个很好的大会。我们做了三件事：第一，决定了党的路线，这就是放手发动群众，壮大人民力量，在我党的领导下，打败日本侵略者，解放全国人民，建立一个新民主主义的中国。第二，通过了新的党章。第三，选举了党的领导机关——中央委员会。今后的任务就是领导全党实现党的路线。我们开了一个胜利的大会，一个团结的大会。代表们对三个报告[1]发表了很好的意见。许多同志作了自我批评，从团结的目标出发，经过自我批评，达到了团结。这次大会是团结的模范，是自我批评的模范，又是党内民主的模范。

大会闭幕以后，很多同志将要回到自己的工作岗位上去，将要分赴各个战场。同志们到各地去，要宣传大会的路线，并经过全党同志向人民作广泛的解释。

我们宣传大会的路线，就是要使全党和全国人民建立起一个信心，即革命一定要胜利。首先要使先锋队觉悟，下定决心，不怕牺牲，排除万难，去争取胜利。但这还不够，还必须使全国广大人民群众觉悟，甘心情愿和我们一起奋斗，去争取胜利。要使全国人民有这样的信心：中国是中国人民的，不是反动派的。中国古代有个寓言，叫做“愚公移山”。说的是古代有一位老人，住在华北，名叫北山愚公。他的家门南面有两座大山挡住他家的出路，一座叫做太行山，一座叫做王屋山。愚公下决心率领他的儿子们要用锄头挖去这两座大山。有个老头子名叫智叟的看了发笑，说是你们这样干未免太愚蠢了，你们父子数人要挖掉这样两座大山是完全不可能的。愚公回答说：我死了以后有我的儿子，儿子死了，又有孙子，子子孙孙是没有穷尽的。这两座山虽然很高，却是不会再增高了，挖一点就会少一点，为什么挖不平呢？愚公批驳了智叟的错误思想，毫不动摇，每天挖山不止。这件事感动了上帝，他就派了两个神仙下凡，把两座山背走了[2]。现在也有两座压在中国人民头上的大山，一座叫做帝国主义，一座叫做封建主义。中国共产党早就下了决心，要挖掉这两座山。我们一定要坚持下去，一定要不断地工作，我们也会感动上帝的。这个上帝不是别人，就是全中国的人民大众。全国人民大众一齐起来和我们一道挖这两座山，有什么挖不平呢？

昨天有两个美国人要回美国去，我对他们讲了，美国政府要破坏我们，这是不允许的。我们反对美国政府扶蒋反共的政策。但是我们第一要把美国人民和他们的政府相区别，第二要把美国政府中决定政策的人们和下面的普通工作人员相区别。我对这两个美国人说：告诉你们美国政府中决定政策的人们，我们解放区禁止你们到那里去，因为你们的政策是扶蒋反共，我们不放心。假如你们是为了打日本，要到解放区是可以去的，但要订一个条约。倘若你们偷偷摸摸到处乱跑，那是不许可的。赫尔利已经公开宣言不同中国共产党合作[3]，既然如此，为什么还要到我们解放区去乱跑呢？

美国政府的扶蒋反共政策，说明了美国反动派的猖狂。但是一切中外反动派的阻止中国人民胜利的企图，都是注定要失败的。现在的世界潮流，民主是主流，反民主的反动只是一股逆流。目前反动的逆流企图压倒民族独立和人民民主的主流，但反动的逆流终究不会变为主流。现在依然如斯大林很早就说过的一样，旧世界有三个大矛盾：第一个是帝国主义国家中的无产阶级和资产阶级的矛盾，第二个是帝国主义国家之间的矛盾，第三个是殖民地半殖民地国家和帝国主义宗主国之间的矛盾[4]。这三种矛盾不但依然存在，而且发展得更尖锐了，更扩大了。由于这些矛盾的存在和发展，所以虽有反苏反共反民主的逆流存在，但是这种反动逆流总有一天会要被克服下去。

现在中国正在开着两个大会，一个是国民党的第六次代表大会，一个是共产党的第七次代表大会。两个大会有完全不同的目的：一个要消灭共产党和中国民主势力，把中国引向黑暗；一个要打倒日本帝国主义和它的走狗中国封建势力，建设一个新民主主义的中国，把中国引向光明。这两条路线在互相斗争着。我们坚决相信，中国人民将要在中国共产党领导之下，在中国共产党第七次大会的路线的领导之下，得到完全的胜利，而国民党的反革命路线必然要失败。

选自《毛泽东选集》第三卷，人民出版社1991年版

题解

1945年，在争取抗日战争最后胜利的关头，中国共产党第七次全国代表大会在延安举行。《愚公移山》是毛泽东同志在中共七大上的闭幕词，这篇文章与《为人民服务》《纪念白求恩》合称为“老三篇”。毛泽东在文中号召全党和全国各族人民，“下定决心，不怕牺牲，排除万难，去争取胜利”，挖掉压在中国人民头上的帝国主义和封建主义两座大山。有研究者认为毛泽东的文章在立意高远这个最重要的写作风格基础上，形成了“大气磅礴”“论理透彻”“生动活泼”的特色文笔。

毛泽东（1893—1976），湖南湘潭人，马克思主义者，无产阶级革命家、战略家、理论家、军事家，马克思主义中国化的伟大开拓者，中国共产党、中国人民解放军和中华人民共和国的主要缔造者和领袖。

注释

［1］毛泽东、朱德、刘少奇在中国共产党第七次全国代表大会上分别作

了报告。

［2］愚公移山的故事，见于《列子·汤问》。

［3］赫尔利在1944年底任美国驻华大使，1945年11月宣布离职。

［4］参见斯大林《论列宁主义基础》第一部分《列宁主义的历史根源》。

思考与练习

1. 毛泽东同志为愚公移山的故事注入了哪些新的精神元素？

2. 结合《为人民服务》《愚公移山》等经典篇章，学习毛泽东同志的政治报告风格。

3. 在实现中华民族伟大复兴中国梦的伟大进程中，怎样发挥新时代的愚公移山精神？谈谈你的看法。

话说长江·源远流长

您可能以为，这是大海，是汪洋吧？不，这是崇明岛岛外的长江！

您可能会联想到长长的飘带，洁白的哈达，是啊，多么美丽，这也是长江！

如果说是三级跳远的话，那么，我们刚才从长江的入海的地方起跳，中间在三峡落了一脚，现在已经跳到世界屋脊的青藏高原了。长江，就是从这里起步，昂首高歌，飘逸豪放地奔向太平洋。

长江在这个世界上已经生活了千千万万个春秋了，但是它依旧这样年轻，这样清秀；它总是像初生的牛犊一样不知疲倦，永远充满着青春的活力。那么，长江的音容笑貌和性格究竟如何呢？

我们准备从长江的源头开始，顺流而下，逐段介绍长江的千姿百态以及长江流域的山水风光、风土人情、历史文化和古往今来的变迁发展。在这第一回里，我们打算先对长江的总体形象和长江的身世做一个粗略的介绍，使大家对长江有一个大概印象。

我们更热切地希望朋友们看完了《话说长江》之后，能够激起一腔美化中华大地的热血——有如长江之水，惊涛拍岸！那该有多好啊！

长江发源于唐古拉山山脉的主峰格拉丹冬雪山的西南侧。它由西到东，流淌在祖国大地的中部，稍稍偏南。在以前的地理教科书里，说长江的长度是五千多千米，近几年来，经过我国科学工作者千辛万苦的实地勘测，获得了比较确切的数据——长江的实际长度是6 380千米。从长度来讲，南美洲的亚马逊河第一，非洲的尼罗河第二，长江就是世界上当之无愧的第三大河了。

长江的干流从青海出发，流经西藏、四川、云南、湖北、湖南、江西、安徽、江苏、上海，一共10个省、市、自治区，最后注入东海。

长江接纳了七百多条支流，它们洋洋洒洒分布在甘肃、陕西、河南、贵州、广西和浙江。

整个长江流域的面积多达180万平方千米，占我国陆地面积的1/5，是黄河流域面积的两倍半。

自古以来，人们对长江有许多叫法。起初，就叫江；后来叫大江、扬子江。如今的规范叫法是这样的：从源头到楚玛尔河口叫沱沱河；从楚玛尔河口到玉树的巴塘河口，叫通天河；从巴塘河口到四川的宜宾，叫金沙江；从宜宾直到入海口，叫长江；长江的干流又分成上游、中游、下游。从江源到湖北的宜昌，叫作上游；从宜昌到江西的湖口，叫作中游；从湖口到崇明岛东面的入海口，叫作下游。在长江的众多支流中，岷江、嘉陵江、乌江、沅江、湘江、汉江和赣江等7条主要支流的年水流量，都分别超过了黄河。

长江还把我国四大淡水湖中的洞庭湖、鄱阳湖、太湖串联了起来。犹如长藤接瓜，形成了庞大的长江水系。

长江每年把1万亿立方米的水注入浩无边际的大海，这相当于20条黄河的水量。

长江的水能蕴藏量多达2亿6千万千瓦，占全国水能蕴藏量40%；在世界上，美国、加拿大和日本的水能蕴藏量的总和刚刚赶上长江。但是现在长江水能的蕴藏量却只利用了3%。如果翻两番，那也只有12%；假如能达到90%，我国电力能源的供应情况将会发生多大的变化！

长江江面宽，它的水运量占全国内河水运量的80%以上。如果能够充分地利用起来，它可以顶替40条铁路呢。而目前，还只发挥了2条铁路的作用。

长江源远流长，水面辽阔，给鱼类提供了丰富的粮食，是淡水鱼生儿育女、长大成材的好水乡，淡水鱼产量占全国的2/3。

长江的上游和中游流域，尤其是云南北部和四川西部，有着许多森林，是我国第二个大林区。如果大家都珍惜大自然的这个布局，而且不断地培育树木，那么，长江之水就会千秋万代清清地流淌。

长江流域沃野千里，雨水充沛，气候适宜。它拥有四亿多亩耕地，占我国耕地面积的1/4，是我国重要的粮食和棉花产地。粮食产量占全国的40%以上，棉花产量占全国的33%以上。

长江流域居住着三亿多勤劳勇敢的各族人民。从广义上讲，我国有1/3的人是“同饮一江水”啊！

长江流域矿藏、物产丰富，交通运输方便，粮食产量又高，所以，使长江流域出现了许许多多工业基础雄厚的大、中城市。长江流域的工农业总产值占全国的40%。

长江和黄河一起，共同养育着世世代代的炎黄子孙，共同孕育着中华民族的灿烂文化。长江还将为我们的中华大地的发展贡献无穷无尽的能量。

在人们以往的概念中，长江流域的文明史远比黄河流域年轻，所以都说“黄河是中华民族的摇篮”。但是1965年在云南省金沙江畔元谋县的一次发现，对这个说法提出了异议。专家们鉴定：在那里找到的两颗猿人牙齿化石，比黄河流域发现的猿人化石提前了一百万年。假如这个鉴定是确凿无疑的话，那么，我们应该说黄河与长江同是中华民族的摇篮。

到了战国时期，长江流域的经济和文化都已经相当发达。1978年在湖北随县出土的七千多件文物就是一个很有力的证明。编钟就是其中的一部分。它们都是青铜铸造的，每个钟上刻着音乐的铭文，一共2800字，可以说是我国现存的一部最早的音乐理论专著了。

数千年来，我们祖先在广袤而连绵的长江两岸休养生息，艰难创业，把长江流域变成了肥美富庶的鱼米之乡。

是的，长江给我们的中华民族不知带来了多少福利，我们可以借一句老话说：长江真是功德无量！

但是，长江也和伟大的历史人物一样，它既有赫赫功绩，也存在着缺点以至于错误。根据史书记载，从我国唐代到解放前夕的一千三百多年间，长江就曾经二百四十多次发难，平均每隔5年就要发一次水灾。

长江的差错永远湮没不了长江的功绩。长江的灾害终究会随着东流的江水而消失。

最近三十多年来，沿着长江的干流和支流，人们已经筑起了三万三千多千米长的防洪大堤坝。

最近三十多年来，人们已经在长江的上游、中游和下游，建造了一座又一座规模宏伟的桥梁。

最近三十多年来，人们还在长江南北兴建了四万多个小型水库和五百多个中型、大型水库，蓄水灌溉、发电、养鱼。

在今后的岁月里，经过我们世世代代的不懈努力，长江给我们带来的再也不会是灾难，而永远是温暖，永远是力量。

长江，已经奔腾呼啸了几千万年，几千万年是何等漫长而悠久的历史啊，有着悠久而漫长历史的长江，与古老的黄河一起，共同孕育了我们文明的祖国。

长江，从青藏高原的涓涓细流，出千峡，纳万川，汇集成波涛滚滚的大江，横贯中华大地，万千姿态，雄伟壮观。

您，滔滔东去的江水，浇灌着神州华夏，甘甜纯美的乳汁，养育着炎黄子孙，赫赫功绩，无比辉煌！

在您的两岸，有着数不尽的奇丽风光，江山如画。

在您的两岸，有讲不完的历史陈迹，传说神话。

古往今来，有多少著名的诗人，为您的魅力，寻幽觅胜，昂首歌唱。

数千年间，有多少杰出的文豪，为您的风姿，写出了优美的篇章。

长江，您硕大无比，即使是在遥远的太空，也能清晰地见到您雄伟矫健、跳跃奔腾、勇往直前的身影。

啊，长江，您是东方的巨龙，您是中华民族的骄傲，您是中华民族的自豪，您是中华民族的象征！

选自《话说长江》，中央电视台《话说长江》摄制组著，上海科学技术文献出版社2006年版

题解

《话说长江》是一部关于长江历史、人文与自然景观的25集纪录片，

1983年8月7日在中央电视台首播。该片播出后反响空前热烈，创下了40%的收视纪录，成为20世纪80年代最受欢迎的电视纪录片。该片主题曲《长江之歌》，也成了脍炙人口的经典歌曲。

该片采用颇具传统文化意韵的“话说”形式，通过浓墨重彩的解说词和绘声绘色的演员解说，将长江两岸的旖旎风光、长江古今的传奇故事娓娓道来。这里选录的是纪录片第一集的解说词。

思考与练习

1. 总结《话说长江》解说词的文学特征。

2. 古往今来关于长江的诗文不胜枚举，谈谈你对某一首作品的阅读体会。

3. 近年来，《舌尖上的中国》《我在故宫修文物》等纪录片深受大众欢迎。结合《话说长江》，谈谈优秀的纪录片应当具备哪些特质。

《活着》中文版自序

余 华

一位真正的作家永远只为内心写作，只有内心才会真实地告诉他，他的自私、他的高尚是多么突出。内心让他真实地了解自己，一旦了解了自己也就了解了世界。很多年前我就明白了这个原则，可是要捍卫这个原则必须付出艰辛的劳动和长时期的痛苦，因为内心并非时时刻刻都是敞开的，它更多的时候倒是封闭起来，于是只有写作、不停地写作才能使内心敞开，才能使自己置身于发现之中，就像日出的光芒照亮了黑暗，灵感这时候才会突然来到。

长期以来，我的作品都是源于和现实的那一层紧张关系。我沉湎于想象之中，又被现实紧紧控制，我明确感受着自我的分裂，我无法使自己变得纯粹，我曾经希望自己成为一位童话作家，要不就是一位实实在在作品的拥有者，如果我能够成为这两者中的任何一个，我想我内心的痛苦将轻微很多，可是与此同时我的力量也会削弱很多。

事实上我只能成为现在这样的作家，我始终为内心的需要而写作，理智代替不了我的写作，正因为此，我在很长一段时间里是一个愤怒和冷漠的作家。

这不只是我个人面临的困难，几乎所有优秀的作家都处于和现实的紧张关系中，在他们笔下，只有当现实处于遥远状态时，他们作品中的现实才会闪闪发亮。应该看到，这过去的现实虽然充满了魅力，可它已经蒙上了一层虚幻的色彩，那里面塞满了个人想象和个人理解。真正的现实，也就是作家生活中的现实，是令人费解和难以相处的。

作家要表达与之朝夕相处的现实，他常常会感到难以承受，蜂拥而来的真实几乎都在诉说着丑恶和阴险，怪就怪在这里，为什么丑恶的事物总是在身边，而美好的事物却远在海角。换句话说，人的友爱和同情往往只是作为情绪来到，而相反的事实则是伸手便可触及。正像一位诗人所表达的：人类无法忍受太多的真实。

也有这样的作家，一生都在解决自我和现实的紧张关系，福克纳是一个成功的例子，他找到了一条温和的途径，他描写中间状态的事物，同时包容了美好和丑恶，他将美国南方的现实放到了历史和人文精神之中，这是真正意义上的文学现实，因为它连接了过去和将来。

一些不成功的作家也在描写现实，可是他们笔下的现实说穿了只是一个环境，是固定的、死去的现实。他们看不到人是怎样走过来的，也看不到怎样走去。当他们在描写斤斤计较的人物时，我们会感到作家本人也在斤斤计较。这样的作家是在写实在的作品，而不是现实的作品。

前面已经说过，我和现实关系紧张，说得严重一点，我一直是以敌对的态度看待现实。随着时间的推移，我内心的愤怒渐渐平息，我开始意识到一位真正的作家所寻找的是真理，是一种排斥道德判断的真理。作家的使命不是发泄，不是控诉或者揭露，他应该向人们展示高尚。这里所说的高尚不是那种单纯的美好，而是对一切事物理解之后的超然，对善和恶一视同仁，用同情的目光看待世界。

正是在这样的心态下，我听到了一首美国民歌《老黑奴》，歌中那位老黑奴经历了一生的苦难，家人都先他而去，而他依然友好地对待这个世界，没有一句抱怨的话。这首歌深深地打动了我，我决定写下一篇这样的小说，就是这篇《活着》，写人对苦难的承受能力，对世界乐观的态度。写作过程让我明白，人是为活着本身而活着的，而不是为了活着之外的任何事物所活着。我感到自己写下了高尚的作品。

海盐，一九九三年七月二十七日

选自《活着》，作家出版社2010年版

题解

余华早年的小说带有极强的先锋性，倾向于冷酷的笔调揭示人性的丑陋阴暗的一面。1990年以后的作品（如《活着》），写作姿态更平实，叙述更逼近生活真实，呈现出一种淡泊而坚毅的生命力量。

余华（1960— ），作家，祖籍山东高唐，生于浙江杭州。1983年开始发表作品，1997年加入中国作家协会，著有长篇小说《文城》《第七天》《兄弟》《活着》《许三观卖血记》《在细雨中呼喊》，随笔集《我能否相信自己》等。其中《活着》和《许三观卖血记》同时入选由上海作协和《文汇报》等联合发起的百位批评家和文学编辑评选的“九十年代最具有影响的十部作品”。

思考与练习

1. 余华在文中说：“作家的使命不是发泄，不是控诉或者揭露，他应该向人们展示高尚。”你如何理解？

2. 比较《活着》各个版本的序言，分析其异同。

3. 有学者认为“中国文学处于最好的时候”，也有学者认为“当下中国文学处于非常的低谷”，结合你对中国现当代文学的阅读体验，谈谈你的理解。

第四章　赤诚私语

《毛诗序》云："情动于中而形于言。"语言之用，本应以表达自我真实感受为前提，用于个人生活记录、心灵探询、私人交往的文字书写，显然对赤诚心灵和朴实表达有着更高的要求。本章选编了一些私人书信、日记和怀人忆旧文章，它们或探讨新旧文化优劣，或思考社会人生纵深，或怀抱九死未悔的革命初心，或流露少年觉醒的忧国之思，或饱含思亲念故的深情。通过本章诸篇，我们也可以看到所谓"赤诚"，不仅指一般意义上的言志抒情，更要求对人类最深沉的情感体验、生命诉求乃至社会关怀，进行深刻的省察和细腻的呈现。

答林琴南函

蔡元培

琴南先生左右：

于本月十八日《公言报》中，得读惠书，索刘应秋先生事略[1]。忆第一次奉函时，曾抄奉赵君原函，恐未达览，特再抄一通奉上，如荷题词，甚幸。（赵体孟原函附后）[2]

公书语长心重，深以外间谣诼纷集为北京大学惜，甚感。惟谣诼必非实录，公爱大学，为之辨正可也。今据此纷集之谣诼，而加以责备，将使耳食之徒[3]，益信谣诼为实录，岂公爱大学之本意乎？原公之所责备者，不外两点：一曰"覆孔、孟，铲伦常"。二曰"尽废古书，行用土语为文字"。请分别论之。

对于第一点，当先为两种考察：（甲）北京大学教员，曾有以"覆孔、孟，铲伦常"教授学生者乎？（乙）北京大学教授，曾有于学校以外，发表其"覆孔、孟，铲伦常"之言论者乎？

请先察"覆孔、孟"之说。大学讲义涉及孔孟者，惟哲学门中之中国哲学史。已出版者，为胡适之君之《中国上古哲学史大纲》，请详阅一过，果有“覆孔、孟”之说乎？特别讲演之出版者，有崔怀瑾君之《论语足徵记》《春秋复始》。哲学研究会中，有梁漱溟君提出“孔子与孟子异同”问题，与胡默青君提出“孔子伦理学之研究”问题，尊孔者多矣，宁曰覆孔？

若大学教员于学校以外自由发表意见，与学校无涉，本可置之不论。今姑进一步而考察之，则惟《新青年》杂志中，偶有对于孔子学说之批评，然亦对于孔教会等托孔子学说以攻击新学说者而发，初非直接与孔子为敌也。公不云乎？“时乎井田封建，则孔子必能使井田封建一无流弊。时乎潜艇飞机，则孔子必能使潜艇飞机不妄杀人。卫灵同陈，孔子行。陈恒弑君，孔子讨。用兵与不用兵，亦正决之以时耳。”使在今日，有拘泥孔子之说，必复地方制度为封建；必以兵车易潜艇飞机：闻俄人之死其皇，德人之逐其皇，而曰必讨之，岂非昧于“时”之义，为孔子之罪人，而吾辈所当排斥之者耶？

次察“铲伦常”之说。常有五：仁、义、礼、智、信，公既言之矣。伦亦有五：君臣、父子、兄弟、夫妇、朋友。其中君臣一伦，不适于民国，可不论。其他父子有亲，兄弟相友（或曰长幼有序），夫妇有别，朋友有信，在中学以下修身教科书中，详哉言之。大学之伦理学涉此者不多，然从未有以父子相夷，兄弟相阋，夫妇无别，朋友不信，教授学生者。大学尚无女学生，则所注意者，自偏于男子之节操。近年于教科以外，组织一进德会，其中基本戒约有不嫖、不娶妾两条。不嫖之戒，决不背于古代之伦理。不娶妾一条，则且视孔、孟之说为尤严矣。至于五常，则伦理学中之言仁爱，言自由，言秩序，戒欺诈，而一切科学皆为增进知识之需。宁有铲之之理欤？

若谓大学教员曾于学校以外发表其“铲伦常”之主义乎？则试问有谁何教员，曾于何书、何杂志，为父子相夷、兄弟相阋、夫妇无别、朋友不信之主张者？曾于何书、何杂志，为不仁、不义、不智、不信及无礼之主张者？公所举“斥父母为自感情欲，于己无恩”，谓随园文中有之[4]，弟则忆《后汉书·孔融传》，路粹枉状奏融有曰[5]：“前与白衣祢衡跌荡放言，云：父之于子，当有何亲？论其本意，实为情欲发耳；子之于母，亦复奚为？譬如寄物瓶中，出则离矣。”孔融、祢衡并不以是损其声价，而路粹则何如者？且公能指出谁何教员，曾于何书、何杂志，述路粹或随园之语，而表其极端赞成之意者？且弟亦从不闻有谁何教员，崇拜李贽其人而愿拾其唾余者。所谓“武曌为圣王，卓文君为贤媛”，何人曾述斯语，以号于众，公能证明之欤？

对于第二点，当先为三种考察：（甲）北京大学是否已尽废古文而专用白话？（乙）白话果是否能达古书之义？（丙）大学少数教员所提倡之白话的文字，是否与引车卖浆者所操之语相等？

请先察“北京大学是否已尽废古文而专用白话？”大学预科中，有国文一课，所据为课本者，曰模范文，曰学术文，皆古文也。其每月中练习之文，皆文言也。本科中有中国文学史、西洋文学史、中国古代文学、中古文学、近世文学；又本科、预科皆有文字学，其编成讲义而付印者，皆文言也。《北京大学月刊》中，亦多文言之作。所可指为白话体者，惟胡适之君之《中国古代哲学史大纲》，而其中所引古书，多属原文，非皆白话也。

次考察“白话是否能达古书之义？”大学教员所编之讲义，固皆文言矣。而上讲坛后，决不能以背诵讲义塞责，必有赖于白话之讲演，岂讲演之语，必皆编为文言而后可欤？吾辈少时，读《四书集注》《十三经注疏》，使塾师不以白话讲演之，而编为类似集注，类似注疏之文言以相授，吾辈岂能解乎？若谓白话不足以讲说文，讲古籀，讲钟鼎之文，则岂于讲坛上当背诵徐氏《说文解字系传》、郭氏《汗简》、薛氏《钟鼎款识》之文[6]，或编为类此之文言而后可，必不容以白话讲演之欤？

又次考察“大学少数教员所提倡之白话的文字，是否与引车卖浆者所操之语相等？”白话与文言，形式不同而已，内容一也。《天演论》《法意》《原富》等，原文皆白话也，而严幼陵君译为文言[7]。少仲马、迭更司、哈德等所著小说，皆白话也，而公译为文言。公能谓公及严君之所译，高出于原本乎？若内容浅薄，则学校招考时之试卷，普通日刊之论说，尽有不值一读者，能胜于白话乎？且不特引车卖浆之徒而已，清代目不识丁之宗室，其能说漂亮之京话，与《红楼梦》中宝玉，黛玉相埒[8]，其言果有价值欤？熟读《水浒》《红楼梦》之小说家，能于《续水浒传》《红楼复梦》等书以外，为科学，哲学之讲演欤？公谓“《水浒》《红楼》作者，均博极群书之人，总之非读破万卷，不能为古文，亦并不能为白话”。诚然，诚然。北京大学教员中，善作白话文者，为胡适之、钱玄同、周启孟诸君。公何以证知为非博极群书，非能作古文，而仅以白话文藏拙者？胡君家世汉学，其旧作古文，虽不多见，然即其所作《中国哲学史大纲》言之，其了解古书之眼光，不让于清代乾嘉学者。钱君所作之文字学讲义、学术文通论，皆大雅之文言。周君所译之《域外小说》，则文笔之古奥，非浅学者所能解。然则公何宽于《水浒》《红楼》之作者，而苛于同时之胡、钱、周诸君耶？

至于弟在大学，则有两种主张如下：

（一）对于学说，仿世界各大学通例，循“思想自由”原则，取兼容并包主义，与公所提出之“圆通广大”四字，颇不相背也。无论为何种学派，苟其言之成理，持之有故，尚不达自然淘汰之运命者，虽彼此相反，而悉听其自由发展。此义已于《月刊》之发刊词言之，抄奉一览。

（二）对于教员，以学诣为主。在校讲授，以无背于第一种之主张为界限。其在校外之言动，悉听自由，本校从不过问，亦不能代负责任。例如复辟主义，民国所排斥也，本校教员中，有拖长辫而持复辟论者，以其所授为英国文学，与政治无涉，则听之。筹安会之发起人，清议所指为罪人者也[9]，本校教员中有其人，以其所授为古代文学，与政治无涉，则听之。嫖、赌、娶妾等事，本校进德会所戒也，教员中间有喜作侧艳之诗词，以纳妾、狎妓为韵事，以赌为消遣者，苟其功课不荒，并不诱学生而与之堕落，则姑听之。夫人才至为难得，若求全责备，则学校殆难成立。且公私之间，自有天然界限。譬如公曾译有《茶花女》《迦茵小传》《红礁画桨录》等小说，而亦曾在各学校讲授古文及伦理学，使有人诋公为以此等小说体裁讲文学，以狎妓，奸通，争有妇之夫讲伦理者，宁值一笑欤？然则革新一派，即偶有过激之论，苟于校课无涉，亦何必强以其责任归之于学校耶？此复，并候

著祺[10]

八年三月十八日 蔡元培敬启

选自《蔡元培全集》第三卷，中华书局1984年版

题解

1919年3月，林纾（字琴南）在北京《公言报》上发表《致蔡鹤卿太史书》，指责蔡元培在北京大学的改革是“覆孔、孟，铲伦常”“尽废古书，行用土语为文字”“施趋怪走奇之教育”。蔡元培在回信中据实一一反驳。此信态度诚朴，很有气量，据实发言，逻辑严谨，它的发表和传播，促进了新文

化运动的发展。

蔡元培（1868—1940），民主革命家、教育家。字鹤卿，号孑民，浙江绍兴人。清光绪进士，曾任中华民国首任教育总长。1917年1月9日，蔡元培发表就任北京大学校长的演说，对学生提出“抱定宗旨”“砥砺德行”“敬爱师长”等三点要求。同年，蔡元培聘请《新青年》主编陈独秀为文科学长，并聘请李大钊、胡适、钱玄同等“新派”人物在北大任教，采用“思想自由，兼容并包”的办学方针，提倡学术民主，支持新文化运动。

注释

［1］刘应秋：字士和，万历年间进士，官至国子监祭酒。

［2］当时，一个叫赵体孟的人想出版刘应秋的遗著，请托蔡元培介绍当时的学术名家题词。蔡元培曾为此致信林纾。

［3］耳食：指不加审察，轻信传闻。

［4］随园：袁枚的号。

［5］枉状：具诬告的状文。

［6］“则岂”句：《说文解字系传》是五代时南唐徐锴的著作。《汗简》是北宋郭忠恕汇集的一部古文字书。薛氏《钟鼎款识》，又名《历代钟鼎彝器款识法帖》，是南宋金石学家薛尚功的著作。

［7］严幼陵：严复，近代启蒙思想家、翻译家，曾先后翻译了《天演论》《原富》《群学肄言》《法意》等西方学术名著。

［8］相埒（liè）：相等同。

［9］清议：一般指对时政的议论，此处指社会舆论。

［10］著祺：在写作著述中平安幸福。此为旧时书信中对文人学者的祝福语，类似表达还有“撰祺”“著安”“著祉”等。

思考与练习

1. 林纾对蔡元培的责备集中于哪两个地方？蔡元培如何答复的？

2. 请对读林纾的《致蔡鹤卿太史书》，谈谈蔡元培与林纾的书信在说理方式上的区别。

3. 如何理解“对于学说，仿世界各大学通例，循‘思想自由’原则，取兼容并包主义”？

《两地书》（节选二封）

鲁　迅　许广平

一

广平兄：

今天收到来信，有些问题恐怕我答不出，姑且写下去看——

学风如何，我以为是和政治状态及社会情形相关的，倘在山林中，该可以比城市好一点，只要办事人员好。但若政治昏暗，好的人也不能做办事人员，学生在学校中，只是少听到一些可厌的新闻，待到出了校门，和社会相接触，仍然要苦痛，仍然要堕落，无非略有迟早之分。所以我的意思，以为倒不如在都市中，要堕落的从速堕落罢，要苦痛的速速苦痛罢，否则从较为宁静的地方突到闹处，也须意外地吃惊受苦，而其苦痛之总量，与本在都市者略同。

学校的情形，向来如此，但一二十年前，看去仿佛较好者，乃是因为足够办学资格的人们不很多，因而竞争也不猛烈的缘故。现在可多了，竞争也猛烈了，于是坏脾气也就彻底显出。教育界的称为清高，本是粉饰之谈，其实和别的什么界都一样，人的气质不大容易改变，进几年大学是无甚效力的。况且又有这样的环境，正如人身的血液一坏，体中的一部分决不能独保健康一样，教育界也不会在这样的民国里特别清高的。

所以，学校之不甚高明，其实由来已久，加以金钱的魔力，本是非常之大，而中国又是向来善于运用金钱诱惑法术的地方，于是自然就成了这现象。听说现在是中学校也有这样的了。间有例外，大约即因年龄太小，还未感到经济困难或花费的必要之故罢。至于传入女校，当是近来的事，大概其起因，当在女性已经自觉到经济独立的必要，而借以获得这独立的方法，则不外两途，一是力争，一是巧取。前一法很费力，于是就堕入后一手段去，就是略一清醒，又复昏睡了。可是这情形不独女界为然，男人也多如此，所不同者巧取之外，还有豪夺而已。

我其实那里会“立地成佛”，许多烟卷，不过是麻醉药，烟雾中也没有见过极乐世界。假使我真有指导青年的本领——无论指导得错不错——我决不藏匿起来，但可惜我连自己也没有指南针，到现在还是乱闯。倘若闯入深渊，自己有自己负责，领着别人又怎么好呢？我之怕上讲台讲空话者就为此。记得有一种小说里攻击牧师，说有一个乡下女人，向牧师沥诉困苦的半生[1]，请他救助，牧师听毕答道：“忍着罢，上帝使你在生前受苦，死后定当赐福的。”其实古今的圣贤以及哲人学者之所说，何尝能比这高明些。他们之所谓“将来”，不就是牧师之所谓“死后”么。我所知道的话就全是这样，我不相信，但自己也并无更好的解释。章锡琛先生的答话是一定要模胡的[2]，听说他自己在书铺子里做伙计，就时常叫苦连天。

我想，苦痛是总与人生联带的，但也有离开的时候，就是当熟睡之际。醒的时候要免去若干苦痛，中国的老法子是“骄傲”与“玩世不恭”，我觉得我自己就有这毛病，不大好。苦茶加糖，其苦之量如故，只是聊胜于无糖，但这糖就不容易找到，我不知道在那里，这一节只好交白卷了。

以上许多话，仍等于章锡琛，我再说我自己如何在世上混过去的方法，以供参考罢——

一，走“人生”的长途，最易遇到的有两大难关。其一是“歧路”，倘是墨翟先生，相传是恸哭而返的。但我不哭也不返，先在歧路头坐下，歇一会，或者睡一觉，于是选一条似乎可走的路再走，倘遇见老实人，也许夺他食物来充饥，但是不问路，因为我料定他并不知道的。如果遇见老虎，我就爬上树去，等它饿得走去了再下来，倘它竟不走，我就自己饿死在树上，而且先用带子缚住，连死尸也决不给它吃。但倘若没有树呢？那么，没有法子，只好请它吃了，但也不妨也咬它一口。其二便是“穷途”了，听说阮籍先生也大哭而回[3]，我却也像在歧路上的办法一样，还是跨进去，在刺丛里姑且走走。但我也并未遇到全是荆棘毫无可走的地方过，不知道是否世上本无所谓穷途，还是我幸而没有遇着。

二，对于社会的战斗，我是并不挺身而出的，我不劝别人牺牲什么之类者就为此。欧战的时候，最重“壕堑战”，战士伏在壕中，有时吸烟，也唱歌，打纸牌，喝酒，也在壕内开美术展览会，但有时忽向敌人开他几枪。中国多暗箭，挺身而出的勇士容易丧命，这种战法是必要的罢。但恐怕也有时会逼到非短兵相接不可的，这时候，没有法子，就短兵相接。

总结起来，我自己对于苦闷的办法，是专与袭来的苦痛捣乱，将无赖手段当作胜利，硬唱凯歌，算是乐趣，这或者就是糖罢。但临末也还是归结到“没有法子”，这真是没有法子！

以上，我自己的办法说完了，就不过如此，而且近于游戏，不像步步走在人生的正轨上（人生或者有正轨罢，但我不知道）。我相信写了出来，未必于你有用，但我也只能写出这些罢了。

鲁迅。三月十一日。

二

EL. DEAR[4]：

今天下午刚发一信，现在又想执笔了。这也等于我的功课一样，而且是愿意做的那一门，高兴的就简直做下去罢，于是乎又有话要说出来了——

这时是晚上九点半，我想起今天是礼拜五，明天是礼拜六，一礼拜又快过去了，此信明天发，免得日曜受耽搁。料想这信到时，又过去一礼拜了，得到你的回信时，又是一礼拜，那么总共就过去三个礼拜了，那是在你接到此信，我得了你回复此信的时候的话。虽然这还很有些时光，但不妨以此先自快慰。话虽如此，你如没有功夫，就不必每得一信，即回一封，因为我晓得你忙，不会挂念的。

生怕记起的又即忘记了，先写出来罢：你如经过琉璃厂，不要忘掉了买你写日记用的红格纸，因为已经所余无几了。你也许不会忘记，不过我提起一下，较放心。

我寄你的信，总要送往邮局，不喜欢放在街边的绿色邮筒中，我总疑心那里会慢一点。然而也不喜欢托人带出去，我就将信藏在衣袋内，说是散步，慢慢的走出去，明知道这绝不是什么秘密事，但自然而然的好像觉得含有什么秘密性似的。待到走到邮局门口，又不愿投入挂在门外的方木箱，必定走进里面，放在柜台下面的信箱里才罢。那时心里又想：天天寄同一名字的信，邮局的人会不会诧异呢？于是就用较生的别号，算是挽救之法了。这种古怪思想，自己也觉得好笑，但也没有制服这个神经的神经，就让他胡思乱想罢。当走去送信的时候，我又记起了曾经有一个人，在夜里跑到楼下房外的信筒那里去，我相信天下痴呆盖无过于此君了，现在距邮局远，夜行不便，此风万不可长，宜切戒之！！！！

今日下午也缝衣，出去寄信时又买些水果，回来大家分吃了。你带去的云腿吃过了没有？还可口么？我身体精神都好，食量也增加，不过继续着做一种事情，稍久就容易吃力，浑身疲乏。我知道这个道理，所以时而做些事，时而坐坐，时而睡睡，坐睡都厌了就到马路上来回走一个短路程，这样一调节，也就不致吃苦了。

时局消息，阅报便知，不多述了，有时北报似更详悉。听说现在津浦路还照常，但来时要打听清楚才好。

YOUR H. M. 五月十七夜十时[5]。

选自《鲁迅全集》第十一卷《两地书、书信（1904—1926）》，人民文学出版社2005年版

题解

鲁迅与许广平的通信始于1925年，后来结集为《两地书》出版。此处选载的鲁迅书信作于1925年，此时鲁迅的行文表现出一种长者的风度和智者的谦虚相结合的特点：对青年充满了宽容与理解，对社会带着批评与讽刺；分析问题从大处着眼，解剖自己又时时不留情面。选载的许广平书信作于1929年，语言朴实生动，情感细腻真挚。

许广平（1898—1968），鲁迅夫人，笔名景宋，广东番禺（今广州）人，1923年考入北京女子高等师范学校国文系。新中国成立后，曾担任全国人大常委会委员、全国政协常委、全国妇联副主席等职。

注释

［1］沥诉：哭诉。

［2］章锡琛：中国编辑出版家，开明书店创办人。当时他在《妇女杂志》发表文章，回答社会问题。

［3］阮籍：三国魏诗人，字嗣宗。《晋书·阮籍传》说：“时率意独驾，不由径路，车迹所穷，辄恸哭而返。”

[4] EL：EL是德语Elefant或英语Elephant的缩写，意为“象兄”。许广平在《欣慰的纪念·鲁迅先生与海婴》中说：“林语堂先生似乎有一篇文章，写过鲁迅先生在中国的难能可贵，誉之为‘白象’。”

[5] H. M：“害马”罗马字拼音的缩写。

思考与练习

1. 鲁迅曾说：“我的确时时解剖别人，然而更多的是更无情面地解剖我自己。”试以本文选载的书信为例进行分析。

2. 鲁迅与许广平的书信，在叙述方式和情感表达上有何区别？

3. 鲁迅曾说：“因为一个人的言行，总有一部分愿意别人知道，或者不妨给别人知道，但有一部分却不然。然而一个人的脾气，又偏爱知道别人不肯给人知道的一部分，于是尺牍就有了出路。”谈谈你对书信的看法。

聂耳日记（节选）

聂　耳

一月二十八日

四先生说：“今天二十八日，本来下午想到北四川路看一看，为什么呢？就是日本派来大批军舰威迫我们中国，令当局要我国军队完全撤退上海。军队不听命令，竭力抵抗，民众们恐慌已极，纷纷迁入租界，一时交通断绝。……”本来我想多写一点，可是今晚合奏的时间很久而且很高兴[1]，奏完之后，脑袋已经昏了！我谢谢他帮了我的忙：我头痛不能用脑，他给我日记材料，我笔记下来。

一月二十九日

醒来便听四先生们在嚷昨晚有炮声，又是什么天不亮有飞机环绕天空，他起来看时是“正沿爱文义路飞过”。

已经是六点多钟了，还不听见电车走过，就是汽车也少，街上异常的清静。我起来时下着大雨，向天空仔细检查，真的有飞机高飞云际，越看越多越可怕，那是红头红屁股的双翼水上飞机，无疑是来自日本航空母舰。

在下面和张弦、人艺正合奏那跳弓的组曲尾声[2]，刘大成来，他带来一些骇人听闻的消息。

原来夜晚十一时半起中日军在闸北开火，北站、天通庵、横浜桥等处巷战，直延至今晨才算稍见缓和。日军想占闸北，未成，仍占领着北四川路一带的日人区域。到天亮，自靶子路以下都被日军布防。飞机在闸北掷炸弹，宝山路民房起火，日人不许救火。

他在宝山路朋友处住了一夜，饱听一个通宵的枪声，饱得多少新闻。当他在教室里宣讲的时候，好些人都在洗耳静听，因为他讲得精细传神。他们留他吃了午饭。

和日军抵抗的华军是十九路蔡廷锴的[3]，他们曾几次被调遣赴湘、赣“剿共”，但他们死守上海。现在既有这样机会，当然只有和矮鬼干一干，要比打自己的弟兄好得多，也是他们唯一的出路。

好奇心，老宋、江、严华、《时报》新闻记者张，一块步行到北四川路探消息。一出门便呈现着恐慌的气象，店铺都关了门，甚至于大马路的中外大小商店。战斗机旋绕天空，嗡嗡声不绝于耳。满街都是搬家的汽车、黄包车、小车，一看便知他们是自华界逃向租界来的。火烧房子的黑烟，有三四起之多，到北四川路看看，简直大得可怕。枪声忽断忽续地在响。

很多人挤在靶子路口，好像有什么等待一样，其实他们也是和我们一样的闲人，想看看热闹。搬家的更加多起来，阻碍了交通。我们不能前进，也和他们一样站在马路口等待，凑热闹！

乒乒乒乓乓乓！！！忽然在不远的地方响了起来，好像就在“奥地安”附近。一会儿只听见吼声，那一大群等待着的人如墙倒似的向一个方向飞跑。老宋本来拉着我的，这一来他用力甩脱拼命地往后跑，别的人也不见了。我一点也不慌，还想等待，看风景，但人都跑光了，也不得不凑一个兴跟着跑起来。枪声继续在响，飞机也在头上追着来。

在大马路买了《大美晚报》，一面走一面看。北站被炸；商务印书馆起火；金利源码头掷炸弹，炸伤三人；日军死伤百余人……这些消息倒是今早所不知道的。

街上有工部局宣布戒严的布告，在北四川路还有“大日本帝国海军陆战队布告”，大意是以统治者的口气安慰民心，商店门口有的贴出“日兵犯境，罢市御侮”。

锦晖请满月客在中社吃大菜，喝酒简直不痛快。在去的途中还遇南生、家鼎、志导、树勋。

这次的聚餐比较有意义的是回娘家的人都到齐了[4]。昨天李果到，今早光友到。我最高兴的还是人艺，和他喝了酒，划了拳。

本来要合奏，指挥没有来，听七爷讲鬼故事。

到晒台上听枪声，战争更紧张，红光满天，不知又是烧了哪儿的房子。

贴布告后的第一次上小白们屋里，因为顺路而且是她们再三地请。看了小白挂的那些相片会讨厌，她心目中就没有一个喜爱她的“博士”[5]，她有的是大明星金焰，好人王人艺。但我并不恨她，她是一个不知事的小孩！

第二次上晒台，机关枪更响得厉害，好像越来越近，在前楼都很显明的听得清楚。

夜静极！有狗吠声，钟摆声，有时机器脚踏车骇人地从门口驰过。枪声，当然不断在响。一点钟了！

一月三十一日

十七架飞机布满天空，谁都以为是中国的，他们都欢呼起来，我到底有些怀疑。等飞近时我发现上面有红日旗号，大家都失望。

下午没有电车，街上仍是充满搬家的难民，空气特别惨淡。

拉着新教的调子，杨枝露和小白敲门，说有人说闲话，不许弄音乐，只得暂停。

她们到我们屋里和少甫、人艺玩得顶高兴，只有我垂头丧气，独自躺在四先生床上，我也说不出原因。又在楼窗上看街，一会大雨淋漓，逃难的依然络绎不绝，那些小车上堆满了家具行李，坐着小孩、老妇，一身浸得水淋淋地在催促那车夫快走。他们，不知是怎样纷乱的一个感情，能脱了险的幸运，期望着很快得到新的安息。有的人背了被、提了箱在马路上徘徊，由他们怪可怜的表情上看去，便知道他们是无家可归的避难者。看了这些惨痛的景象，心里更难过起来。

没有钢琴或任何音乐的声响，内外都很清静。我在沉思中入了梦乡，他们还在闹。

金焰来，人美把人艺、小白喊了下去。

张主任传来一个消息，说小沙渡路已干了起来。这屋里的人心，稍为之动，一会儿找的找地图，看看还离多远就是自己的房子；讲的讲，谈的谈，谁都有着恐慌的表现。

晚饭后得到一张《时报》号外看。今天又打落两架日机，虹口、闸北一带仍有不时的小接触，因为日兵继续开到，情势更加紧张，沪西一带亦成危险区域。静安寺路、爱文义路、戈登路都在装炮台，日内定有更激烈的大战。

……

二月一日

今晨三四点钟从梦里哭醒，四先生连声地叫我“聂子！”我依然在放声大哭，虽然我已经知道那伤心事是梦境。严华进来开了灯，张着两只大眼睛问我是什么一回事，我还是在哭。约五分钟后才报告他们这段伤心的故事：

在某摄影场拍片子，门口有繁华的街市，靠大门的左旁有一栅门在街端，外面好像是荒郊。同我一块去的有小白、杨枝露、小陈、秀文等。她们在里面，我一人站在门口看街。突然发现栅外升起一个气球，球下连系着一些带子，上面有字，被很多工人群众拉着预备放升，我只呆看着那些带子上的字。一会火炮四鸣，传单乱飞，人群拥挤，口号震天，我全身的细胞里充满了兴奋和恐慌，找到附近一家小铺里躲着看热闹。不久，枪声大作，人群驱散，我由这小铺出来，跳上一部公共汽车，枪声仍然从背后追来。我突然想起还有同伴在后面，当车驰过两站的时候，急忙下车向后转走。这时枪声已息，但看不见一个拿枪的，满街摆满了死尸，一个个地排列在马路当中。有的还没有死，不时发出极悲惨的哭声。我数一数死伤的人总在三十以上，他们都是工人。走到摄影场门口，她们已坐上黄包车，迎面跑来，我也雇了一部在她们后面跑。死尸一条条地从脚下踏过，无意中会在死尸堆里发现一个小白子的下半身，她穿了和平常一样的黄线袜，黑绒鞋，花棉袍。等车走近时仔细一看，唉！简直就是她，没有错。她满脸糊着很厚的血。这时，我的心如刀戳般的刺痛，回头再想多看，车已拖出很远。“喂！我们五个人，怎么只有四个了？”我喊着问她们。杨枝露答我：“哎呀！小白不见了！”“呀！不错！我……我看见她已被枪打死了！”我大声地喊了起来！这时我已自觉我真流出不少眼泪，等到回家躺在自己床上，简直痛哭欲绝。小陈和杨枝露在旁边嚷着：“非到联华公司去吵不可，她是为公司拍戏死的！”我不能说出一个字，任她们在我耳旁反复地说。

醒来时枕头都湿了大半边，心里想着又好气又好笑。

……

二月二日

情势更严重，社会秩序更紊乱。搬家的有的自西到东，有的自东到西，不知他们怎样去找一块安息的土地？！

心里一样的在烦，站在晒台看街，一时两架飞机环旋天空，街上的行人有的跑，有的抬头辨别是中国飞机还是日本的。我呢？和三楼楼窗上的人谈闲话。

和艺跑了两趟，一次拿书，一次搬床。他的姐姐、姐夫自施高塔路逃难到这里来。

南生来，他们迁往爱多亚路的小旅馆。现在想计划回滇，在先想到香港，我也主张他们快回家，现在这种时局实在太危险。

闸北下午起开火。日机在法界、南市、城内、天通庵掷炸弹，炸伤好些市民。

和艺在合调子，他打琴，传来一个消息说：今晚八时半起上海的电灯全部熄灭，他们都预备好洋烛。

不知是哪儿的谣言，等到现在，十一点多钟还不见灯熄。

街上的情形和昨晚一样，枪声仍是冷落地在响，离战区很远，不能听到十分热闹。有时细心地可以听到很远的机关枪声慢慢响起来。

和严们谈各地婚姻旧习惯。

我不知怎样才能解除近两天来内心里的冲突和烦恼？！

……

二月四日

大炮给我祝寿辰[6]。自清晨五时响起，到下午四五点钟还没有停止。吴淞、闸北有激战，日舰被击沉一艘，飞机击落一架，焚毁民房很多。

在三楼前楼玩“捉曹操”，有人艺、老宋、严励加入。玩得不十分开心，因为小白和我没有一次被罚，人艺占的便宜顶多。看着发生一种特殊的情感，这情感，我自己会讨厌我自己，但终不能抑制下去。玩到吃晚饭，扫兴而归——只是我。

他们都说我不应该这样不高兴地过一个大生日。的确，今天虽有如此热闹的集会，我总是强笑为欢，没有一时是真实的高兴过。我的假装的功夫不到，当然会显露在人家眼前的。这有什么？心里不知有多少说不出的隐痛啊！我要哭，我要伤心地去多哭几场！

整个的世界已经在开始动摇了！帝国主义的冲突，第二次世界大战的伊始，到现在已经是无可隐蔽的事实。我的出路问题在这时候也好像随之动摇起来，所谓研究艺术，似乎不给你长远继续的可能，因了社会环境的决定，常常感到障碍和刺激，况且现在自己所重视的classic music（古典音乐）是多么反革命的啊！

为了混乱的思想的盘旋，使我近来大不安起来，尤其在廿岁生辰的今天。

再想下去吧！至少也要对自己的生路有个比较可靠的估量。你知道，一切都在转变了！

选自《聂耳日记》，北京联合出版公司2021年版

题解

本文选自聂耳在1932年1—2月的若干日记，时代剧变、家国动荡、个人觉醒与奋斗都在日记中熔于一炉。相较于某些名人成名之后的自我粉饰，聂耳的日记不讲究章法，不着意修饰，但是充满了一个有理想的青年浓烈的生命气息。正是凭借自己的热情和理想，聂耳最终冲破了社会和时代的种种限制，走出了一条与国家、人民同呼吸共命运的成长成才之路。

聂耳（1912—1935），作曲家。原名聂守信，字子义（一作紫艺），云南玉溪人。1933年初，聂耳由田汉介绍加入中国共产党。1935年7月17日，聂

耳在日本神奈川县藤泽市鹄沼海滨游泳时，溺水身亡，年仅23岁。聂耳创作了《开矿歌》《卖报歌》《铁蹄下的歌女》《梅娘曲》《义勇军进行曲》等优秀作品，被誉为“人民音乐家”。

注释

[1] 聂耳此时在上海明月歌剧社工作。明月歌剧社由黎锦晖在1929年创立，后并入联华影业公司。明月歌剧社培养和推出了周璇、王人美、黎莉莉、白虹、胡笳等歌星，以及聂耳、黎锦光等优秀年轻作曲家。

[2] 跳弓：弦乐演奏技巧，用来演奏顿音。

[3] 蔡廷锴：广东罗定人，率领十九路军在“一·二八事变”后奋起抗击日军。

[4] 回娘家的人：指一度离开，后又返回明月歌剧社的人。

[5] “博士”：聂耳曾即兴表演过一个“聂耳博士讲演”的节目。这里聂耳以此自称。

[6] 祝寿辰：本日为农历腊月二十八日，是聂耳的二十岁生日。

思考与练习

1. 如何评价聂耳日记体现得不讲章法、不着意修饰的粗朴文风？

2. 聂耳的一生，何其短暂，又何其耀眼！他将个人爱好、事业和祖国的兴衰紧密联系起来，谈谈你对此的理解。

3. 你写日记、博客、微博、微信朋友圈吗？说说你的写作风格。

革命烈士书信选

给冯玉祥将军的信[1]

吉鸿昌

先生钧鉴[2]：睽违日久[3]，深渴孺慕[4]。兹奉颂抗日周年纪念大会函一件[5]，才长心细[6]；银杯一尊。窃自去年此日[7]，先生感四省之沦陷，痛察省之危殆[8]，振臂一呼，毫士云集[9]。昌以下愚得附骥尾[10]，赖全国民众之拥护与先生虎威之素播[11]，康、宝、多、沽相继克服[12]，民族沉痼行见转机[13]。而朝无李刚[14]，权奸压迫于外，小宵诱惑于内[15]，胜利之局顿成瓦解。昌自挈孤军，转战径时[16]，兵败将亡，而无补于时艰。息影津门[17]，实为补过之图，非敢置身世外也。今乃褒词及于败将[18]，誉扬形之杯铭[19]。反躬自思，实觉汗颜。惟自察事失败以来[20]，华北危机日甚，帝国主义复进而企图分割中国，徒以淫暴之下，人民讳言反帝，实为民族生命夭亡逼于眉睫。昌窃以为过去之失败，乃为吾人此后所应借镜；而未来之奋斗，实为吾人夙夜所应筹划者也。先生处此危局，谅亦已动心，伏望本平生之大勇，号召民族，为民众而奋斗，组织同志，誓死抗日，誓死反帝。昌虽驽骀[21]，决当追随。覆巢之下，焉有完卵；锋镝余生[22]，尚何所惧耶！谨陈寸衷，并致谢忱，恭祝健康。

学生 鸿昌 恭叩

六月九日

就义前给儿子的遗书

赵一曼

宁儿：

母亲对于你没有能尽到教育的责任，实在是遗憾的事情。

母亲因为坚决地做了反满抗日的斗争，今天已经到了牺牲的前夕了。

母亲和你在生前是永久没有再见的机会了。希望你，宁儿啊！赶快成人，来安慰你地下的母亲！我最亲爱的孩子啊！母亲不用千言万语来教育你，就用实行来教育你。

在你长大成人之后，希望不要忘记你的母亲是为国而牺牲的！

一九三六年八月二日

你的母亲赵一曼于车中

狱中给亲友的信[23]

江竹筠

竹安弟[24]：

友人告知我你的近况，我感到非常难受。幺姐及两个孩子给你的负担的确是太重了，尤其是现在的物价情况下，以你仅有的收入，不知把你拖成甚么个样子。除了伤心而外，就只有恨了……我想你决不会抱怨孩子的爸爸和我吧？苦难的日子快完了，除了这希望的日子快点到来而外，我什么都不能兑现。安弟！的确太辛苦你了。

我有必胜和必活的信心，自入狱日起（去年六月被捕）我就下了两年坐牢的决心。现在时局变化的情况，年底有出牢的可能。蒋王八的来渝固然不是一件好事，但是不管他若何顽固，现在战事已近川边，这是事实，重庆在（再）强也不可能和平、京、穗相比[25]，因此大方的给它三、四月的命运就会完蛋的。我们在牢里也不白坐，我们一直是不断的（地）在学习，希望我俩见面时你更有惊人的进步。这点我们当然及不上外面的朋友。话又得说回来，我们到底还是虎口里的人，生死未定，万一他作破坏到底的孤注一掷，一个炸弹两三百人的看守所就完了。这可能我们估计的确很少，但是并不等于没有。假若不幸的话，云儿就送你了[26]。盼教以踏着父母之足迹，以建设新中国为志，为共产主义革命事业奋［斗］到底。

孩子们决不要骄（娇）养，粗服淡饭足矣。幺姐是否仍在重庆？若在，云儿可以不必送托儿所，可节省一笔费用。你以为如何？就这样吧。愿我们早日见面。握别。愿你们都健康。

竹姐　八月二十七日

来友是我很好的朋友，不用怕，盼能坦白相谈。

选自《革命烈士书信：汇编本》，中国青年出版社编，中国青年出版社2015年版

题解

此处选载的几封革命烈士书信，是我们理解中国共产党人的初心和使命的重要史料、生动读物。它们都书写于极其恶劣的环境，或作于敌人冰冷血腥的黑牢，或作于英勇就义的前夕。虽然遗墨简约，文辞朴质，但词约旨

丰、情真意切，既体现了革命者刚毅不屈的政治信念，也体现了他们至真至性的人间柔情。

吉鸿昌（1895—1934），河南扶沟人。曾任西北军冯玉祥部师长、国民革命军第十军军长和宁夏省政府主席。1931年因反对进攻中国工农红军，被蒋介石强令出国。1932年加入中国共产党。1934年11月在天津法租界被捕，24日在北平（今北京）英勇就义，时年39岁。赵一曼（1905—1936），四川宜宾人，1926年夏加入中国共产党。1935年担任东北人民革命军第三军第一师第二团政委，与日寇斗争。1935年11月被捕，1936年8月慷慨就义，时年31岁。江竹筠（1920—1949），原名江竹君，四川自贡人。1939年加入中国共产党。1948年，丈夫彭咏梧在中共川东临时委员会委员兼下川东地委副书记任上战死，江竹筠接任其工作。后由于叛徒出卖，被押送重庆“中美合作所”渣滓洞监狱。1949年11月14日英勇就义，时年29岁。

注释

［1］1933年5月，吉鸿昌联合冯玉祥、方振武等在张家口组成察哈尔民众抗日同盟军。1934年6月9日吉鸿昌致信冯玉祥，表示以死自誓，抗日到底的决心。

［2］钧鉴：敬辞。对尊长或上级用。

［3］睽违：分离。旧时书信用语。

［4］孺慕：爱戴，怀念。“深渴孺慕”的大意是非常思念。

［5］颂：此字疑系“颁”字之误。

［6］才长心细：有才德，办事慎重。

［7］窃：谦指自己。

［8］察省：即原察哈尔省。危殆：危险到不能维持的地步。

［9］毫士：毫可能是豪的笔误。豪士，才能出众的人。

［10］下愚：愚笨，这里是自谦。骥：好马，比喻贤能。

［11］素播：平时的影响。

［12］康、宝、多、沽：指原察哈尔省康保、宝昌、多伦、沽源四县。其中康保、沽源在今河北；宝昌、多伦在今内蒙古。

［13］沉疴：长久而难治的病。这里指民族灾难。

［14］李刚：疑是李纲之误。李纲，北宋大臣，曾保卫开封，击退金兵。

［15］小宵：指盗贼。现泛指坏人。

［16］转战径时：指打仗打到绝路时，兵败将亡。径，狭窄的道路，指绝路。

［17］息影：旧指退隐闲居。津门：天津市的别名。吉鸿昌于1934年11月9日在天津被捕，不久英勇就义。

［18］今乃褒词及于败将：今天把赞扬的词放到败将身上。褒：赞扬。

［19］誉：荣誉。杯铭：把功绩刻在杯状的器物上。

［20］察事：指1993年9月，察哈尔民众抗日同盟军在日军和国民党军队夹击下失败一事。

［21］驽骀（nútái）：劣马。比喻庸才。

［22］锋镝（dí）：泛指兵器，也比喻战争。锋：刀刃；镝：箭头。

［23］这封信写于1949年8月27日，是江竹筠烈士在狱中用竹签子蘸着用棉花灰制的墨水写在极薄的毛边纸上的。

［24］竹安：即谭竹安，共产党员，江竹筠烈士的亲友。

［25］平、京、穗：即北平、南京、广州。

［26］云儿：江竹筠烈士的儿子彭云。

思考与练习

1. 如何理解革命烈士舍家为国的人生选择？

2. 所选革命烈士书信在内容和情感表达上有何特点？

3. 想象自己作为烈士的后代，给烈士回一封信，发起一次跨越时空的对话。

风雨中忆萧红

丁　玲

本来就没有什么地方可去，一下雨便更觉得闷在窑洞里的日子太长。要是有更大的风雨也好，要是有更汹涌的河水也好，可是仿佛要来一阵骇人的风雨似的那么一块肮脏的云成天盖在头上，水声也是那么不断地哗啦哗啦在耳旁响，微微地下着一点看不见的细雨，打湿了地面，那轻柔的柳絮和蒲公英都飘舞不起而沾在泥上了。这会使人有遐想，想到随风而倒的桃李，在风雨中更迅速迸出的苞芽。即使是很小的风雨或浪潮，都更能显出百物的凋谢和生长，丑陋或美丽。

世界上什么是最可怕的呢，决不是艰难险阻，决不是洪水猛兽，也决不是荒凉寂寞。而难于忍耐的却是阴沉和絮聒；人的伟大也不只是能乘风而起，青云直上，也不只是能抵抗横逆之来，而是能在阴霾的气压下，打开局面，指示光明。

时代已经非复少年时代，谁还有悠闲的心情在闷人的风雨中煮酒烹茶与琴诗为侣呢？或者是温习着一些细腻的情致，重读着那些曾经被迷醉过被感动过的小说，或者低徊冥思那些天涯的故人？流着一点温柔的泪，那些天真、那些纯洁、那些无疵的赤子之心，那些轻微的感伤，那些精神上的享受都飞逝了，早已飞逝得找不到影子了。这个飞逝得很好，但现在是什么呢？是听着不断的水的絮聒，看着脏布也似的云块，痛感着阴霾，连寂寞的宁静也没有，然而却需要阿底拉斯的力背负着宇宙的时代所给予的创伤，毫不动摇地存在着，存在便是一种大声疾呼，便是一种骄傲，便是给絮聒以回答。

然而我决不会麻木的，我的头成天膨胀着要爆炸，它装得太多，需要呕吐。于是我写着，在白天，在夜晚，有关节炎的手臂因为放在桌子上太久而疼痛，患砂眼的眼睛因为在微小的灯光下而模糊。但幸好并没有激动，也没有感慨，我不缺乏冷静，而且很富有宽恕，我很愉快，因为我感到我身体内有东西在冲撞；它支持了我的疲倦，它使我会看到将来，它使我跨过现在，它会使我更冷静，它包括了真理和智慧，它是我生命中的力量，比少年时代的那种无愁的青春更可爱啊！

但我仍会想起天涯的故人的，那些死去的或是正受着难的。前天我想起了雪峰，在我的知友中他是最没有自己的了。他工作着，他一切为了党，他受埋怨过，然而他没有感伤，他对名誉和地位是那样地无睹，那样不会趋炎附势，培植党羽，装腔作势，投机取巧。昨天我又苦苦地想起秋白，在政治生活中过了那么久，却还不能彻底地变更自己，他那种二重的生活使他在临死时还不能免于有所申诉。我常常责怪他申诉的“多余”，然而当我去体味他内心的战斗历史时，却也不能不感动，哪怕那在整体中，是很渺小的。今天我想起了刚逝世不久的萧红，明天，我也许会想到更多的谁，人人都与这社会有关系，因为这社会我更不能忘怀于一切了。

萧红和我认识的时候，是在一九三八年春初。那时山西还很冷，很久生活在军旅之中，习惯于粗犷的我，骤睹着她的苍白的脸，紧紧闭着的嘴唇，敏捷的动作和神经质的笑声，使我觉得很特别，而唤起许多回忆，但她的说话是很自然而直率的。我很奇怪作为一个作家的她，为什么会那样少于世故，大概女人都容易保有纯洁和幻想，或者也就同时显得有些稚嫩和软弱的缘故吧。但我们都很亲切，彼此并不感觉到有什么孤僻的性格。我们尽情地在一块儿唱歌，每夜谈到很晚才睡觉。当然我们之中在思想上，在情感上，在性格上都不是没有差异，然而彼此都能理解，并不会因为不同意见或不同嗜好而争吵，而揶揄。接着是她随同我们一道去西安，我们在西安住完了一个春天。我们痛饮过，我们也同度过风雨之夕，我们也互相倾诉。然而现在想来，我们谈得是多么得少啊！我们似乎从没有一次谈到过自己，尤其是我。然而我却以为她从没有一句话是失去了自己的，因为我们实在都太真实、太爱在朋友的面前赤裸自己的精神，因为我们又实在觉得是很亲近的。但我仍会觉得我们是谈得太少的，因为，像这样的能无妨嫌、无拘束、不须警惕着谈话的对手是太少了啊！

那时候我很希望她能来延安，平静地住一时期之后致全力于著作。抗战开始后，短时期的劳累奔波似乎使她感到不知在什么地方能安排生活。她或许比我适于幽美平静。延安虽不够作为一个写作的百年长计之处，然在抗战中，的确可以使一个人少顾虑于日常琐碎，而策划于较远大的。并且这里有一种朝气，或者会使她能更健康些。但萧红却南去了。至今我还很后悔那时我对于她生活方式所参予的意见是太少了，这或许由于我们相交太浅，和我的生活方式离她太远的缘故，但徒劳的热情虽然常常于事无补，然在个人仍可得到一种心安。

我们分手后，就没有通过一封信。端木曾来过几次信，在最后的一封信上（香港失陷约一星期前收到）告诉我，萧红因病始由皇后医院迁出。不知为什么我就有一种预感，觉得有种可怕的东西会来似的。有一次我同白朗说："萧红决不会长寿的。"当我说这话的时候，我是曾把眼睛扫遍了中国我所认识的或知道的女性朋友，而感到一种无言的寂寞。能够耐苦的，不依赖于别的力量，有才智、有气节而从事于写作的女友，是如此其寥寥啊！

不幸的是我的杞忧竟成了现实，当我昂头望着天的那边，或低头细数脚底的泥沙，我都不能压制我丧去一个真实的同伴的叹息。在这样的世界中生活下去，多一个真实的同伴，便多一分力量，我们的责任还不只在于打开局面，指示光明，而且还要创造光明和美丽；人的灵魂假如只能拘泥于个体的褊狭之中，便只能陶醉于自我的小小成就。我们要使所有的人都能有崇高的享受，和为这享受而做出伟大牺牲。

生在现在的这世界上，要顽强地活着，给整个事业添一分力量，而死，对人对己都是莫大的损失。因为这世界上有的是戮尸的遗法，从此你的话语和文学将更被歪曲，被侮辱；听说连未死的胡风都有人证明他是汉奸，那么对于已死的人，当然更不必贿买这种无耻的人证了。鲁迅先生的《阿Q正传》曾被那批御用文人歪曲地诠释，那么《生死场》的命运也就难免于这种灾难。在活着的时候，你不能不被逼走到香港；死去，却还有各种污蔑在等着，而你还不会知道；那些与你一起的脱险回国的朋友们还将有被监视和被处分的前途。我完全不懂得到底要把这批人逼到什么地步才算够？猫在吃老鼠之前，必先玩弄它以娱乐自己的得意。这种残酷是比一切屠戮都更恶毒，更需要毁灭的。

只要我活着，朋友的死耗一定将陆续地压住我沉闷的呼吸。尤其是在这风雨的日子里，我会更感到我的重荷。我的工作已经够消磨我的一生，何况再加上你们的屈死，和你们未完的事业，但我一定可以支持下去的。我要借这风雨，寄语你们，死去的，未死的朋友们，我将压榨我生命所有的余剩，为着你们的安慰和光荣。哪怕就仅仅为着你们也好，因为你们是受苦难的劳动者，你们的理想就是真理。

风雨已停，朦朦的月亮浮在西边山头上，明天将有一个晴天。我为着明天的胜利而微笑，为着永生而休息。我吹熄了灯，平静地躺到床上。

一九四二年四月二十五日

选自《丁玲全集》第五集，张炯主编，蒋祖林、王中忱副主编，河北人民出版社2001年版

题解

《风雨中忆萧红》作于萧红于香港去世三个月之后，同时也是延安文艺座谈会召开前夕。丁玲与萧红相识于抗战烽火四起的1938年春天。当时33岁的丁玲率领八路军西北战地服务团在山西前线开展抗日宣传活动，与前来投奔民族革命大学的26岁的萧红在临汾相遇。丁玲在这篇沉痛的悼念文章中，追忆了自己与萧红的这段短暂的交往。丁玲欣赏萧红的自然直率、少于世故，又为萧红的人生选择和英年早逝感到惋惜，更为中国缺少独立从事写作的女性而感到寂寞。文章几乎没有具体地去描写萧红，却下笔深沉，字句含情。

丁玲（1904—1986），作家。原名蒋伟，字冰之，湖南临澧人。代表作有《莎菲女士的日记》《太阳照在桑干河上》等。

思考与练习

1. 文章开头有关风雨的描写传递了何种情绪？

2. 简要分析文中萧红的性格特点。

3. 结合历史语境，试分析丁玲对萧红的回忆中所寄寓的非常复杂深沉的思想感情。

多年父子成兄弟

汪曾祺

这是我父亲的一句名言。

父亲是个绝顶聪明的人。他是画家，会刻图章，画写意花卉。图章初宗浙派，中年后治汉印。他会摆弄各种乐器，弹琵琶，拉胡琴，笙箫管笛，无一不通。他认为乐器中最难的其实是胡琴，看起来简单，只有两根弦，但是变化很多，两手都要有功夫。他拉的是老派胡琴，弓子硬，松香滴得很厚——现在拉胡琴的松香都只滴了薄薄的一层。他的胡琴音色刚亮。胡琴码子都是他自己刻的，他认为买的不中使。他养蟋蟀，养金铃子。他养过花，他养的一盆素心兰在我母亲病故那年死了，从此他就不再养花。我母亲死后，他亲手给她做了几箱子冥衣——我们那里有烧冥衣的风俗。按照母亲生前的喜好，选购了各种花素色纸作衣料，单夹皮棉，四时不缺。他做的皮衣能分得出小麦穗、羊羔、灰鼠、狐肷。

父亲是个很随和的人，我很少见他发过脾气，对待子女，从无疾言厉色。他爱孩子，喜欢孩子，爱跟孩子玩，带着孩子玩。我的姑妈称他为“孩子头”。春天，不到清明，他领一群孩子到麦田里放风筝。放的是他自己糊的蜈蚣（我们那里叫“百脚”），是用染了色的绢糊的。放风筝的线是胡琴的老弦。老弦结实而轻，这样风筝可笔直地飞上去，没有“肚儿”。用胡琴弦放风筝，我还未见过第二人。清明节前，小麦还没有“起身”，是不怕践踏的，而且越踏会越长得旺。孩子们在屋里闷了一冬天，在春天的田野里奔跑跳跃，身心都极其畅快。他用钻石刀把玻璃裁成不同形状的小块，再一块一块逗拢，接缝处用胶水粘牢，做成小桥、小亭子、八角玲珑水晶球。桥、亭、球是中空的，里面养了金铃子。从外面可以看到金铃子在里面自在爬行，振翅鸣叫。他会做各种灯。用浅绿透明的“鱼鳞纸”扎了一只纺织娘，栩栩如生。用西洋红染了色，上深下浅的通草做花瓣，做了一个重瓣荷花灯，真是美极了，在小西瓜（这是拉秧的小瓜，因其小，不中吃，叫做“打瓜”或“骂瓜”）上开小口挖净瓜瓤，在瓜皮上雕镂出极细的花纹，做成西瓜灯。我们在这些灯里点了蜡烛，穿街过巷，邻居的孩子都跟过来看，非常羡慕。

父亲对我的学业是关心的，但不强求。我小时了了，国文成绩一直是全班第一。我的作文，时得佳评，他就拿出去到处给人看。我的数学不好，他也不责怪，只要能及格，就行了。他画画，我小时也喜欢画画，但他从不指点我。他画画时，我在旁边看，其余时间由我自己乱翻画谱，瞎抹。我对写意花卉那时还不太会欣赏，只是画一些鲜艳的大桃子，或者我从来没有见的瀑布。我小时字写得不错，他倒是给我出过一点主意。在我写过一阵《圭峰碑》和《多宝塔》以后，他建议我写写《张猛龙》。这建议是很好的。到现在我写的字还有《张猛龙》的影响。我初中时爱唱戏，唱青衣，我的嗓子很好，高亮甜润。在家里，他拉胡琴，我唱。我的同学有几个能唱戏的。学校开同乐会，他应我的邀请，到学校去伴奏。几个同学都只是清唱。有一个姓费的同学借到一顶纱帽，一件蓝官衣，扮起来唱《朱砂井》，但是没有配角，没有衙役，没有犯人，只是一个赵廉，摇着马鞭在台上走了两圈，唱了一段“群坞县在马上心神不定”便完事下场。父亲那么大的人陪着几个孩子玩了一下午，还挺高兴。我十七岁初恋，暑假里，在家写情书，他在一旁瞎出主意。我十几岁就学会了抽烟喝酒。他喝酒，给我也倒一杯。抽烟，一次抽出两根他一根我一根。他还总是先给我点上火。我们的这种关系，他人或以为怪。父亲说：“我们是多年父子成兄弟。”

我和儿子的关系也是不错的。我戴了“右派分子”的帽子下放张家口农村劳动，他那时还从幼儿园刚毕业，刚刚学会汉语拼音，用汉语拼音给我写了第一封信。我也只好赶紧学会汉语拼音，好给他写回信。“文化大革命”期间，我被打成“黑帮”，送进“牛棚”。偶尔回家，孩子们对我还是很亲热。我的老伴告诫他们：“你们要和爸爸‘划清界限’。”儿子反问母亲：“那你怎么还给他打酒？”只有一件事，两代之间，曾有分歧。他下放山西忻县“插队落户”。按规定，春节可以回京探亲。我们等着他回来。不料他同时带回了一个同学。他这个同学的父亲是一位正受林彪迫害，搞得人囚家破的空军将领。这个同学在北京已经没有家，按照大队的规定是不能回北京的。但是这孩子很想回北京，在一伙同学的秘密帮助下，我的儿子就偷偷地把他带回来了。他连“临时户口”也不能上，是个“黑人”。我们留他在家住，等于“窝藏”了他，公安局随时可以来查户口，街道办事处的大妈也可能举报。当时人人自危，自顾不暇，儿子惹了这么一个麻烦，使我们非常为难。我和老伴把他叫到我们的卧室，对他的冒失行为表示很不满。我责备他：“怎么事前也不和我们商量一下！”我的儿子哭了，哭得很委屈，很伤心。我们当时立刻明白了：他是对的，我们是错的。我们这种怕担干系的思想是庸俗的。我们对儿子和同学之间的义气缺乏理解，对他的感情不够尊重。他的同学在我们家一直住了四十多天，才离去。

对儿子的几次恋爱，我采取的态度是“闻而不问”。了解，但不干涉。我们相信他自己的选择，他的决定。最后，他悄悄和一个小学时期的女同学好上了，结了婚。有了一个女儿，已近七岁。

我的孩子有时叫我“爸”，有时叫我“老头子”！连我的孙女也跟着叫。我的亲家母说这孩子“没大没小”。我觉得一个现代化的、充满人情味的家庭，首先必须做到“没大没小”。父母叫人敬畏，儿女“笔管条直”，最没有意思。

儿女是属于他们自己的。他们的现在，和他们的未来，都应由他们自己来设计。一个想用自己理想的模式塑造自己孩子的父亲是愚蠢的，而且，可恶！另外，作为一个父亲，应该尽量保持一点童心。

1990年9月1日

选自《汪曾祺散文：插图珍藏版》，人民文学出版社2005年版

题解

汪曾祺的小说和散文没有特别明晰的界限，内容多是对家乡风土人情、40年代昆明生活的记述。他善于在日常生活见闻中撷取题材，寓知识、趣味和思想于笔端，其散文如其自述：“记人事、写风景、谈文化、述掌故，兼及草木虫鱼、瓜果食物，皆有情致。间作小考证，亦可喜。娓娓而谈，态度亲切，不矜持作态。文求雅洁，少雕饰，如行云流水。”一些回忆、念旧的文字，从容简朴，松弛平易，极少欧化长句和辞藻堆砌，初读时可能感觉平淡无奇，但慢慢咀嚼就会发现韵味无穷。《多年父子成兄弟》写了三代人两代父子关系，表达了汪曾祺对父子间关系的一些看法，如，亲子之间要平等、长辈要有童心、父辈要尊重子女个性发展等。这些文字饱含作者对健康人性、现代人生的深切关怀。

汪曾祺（1920—1997），小说家、散文家、戏剧家，江苏高邮人。1939年就读于西南联合大学，1941年开始发表作品。曾参与改编京剧《范进中举》和《芦荡火种》（后易名《沙家浜》）。1980年后，汪曾祺的文学才情进一步舒展，著有小说集《晚饭花集》《菰蒲深处》《矮纸集》，散文集《晚翠文谈》《蒲桥集》《旅食集》《塔上随笔》等。

思考与练习

1. 本文艺术表现上的特点之一是细处落笔，小中见大。请例述一二。

2. 怎样看待文中塑造的父亲形象和父子关系？

3. 汪曾祺曾说：“总起来说，我是一个乐观主义者。……我的作品不是悲剧。我的作品缺乏崇高、悲壮的美。我所追求的不是深刻，而是和谐。”

如何理解他对自己作品整体艺术基调的概括？

拓展资源

曹丕《典论·论文》（节选）

汪曾祺《谈风格》（节选）

叶圣陶《写作是极平常的事》（节选）

郑重声明